拆解"双标"

那些误读中国的套路

李仕权 等著

人民日报出版社
北京

图书在版编目（CIP）数据

拆解"双标"：那些误读中国的套路/李仕权等著.—北京：人民日报出版社，2021.3

ISBN 978-7-5115-6904-2

Ⅰ.①拆… Ⅱ.①李… Ⅲ.①新闻报道—研究—中国 Ⅳ.① G219.2

中国版本图书馆 CIP 数据核字（2021）第 023114 号

书　　名：	拆解"双标"：那些误读中国的套路 CHAIJIE "SHUANGBIAO": NAXIE WUDU ZHONGGUO DE TAOLU
著　　者：	李仕权等
出 版 人：	刘华新
责任编辑：	葛　倩
封面设计：	主语设计
出版发行：	人民日报出版社
社　　址：	北京金台西路2号
邮政编码：	100733
发行热线：	（010）65369527　65369846　65369509　65369510
邮购热线：	（010）65369530　65363527
编辑热线：	（010）65363486
网　　址：	www.peopledailypress.com
经　　销：	新华书店
印　　刷：	大厂回族自治县彩虹印刷有限公司
法律顾问：	北京科宇律师事务所　010-83622312
开　　本：	710mm×1000mm　1/16
字　　数：	358千字
印　　张：	21.25
版　　次：	2021年3月第1版
印　　次：	2021年3月第1次印刷
书　　号：	ISBN 978-7-5115-6904-2
定　　价：	50.00元

目 录

绪论 要伟大斗争，不要狭隘争斗 / 001

甚嚣尘上的"中国威胁论"、自欺欺人的"中国崩溃论"、颠倒黑白的"中国祸害论"、混淆是非的"中国挤压论"、无中生有的"中国隐瞒论"、信口雌黄的"中国误导论"、蛮横无理的"中国责任论"、欲加之罪的"中国赔偿论"、栽赃嫁祸的"劣品出口论"、恩将仇报的"口罩外交论"……西方对中国的"双标"可谓花样百出。

变脸快，打脸来得也快 / 011
"泛政治化"的行家里手 / 027
歪曲，管什么是非曲直 / 041
套路，玩得轻车熟路 / 053
直把偏见当洞见 / 069
偏不一把尺子量到底 / 083
常沾雾气，明镜还明吗？/ 097
区别对待，已经成为习惯 / 109

百年未有之大变局下，文明竞赛"东升西降"让西方失落，权力结构"南升北降"让西方失望，国家制度"中升西降"让西方失措，发展动能"新升旧降"让西方失势。一系列的失利，让"不适应""不舒服"的西方注定会"把气撒在别人身上"，从而又进一步滑向失信，对中国的"双标"更为变本加厉。

政治病毒，比新冠病毒更可怕 / 123
一视同仁，那是不存在的 / 137
州官可以放火，百姓不许点灯 / 151
字里行间充斥着"中国威胁论" / 163
典型的"我可以，但你不行" / 175
己所不欲，偏施于人 / 187
有"敌"自远方来 / 199
心里住着"假想敌" / 209

目 录

"花繁柳密处拨得开,才是手段;风狂雨急时立得定,方见脚跟。"面对傲慢、偏见和"双标",必须保持战略定力,对方向确定,对纷扰淡定,对行动笃定,坚定站在历史正确的一边,站在公道正义的一边,自信开放不掉入情绪陷阱,集中精力做好自己的事,推动国际社会的信任与合作。这样才算是真正的敢于斗争、善于斗争。

立场偏向:"屁股歪到一边" / 223
观点偏颇:"戴着有色眼镜" / 237
方法偏离:"螃蟹指点青蛙" / 249
传统偏执:"嫌事儿不够大" / 261
丢掉幻想:别指望西方公正对待中国 / 273
调适情绪:民族情绪并不能改变双标 / 287
善于斗争:用国际思维讲好中国故事 / 299
归根结底:关键还是做好自己的事情 / 315

结语 在西方质疑声中,推进中华民族伟大复兴 / 327

后记 / 334

斗争，既要有唐僧一样的原则坚定性，又要有孙悟空一样的策略灵活性；既要有唐僧一样的菩萨心肠，又要有孙悟空一样的霹雳手段。

绪 论
要伟大斗争，不要狭隘争斗[①]

中华民族伟大复兴，绝不是轻轻松松、敲锣打鼓就能实现的，实现伟大理想必须进行伟大斗争。我们的头脑要特别清醒、立场要特别坚定，牢牢把握正确斗争方向，做到在各种重大斗争考验面前"不畏浮云遮望眼""乱云飞渡仍从容"。

要注重策略方法，讲求斗争艺术。要抓主要矛盾、抓矛盾的主要方面，坚持有理有利有节，合理选择斗争方式、把握斗争火候，在原则问题上寸步不让，在策略问题上灵活机动。要根据形势需要，把握时、度、效，及时调整斗争策略。要团结一切可以团结的力量，调动一切积极因素，在斗争中争取团结，在斗争中谋求合作，在斗争中争取共赢。

突如其来的新冠肺炎疫情发生后，西方一些政客和媒体试图把本国抗"疫"不力的责任"甩锅"给中国，国际舆论出现了颠倒黑白的"中国隐瞒论"、透过于人的"中国误导论"、无中生有的"中国责任论"、欲加之罪的"中国赔偿论"、恩将仇报的"劣品出口论"、以怨报德的"口罩外交论"……这是部分西方舆论对中国一贯偏见的延续，在一些领域和一定范围甚至还在变本加厉。

同样也是在新冠肺炎疫情中，西方一些媒体和政客丧失底线，大搞双重标准。同样的疫情防控措施，中国的防控措施被批评为"个人自由巨大损失"，意大利则

[①] 本文部分内容以《发扬斗争精神增强斗争本领要把握"三态"》为题刊载在2019年10月17日《中国纪检监察报》理论周刊（第六版）。

被称赞是"冒着风险保全欧洲";中国要求民众戴口罩被攻击成"限制人身自由",西方要求民众戴口罩则被吹捧为"保障生命健康"……这是西方社会对中国一贯傲慢的继续,在一些领域和一定范围甚至更加肆无忌惮。

……

面对西方舆论的偏见和西方社会的傲慢,中国该如何处之?

毫无疑问,当然是要敢于斗争、善于斗争。习近平总书记强调,中华民族伟大复兴,绝不是轻轻松松、敲锣打鼓就能实现的,实现伟大梦想必须进行伟大斗争。在前进道路上我们面临的风险考验只会越来越复杂,甚至会遇到难以想象的惊涛骇浪。我们面临的各种斗争不是短期的而是长期的,至少要伴随我们实现第二个百年奋斗目标全过程。

斗争是有方向、有立场、有原则的,大方向就是坚持中国共产党领导和我国社会主义制度不动摇。凡是危害中国共产党领导和我国社会主义制度的各种风险挑战,凡是危害我国主权、安全、发展利益的各种风险挑战,凡是危害我国核心利益和重大原则的各种风险挑战,凡是危害我国人民根本利益的各种风险挑战,凡是危害我国实现"两个一百年"奋斗目标、实现中华民族伟大复兴的各种风险挑战,只要来了,我们就必须进行坚决斗争,而且必须取得斗争胜利。我们的头脑要特别清醒、立场要特别坚定,牢牢把握正确斗争方向,做到在各种重大斗争考验面前"不畏浮云遮望眼""乱云飞渡仍从容"。

要注重策略方法,讲求斗争艺术。要抓主要矛盾、抓矛盾的主要方面,坚持有理有利有节,合理选择斗争方式、把握斗争火候,在原则问题上寸步不让,在策略问题上灵活机动。要根据形势需要,把握时、度、效,及时调整斗争策略。特别是要保持清醒,不被西方少数政客的言行"带节奏",不把对我国友好的群体也推到对立面。要团结一切可以团结的力量,调动一切积极因素,在斗争中争取团结,在斗争中谋求合作,在斗争中争取共赢。

敢于斗争善于斗争,但不鼓励争斗

"斗争"一词在我们党的政治语汇里有其特定的、科学的内涵。社会是在矛盾运动中前进的,有矛盾就会有斗争。建立中国共产党、成立中华人民共和国、实行改革开放、推进新时代中国特色社会主义事业,都是在斗争中诞生、在斗争中发展、在斗争中壮大的。今天，我们党要团结带领人民有效应对重大挑战、抵御重大风险、克服重大阻力、解决重大矛盾，必须进行具有许多新的历史特点的伟大斗争。但是，对于不熟悉政治语汇的人来说，可能会产生一些误解。比如，误以为斗争就是"争斗"甚至"好斗"。[①]斗争和争斗，完全相同的两个字，虽然看起来只是组词时调换了顺序而已，但实际上含义大相径庭，甚至天差地别。特别要注意，斗争和争斗绝不能混为一谈，绝不能误以为倡导斗争就是鼓励争斗。

出发点，有"公"与"私"的分野。正如习近平总书记的深情述说："我将无我，不负人民。"习近平总书记强调的斗争，其根本出发点和落脚点是为中国人民谋幸福、为中华民族谋复兴，站稳着牢牢的"人民立场"，彰显着浓浓的"人民情怀"，凸显着足足的"人民本色"。而通常所说的争斗，则是"私"字当头，"一事当前，先替自己打算"，要么有个人利益的盘算，要么有私誉损毁的计较，要么有进退得失的斟酌，要么有瞻前顾后的疑惧，终归是为了谋一己之私利、报私怨、徇私情，等等。古人说："一心可以丧邦，一心可以兴邦，只在公私之间尔。""公"与"私"的分野，是伟大斗争与狭隘争斗之间最鲜明、最本质区别。东汉的"苏章法办故人"[②]与中晚唐的"牛李党争"[③]，前者满怀斗争精神，后者落入争斗窠臼，高下立判。中国在与西方舆论作斗争中，出发点也是为了维护自身正当权益和国际公理正义。

算得失，有"大"与"小"的区别。斗争出于公心，所以衡量得失、考量

[①] 叶蓁蓁：《斗争不是争斗》，载《中国纪检监察报》2019年9月12日。

[②] 东汉时期，有位名臣叫苏章，他任冀州刺史时，发现了下属清河太守贪赃枉法的罪行。清河太守与苏章是故人，交情深厚，便设宴相请。席间两人畅叙旧情，甚为欢洽，清河太守高兴中带着得意地说："别人都只有一个天，唯独我有两个天！"言外之意，苏章就是他的保护伞，一定能为他遮掩罪行。苏章则态度鲜明、是非分明："今日我与你把酒叙旧，是私人情缘；明日我公堂办案，必依法公办。"果然，第二天在公堂之上，苏章便将清河太守依律治罪。"苏章法办故人"的斗争美谈流传至今。

[③] 中晚唐时期，年轻气盛的考生牛僧孺在科考中写下一篇针砭时弊的文章，矛头直指当朝宰相李吉甫。李吉甫一怒之下让考官取消了牛僧孺的考籍。此举犯了众怒，一石激起千层浪，朝中官员纷纷指责李吉甫，唐宪宗只好将李吉甫罢相并外放淮南。这件事成为李德裕与牛僧孺长达40年争斗——"牛李党争"的导火索，因为李吉甫正好是李德裕的父亲。在后来的唐朝官场上，牛李两党交替掌权，极尽相互攻击之能事，争斗得你死我活。最终在唐宣宗时，牛僧孺病故，李德裕被贬海南，才结束了这场旷日持久的党争。

利弊时,算的是民心这本大账;而争斗出于私心,所以打的是"小算盘"、算的是"私心小账"。党的十八大以来,我们党以雷霆万钧之势进行反腐败斗争,曾有习惯于争斗思维的西方人士质疑,中国共产党反腐败是政治"纸牌屋"。对此,习近平总书记在第十八届中央纪律检查委员会第五次全体会议上的一段讲话可以作为批驳这种谬论的有力武器。"人民把权力交给我们,我们就必须以身许党许国、报党报国,该做的事就要做,该得罪的人就得得罪。不得罪腐败分子,就必然会辜负党、得罪人民。是怕得罪成百上千的腐败分子,还是怕得罪十三亿人民?不得罪成百上千的腐败分子,就要得罪十三亿人民。这是一笔再明白不过的政治账、人心向背的账!"可见,中国共产党进行的反腐败斗争,不是整人,更不是为了一己之利、一党之私,而是为中国人民谋幸福、为中华民族谋复兴,使命光荣,目标伟大。中国在与西方舆论作斗争中,算的是人类命运共同体、合作共赢这本大账。

做选择,有"明"与"暗"的差别。斗争出于公心,所以光明磊落,上得了台面、见得了光;而争斗出于私心,所以常常鬼鬼祟祟,总是遮遮掩掩干着勾当。这方面,春秋时期祁奚举贤的故事发人深省。祁奚,是春秋时期晋国的大夫。晋平公在位时,南阳缺一个县令,于是晋平公就问祁奚:"南阳无县令,谁适合担任?"祁奚回答说:"解狐可以。"晋平公听后很惊讶:"解狐不是你的仇人吗?你怎么会推荐你的仇人呢?"祁奚回答:"君上问我的是谁适合任南阳县令,并没有问谁是我的仇人。"晋平公派解狐出任南阳县令,解狐果然非常称职。没过多久,朝廷需要增加一位军中尉,于是晋平公又请祁奚推荐,祁奚这次举荐了他的儿子祁午。晋平公不禁问道:"你怎么能推荐自己的儿子呢?"祁奚回答说:"君上是要我推荐军中尉的合适人选,并没有问谁是臣的儿子。"于是,晋平公又派祁午担任军中尉一职,祁午也干得相当不错。对此,孔子大为感慨,高度赞扬祁奚公正荐才"外举不避仇,内举不避子"。反观中晚唐的"牛李党争",牛僧孺和李德裕在争斗中各种安插自己人,不问德才只论亲疏。两者的差别实在太大了。中国在与西方舆论作斗争中,用的都是阳谋,都是光明磊落的举措和手段。

抓落实,有"顶"与"挑"的不同。斗争出于公心,所以迎难而上、争先恐后,有"苟利国家生死以"的决心,有"虽千万人吾往矣"的勇气,随时随地都能顶上去;而争斗出于私心,所以难免挑三拣四,合意则取、不合意则舍。解放战争时期,解放军的指挥员带兵打仗都冲在前面,带领士兵"跟我上",而国民党军官则往往站在后面，命令士兵"给我上"。一字之差，天壤之别，人心向背，胜负立判。当前，需要警惕"盯着干、等着干、选着干"的不良倾向："盯着干"就是盯着位置干，有职务有盼头才有劲头，反之便觉得干了也白干；"等着干"就是消极等职，熬年头、混日子，安心不尽心，在职不尽责；"选着干"就是有利的抢着干，无利则躲得远远的。实际上，"盯着干、等着干、选着干"，都是缺乏斗争精神的表现。中国在与西方舆论作斗争中，没事不惹事，有事不怕事。

还有非常重要的一点，斗争讲究有理有利有节，而争斗往往无所不用其极。1940年3月，毛泽东同志在《目前抗日统一战线中的策略问题》中提出"在抗日统一战线时期中，斗争是团结的手段，团结是斗争的目的。以斗争求团结则团结存，以退让求团结则团结亡"。在与国民党顽固派斗争时，则坚持了有理、有利、有节原则，"发展进步势力，争取中间势力，孤立顽固势力"，坚决而有效地阻止了时局的逆转，维系了国共合作抗战到底的局面。而争斗往往就不顾什么"有理有利有节"了，为了打击打倒对方，常常无所不用其极，甚至用下三滥的方式也在所不惜。中国在与西方舆论作斗争中，向来坚持有理有利有节，斗争反击坚定而理性，有底线思维，不像某些国家完全"丧失底线"。

厘清斗争和争斗的区别，有助于夯实敢于斗争的思想根基，理论上清醒，政治上才能坚定，斗争起来才有底气、才有力量，在大是大非面前敢于亮剑，在矛盾冲突面前敢于迎难而上，在危机困难面前敢于挺身而出，在歪风邪气面前敢于坚决斗争。面对西方社会和媒体的傲慢、偏见、"双标"等，我们既要理直气壮批驳种种"甩锅"中国的言论，更要递进一步，旗帜鲜明捍卫全球价值链、供应链、产业链，继续维护全球化进程，推动国际社会的信任与合作。这样才算是真正的敢于斗争、善于斗争。

敢于斗争、善于斗争要把握"三态"

"当前和今后一个时期，我国发展仍然处于战略机遇期，但机遇和挑战都有新的发展变化。当今世界正经历百年未有之大变局，和平与发展仍然是时代主题，同时国际环境日趋复杂，不稳定性不确定性明显增强。"这是2020年7月30日，中共中央政治局会议作出的判断。

在此大形势下，无论是推动国内发展，还是与西方舆论作斗争，无论是破解国内改革发展难题，还是维护国际公理正义、维护国家正当利益，做敢于斗争、善于斗争的战士，在认识和实践中都要善于把握"三态"。

发扬斗争精神，增强斗争本领，要适应有风有雨的常态。"创业艰难百战多。"习近平总书记指出，马克思主义产生和发展、社会主义国家诞生和发展的历程充满着斗争的艰辛。回望历史，建立中国共产党、成立中华人民共和国、实行改革开放、推进新时代中国特色社会主义事业，都是在斗争中诞生、在斗争中发展、在斗争中壮大的。展望全球，当今世界正处于百年未有之大变局，我们党领导的伟大斗争、伟大工程、伟大事业、伟大梦想正在如火如荼进行，改革发展稳定任务艰巨繁重，我们面临着难得的历史机遇，也面临着一系列重大风险考验。换句话说，在我们已经走过的道路、即将前进的道路上，没有长久的风和日丽、晴空万里，有风有雨才是常态。我们每一个人都是逐梦的"真心英雄"，都要有"不经历风雨，怎么见彩虹"的信念。西方舆论对中国的偏见、西方社会对中国的傲慢，过去常有，现在常有，未来还会常有，这是一种常态存在。只有真正认识到有风有雨是常态、适应了有风有雨的常态，才不会有软骨病不愿斗争，才不会有恐惧症不敢斗争，才不会有无能症不会斗争；才能够坚定斗争意志，当严峻形势和斗争任务摆在面前时，敢于斗争，善于斗争，赢得胜利。

发扬斗争精神，增强斗争本领，要秉持风雨无阻的心态。"艰难困苦，玉汝于成。"在前进道路上我们面临的风险考验只会越来越复杂，甚至会遇到难以想象的惊涛骇浪。马克思说："如果斗争只是在有极顺利的成功机会的条件下才着手进行，那末创造世界历史未免就太容易了。"事实上，我们现在所处的，是一个船到中流浪更急、人到半山路更陡的时候，是一个愈进愈难、愈进愈险而又不进则退、非进不可的时候。西方社会对中国的傲慢，一直以来都很明显，在百年未有之大变局之下，更为变本加厉。狭路相逢勇者胜，这时候唯有秉持风雨无阻的心态，激流勇进、迎难而上，敢于走别人没有走过的路，敢于吃别人没吃过的"螃蟹"，才能打开海阔天高的发展新境界。松竹梅之所以被中国人称为"岁寒三友"，正是因为它们面对风霜雨雪而无惧、历经数九寒冬而不凋。这正是中国人一以贯之的"行动哲学"，也就是经历风雨才能见到彩虹，闯过隘口才能一马平川。面对西方舆论的恶意攻击，必须秉持风雨无阻的心态，勇毅前行"蹚出一条路来"。

发扬斗争精神，增强斗争本领，要保持风雨兼程的状态。"为者常成，行者常至。"任何伟大事业都始于梦想、成于实干。实现中华民族伟大复兴，不会自动成真,努力奋斗才会实现;打破西方舆论对中国的偏见、改变西方社会对中国的傲慢,不会自动达成,风雨兼程才能抵达。只有扑下身子、甩开膀子的行动者,只有稳扎稳打、步步为营的实干家,才能筚路蓝缕、披荆斩棘、勇往直前。要像习近平总书记强调的那样,坚持在重大斗争中磨砺,越是困难大、矛盾多的地方,越是形势严峻、情况复杂的时候,越能练胆魄、磨意志、长才干。"幸福都是奋斗出来的""奋斗本身就是一种幸福""只有奋斗的人生才称得上幸福的人生"。其实,事业的伟大不仅在于目标的壮丽,更在于过程的壮丽,风雨兼程本身就是一种壮丽;生活的美好不仅在于享有的丰富,更在于经历的丰富,风雨兼程本身也是一种美好。面对西方舆论对中国的偏见、西方社会对中国的傲慢,我们更要众志成城、瞄准目标风雨兼程往前赶。中国要飞得高、跑得快,就得依靠全国人民的力量,心往一处想,劲往一处使,从而激荡出无往不至、改天换地的磅礴力量。具体到个人,最重要的就是尽心尽力"干好本职工作"。

有风有雨是常态,风雨无阻是心态,风雨兼程是状态。今天的中国,正经历成长的风雨,但我们站在历史正确的一边,站在公道正义的一边,有坚强决心、坚定意志、坚实国力应对挑战,有足够的底气、能力、智慧战胜各种风险考验,无论什么样的风雨都无法阻挡中国人民奔向美好生活的脚步,任何国家任何人都不能阻挡中华民族实现伟大复兴的铿锵步伐。

甚嚣尘上的"中国威胁论"、自欺欺人的"中国崩溃论"、颠倒黑白的"中国祸害论"、混淆是非的"中国挤压论"、无中生有的"中国隐瞒论"、信口雌黄的"中国误导论"、蛮横无理的"中国责任论"、欲加之罪的"中国赔偿论"、栽赃嫁祸的"劣品出口论"、恩将仇报的"口罩外交论"……西方对中国的"双标"可谓花样百出。

采取双重标准，忽视自身存在的诸多问题，却对其他国家指手画脚，甚至颠倒黑白。在这一点上，西方具有一致性、一贯性。

变脸快,打脸来得也快[1]

一、《纽约时报》简介

《纽约时报》(*The New York Times*)是一份在美国纽约出版的日报,是美国严肃报纸的代表,长期以来在美国新闻舆论界甚至世界新闻舆论界拥有重要影响力,是西方最具代表性的主流媒体之一。

《纽约时报》创刊于1851年9月18日,它最初的名字叫《纽约每日时报》(*The New York Daily Times*),创始人是亨利·贾维斯·雷蒙德(Henry Jarvis Raymond,1820—1869)、乔治·琼斯(George Jones,1811—1891)。1857年9月14日,改名为《纽约时报》,一直持续到今天。1896年,阿道夫·西蒙·奥克斯(Adolph Simon Ochs,1858—1935)将其买下,提出"刊载一切适于刊载的消息"(All the News That's Fit to Print)的办报宗旨,这个举措重塑和振兴了《纽约时报》,这个口号至今仍印在《纽约时报》报头的突出位置。自1896年以来,奥克斯家族一直控制着《纽约时报》,到目前已经超过了120年。

1957年之前,《纽约时报》周一到周六出版,周日休刊;从1957年开始,《纽约时报》出版发行周日版。周日出版发行的《纽约时报》是一周中版面最多的,除新闻报道外还包括众多专版、专题、周刊,比如商业、科学、艺术、食品、旅游、体育等,有明显的杂志化倾向。创历史纪录的是1987年9月13日的周日版,共1672版,重达5.15公斤,成为该报历史之最,那一天的广告收入也达到了创纪录的1700万美元。《纽约时报》的平日版(周一至周六版)和周日

---

[1] 《纽约时报》涉华报道"双标"报告。

版读者可以分开订阅，周日版的订数要明显高于平日版，平日版的发行量约为周日版的2/3。

1996年1月，《纽约时报》的拥有者纽约时报公司建立了自己的报纸网站（http://www.nytimes.com），提供《纽约时报》在线阅读服务，开启了网络化进程。1999年纽约时报公司整合了网络方面的业务，成立了独立核算的"数字《纽约时报》"（New York Times Digital）部门，负责《纽约时报》网站在内的40余个网站的业务，并设有各种类型的数据库以供读者查阅（大多数需要付费），数字版的《纽约时报》在创办的第一年就已开始盈利。2012年6月28日，《纽约时报》中文网上线，网页版式与英文网站风格相对统一，并将数字化运营经验运用于中文网。

新媒体时代，《纽约时报》积极推进各种形式的媒体融合，比如在Twitter（中文通称推特）、Facebook（中文通称脸谱网或者脸书）等社交平台都开设了账号，开发了《纽约时报》阅读器等阅读接收终端，努力实现每一种形式、终端都不缺席，服务遍布全球的读者。

二、《纽约时报》涉华报道"双标"典型案例

虽然《纽约时报》标榜"公正地提供消息，不畏惧也不吹捧，不管涉及哪个党派、种族或利益"，向来以"客观""公正""绝不偏私"自居，但由于受各种主观和客观、内部和外部因素的影响，其在涉华报道中常常"双标"。

（一）新冠肺炎疫情中涉华报道"双标"典型案例

1.同样是"封城"防控疫情：中国是"个人自由巨大损失"，意大利是"冒着风险保全欧洲"

在新冠肺炎疫情防控中，为了更好地进行有效防控，许多国家加强对特定地区交通出行、社交隔离等各方面的管制，也就是媒体所称的"封城"。同样是"封城"，《纽约时报》对中国武汉的"封城"和对意大利的"封城"却做出了大相径庭的报道和评论。

2020年3月8日上午10时30分，《纽约时报》在其社交媒体（推特）官方账号上发布了一则关于中国疫情防控的报道并配上短评。

这段短评，英文原文为：To fight the coronavirus, China placed nearly 60 million people under lockdown and instituted strict quarantine and travel restrictions for hundreds of millions of others. Its campaign has come at great cost to people's livelihoods and personal liberties.

翻译成中文：为抗击新冠病毒，中国对近6000万人实施封锁，并对数亿人实施强制隔离和严格旅行限制，这对人民的生计和个人自由造成了巨大的损失。

仅仅过了20分钟，2020年3月8日上午10时50分，《纽约时报》在其社交媒体（推特）官方账号上发布了一则关于意大利疫情防控的报道并配上短评。

这段短评，英文原文为：Breaking News: Italy is locking down Milan, Venice and much of its north, risking its economy in an effort to contain Europe's worst coronavirus outbreak.

翻译成中文：最新消息：意大利正在封锁米兰、威尼斯及其北部大部分地区，冒着经济风险努力遏制欧洲最严重的新冠肺炎疫情。

同样是为了防控疫情而采取的"封城"措施，中国实施在前，意大利实施在后。意大利的"封城"措施，《纽约时报》认为是"冒着经济风险努力遏制欧洲最严重的新冠肺炎疫情"的崇高措施；中国的"封城"措施，则被《纽约时报》评价为"对近6000万人实施封锁，并对数亿人实施强制隔离和严格旅行限制，这对人民的生计和个人自由造成了巨大的损失"。再读两篇报道的正文，发现措辞有很明显的差异性，针对意大利的防控措施较多采取中性用词，偶尔还有赞扬；针对中国的防控措施则更多采取贬义用词，中性用词已属难能可贵。

毫不意外，《纽约时报》这种赤裸裸的"变脸""双标"操作，自然会令中国民众反感，中国网友称其为"国际驰名双标"，在嘲讽中表达愤慨和不满。

第二天，也就是2020年3月9日，《纽约时报》中文网对世界各国网友对其"双标"操作的嘲讽置若罔闻，在推特上发文，继续一意孤行将"双标"进行到底。

为了继续给意大利辩解，《纽约时报》中文网的推特（Twitter）文章写道：与疫情最初暴发的国家中国不同，意大利是一个民主国家，政府将在多大程度上执行新规，以及意大利人是否真的会遵守新规，立即引发了争论。

为了继续批评中国的防控措施，《纽约时报》中文网的推特（Twitter）文章写道:这些措施的实施是以民众生计和个人自由为代价的。其他国家能复制中国模式吗?这种手段是否比疾病本身更糟糕?

2.同样是捐赠医用物资:他国捐赠是人道主义,中国捐赠是别有用心

2020年2月14日,外交部发言人主持网上例行记者会。有记者提问,能否透露截至目前有多少国家的政府向中方提供抗疫援助物资?发言人表示,根据从外交渠道掌握的情况,截至2月14日中午12时,已有33个国家政府和4个国际组织向中方提供了疫情防控医疗物资。

此后,随着中国国内疫情防控形势持续向好,中国在继续做好国内疫情防控的同时,也一直在力所能及的范围内,向有迫切需要的国家提供援助。对于曾经为中国抗击疫情提供捐助的国家,如果有需要,中国一定投桃报李。对于疫情严重、防控物资缺乏的友好国家,特别是亚洲、非洲、拉美地区的许多发展中国家以及非洲联盟等区域组织,中国也会尽力提供援助。发起新中国成立以来规模最大的全球人道主义行动,向150多个国家和9个国际组织提供抗疫援助,为有需要的34个国家派出36支医疗专家组。积极推进药物、疫苗研发合作和国际联防联控,加强全球公共卫生治理,推动构建人类卫生健康共同体。

无论是对外捐赠,还是商贸出口,中国向世界各国提供了大量的口罩等医疗物资,为世界防控新冠肺炎疫情做出了不可替代的重大贡献,帮助世界各国挽救了无数生命。中国发挥最大医疗物资产能国优势,迄今已向各国提供了2000多亿只口罩、20亿件防护服、8亿份检测试剂盒等。

不难设想,如果没有中国提供巨量的口罩等医用防护物资,世界新冠肺炎疫情将更加严重。但是,《纽约时报》却用"双标"看待:他国向中国捐赠医疗物资是人道主义,但中国向国外捐赠和提供医疗物资则是"别有用心"。《纽约时报》中文网在推特(Twitter)发文写道,"北京试图扭转疫情中的负面形象,并承担曾由西方国家在公共卫生事件中占据的领导角色",不仅如此,还进一步借批评人士之口说出十分露骨的评论,"这些援助只是做样子,甚至别有用心"。

实际上,在新冠肺炎疫情防控中,《纽约时报》涉华报道"双标"的案例远不止上述两个,还有很多。比如2020年3月18日《纽约时报》发表的一篇名为《上不了网课的孩子:疫情暴露中国教育的数字鸿沟》的报道,该报道片面"聚焦"中国农村和个别负面现象,对城市地区或者一些正面成就绝口

不提，并且标题取名"中国教育的数字鸿沟"，刻意放大城乡差别。再比如，《纽约时报》在报道韩国疫情防控的文章中，刻意拉上中国进行对比，点名表扬韩国大邱市的疫情防控，认为其与中国形成了鲜明对比，堪称"民主社会的范本"……

在《上不了网课的孩子：疫情暴露中国教育的数字鸿沟》这篇报道中：父母都是毫不关心孩子学习教育的，孩子都是不愿意好好学习的，老师都是对教育十分无奈失望的，网课都是极度杂乱无章的，设备都是问题层出不穷的，农村网络信号都是差之又差的，家庭宽带费用都是远超农村居民承受范围的……该报道用一些似是而非的"春秋笔法"，力图营造中国落后、不公平的形象。比如文章写道"中国经济近几十年来取得了长足发展，但仍有很大一部分人缺少智能手机和可靠的互联网"。按照通常的理解，"很大一部分"常常意味着接近甚至超过一半。根据中国互联网络信息中心（CNNIC）2020年4月28日发布的《中国互联网络发展状况统计报告》，截至2020年3月，我国网民规模为9.04亿，手机网民规模达8.97亿。《报告》显示，2019年我国已建成全球最大规模光纤和移动通信网络，行政村通光纤和4G比例均超过98%，城乡之间的互联网普及率差距比上一年度缩小5.9个百分点。因此，《上不了网课的孩子：疫情暴露中国教育的数字鸿沟》的报道，在宏观层面和整体事实层面是根本站不住脚的。

（二）《纽约时报》涉中国香港报道"双标"典型案例

从2019年6月中旬开始，中国香港发生了"修例风波"，激进示威者先是占领金钟一带街道非法集会，其后有组织地冲击警方防线，更以砖头、自制铁矛等武器袭警。至深夜，激进分子仍集结在立法会一带，更投掷自制燃烧弹，不断冲击防线，警方迫不得已使用催泪瓦斯等驱散示威人群。

《纽约时报》2019年6月12日的报道，头版用一张大照片做导读，图片标题为《警察在香港实施镇压》（"Police Crack Down in Hong Kong"）。报道正文在第九版，同样用了一张大照片，图片说明为"防暴警察于周三在香港立法会大楼前将带雨伞的示威者推倒"（Riot police push back demonstrators, with umbrellas, in front of Hong Kong's Legislative Council building on Wednesday）。头版的图片标题和第九版的图片说明，都极力渲染警方使用暴力，却不提激进示威者的严重暴力行为。

《纽约时报》2019年6月13日报道此事："视频调查显示，在6月12日，香港警方是如何通过放催泪弹、殴打、拖曳的方式滥用暴力。"《纽约时报》记者做了一番所谓的"调查报道"，搜集了多个所谓的视频证据，指出记者发现6月12日冲突中，至少有7起警方"滥用暴力"的情况。报道完全不提及激进示威者冲击立法会大楼、暴力袭警才致使警方进行驱散，给人的感觉是香港警察毫无来由使用武力驱散示威者。

2019年7月1日，激进示威者先是集结堵塞道路，冲击警方防线，向警员投掷不明腐蚀性液体。在围堵政府总部后，极端激进分子突然以极为暴力的手段冲击特区立法会大楼，用铁棍、铁箱车破坏大楼玻璃外墙，用带有毒性的化学粉末攻击警察。极端激进分子强行闯入立法会大楼，在里面大肆进行打砸、破坏。

当日，《纽约时报》记者随同极端激进分子一同进入立法会，进行了视频拍摄和采访。视频报道的内容，大部分是立法会内极端激进分子疯狂、暴力的画面，但标题却是《香港抗议：警方镇压示威者》。并且唯一播出的采访对象说的话是"警方和解放军对抗议者进行暴力镇压"。稍微动点脑子想一想就能明白：如果警方真的有"镇压"，极端激进分子能攻入立法会？另外，这里特别需要指明的是，解放军根本不在场，《纽约时报》可以说是在无中生有地造谣生事了。

2019年7月14日，激进分子在沙田"先游行，后占领"，不仅拆下附近栏杆筑成三角形的"铁栏阵"做路障，还用削尖的竹枝、砖头、雨伞等做武器袭警。在沙田新城市广场，激进分子与警方发生激烈冲突，至少有10名警察受伤，有的警察被硬物击中倒地昏迷，有的警察面部骨裂，其中甚至有一名警察手指被咬断，血肉模糊……

《纽约时报》2019年7月14日报道："一名警官在用手指挖抗议者的眼睛时，一根手指被部分咬断。"根据控方在法庭上的陈述，示威者杜启华在没受挑衅及发出宣示下，突然用雨伞打中一名警员后颈，其他警员见状，对其进行包围及制止。纠缠期间，梁警官跌倒在地上，杜启华趁机用伞打其头部，梁警官在用手阻挡时，右手无名指骨折。其他警员合力控制杜启华，但杜启华极力挣扎，将梁警官右手无名指前节咬断。杜启华的辩护律师则辩称杜启华咬断警察手指是因为梁警官主动把手指塞到了杜启华的口中。《纽约时报》的报道，与控辩双方的说法都不符合，显然这只是记者主观臆造的。

2019年10月，西班牙加泰罗尼亚发生示威活动甚至骚乱。极具讽刺意味的是，在以《纽约时报》为代表的西方主流媒体的报道中，类似的事情发生在中国香港与西班牙，定性却大不一样：香港暴徒的行为是"民主抗争"，西班牙示威者的行为是"暴力犯罪"；香港警察的行动是"镇压人民"，而西班牙警察的行动是"维持秩序"。2020年5月底以来，美国非裔男子弗洛伊德被美国警察暴力执法致死，引爆了全国性示威活动甚至骚乱。《纽约时报》报道时的"双标"情况也类似。

除上述案例外，《纽约时报》涉中国香港报道的"双重标准"案例还有不少，在此不一一列举。

(三)《纽约时报》对中国阅兵报道"双标"典型案例

2019年10月1日，庆祝中华人民共和国成立70周年大会在京隆重举行，天安门广场举行盛大阅兵仪式和群众游行。

每逢整十周年的国庆，举行盛大阅兵已经成为中国的惯例，这也是参照世界许多国家的通行做法。中国进行阅兵，"维护世界和平"是其主题，正如习近平总书记在《在庆祝中华人民共和国成立70周年大会上的讲话》中指出的："前进征程上，我们要坚持和平发展道路，奉行互利共赢的开放战略，继续同世界各国人民一道推动共建人类命运共同体。""中国人民解放军和人民武装警察部队要永葆人民军队性质、宗旨、本色，坚决维护国家主权、安全、发展利益，坚决维护世界和平。"

在此之际，《纽约时报》驻中国记者史蒂芬·李·迈尔斯（Steven Lee Myers）撰写了一篇名为《坦克、导弹，但没有和平鸽：中国庆祝中华人民共和国成立70周年》("Tanks, Missiles and No Pigeons: China to Celebrate 70th Birthday of the People's Republic")的报道，并配上了一张天色阴沉沉的照片，极力营造一种"压抑""黩武""阴森恐怖"的氛围，这是典型的"中国威胁论"套路手法。

不过，这篇明显偏颇的"双标"报道却并没有恶心到中国人，反而给中国网民增添了茶余饭后的谈资笑料。原因很简单，"打脸来得很快"：国庆当天，天安门广场上不仅放飞了和平鸽，而且数量还达7万多只。

其实,该报不仅是对庆祝新中国成立70周年阅兵报道大搞"双标",之前对庆祝中国人民解放军建军90周年阅兵、纪念中国人民抗日战争暨世界反法西斯战争胜利70周年阅兵、庆祝新中国成立60周年阅兵等都是如此。

(四)《纽约时报》涉华暴恐活动报道"双标"典型案例

2014年5月22日7时50分许,两辆无牌汽车在新疆乌鲁木齐市沙依巴克区公园北街一早市冲破防护隔离铁栏,冲撞碾压人群,引爆爆炸装置。案件共造成39名无辜群众遇难,94人受伤。2014年5月23日,案件告破。实施此案的暴恐团伙共有5名成员,4名现场实施犯罪的暴恐分子当场被炸死,参与策划的另一名暴恐团伙成员于5月22日晚被抓获。

国际社会对乌鲁木齐"5·22"暴力恐怖事件进行了强烈谴责。时任联合国秘书长潘基文通过其发言人发表声明,对这起针对平民的袭击予以谴责。潘基文强调,没有任何理由可以为杀害平民的行为进行开脱,希望肇事者被绳之以法。美国白宫发表声明,谴责乌鲁木齐发生的暴力恐怖袭击案件"卑鄙凶残",向遇难人员及其家属表示哀悼。法国外交部发言人纳达尔在记者会上说,对"5·22"暴力恐怖案表示谴责,向袭击事件受害者的家属和亲人表示哀悼。

就当国际社会与中国一道谴责乌鲁木齐"5·22"暴恐袭击的时候,《纽约时报》在一篇标题为《炸弹致使数十人丧生于新疆一集市》（"Bombs kill dozens at market in Xinjiang city"）的报道中，不愿承认这是"恐怖袭击"，熟练地加上了引号。这篇报道的提要写道："遭受'暴力恐怖袭击'地区因紧张的民族关系而分裂已久。"（"Violent terrorist attack" strikes region long riven by boiling ethnic tensions.）报道的正文写道："乌鲁木齐是躁动不安的中国新疆地区的首府，警方将此次事件称为'暴力恐怖袭击'。""许多维吾尔族人抱怨汉族的压制越来越严重。"明明是暴恐袭击，却要别有用心"双标"往所谓民族矛盾上引。

其实，不仅仅是此次乌鲁木齐"5·22"暴恐袭击，包括2014年昆明"3·1"暴恐袭击事件、东突恐怖组织相关暴恐活动等，《纽约时报》都用"双标"对待。

三、《纽约时报》涉华报道也并非都是"双标"

《纽约时报》在涉华报道中常常"双标"，但《纽约时报》毕竟是一份严肃的大报，所以其涉华报道也并非都是"双标"，尚未完全陷入"逢中必反"的"政治黑洞"中。

比如，2020年3月13日，《纽约时报》发布一篇评论文章《中国为西方国家赢取了时间，而他们却白白浪费了》（"China Bought the West Time. The West Squandered It."）。文章写道：I imagine there are many reasons for this, including the comforting idea that China is far away and an epidemic over there surely couldn't really spread so far and so fast over here. More than anything, though, I think that outsiders, especially in the West, fixate on China's authoritarian political system, and that makes them discount the possible value and relevance of its decisions to them.

这段话翻译成中文：我想这其中有很多原因，其中一个自我安慰的想法就是，中国那么遥远，那里的流行病肯定不会那么广、那么快地传到这里。不过，我认为最重要的是，局外人——尤其是西方国家的人，都把注意力集中在中国的政治体制上，这让他们低估了中国的做法可能带给他们的价值和意义。

再比如，在这次新冠肺炎疫情防控报道中，2020年3月13日，美国NBC新闻访谈节目《与媒体见面》连线了《纽约时报》科学与健康记者麦克尼尔（Donald McNeil）。在谈及新冠肺炎疫情给人们带来的不便时，节目主持人发问，中国抗疫期间"似乎缺少西方式自由"。对此，麦克尼尔不假思索地回答："我们所珍视的是生命权、自由权和追求幸福的权利，对吧？对，但倘若没有生命，其他两种权利无从谈起。"麦克尼尔还向主持人介绍世卫组织所总结的中国抗疫经验，那就是"必须拯救生命"。

还比如，麦克尼尔后来又接受微软全国广播公司（MSNBC，由美国全国广播公司 NBC 和微软公司联合开办）的采访，在 6 分钟的视频采访中，他详细介绍了中国防控疫情的流程，从如何隔离到彻底打破传播链，以及如何确保医院资源不崩溃。他介绍，"封城"只是为了落实主要措施而做的准备，这些措施的最终目的是抗击疫情，那就是不断地检测、检测、检测，找到病毒。他还科普了方舱医院并不是外网恶意造谣的"集中营"，并表示"这在医学上是很聪明的做法"。

四、对《纽约时报》涉华报道的简要介绍分析

以上列举的是典型案例，那么《纽约时报》涉华报道的整体情况是什么样的？下面看看相关研究成果。

研究者杨奇光通过对《纽约时报》十年涉华报道的话语分析发现，该报对中国国家形象的话语实践常常带有偏见。在新闻标题层面，《纽约时报》言说中国形象的方式主要有"冲突式""反讽式""对比式""训育式"等。"冲突式"标题话语具有明显的"中国"问题针对性，且态度倾向往往表现为负面情感。"反讽式"标题直接或间接对中国进行明嘲暗讽。"对比式"标题往往有明显的转折，先说中国的正面然后转到负面，而且重点放在转折之后的负面。"训育式"标题往往先指出中国存在的不足，然后提供一套中国对于特定事务所应遵循的"真理政体"，其目的是宣扬以美国为代表的发达国家对于中国的发展路径和国际政治角色定位的要求和引导。在词汇分类层面，《纽约时报》善于选用不同的情态词语来表达对中国的态度情感，例如通过选择表示可能性大小的情态动词传递出对于中国政府治理行为的猜测和揣度。在句式句法层面，《纽约时报》的选择和使用与文本试图言说的中国形象具有相关性，例如，主动句式的使用通常是为了突出中国政府的强势形象，被动句式的使用则常常是为了突出中国对他国或国际事务的负面作用。

研究者曾凡斌带领的团队对党的十八大以来《纽约时报》中文网对中国国家

形象的构建进行研究分析， 发现：在构建方式上，《纽约时报》中文网负面报道倾向明显，从报道选题、报道倾向、标题倾向、信息来源选择等方面来构建中国形象，中国仍然是一个快速发展但问题突出的国家。在选题的倾向性上，《纽约时报》中文网对中国的报道负面选题所占的比重高达43%，分布于政治、社会、外交等多个领域的报道中，而正面选题的报道比重仅占6.76%。

在构建中国政治形象方面，《纽约时报》中文网的报道，在选题上，负面选题占据一半，中立选题紧随其后，正面选题比例远远低于负面选题；在报道倾向上，64.44%的报道比较客观，负面倾向的占比为35.56%。

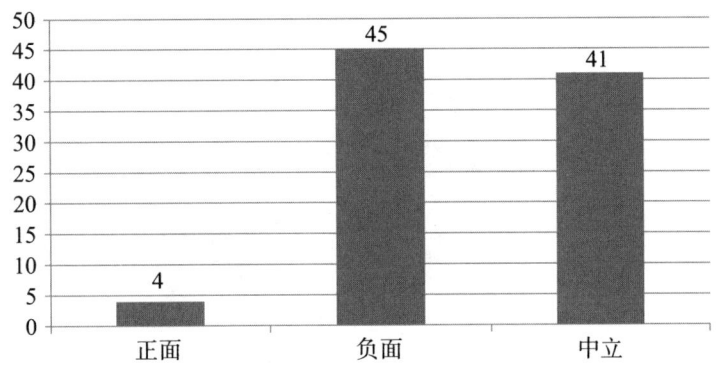

政治新闻样本的选题倾向

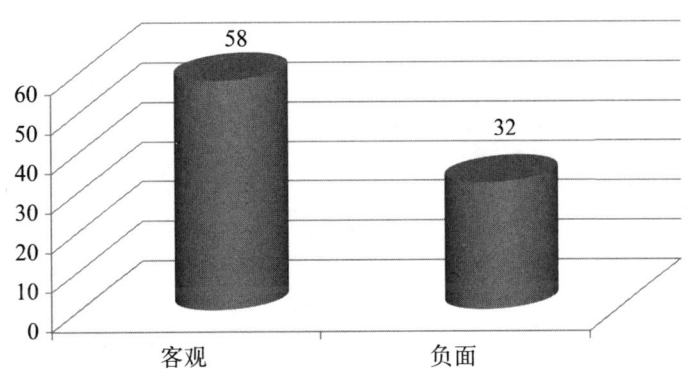

政治新闻样本的报道倾向

在构建中国经济形象方面，《纽约时报》中文网的报道，在选题上，负面选题占据一半，中立选题占1/3，正面选题最少；在报道倾向上，客观倾向占比率为75%，负面倾向占比率为25%。

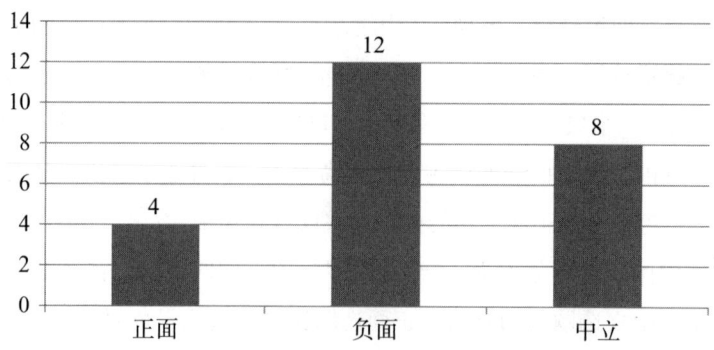

经济新闻样本的选题倾向

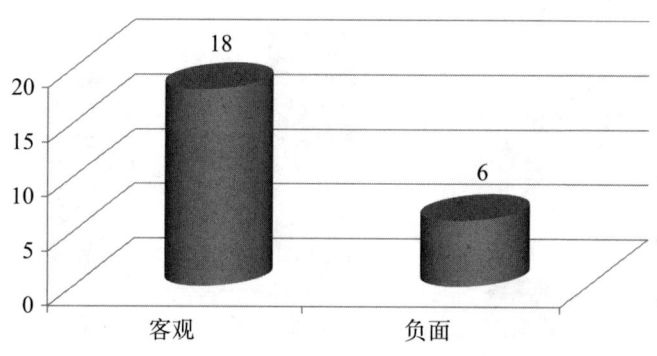

经济新闻样本的报道倾向

在构建中国社会形象方面,《纽约时报》中文网的报道,在选题上,负面选题占比54.41%,中立选题占比38.24%,正面选题占比7.35%;在报道倾向上,客观倾向占比67.65%,负面倾向占比32.35%。

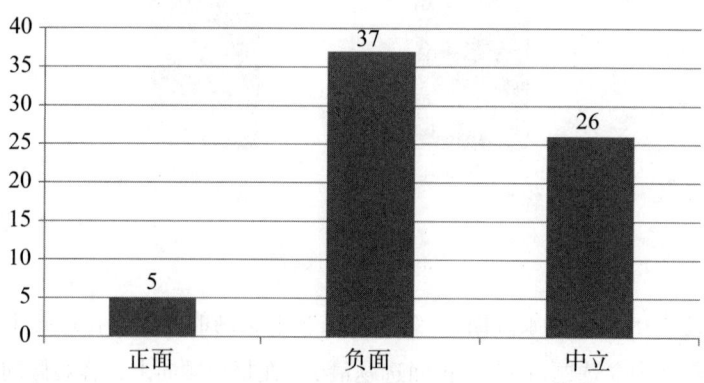

社会新闻样本的选题倾向

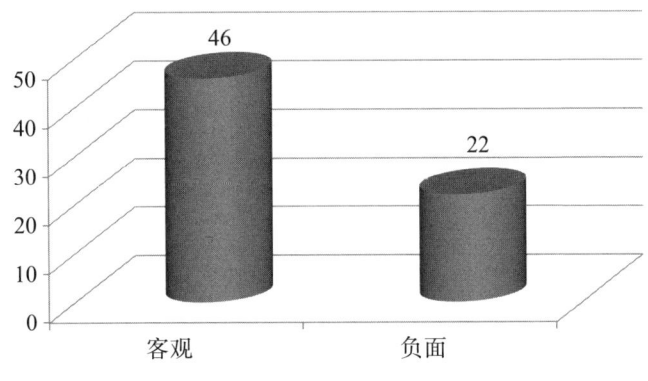

社会新闻样本的报道倾向

可见,《纽约时报》涉华报道在整体上是负面多于正面的,在其报道框架、报道议题、报道倾向等方面,反映了其对中国的立场、态度和认知。

在美国一直有这样一个说法:《纽约时报》是自以为应该统治美国的人看的报纸,《华盛顿邮报》是自以为统治着美国的人看的报纸,《华尔街日报》是实际统治美国的人看的报纸。

作为"自以为应该统治美国的人看的报纸",《纽约时报》一直被认为是美国"自由派大本营""自由派主阵地"。《纽约时报》在看待中国政治、社会、经济发展时,主要持"以美国自由派价值观评判中国"的立场,符合其价值观的就褒赞,不符合的就批评。而多数时候是不符合的,因为中国走的是中国特色社会主义道路,并不是西方自由派所期望的"西方民主自由道路",所以对中国批评多、"双重标准"多。

实践是检验真理的唯一标准。"鞋子合不合脚,自己穿了才知道。"道路走得怎么样,最终要用事实来说话、由人民来评判。历史已经证明,现实正在证明,未来还将证明,中华民族伟大复兴,必须通过走中国特色社会主义道路实现。中国特色社会主义不是从天上掉下来的,而是在改革开放40多年的伟大实践中得来的,是在新中国成立70多年的持续探索中得来的,是在中国共产党领导人民进行伟大社会革命百年实践中得来的,是在近代以来中华民族由衰到盛170多年的历史进程中得来的,是对中华文明5000多年的传承发展中得来的,是中国人民历经千辛万苦、付出各种代价取得的。中国特色社会主义制度的优越性,在这次新冠肺炎疫情防控中更加得到了检验和证明。

《纽约时报》应该认清"美国自由派价值观"并非他们自己宣扬的"普世价

值",真的就只是"美国自由派价值观"而已,充其量也只是"西方自由派价值观"而已。世界是多元的,文明因交流而多彩,文明因互鉴而丰富,文明交流互鉴,是推动人类文明进步和世界和平发展的重要动力。《纽约时报》在评判中国乃至各国发展进程时,不能削足适履、舍本逐末,而应该设身处地、具体问题具体分析,世界观更宽广一些,价值观更包容一些,摒弃"双标",实事求是,这样才是正途正道,才不会闹笑话。

【参考文献】

(1)《纽约时报》网站,http://www.nytimes.com。

(2)[美]盖伊·特立斯:《王国与权力:撼动世界的〈纽约时报〉》,张峰、唐霄峰译,上海人民出版社2016年版。

(3)[美]特纳·卡特利奇:《我的一生与〈纽约时报〉》,俞立、黄林、高欢译,古月校,新华出版社1985年版。

(4)李子坚:《〈纽约时报〉的风格》,长春出版社1999年版。

(5)丁刚:《〈纽约时报〉,小门脸大媒体(走访世界著名媒体)》,载《环球时报》2003年10月17日。

(6)郤书锴:《All the News That's Fit to Print 应如何理解》,载《国际新闻界》2008年第4期。

(7)《纽约时报笔下的中国疫情,给我们结结实实上了一堂西方"新闻课"》,观察者网2020年3月31日。

(8)中国互联网络信息中心(CNNIC):《中国互联网络发展状况统计报告(第45次)》,统计数据截至2020年3月。

(9)中国日报双语新闻微信公众号:《〈纽约时报〉记者介绍中国抗疫的视频火了》,2020年3月22日。

(10)《瑞士媒体评〈纽约时报〉CNN涉港报道:双标早已写入美媒基因》,参考消息网2020年1月4日。

(11)《又玩"双标"!香港暴力示威者要是在英美,早就吃上牢饭了!》,"环球人物"微信公号2019年7月28日。

(12)《看美国媒体如何报道中国抗战大阅兵》,观察者网2015年9月3日。

(13)陈国庆:《从解释性报道看西方媒体客观新闻背后的虚伪性——以〈纽约时报〉乌鲁木齐"5·22"爆炸事件报道为例》,载《新闻世界》2015年第10期。

（14）方芳:《从〈纽约时报〉看美国对恐怖主义的双重标准》,载《国际论坛》2014年第6期。

（15）徐明华、王中字:《西方媒介话语中中国形象的"变"与"不变"——以〈纽约时报〉十年涉华报道为例》,载《现代传播》2016年第12期。

（16）杨奇光:《国家形象的话语实践:〈纽约时报〉十年涉华报道的批判话语分析》,载《新闻春秋》2017年第1期。

（17）曾凡斌、胡慧颖、阳婷:《十八大以来〈纽约时报〉中文网对中国国家形象的构建》,载《对外传播》2018年第4期。

理念也好,规则也罢,标准也好,惯例也罢,于美国为代表的西方一些国家而言,只不过是"合则用、不合则弃"的摆设。

"泛政治化"的行家里手[1]

一、《华盛顿邮报》简介

《华盛顿邮报》(*The Washington Post*)是一份在美国首都华盛顿特区出版的日报,擅长政治领域的报道,在美国新闻界的声望仅次于《纽约时报》,是西方最具代表性的主流媒体之一。

1877年,斯蒂尔森·哈钦斯创办了《华盛顿邮报》,最初并非日报,1880年改为日报,成为华盛顿特区的首家日报。

1889年,《华盛顿邮报》转让给了新老板;1905年,《辛辛那提探询者报》的拥有者约翰·R.麦克莱恩又购买了《华盛顿邮报》的多数股权。

1933年,由于经营不善,《华盛顿邮报》濒临倒闭被迫拍卖,银行家、曾任美联储主席、后来成为世界银行首任行长的尤金·迈耶在拍卖会上买下了《华盛顿邮报》。他的接手给《华盛顿邮报》带来了转机。他着手订立了一整套《华盛顿邮报》的办报原则,核心内容包括:该报的首要使命就是尽量报道能够得到证实的事实真相;该报应该报道就其所能了解到的一切有关美国和世界大事的事实真相;作为消息的传播者,该报应该遵守一般绅士所遵循的礼仪。从此,《华盛顿邮报》稳步走上上升通道,口碑和经营都蒸蒸日上。

1946年,尤金·迈耶的女儿凯瑟琳与菲利普·L.格雷厄姆结婚。随后,尤金·迈耶将《华盛顿邮报》交给女儿女婿管理,并成立华盛顿邮报公司,实际上由女婿菲利普·L.格雷厄姆负责管理。1954年,菲利普·L.格雷厄姆买下了竞争对手《先驱

---

[1] 《华盛顿邮报》涉华报道"双标"报告。

时报》，使《华盛顿邮报》成为首都唯一的一家早报，这不仅使《华盛顿邮报》的发行量大大增加，而且对以华盛顿特区为家的美国政治人士的影响力也大大增加了。甚至很多人都认为，1960年在提名约翰·F.肯尼迪为民主党总统候选人的过程中，菲利普·L.格雷厄姆扮演了后台老板的角色。这个时期，菲利普·L.格雷厄姆还抓住时机为华盛顿邮报公司增加了许多广播电台和一份《新闻周刊》杂志（后来该杂志成为仅次于《时代》周刊的美国第二大新闻杂志）。

1963年菲利普·L.格雷厄姆开枪自杀，他的遗孀凯瑟琳·格雷厄姆成为华盛顿邮报公司董事长。凯瑟琳·格雷厄姆接手后，着力加强报纸社论和调查报道，让《华盛顿邮报》进一步成长为一张出色的报纸，并得到了业界和读者的双重认可。1972年《华盛顿邮报》揭露水门事件，对时任总统尼克松辞职起到了关键作用，使该报赢得了全球性声望。随后，《华盛顿邮报》又接二连三发表难度极大的调查报道，揭露了副总统斯皮罗·阿格纽接受贿赂、众议员韦恩·海斯用公款供养情妇等许多大大小小的丑闻。这使得《华盛顿邮报》的声望急剧上升。这期间，华盛顿邮报公司于1971年上市。1979年，凯瑟琳·格雷厄姆让儿子唐纳德做发行人，自己仍旧担任《华盛顿邮报》公司的董事长和总经理。

正当《华盛顿邮报》的声望在美国所向披靡之际，一个事件让其惨遭"滑铁卢"。1980年《华盛顿邮报》头版发表了珍妮特·库克所写的有关一名8岁儿童吸食海洛因的文章《吉姆的世界》，她用跌宕起伏的细节描绘了一个吸毒成瘾的8岁儿童的故事，这篇扣人心弦、耸人听闻的报道震动了美国，随后获得当年的普利策新闻奖。但后来，珍妮特·库克编造假报道的事情败露，《华盛顿邮报》的声誉受到极大冲击。讽刺的是，这次丑闻发生后，《华盛顿邮报》的竞争对手《华盛顿明星报》却于1981年8月倒闭了，从此《华盛顿邮报》成了美国首都唯一的日报。

20世纪80年代以来，华盛顿邮报公司着力扩展多元化业务。

21世纪以来，华盛顿邮报公司受到互联网的重创，遭遇经营困难。2008年凯瑟琳·格雷厄姆的孙女凯瑟琳·韦茅斯出任《华盛顿邮报》的发行人。由于经营不善，2010年华盛顿邮报公司以1美元的价格将《新闻周刊》卖给了西德尼·哈曼（一家立体声设备公司的老板）。

2013年8月5日，华盛顿邮报公司宣布将旗下《华盛顿邮报》在内的报纸业务以2.5亿美元出售给亚马逊创始人贝佐斯，结束了格雷厄姆家族四代人对该报业的掌管。

贝佐斯接手后,《华盛顿邮报》在内容、形式、平台、策略等方面进行了较为彻底的转型,进行了一系列的数字化改革,使《华盛顿邮报》从一家传统的政治报纸逐渐转变为一家面向全球的数字科技媒体,取得了明显的转型成效和竞争优势。至 2015 年 11 月,《华盛顿邮报》网页以 7200 万的独立访问量超过《纽约时报》,赢得美国报业访问量冠军。而 2013 年贝佐斯收购《华盛顿邮报》时,它的访问量约 2600 万,只是《纽约时报》的 2/3。

2017 年 4 月,《华盛顿邮报》新的口号"Democracy Dies in Darkness(民主死在黑暗里)"率先在网站、新媒体上使用,其后也印在报纸上。分析人士认为,这是该报在表达对时任美国总统特朗普的失望和无奈。

在贝佐斯的经营下,《华盛顿邮报》摆脱了困境,新闻业务和经营状况都呈现良好发展势头,在美国新闻界的地位和国际舆论界的影响得到巩固,甚至在某些方面和一定领域得到进一步加强。

二、《华盛顿邮报》涉华报道"双标"典型案例

《华盛顿邮报》虽然也像西方其他主流媒体一样宣称"客观""公正",但由于受各种主观和客观、内部和外部因素的影响,在涉华报道中常常"双标"。

(一)同样是 5G:中国公司的 5G 是"监控"技术,西方公司的 5G 是"通信"技术

5G 网络技术最有可能开启下一轮世界工业革命、领航全球产业变革。美国政府发起的贸易战,使中美两国在经贸领域摩擦日益激化,5G 技术成为其关注重点之一。2018 年 4 月 16 日,美国政府宣布对中国的有关公司禁售芯片零部件、软件技术等,让国际舆论更加关注中国 5G 话题。《华盛顿邮报》作为美国报道国际政治最有影响力的报纸,展现了敏锐的新闻嗅觉,其众多知名专栏如 Business(商业)、National-Politics(国家政治)、Technology(科技)等都围绕 5G 话题组织报道、发表评论。

研究者粟锋通过对《华盛顿邮报》有关 5G 话题报道的研究,探求该报涉华 5G 报道形成的传播图景,分析该报如何设置国际政治视野中的 5G 议题。研究发现:
5G 成为中美贸易冲突的科技脚本。《华盛顿邮报》的报道,把 5G 技术作为

中美贸易冲突的焦点来报道，5G技术进入政治话题。在报道中，"间谍""监控""威胁"等词频非常高，大部分标题都出现强烈情感暗示，如"华为是西方同盟的严重威胁""中国正在智胜美国""美国必须赢得5G战役""华为具备监视我们的超级优势""华为窃取T-Mobile商业机密"等，通过歪曲、夸张、失真等报道方式渲染"中国威胁论"。在研究样本中，《华盛顿邮报》先后24次在版面头条报道5G议题，其中13次直接把中国政府与华为公司捆绑在一起，并作为美国及其盟友的假想敌，如"英国认为华为尚未解决安全问题""美国盛赞德国制定5G安全标准向华为宣战"等。

助推5G技术话题政治化进程。2018年12月，华为副董事长、首席财务官孟晚舟在加拿大被捕，美国联邦调查局污蔑华为公司"窃取知识产权，破坏全球自由贸易规则"。孟晚舟被捕之后的一周，《华盛顿邮报》涉华5G报道达到42篇，比平时每周报道数的平均值高39%，报道通过增加大量修饰词强化对该事件的政治态度，助推5G技术话题政治化进程。而且此后《华盛顿邮报》涉华5G报道每涉及中美、中欧、中加等大国外交关系，都以不同篇幅回溯孟晚舟事件。

干预美国及盟友的渐进分化。《华盛顿邮报》在报道涉华5G的议题时，把是否符合美国国家利益作为重要性判断的基本依据，同时按照政治偏好，突出国家观念，调整新闻结构的事实要素排序，重新解读新闻文本。2019年4月中欧达成成果，德国《南德意志报》报道欧盟"不希望把华为排除在5G合作方之外，同时将为所有供应商制定统一的竞争标准"，而《华盛顿邮报》的报道则"移花接木"为"德国为阻止华为进入5G领域制定更严格的安全标准"，背离了事实。与此类似的情况还发生在《华盛顿邮报》《泰晤士报》对英国政府与中国华为公司相关报道中。

可见，《华盛顿邮报》涉华5G报道，贯穿了"美国优先""美国第一"的观念，使之主导了其新闻采编、曝光频率和情感倾向，并因此采取了双重标准，同样是5G，中国公司的5G是"监控"技术，西方公司的5G是"通信"技术。

（二）同样是对待中国：肯定中国就是"被中国抓住了把柄"，批评中国才是理所当然的正常状态

2020年1月1日，美国《华盛顿邮报》的美国大选专题报道将矛头对准民主党总统参选人布隆伯格，发表了题为《布隆伯格在中国的业务增长，如果他当选总统可能会造成前所未有的麻烦》的文章，指责他在过去几年"对中国不吝赞美

之词",并称他创立的彭博社"与中国打造了密切的金融关系",称"他的最大弱点在于中国"。

《华盛顿邮报》罗列了布隆伯格所谓的"赞美中国"语录,包括:2019年中国香港"修例风波"和西方指责中国新疆政策期间,布隆伯格在接受美国媒体采访时拒绝称中国政府"独裁"。报道还称,布隆伯格2008年曾在《新闻周刊》撰文表示,他坚持长期以来的观点:"蓬勃发展的中国经济有利于美国""美中两国在合作解决共同问题上休戚与共,而非恫吓或胁迫对方采取行动"。此外,布隆伯格倡导发起的"创新经济论坛"一直呼吁加强对华关系,推动与中国的合作,而不是打压中国。

在罗列布隆伯格所谓的"罪状"后,《华盛顿邮报》还重点剖析了布隆伯格所谓的"罪状"背后的原因,也就是彭博社在中国的生意。报道称,在彭博有限合伙企业的总收入中,中国大陆和中国香港仅分别占1%和4%,但布隆伯格的核心生意是向投资者出售金融信息,在他的推动下,美国企业从2015年起开始更多使用人民币开展交易。2019年4月,彭博巴克莱全球综合指数纳入中国债券,引导1500亿美元资金流入中国,彭博社从这一业务中获得的收入没有披露,但无疑十分巨大。报道引述美国对冲基金经理凯尔·巴斯的话说,布隆伯格"被金钱蒙蔽了双眼",他认为布隆伯格在所有候选人中"最有能力",但"他的最大弱点在于中国"。值得注意的是,巴斯常年致力于做空人民币。

对这种无中生有、捕风捉影的"双标"做法,布隆伯格表示,说中国不是"独裁"政权并不是"奉承",而是"说出他这么多年看到的现实",并表示"将永远说并做他认为对美国正确的事,无论对其生意有何影响"。对此,麦肯锡公司资深董事Peter Walker(《强大、不同、平等:克服中美之间的误解和分歧》"Powerful, Different, Equal: Overcoming the Misconceptions and Differences Between China and the US"一书作者)表示,布隆伯格"说出有关中国的正面或者中立观点,他相当有胆量",因为"许多美国人不愿意听这种说法,因为这是一种有悖于所谓'美国模式才是最佳模式'的看法"。

(三)同样是阅兵:中国阅兵是"炫耀武力""震慑他国",法国阅兵是"纪念一战""珍视和平"

2015年9月3日,纪念中国人民抗日战争暨世界反法西斯战争胜利70周年阅兵（以下简称中国"9·3"阅兵）在北京举行，国际媒体争相报道。2015年7月14日，法国也在巴黎举行了国庆日阅兵（以下简称法国"7·14"阅兵），国际媒体也进行了充分报道。

研究者马笑清通过对《华盛顿邮报》报道中国"9·3"阅兵和法国"7·14"阅兵的差异分析，发现了该报的"双标"：同样是阅兵，在《华盛顿邮报》的报道中的定性和呈现却差别很大，中国"9·3"阅兵被描述成"炫耀武力""震慑他国"，而法国阅兵被描述成"纪念一战""珍视和平"。

阅兵报道的标题，差别明显。中国阅兵的标题是"China shows off rising power in marking WWII defeat of Japan"，直译为"中国通过纪念'二战'日本战败来炫耀大国崛起"。《华盛顿邮报》在此故意进行了"偷梁换柱"，因为中国阅兵的主题是"纪念中国人民抗日战争暨世界反法西斯战争胜利70周年"，而不是"纪念'二战'日本战败"70周年，虽然这是同一件事情的两种不同表述，但不同的表述代表不同的立场。之所以采用"中国通过纪念'二战'日本战败来炫耀大国崛起"这个标题，就是想传达所谓的"中国威胁论"，而实际上中国"9·3"阅兵的目的是要致力于维护和平正义，与世界各国开创和平发展、共同繁荣的美好未来，但是《华盛顿邮报》对此视而不见、置若罔闻。对法国"7·14"阅兵，《华盛顿邮报》的报道标题没有一丝"法国威胁论"的味道。

对阅兵行动的描述，差别明显。《华盛顿邮报》对中国和法国的阅兵都使用了"parade"（阅兵）一词，但分别使用了"military"和"martial"进行修饰。对中国阅兵使用的是"military"，"military"强调的是军事的、军队的，偏向于一个国家的"军事力量"，意指中国此次阅兵旨在"炫耀武力"。对法国阅兵使用的是"martial"，"martial"侧重于"战争的"，把受众的注意力引向历史上的世界大战，意指法国此次阅兵的目的是珍视和平。对中国阅兵还使用了"military display"（军事炫耀）、"massive"（大规模的）、"lavish"（浪费的）等词语进行修饰，一方面着力渲染中国阅兵声势浩大铺张浪费，另一方面暗示中国阅兵是在"秀肌肉"，意识形态倾向性非常明显。而对法国阅兵还使用了"customary"（例行的）进行修饰，更加排除了"炫耀武力"的可能性。

阅兵目的的定性，差别明显。《华盛顿邮报》指出法国阅兵是为了纪念"一战"爆发一百周年，并且特别强调法国在一战中共有130万士兵阵亡，中立客观且对法国对一战的贡献予以肯定。关于中国阅兵，《华盛顿邮报》从多个角度和字里行间对受众进行刻意引导，认为阅兵一方面是通过纪念"二战"日本战败来炫耀大国崛起，另一方面是为了促使中国成为亚洲顶尖大国。《华盛顿邮报》将"二战"中法西斯阵线的轴心国日本包装成"弱势"的战败国，而突出中国是在谋求在亚洲的"霸主地位"，暗示中国可能给亚洲邻国造成威胁，十分露骨的"双标"。

（四）同样是对外合作：中国倡议"一带一路"是"新殖民"，西方国家的倡议是"正常对外合作"

2013年9月和10月，中国国家主席习近平在出访哈萨克斯坦和印度尼西亚时先后提出共建"丝绸之路经济带"和"21世纪海上丝绸之路"的倡议。中国政府成立了推进"一带一路"建设工作领导小组，并在中国国家发展改革委设立领导小组办公室。2015年3月，中国发布《推动共建丝绸之路经济带和21世纪海上丝绸之路的愿景与行动》；2017年5月，首届"一带一路"国际合作高峰论坛在北京成功召开；2019年4月，第二届"一带一路"国际合作高峰论坛在北京成功召开。2013年至2019年，中国与沿线国家货物贸易累计总额超过了7.8万亿美元，对沿线国家直接投资超过了1100亿美元，新签承包工程合同额接近8000亿美元。据世界银行研究报告，"一带一路"倡议将使相关国家760万人摆脱极端贫困、3200万人摆脱中度贫困，将使参与国贸易增长2.8%至9.7%、全球贸易增长1.7%至6.2%、全球收入增加0.7%至2.9%。这充分说明，"一带一路"倡议是让沿线国家互利共赢的。

研究者蒋贤成、钟新通过对《华盛顿邮报》关于"一带一路"报道的分析发现：《华盛顿邮报》对"一带一路"的报道构建充满了偏见和"双标"，该报认为"一带一路"倡议是"新殖民主义"，是在搞"地缘政治"，目的是"称霸"。

2018年8月22日，《华盛顿邮报》在一篇标题为《为什么有的国家想要退出中国的"一带一路"》("Why Countries Might Want out of China's Belt and Road")的报道中写道：的确，对于许多人来说，北京对新未来的梦想正开始像过去的噩梦般令人不适。(Indeed, to many, Beijing's dream of a new future is starting to look uncomfortably like nightmares of the past.) 本来，"北京对新未来的梦想"指的是有益于全人类的"一带一路"倡议被广泛接受，而"过去的噩梦"指的是东南亚国家被殖民的历史。报道故意将"一带一路"倡议歪曲为中国殖民的手段，渲染中国推广"一带一路"倡议不是为了世界和平发展，而是为了实现霸权梦想。

2018年8月12日，《华盛顿邮报》在一篇标题为《苏联解体对中国"一带一路"的启示》("Soviet Collapse Echoes in China's Belt and Road")的报道中写道：就像苏联对其远东地区的战略担忧一样，近年来北京对西部地区（新疆等地区）分离主义的恐惧驱使对那里的投资项目激增，而"一带一路"项目似乎只是冰山一角。(As with the U.S.S.R.'s strategic concerns about shoring up its eastern fringes, Beijing's fears of separatism in its west have driven a surge in capital projects there in recent years, next to which Belt and Road projects look like merely the tip of the iceberg.) 报道将"一带一路"倡议比作"冰山一角"，既暗指"一带一路"倡议还有很多项目没有公开，又暗示中国不为人知的意图可能会对其他国家造成"航程遇到冰山"式的伤害。文章继续写道：对于中国这样一个通过军力扩张、往战略缓冲地带海量砸钱以实现发展的未来强权而言，这（新疆的分裂主义）是个令人担忧的问题。(That should be a worrying prospect for China, a would-be great power whose current phase of growth is associated with an increasingly aggressive military posture and a tsunami of capital spending in its strategic neighborhood.) 报道将中国在邻国的投资比作"海啸"(tsunami)，视中国在邻国的投资为洪水猛兽。

2018年9月11日，《华盛顿邮报》在一篇题为《"一带一路"把中国的投资带去了世界各个角落。对当地有什么冲击呢？》("Belt and Road Projects Direct Chinese Investment to All Corners of the Globe. What Are the Local Impacts?") 的报道中写道：北京是一个鲁莽的、自私自利的、阴险的、给别人制造烂摊子的演员。(Beijing is a reckless, self-serving or sinister actor creating problems that others eventually will have to fix.) 报道故意将"北京"所指代的中国政府拟人化，污蔑为一个"鲁莽的、自私自利的、阴险的、给别人制造烂摊子的演员"，展现了该报对"一带一路"倡议的态度：在推行"一带一路"倡议中，中国政府只顾自己利益，而不顾可能会给其他国家带来的负面影响。这显然是与事实不符的，"一带一路"实则是互利共赢的。该报道继续写道："一带一路"倡议试图将中国置于全球贸易网络的中心，通过魅力攻势以"购买"世界各国领导人的支持，并提出战略性构想，以挑战美国在亚洲及整个世界的霸权。(BRI is a thinly veiled attempt to position China at the center of the global trading network; a charm offensive to buy the allegiance of world leaders; and a strategic bid to challenge U.S. hegemony in Asia and the wider world.）报道故意将其他国家对"一带一路"的支持说成是"购买"（buy）得来的，以突出所谓的中国"阴险"和"野心勃勃"的形象。

……

《华盛顿邮报》涉华报道的"双标"案例还有很多，在此不一一列举。

三、《华盛顿邮报》涉华报道也并非都是"双标"

《华盛顿邮报》在涉华报道中常常"双标"，但《华盛顿邮报》毕竟是一份严肃的大报，标榜其"客观""公正"，其涉华报道也并非都是"双标"。

比如，2020年3月23日，《华盛顿邮报》发表题为《西班牙痛恨与1918年致命流感联系在一起，而特朗普的"中国病毒"标签重复了这一切》（"Spain hated being linked to the deadly 1918 flu pandemic, Trump's 'Chinese virus' label echoes that"）的文章表示，特朗普炒作"中国病毒"侮蔑了所有中国人。《华盛顿邮报》将2020年发生的这一幕与1918年的流感进行类比。"不要叫它西班牙流感。"报道称，这是西班牙人民在1918年这场致命的流行病暴发之初所说的话，这场疾病造成全球5000多万人死亡。"一战"结束时，西班牙人被贴上了"凶手"的标签，因为西班牙是首个公开报告这种疾病的国家，而不是因为疾病起源于那里。但当这种致命的病毒在全世界暴发，并被称为"西班牙流感"时，西班牙抗议说，它的人民受到了错误的侮蔑。报道进一步介绍，2015年，世卫组织（WHO）曾发布新的疾病命名指南，"尽量减少疾病名称带来的不必要的负面影响"，"避免冒犯任何文化、社会、国家、地区、专业或种族群体"。世卫组织还特别建议不要在疾病名称中提及国家。

又比如，2020年4月4日，《华盛顿邮报》发表万字长篇调查报告披露："1月4日，美国疾控中心CDC主任罗德菲尔德（Robert Redfield）接到了中国疾病预防控制中心主任高福的电话，被告知武汉出现了一种神秘的呼吸系统疾病。罗德菲尔德迅速将这个令人不安的消息传达给了美国卫生部部长阿扎尔（Alex Azar）。阿扎尔向白宫通报了情况，并且与白宫国安会分享了中方的报告。""1月4日，特朗普政府收到了冠状病毒的第一个正式通知。几天之内，美国情报机构在给总统的每日简报中对这种冠状病毒威胁的严重性发出了警告，这是西方各国中第一次对这种病毒发出警告。""然而，直到接到最初通知的70天后，特朗普才终于认识到,这种冠状病毒不是一种遥远的威胁,也不是一种受到良好控制的无害流感病毒,而是一种致命的可怕力量,是一种可能击溃美国防御体系、随时可能杀死数万公民的致命力量。""特朗普在那几周作出一些毫无根据的断言,包括他声称一切都会'奇迹般地'消失,结果在公众中造成了巨大的困扰,并与公共卫生专家发出的紧急信息相矛盾。"这篇长篇调查报告充分说明少数政客炒作的"中国隐瞒论"完全站不住脚。

再比如,2020年5月9日,《华盛顿邮报》发表题为《中国不应为美国政府的错误买单》的文章表示,美国的疫情之所以恶化,是美国政府的不作为和决策错误的结果,而非中国之错。早在1月初,美国情报机构就已对新冠肺炎疫情的潜在风险发出了警告,美国政府充耳不闻,却将精力放在指责中国和编造阴谋论上。一项研究表明,如果美国在3月初就采取保持社交距离的措施,可以减少约90%的新冠肺炎患者死亡,然而美国政府迟迟没有采取措施,错过了防止疫情扩散的最佳窗口期,从而导致了疫情的扩散。因此,疫情恶化实为美国政府咎由自取,中国不应为美国政府的错误买单。

……

四、对《华盛顿邮报》涉华报道的简要介绍分析

以上列举的是典型案例,那么《华盛顿邮报》涉华报道的整体情况是什么样的?不妨看看相关研究者们的研究成果。

研究者杨苗苗在其论文《〈华盛顿邮报〉上的中国形象研究》中,通过对《华盛顿邮报》900多篇涉华报道的系统、立体分析,探究了该报对中国国家形象的建构。

《华盛顿邮报》这些涉华报道大致体现出的态度倾向为:负面的有392篇,占总体的43.1%;中立的有376篇,占总体的41.4%;正面的有141篇,占总体的15.5%。负面比例最大,中立的比例比负面比例稍小,正面比例最小。在有倾向性的文章中,负面否定的评价大于正面肯定的评价,正面报道和负面报道的比例大约是1∶3。其中,中国在《华盛顿邮报》上形象最好的是"文化历史"领域,正面倾向报道占所有"文化历史"主题报道的53.33%。形象最差的是"国内政治"领域,负面倾向报道占比高达77.44%;其次是"社会法律"领域和"国际政治"

领域，这两个领域的负面倾向报道分别占 45.51% 和 44.88%。

中国经济形象——中国经济高速增长，但问题同样突出。《华盛顿邮报》认为，中国已成为国际经济的重要支柱，并有可能在不久以后挑战美国的霸主地位，但同时中国经济方面也存在着一些突出问题，比如市场机制不够完善、环境污染、生产事故、经济增长模式等。

中国政治形象——在国际事务中起重要作用，但民主人权状况不良。《华盛顿邮报》认为中国是国际关系格局中非常重要的一个成员，但多数情况下中国在国际政治事件中扮演的是负面角色。在《华盛顿邮报》的中国人权报道中，下列关键词频频出现：压制、迫害、逮捕、剥夺权利、拷问、监视、威胁、人权活动家、政治批评家、持不同政见者。这些负面的关键词表明，《华盛顿邮报》力图把中国塑造成一个人人自危、人民没有基本自由的警察国家。

中国军事形象——中国军力日益增强，军费快速增长。中国国防开支目前仅次于美国，以目前的增长速度，中国的军费支出可能逐渐与美国持平，而且军事实力也逐渐接近美国，而且中国军事不透明，对世界是巨大威胁。

研究者李占芳、彭梦莹在其论文《美国主流新闻媒体对"中美贸易战"中双方形象的刻画 ——以〈华盛顿邮报〉为例》中，通过对《华盛顿邮报》涉"中美贸易战"的报道的系统分析，探究该报对"中美贸易战"中双方形象的刻画。研究发现：

首先，《华盛顿邮报》对"中美贸易战"的报道在用词方面并非客观公正。报道中很多刻画中国形象的词汇都有极强的负面意味。相反，在刻画美国形象时报道的用词明显很积极。这表明该报在对待"贸易战"中刻意贬损中方而肯定支持美方。

其次，在对"中美贸易战"进行报道时，《华盛顿邮报》选取的消息来源和转述方式都不是随意的，而是为其所代表的利益集团的意识形态服务的。该报在报道中刻意丑化甚至抹黑中国形象，同时又维护美国的正义形象甚至将美国塑造成一个受害者，以引导大众批判控诉中国，企图达到遏制中国发展的目的。

最后，《华盛顿邮报》对"中美贸易战"的报道受到当前国际权力关系和国内社会文化环境影响。当前美国的全球霸主地位受到了挑战，美国政府认为，中美贸易交往中美国的利益遭到了"侵害"。同时，两国社会制度和价值观念的差异，导致两国关系不太和睦。因此，该报的报道自然而然地具有明显的意识形态倾向。

总之,作为"自以为统治着美国的人看的报纸",《华盛顿邮报》被认为是美国政治舆论的标杆,其也一直自诩为美国国家利益的"看门狗"。《华盛顿时报》在看待中国政治、社会、经济发展时,主要持"是否美国利益优先、第一"的立场,符合美国优先的就褒赞,不符合美国第一的就批评,擅长将各种议题政治化。随着世界多极化的发展,美国优先越来越行不通,美国第一也越来越受到挑战,因此对中国批评多、"双标"多。

【参考文献】

（1）《华盛顿邮报》网站,http://www.washingtonpost.com。

（2）[美]逊伍·纳姆：《〈华盛顿邮报〉述评》,李彬译,载《郑州大学学报》(哲学社会科学版)1986年第3期。

（3）徐妙、郭全中：《〈华盛顿邮报〉转型的实践与借鉴》,载《出版广角》2016年第15期。

（4）林昱君：《〈华盛顿邮报〉的结网式融合实践探究》,载《新闻与写作》2019年第2期。

（5）张宸编译：《抛弃什么 保留什么 获取什么——〈华盛顿邮报〉执行主编马丁·巴龙关于纸媒转型的思路》,载《新闻与写作》2015年第7期。

（6）殷乐：《信息过剩与信任稀缺环境中的内容付费——从〈纽约时报〉〈华盛顿邮报〉的付费墙策略来看》,载《青年记者》2017年第13期。

（7）单晓颖：《贝佐斯掌控下〈华盛顿邮报〉的变革》,载《青年记者》2016年第16期。

（8）粟锋：《美国对中国5G事业的舆论建构及其应对——以〈华盛顿邮报〉涉华5G报道为例》,载《领导科学》2020年第6期。

（9）《〈华盛顿邮报〉：布隆伯格"最大的弱点在中国"》,观察者网,2020年1月3日。

（10）《逻辑荒谬！布隆伯格"赞美中国"被美媒针对》,环球网,2020年1月3日。

（11）马笑清：《从阅兵报道看〈华盛顿邮报〉的双重标准——对中国"9·3"阅兵和法国"7·14"阅兵报道的差异分析》,载《传媒》2016年第17期。

（12）蒋贤成、钟新：《意识形态修辞批评视角下〈华盛顿邮报〉"一带一路"倡议报道分析》,载《国际传播》2020年第1期。

（13）朱桂生、黄建滨：《美国主流媒体视野中的中国"一带一路"战略——基于〈华盛顿邮报〉相关报道的批评性话语分析》,载《新闻界》2016年第17期。

（14）郑华、李婧：《美国媒体建构下的中国"一带一路"战略构想——基于〈纽约时报〉和〈华盛顿邮报〉相关报道的分析》,载《上海对外经贸大学学报》2016年第1期。

（15）杨苗苗：《〈华盛顿邮报〉上的中国形象研究》,新疆师范大学硕士学位论文,

2015年。

（16）李占芳、彭梦莹：《美国主流新闻媒体对"中美贸易战"中双方形象的刻画——以〈华盛顿邮报〉为例》，载《华北电力大学学报》（社会科学版）2019年第5期。

（17）李桃：《试析美国主流报刊中的中国国家形象构建——以〈纽约时报〉和〈华盛顿邮报〉涉华报道为例》，中国人民大学硕士学位论文，2011年。

（18）李思乐、袁芃：《他者的异化呈现——以〈华盛顿邮报〉的两则报道为例》，载《新闻世界》2016年第1期。

（19）罗娟丽、刘长敏：《美国媒体眼中的中国人权问题——以〈纽约时报〉和〈华盛顿邮报〉的报道为例》，载《内蒙古大学学报》（哲学社会科学版）2013年第3期。

（20）李立新：《〈华盛顿邮报〉中国女性形象报道的批评话语分析》，载《语文学刊》2019年第6期。

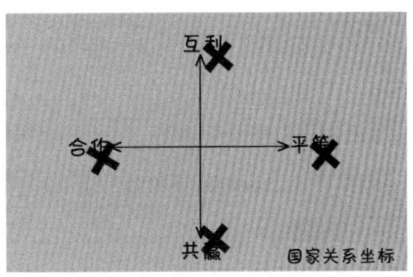

平等、互利、合作、共赢……这些国际交往的重要原则，西方一些政客弃如敝履，他们心心念念的是为所欲为。

歪曲，管什么是非曲直[①]

一、《华尔街日报》简介

《华尔街日报》(*The Wall Street Journal*)是一家以财经报道为特色的综合性报纸，其作为美国主流大报被誉为"美国最重要的财经报纸""美国最具权威性的财经大报"，在国际上也具有广泛影响力。

《华尔街日报》的前身，最早可追溯到1882年。这一年，三位青年人查理·亨利·道、埃德华·戴维斯·琼斯、查尔斯·米尔福德·博格斯特瑟在纽约创立了道琼斯公司(Dow Jones & Company)，专门为客户收集、摘抄商业信息，然后将手工编写的简讯汇总送交订阅者。取得初步成功后，道琼斯公司于1883年开始发行印刷版股市行情简报。随着市场需求与业务规模的扩张，1889年7月8日，道琼斯公司正式创办了《华尔街日报》。

1902年，克莱伦斯·巴伦买下了道琼斯公司及《华尔街日报》，自此至2007年，《华尔街日报》一直是克莱伦斯·巴伦及其后代班克罗夫特家族的产业。百余年间，《华尔街日报》逐渐走向专业化、多元化、全球化，发展成为全球一流的财经出版物。

2007年，经营不善、连年亏损的道琼斯公司被媒体大亨默多克收归新闻集团旗下，从此《华尔街日报》进入了发展新阶段。默多克推动改革，强化《华尔街日报》的突发新闻报道能力及版面冲击力，取得了市场成功。《华尔街日报》的发行量逐渐突破200万份，超越《今日美国》成为美国发行量最大的日报。

[①] 《华尔街日报》涉华报道"双标"报告。

2016年11月起,《华尔街日报》实行全新改版,进一步强化版面冲击力、突出讲好财经故事,并积极顺应媒体融合大趋势,进行数字化转型,并在脸书、推特等社交网站上创建官方账号。美国报刊发行量统计所公布的数据显示,《华尔街日报》仍是美国销量最大的报纸,工作日平均发行量超200万份。

二、《华尔街日报》涉华报道"双标"典型案例

《华尔街日报》作为在全世界拥有广泛影响力的百年大报和美国媒体领军者,其自成特色、以讲故事见长的"华尔街日报体"受到业界、学界的追捧,是获得美国新闻界最高荣誉普利策新闻奖最多的媒体之一。

虽然《华尔街日报》一直标榜"正确使用真理""不为广告或任何投机、宣传的利益控制",但是翻阅《华尔街日报》就会发现,这只是一种口号而已。一些涉华报道,有着明显的偏见甚至歧视,既与该报对美国、西方的报道逻辑大相径庭,也与该报的自我标榜相矛盾,是典型的"双标"。

(一)《华尔街日报》涉华新冠疫情报道"双标"典型案例

1. 妄用"亚洲病夫":指责别人"种族歧视",辩称自己"言论自由"

2020年2月3日,《华尔街日报》在其网站刊发了题为《中国是真正的亚洲病夫》("China Is the Real Sick Man of Asia")的评论文章。次日,这篇文章刊登在该报言论版(标题仅删去"Real"一词),令国际舆论哗然。

《华尔街日报》不可能不清楚,公然使用侮辱性的"亚洲病夫"一词,属于典型的种族歧视,是与其一向标榜的"民主、自由、平等"理念背道而驰的。但该报坚持妄用"亚洲病夫",凸显了"双标"思维。

反观之前,新冠肺炎疫情防控期间,广州采取正常防控措施,因极个别非洲人不配合而采取了强制措施,这是再正常不过的依法执法。但《华尔街日报》借题发挥,指责广州的防控措施"歧视性地对待非洲人","这样的事情向非洲人印证了:中国是一个非常种族主义的地方"。

两相对比,一贯乐于指摘中国人"种族歧视"的"政治正确教师爷"《华尔街日报》,如今却将"亚洲病夫"这样的种族歧视词语刊登在自家网站和报纸上,真是"自己打脸"。不仅如此,文章还抛出"中国的金融市场可能比其野味市场更

加危险"（Its financial markets may be even more dangerous than its wildlife markets）论调，将"新冠病毒""食用野味""中国与中国人"等进行了关联、捆绑，其用意可谓"司马昭之心，路人皆知"。

《华尔街日报》的侮辱冒犯、"双标"行径，引发了中国舆论场的强烈愤慨，中国各方迅速对该报及作者进行谴责与回击。不仅如此，该报的出格言论在大洋彼岸的美国舆论场也引发了"路见不平一声吼"。

美国全国广播公司（NBC）援引加州大学伯克利分校种族研究教授Catherine Ceniza Choy的观点称："美国主流媒体发表这种观点只会加剧恐惧和焦虑情绪，同时增加对全球华人和其他亚洲人的敌意，这是极度有害和错误的行为。""疾病不看种族或是肤色，更不看国界。"

《纽约时报》网站报道，《华尔街日报》内部53名记者和编辑联名致信报社管理层，敦促"考虑修改标题，并向读者和所有被冒犯的人道歉"，并警告"如果不尽快行动，会对我们的品牌造成持久的损害"。

或许是迫于内外舆情汹涌，《华尔街日报》采取了一些"姿态"。2月7日，《华尔街日报》在报纸言论版刊载了来自美国和中国的两则读者来信，引用来信内容解释"亚洲病夫"一词的历史语境，提到该词涉及鸦片战争以来中国遭受的殖民与屈辱，指出而今使用该词是歧视的（discriminatory）、贬低的（derogatory）、不恰当的（inappropraite）。这样一种借人之口的回应，尽管带有一定的反思意味，却离正式道歉还有很远的距离。

时至今日，这篇充满种族歧视色彩的评论及其标题，仍一字未改地挂在《华尔街日报》的网站上。

2. 妄用"中国病毒"："强加污名"指责别人，辩称自己"伸张正义"

妄用"亚洲病夫"一词后，不到两个月时间，《华尔街日报》故技重施，在评论文章的标题中又妄用"中国病毒"一词。

2020年3月30日，《华尔街日报》在其网站刊发了题为《哈佛的中国病毒》（"Harvard's China Virus"）的评论文章。3月31日，这篇文章刊载在报纸上，而且是言论版的头条。

值得注意的是，文章的核心论点并不是要肯定"中国病毒"一词，而是旨在驳斥这一污名化的概念。在大标题"哈佛的中国病毒"之下，还有较为醒目的小标题写道"新冠肺炎不是美国亚裔唯一遭受的污名化"，言语间流露出对美国亚裔遭受污名化的同情和不平。

文章呼吁，"整个美国都应正视排外问题，哈佛大学也责无旁贷"，并大力抨击某些方面说一套做一套，如："倘若我们相信哈佛（录取学生时的）说法，那就意味着美国亚裔不如其他种族那么可爱、善良和勇敢——如果这不是污名化，那又有什么算是呢？"不过，反观文章标题，却未免让人觉得别扭、拧巴、不对劲儿，甚至有些讽刺、打脸：文章明明是谈污名化问题，为何偏偏将"中国病毒"作为标题，连表示"反对"或"所谓"意思的词语都懒得加？

这仅仅是一种修辞手法吗？其实不是，这本质上也是一种"双标"。美国一些人用"中国病毒"一词，就是强加污名于亚裔，《华尔街日报》将"中国病毒"做成醒目的大标题，表面是要借"反讽手法""戏剧效果"来替亚裔"主持公道""伸张正义"，但实际上是一种明知故犯，更是只许自己放火、不许别人点灯的"双标"行径。正如有人评价的那样："如果所谓'哈佛的中国病毒'是一种修辞手法，那么将所谓'中国病毒'一词运用到日常行文、工作当中，何尝不是在助长这一歧视性词语的常态化传播？"

（二）《华尔街日报》涉中国新疆报道"双标"典型案例

2020年2月18日，《华尔街日报》在国际新闻版刊发了一篇题为《文件显示中国如何监控穆斯林》（"Records Show How China Tracks Muslims"）的报道。文章煞有介事地称，在新疆喀什有一份揭露中国当局如何监控穆斯林的文件被曝光，在此基础上对中国进行"莫须有"的指控。而且，文章把中国新疆用于提升民众就业能力的职业技能教育培训机构污蔑为"再教育营"（西方用这个词指代"关押异见分子并进行思想改造的类似集中营的地方"）。

披露了所谓"文件内容"之后，报道终于提到了这份文件的来源："尚不能确定是谁制造了这份日期不明的文件。"（It couldn't be determined who produced the document, which is undated.）这么严肃的问题，这么严重的指控，这么无凭无据的捕风捉影，恐怕连《华尔街日报》自己都觉得心虚，所以报道又赶紧给自己"壮胆"写道："周一发布的一篇论文中，新疆问题的领衔研究者Adrian Zenz表示，他能够将这份文件里面的许多名字和身份与其他数据资料匹配起来，而且这份文件使用了当地官方文件常用的术语。"

那么，这位"领衔研究者"Adrian Zenz，到底是何许人也？美国独立新闻网站"灰色地带"(The Grayzone)发表调查文章,在对"新疆数百万人被关集中营"进行辟谣的同时,揭露了此人的"老底":Adrian Zenz,中文名郑恩国,出生于德国,在华盛顿的一家"研究机构"工作,主要负责"中国研究",是一名极右翼原教旨主义基督徒,一直认为自己"被上帝指引着要去中国传道"。对于此人,有媒体直言不讳地评价:"通俗一点说,就是有点神神道道的一个人,精神是不是有问题还不好说……"

《华尔街日报》洋洋洒洒数千字的长篇报道,新闻由头只是一份来路不明的所谓内部文件,证人则是一位完全不靠谱的所谓"专家",内容充满了捏造、虚构、偏见,这是典型的无中生有、指鹿为马式"双标"。其实,在打击恐怖主义这个问题上,《华尔街日报》向来支持西方社会采取强硬措施,但涉及中国,立场就变了,标准就变了。

比如,安置监控设施是英美等世界各国的通常做法,都是为了维护社会安全和稳定、为了反恐和去极端化,但在《华尔街日报》等西方媒体上,西方这样做就是"保护人权",中国同样的做法就成了"侵犯人权"。再比如,帮助受到恐怖主义和极端思想影响的人,都是通过引导他们学习语言、学习法律、学习技能等以帮助其回归正常社会生活,但在《华尔街日报》等西方媒体上,西方这样做就是"保护人权",中国同样的做法就成了"侵犯人权"。

(三)《华尔街日报》涉中国海外活动报道"双标"典型案例

2016年8月19日,《华尔街日报》在其网站发表题为《中国建设首个海外军事前哨》的文章,指控中国正在吉布提"建设自己的首个海外军事前哨"。文章写道:"这是迄今为止体现中国要将本国军事影响力拓展到印度洋及更远地区的战略的最明确迹象""中国正在加速从一个孤立的大陆国家向全球海洋强国转变,这一转变可能会对自1945年以来巩固了全球秩序的西方安全伙伴关系构成挑战"……字里行间,充满着"中国不安分""西方受威胁"的味道。

面对《华尔街日报》等西方媒体的大肆渲染,面对"阴谋论""威胁论"甚嚣尘上,中国《解放军报》刊文发声:"在中国官方多次明确'吉布提基地'为后勤保障设施的前提下,西方媒体仍然大肆鼓吹将吉布提后勤保障设施渲染成中国的海外军事基地,不能不让人怀疑,是否别有用心。"文章进一步指出:"吉布提恰好位于'一带一路'海上西线关键连接点,是连接亚非欧市场的关键之处。中国选择在吉布提建立后勤保障设施,将会极大方便护航编队进行高效迅速准确的补给,极大增强突发事件的发现和处理能力，有利于国际维和事业的推进。至于真正拥有军事基地，且拥有数量达到 600 余个、高居全球榜首的，恰恰是美国自己。"

面对美国在海外真正的军力扩张、横行霸道，《华尔街日报》一点也不会觉得"美国不安分"，也不会报道其他国家"受威胁"。比如，2018 年 11 月 1 日《华尔街日报》报道："澳大利亚和巴布亚新几内亚同意升级位于马努斯岛的隆布鲁姆海军基地。此举可能令美国和澳大利亚军队有机会使用南太平洋的某港口，以及从南部接近南海有争议水域。"又比如，2019 年 4 月 3 日《华尔街日报》则报道："美国正在太平洋的一些小岛上扩大其军事存在，此举是遏制中国在太平洋地区发展战略的一部分。不仅如此，美国海军还计划重新开放阿拉斯加一个封闭的基地，并将开展'自由航行'活动，部分原因是为对抗中国和俄罗斯在北极地区的海上力量。"

中国在海外建设一个后勤保障基地，在《华尔街日报》等西方媒体眼里，就是"中国不安分""中国危险论"；美国在海外到处扩张军事基地、耀武扬威，在《华尔街日报》等西方媒体眼里，却是再正常不过的事情。如此"双标"，谈何公道正义？！

（四）《华尔街日报》涉中国企业报道"双标"案例

2019 年 12 月 26 日，《华尔街日报》在经济与金融版头条位置刊发题为《北京用数十亿助推华为》（"Huawei Propelled by Beijing's Bliilions"）的文章，声称华为受政府资助、有政府背景，把华为描绘成"中国政府爪牙"的形象。

报道称，华为公司多年来持续得到中国政府的"巨额资助"，这助力华为从一家名不见经传的电话供应商发展成世界上最大的电信设备公司，"数十年的财政援助使任何其他电信企业都相形见绌"。报道还援引美国政客的话，称华为商业利益的背后是"国家的强力支持"，极力渲染华为所谓的"政府背景"，指责华为及中国政府的"不正当竞争"。

事实上，华为是一家私营企业，根本就没有西方媒体渲染的"政府背景"，更不可能得到令人咋舌的所谓"巨额资助"。当然，正常的符合条件的补助肯定是有的，因为在中国，满足条件的高科技企业（包括外资企业）都有权申请中国政府的相关补助，主要用于支持研究项目。华为也是通过这些正常渠道申请相关补助。这是世界通行做法，西方国家对高科技研究项目给予补助也十分普遍。

真要说到哪国最符合"国家干预""不正当竞争"，恐怕非美国莫属。《华尔街日报》的报道，就足以说明这点。

2020年3月27日,《华尔街日报》发表题为《美国打压华为更进一步》("U.S. Moves Ahead on Huawei Curbs")的报道,报道称:美国特朗普政府的高级官员已同意推进一项限制华为的提案。具体而言,这项提案将要求使用美国芯片制造设备的外国公司必须先获得美国的许可,才可以向华为供应芯片。这不是美国第一次利用出口管制措施对华为进行打压。美国商务部曾将华为及70家关联企业列入出口管制"实体清单",称如果没有美国政府批准,美国公司将不得销售产品和技术给华为。

2019年6月24日,《华尔街日报》在头版发表题为《美国考虑封杀中国5G设备》("U.S. Weighs Barring 5G Equipment From China")的报道,称:封禁华为后,美国又把目光转向了诺基亚和爱立信,考虑让这两家企业把5G设备的生产移出中国。知情人士表示,美国政府正在考虑要求美国使用的5G设备在中国境外设计并制造。为了继续向美国提供服务,这些政策可能会迫使诺基亚和爱立信将主要业务迁出中国。除了硬件设备,美国还可能禁用在中国开发的电信软件,并将中国列入"外国敌手"名单。

众多事实表明,美国不遗余力地打压华为公司。不仅如此,美国甚至强迫诺基亚和爱立信等他国企业配合自己围剿华为。到底是谁在"滥用国家力量"?究竟是谁在发起"不正当竞争"、在搞"国家的强力支持"?《华尔街日报》其实"心里跟明镜似的",但"双标"惯了,不肯"一碗水端平"。

三、《华尔街日报》涉华报道也并非都是"双标"

《华尔街日报》的涉华报道,屡见不鲜地表现出双重标准和有失公允的倾向,但也并非都是"双标",时不时也会有一些相对比较客观、平衡的报道。

比如,2020年3月25日《华尔街日报》刊登题为《中国扭转疫情的最严厉举措尚未被西方采用》("China's Progress Against Coronavirus Used Draconian Tactics Not Deployed in the West")的文章,援引医疗卫生专家的话提醒道:各国在效仿中国经验时并没学到精髓,除了"封城"以外,加强检测力度、分级隔离与收治才是遏制疫情扩散的关键,包括建立集中收治的方舱医院。这篇报道号召西方进一步学习中国的抗疫经验,显然是对中国的抗疫表现予以了肯定。

再比如,2020年8月7日《华尔街日报》在其网站发表文章《控制疫情后,中国成美国企业"避难所"》("China Becomes a Refuge for U.S. Companies After

Overcoming Covid-19"）。文章写道：虽然当前中美之间的政治矛盾激化，但在中国销售的美国品牌商家几乎没有受到影响，能从中国经济的恢复中获益。对许多美国公司来说，更早控制新冠肺炎疫情的中国成为"关键避难所"，因为中国第二季度经济的复苏帮助他们对冲了美国国内的销售损失。在通报今年第二季度财务状况时，一些美国最知名品牌企业的总裁都提到，是中国的业务帮助他们度过原本可能更糟糕的这段时期。"中国提供了一个恢复、稳定然后增长的榜样。"美国第三大运动鞋品牌斯凯奇（Skechers）首席运营官戴维·韦恩伯格2020年7月底透露：该公司第二季度总体销售额同比下降了42%，但在中国增长了11.5%。

> WORLD | ASIA | CHINA
> **China Becomes a Refuge for U.S. Companies After Overcoming Covid-19**
> U.S. companies, including Nike and Tesla, have been buoyed by strong results from China; 'a model of recovery'

又比如，《华尔街日报》也曾在报道中承认如下事实：昆明火车站发生的恐怖袭击中，有许多无辜平民罹难；2016年12月以后，再没有发生于新疆的恐怖袭击。这些报道内容，印证了中国打击恐怖主义的必要性，及中国近年来维护新疆稳定的治理成效。

还比如，《华尔街日报》曾推出约3分40秒的视频新闻，详细介绍"为何这个世界的电信网络离不开华为"，视频提到"华为的一些5G科技可能领先西方公司一年"，印证了华为的成功是来自公司本身拥有领先于竞争者的技术与实力，也暴露了美国官方对华为公司的刻意打压。

由此看来，《华尔街日报》的涉华报道鱼龙混杂，真实的与虚假的、客观的与偏颇的、公正的与"双标"的都有。

四、对《华尔街日报》涉华报道的简要介绍分析

多年来，《华尔街日报》涉华报道的总体面貌是怎样的？有学者曾经进行梳理和研究，概括出了该报涉华报道的一些倾向和特点。

研究者雷晓艳在其论文《报道框架、国家形象与新闻生产：〈华尔街日报〉的涉华报道研究（1979—2013）》中，研究了中美建交35年以来《华尔街日报》的涉华报道后认为：在不同时期，《华尔街日报》上的中国呈现出不尽相同的形象。

20世纪70年代，中国形象带有理想的"浪漫主义"色彩，是开放的、友好的、充满希望的；80年代，中国形象是"强硬"的；90年代，中国形象则是"具有威胁"的；进入21世纪，中国形象积极和正面因素虽有增加，但中国威胁论、中国操纵汇率、中国人权状况不佳等论调甚嚣尘上。总的来看，《华尔街日报》建构的中国经济形象，是给美国经济带来冲击的；建构的中国政治形象，是缺乏民主、自由的；建构的中国安全形象，是对美国构成威胁的。《华尔街日报》的中国形象，是负面主导的多元复杂的综合体。

研究者康健在其论文《美国主流媒体如何调整对华报道框架——以〈华尔街日报〉为例》中，则研究了2013年至2015年之间以"中美关系"为主题的《华尔街日报》报道，发现"网络安全""朝鲜问题""南海问题"是报道较为集中的三大领域。在网络安全方面，中国被定义成美国商业信息和专有技术的"窃密者"；在海上争端方面，中国被塑造成航行和航海自由的"妨碍者"；在朝鲜半岛问题方面，中国被形容成所谓"流氓政府"的"袒护者"。该论文总结道，《华尔街日报》关于中美关系的报道是消极和负面的，缺乏客观性。

可见，《华尔街日报》涉华报道的负面、偏颇倾向由来已久，而涉华报道的双重标准正是这一倾向的具体体现。

那么，究竟是哪些原因造成了《华尔街日报》涉华报道的双重标准？除了"意识形态偏见""为本国站台、替西方说话"等西方媒体都有的共性因素外，《华尔街日报》还有着颇具"华尔街日报特色"的个性因素。

首先，《华尔街日报》涉华报道的双重标准可能源自市场策略。

2019年7月8日，在《华尔街日报》迎来发行130周年纪念日之际，该报总编马特·默里在接受采访谈及时下最热门的报道时，突出强调了三点：中国崛起、美国金融危机、数字技术进步。

这表明"关注中国崛起"已成为《华尔街日报》的策略，且不仅是业务层面的策略，更是市场层面、经营层面的策略。在"中国崛起"受到全球瞩目的大背景下，《华尔街日报》自然要用好这个热门话题，而要将其变现为报纸的实际利益，就必须在政治立场上、情感倾向上迎合某些西方政客和读者的口味。在整个西方世界热衷"妖魔化中国""鼓吹中国威胁论"的氛围里，《华尔街日报》自然容易随波逐流、见风使舵。该报总编默里的理念反映了一种实用主义逻辑：只有用某些西方人喜闻乐见的框架讲述"中国崛起"，满足那些"聪明读者"，才能更好地

"朝着不断增长的市场迈进"。

其次，《华尔街日报》涉华报道的双重标准可能源自写作风格。

《华尔街日报》总编默里还在采访中表示，该报始终致力于提供"各种有助读者理解世界和组成世界的力量的独特报道"。这"独特"二字，道出了该报写作风格的法门。

《〈华尔街日报〉是如何讲故事的》一书，介绍了该报讲故事"九步法则"，其中第九步为"如何有效地修改"。这一章有两段内容提要："如果因为害怕冒犯读者而改变自己的表达方式，去迎合一屋子的人，而不是某个具体的人，再多的写作技巧和策略都没用！""在充满了担忧的土地上，永远生长不出风格。"

这两段提要说得直白些，就是：制造冲突对立，文章才能好看；挑动争论非议，反响才能热烈。大搞双重标准，大行厚此薄彼，拉一边打一边，讨好一边得罪一边，这正是运用激进方式吸引各方注意力的手段之一，与其市场策略"两位一体"。

总之，作为"实际统治美国的人看的报纸"，《华尔街日报》被认为是美国经济舆论的风向标，一直自诩为美国经济利益的"捍卫者"。《华尔街日报》在看待中国政治、社会、经济发展时，主要对标"确保美国利益最大化"这一立场，符合的就褒赞，不符合的就批评。

当然，剖析《华尔街日报》涉华报道双重标准的滋生土壤，并不是说"存在即合理"，无论是从新闻伦理角度，还是从该报长期可持续发展角度来看，大搞双重标准都是不足取的。诚如《华尔街日报》总编默里所言：未来的目标是与媒体的信任赤字作斗争，致力于成为世界的"数字化领袖"。"信任赤字"比"经济赤字"的后果更严重，靠大搞双重标准哗众取宠、刺激销量，显然要以牺牲权威性和信任度为代价，无异于饮鸩止渴，长此以往，必然动摇"百年大报"的根基。

【参考文献】

（1）戴雪梅：《〈华尔街日报〉如何迎接媒体融合时代的挑战》，载《传媒》2019年第6期。

（2）崔媛媛：《〈华尔街日报〉的改革发展历程》，载《青年时代》2016年第13期。

（3）张利平：《〈华尔街日报〉的媒介融合战略》，武汉大学博士学位论文，2014年。

（4）华益文：《华尔街日报背离了自己的座右铭》，载《人民日报》（海外版）2020年3月13日。

（5）《华尔街日报：中国首次爆发有关种族歧视的公开讨论》，中国网2009年11月26日。

（6）《美国炒作"非洲人在中国遭歧视",事实真相如何？》,《人民日报》（海外版）侠客岛微信公众号2020年4月15日。

（7）《控〈华尔街日报〉双重标准　耶大中国留学生不满》,美国中文网2020年2月11日。

（8）《外媒讽中国"东亚病夫",数万网民白宫请愿要求道歉》,观察者网2020年2月8日。

（9）《为什么11万美国人喊〈华尔街日报〉道歉》,红星新闻客户端2020年2月26日。

（10）《53名〈华尔街日报〉员工要求该报改标题并正式道歉》,中国新闻网2020年2月24日。

（11）《〈华尔街日报〉批哈佛歧视亚裔,却在标题扯"中国病毒"》,观察者网2020年4月1日。

（12）《关于新疆的谣言如何被打脸》,中国日报网2019年12月28日。

（13）《德国一家报纸大楼遭纵火　曾刊登〈查理周刊〉漫画》,中国新闻网2015年1月11日。

（14）《美媒:中国在吉布提建基地与美为邻令其不安》,参考消息网2016年8月22日。

（15）《军报:吉布提被冠"中国军事基地",外媒在唱哪出？》,环球网2016年10月25日。

（16）《美媒:澳大利亚将重建二战美军基地意图牵制中国》,参考消息网2018年11月3日。

（17）《美国"重返"南太平洋,又盯上了中国》,参考消息网2019年4月4日。

（18）《〈华尔街日报〉渲染"政府背景",华为长文回击》,观察者网2019年12月27日。

（19）《进一步打压华为？美国再次试图切断华为全球芯片供应链》,上观新闻客户端2020年3月27日。

（20）《美国考虑让诺基亚、爱立信5G设备生产移出中国,外交部回应》,观察者网2019年6月24日。

（21）《以安全为由,美国防部要求全球美军基地商店下架华为中兴手机》,观察者网2018年5月3日。

（22）《〈华尔街日报〉:西方效仿中国防疫措施,但没学到精髓》,观察者网2020年3月26日。

（23）雷晓艳:《报道框架、国家形象与新闻生产:〈华尔街日报〉的涉华报道研究（1979—2013）》,华中科技大学博士学位论文,2015年。

（24）康健:《美国主流媒体如何调整对华报道框架——以〈华尔街日报〉为例》,载《传媒》2016年第20期。

（25）《〈华尔街日报〉130岁了　报纸负责人:最热门报道关注中国崛起》,参考消息网2019年7月10日。

（26）［美］威廉·E.布隆代尔:《〈华尔街日报〉是如何讲故事的》,徐扬译,华夏出版社2006年版。

"就是这么豪横!就是这么豪横!就是这么豪横!"西方的霸蛮有时候甚至都不屑于披上温情脉脉的面纱。

套路，玩得轻车熟路[①]

一、《泰晤士报》简介

《泰晤士报》（The Times），世界上第一份以"Times（时报）"命名的报纸，长期以来，一直被视为英国的第一主流大报，是一张对全球政治、经济、文化都具有影响力的报纸。

《泰晤士报》诞生于1785年，最初名为《世鉴日报》（The Daily Universal Register）（又被译为《每日环球记录报》），1788年正式改为现名。创始人约翰·沃尔特同时也是第一位总编辑，他于1803年将发行人和总编之职传给其子小约翰·沃尔特。

19世纪早期，《泰晤士报》成为第一张拥有驻外记者和第一张派驻战地记者的报纸。在19世纪的诸多重大政治事件中，《泰晤士报》都曾发挥过重要影响。例如，美国内战时，该报公开反对蓄奴制。美国时任总统亚伯拉罕·林肯曾说："除密西西比河以外，我不知道还有什么能拥有《泰晤士报》那样强大的力量。"小沃尔特去世时，《泰晤士报》的发行量已达3万多份，超过了当时伦敦其他大报发行量的总和。

19世纪后期，《每日电讯报》（The Daily Telegraph）和《每日邮报》（Daily Mail）的迅速崛起对《泰晤士报》的生存和发展构成了较大威胁。1880年，北岩爵士取得了《泰晤士报》的所有权后，进行改革创新，使之重有起色，但始终未能摆脱亏损的命运，发生于1979年的一起纠纷更使得《泰晤士报》停刊近一年。

[①] 《泰晤士报》涉华报道"双标"报告。

1981年，新闻集团的老板鲁珀特·默多克收购了《泰晤士报》。

默多克接手之后，对《泰晤士报》进行了大刀阔斧的调整。其一，在编辑方针上注意寻求严肃性和可读性的平衡，栏目编排向多元化方向发展，更多采用大幅彩色照片，总体风格进一步软化，重要文章要求"以跳动的文字抓住读者"。其二，扩大报道范围，在保持言论、头版头条、独家新闻这些传统优势的基础上，大幅增加社会新闻、体育、音乐和文学等内容的比重，以吸引更多年轻读者。

2005年，数据显示，《泰晤士报》日均发行量超68万份。2010年《泰晤士报》推出在线订阅模式。

《泰晤士报》从诞生之初起就是一份综合型日报，关注的领域包括政治、科学、文学、艺术等，并几乎在各个领域都赢得了不错的口碑。《泰晤士报》版面主要分为两部分：一是国内外新闻、评论、文化艺术、书评；二是商业、金融、体育、广播、电视和娱乐。报道风格较为严肃，报道内容也很详尽。作为英国历史最悠久的日报，《泰晤士报》1993年被联合国教科文组织评为世界十大报纸之一。

"独立地、客观地报道事实""报道发展中的历史"是《泰晤士报》的办报宗旨。但实际上，《泰晤士报》是工商资产阶级的代言人，读者主要来自政界、工商金融界和知识界，并不如自己宣称的那样"独立客观"。

二、《泰晤士报》涉华报道"双标"典型案例

虽然《泰晤士报》标榜"独立地、客观地报道事实""报道发展中的历史"，但由于受客观主观、内部外部等各种因素的影响，《泰晤士报》在涉华报道上时有双重标准的案例出现。

（一）新冠肺炎疫情中涉华报道"双标"典型案例

1.同样是订正统计数据：中国的数据就"令人怀疑"，英国的做法则"科学可靠"

2020年4月17日，武汉市新冠肺炎疫情防控指挥部发布《关于武汉市新冠肺炎确诊病例数确诊病例死亡数订正情况的通报》：根据线上大数据比对和线下逐人排查核实，截至4月16日24时，确诊病例核增325例，累计确诊病例数订正为50333例；确诊病例的死亡病例核增1290例，累计确诊病例的死亡数订正为3869例。出现数据差异的原因主要包括疫情早期病人激增导致医疗资源挤兑，救

治高峰期医院超负荷运转客观上存在迟报、漏报和误报现象等。

《泰晤士报》借"外国政府和卫生专家"之口表达了对这一数据更正的不信任，理由是"（武汉）这个拥有1400万人口的城市直到1月23日才被封锁，也就是在第一例官方通报的病例被确认几周后"。（Foreign governments and health experts have remained sceptical about the tally, pointing out that the city of 14 million people was not in lockdown until January 23, weeks after the first official case was confirmed.）还引用所谓专家的说法，认为"估计到12月底，（中国）可能有成千上万的人感染了Covid-19"。

但当英国对每日因新冠病毒死亡病例进行紧急审查时，《泰晤士报》的态度，耐人寻味。7月18日，英国政府暂停发布每日因新冠病毒死亡病例数据，理由是调查统计方式有问题，从而导致过多统计。一篇题为《马特·汉考克下令紧急审查英格兰每日的冠状病毒死亡人数》（"Matt Hancock orders urgent review into daily coronavirus death figures in England"）的文章写道：最初预计该审查将尝试使用苏格兰系统重新衡量英格兰的死亡人数，最终它的目的是对由该病毒直接导致的死亡人数做出更可靠的估计。（Initially the review is expected to attempt to remeasure English deaths using the Scottish system. Ultimately, however, it will aim to come up with a more robust estimate of the numbers to have died as a direct result of the virus.）文章观点鲜明地肯定了订正数据的做法，同时借伦敦帝国理工学院苏珊·霍普金斯（Susan Hopkins）的话"现在是时候回顾死亡的计算方式了""以确保我们的数据尽可能完整"来表明数据更正的正当性，甚至提及这一统计方式变化后面的政治经济考量：衡量标准的改变可能会减少最近几周（确诊）的人数，从而增强政府鼓励人们重返工作场所以及使用酒吧和餐馆的希望。

同样是订正统计数据，中国的数据就"令人怀疑"，英国的做法则"科学可靠"，赤裸裸的双重标准。《泰晤士报》极力质疑中国的订正数据，可以说是罔顾事实。

2. 同样是社交隔离后民众遵守规则：在中国是"被迫"，在英国是"美德"

为有效切断病毒传播途径、遏制疫情蔓延势头，武汉自2020年1月23日10时起"封城"。第二天，《泰晤士报》发表题为《冠状病毒危机：武汉内部的恐慌和恐惧被封锁》（"Coronavirus crisis: Panic and fear inside Wuhan lock down"）的文章，称"在现代流行病史上，对如此规模的城市进行隔离是前所未有的"（The move to quarantine a city of this size is unprecedented in the modern history of epidemics），同时把武汉称为"鬼城"（ghost town）。此后较长一段时间内，鲜见《泰晤士报》对做出巨大牺牲的武汉和武汉人民的正面评价，最常见的表述还包括"恐慌""被抛弃"等。讽刺的是，到了4月中旬，包括《泰晤士报》在内的英国多家媒体对英国政府的防疫措施提出了批评，原因正是没有及时采取强有力的封闭和社交隔离措施。

中国民众在疫情面前的自律给世人留下深刻印象，《泰晤士报》不太能理解中国人民自律行为背后的家国情怀，于是开始信口雌黄。一篇题为《希望封锁时体现出的一些精神能够持续下去》（"Let's hope some of the lockdown spirit lasts"）的文章写道，武汉人民遵守规则是因为"无视规则就会冒着生命和自由的危险"，而英国人民遵守规则是因为他们同意规则，"这是这个国家的美德之一"（When the lockdown started in Wuhan, it seemed to me inconceivable that the same could be achieved in Britain. In China, people know that they risk their lives and their freedoms if they flout rules. In Britain, people tend to obey the rules if they agree with them. They view the police as more comic than terrifying. That is one of this country's virtues）。

同样是社交隔离后民众遵守规则，在中国是"被迫"，在英国是"美德"，如此明显的有色眼镜和双重标准，完全丧失了新闻职业的基本底线。

3. 同样是追踪密切接触者：中国是在"监控"、是"黑暗的"，西方则是"有效的""鼓舞人心的"

传染性疾病防控是一个系统性社会工程，关键在于控制传染源、切断传播途径、保护易感人群。新冠肺炎疫情暴发以来，中国采用了大数据、人工智能等高科技手段来控制病毒的传播，但中国具备的这种精准治理能力并没有得到包括《泰晤士报》在内的西方媒体的客观评价。

题为《鲍里斯·约翰逊誓言在下周准备好新的社交跟踪系统》（"New contact-tracing system ready by next week, Boris Johnson vows"）的文章写道，社交跟踪应用（contact-tracing app）被认为是至关重要的。文章毫不掩饰对社交跟踪系统的赞扬，并表示"中止这项工作甚至会遭到批评"，还借科学顾问之口赞扬一些西方国家开展了"鼓舞人心的"接触者追踪工作。

在《德国的冠状侦探带领他们摆脱封锁》（"Germany's corona detectives led way out of lockdown"）这篇文章中，德国的社交追踪系统被视作"应对大流行全球最有效的方法之一"，即便德国没有用精巧的软件来达到这一目的，而是靠动员一支由学生、社会工作者、警察、军队卫生工作者、行政人员等组成的临时队伍。

而当中国使用大数据和人工智能进行密切接触者跟踪时，批评接踵而来。一篇题为《我们的领导人必须醒来：依赖中国是危险的》("Our leaders must wake up: dependence on China is dangerous")的文章写道，所谓"西方自由主义模式"下的数据隐私是合理的，但在中国（和其他国家），"在大数据和人工智能的帮助下，监控将科学和人类带入更黑暗的未来"（Aided by big data and artificial intelligence, lead both science and humanity to a darker future）。

（二）《泰晤士报》涉中国香港报道"双标"典型案例

2020年6月30日，全国人大常委会表决通过了《中华人民共和国香港特别行政区维护国家安全法》（以下简称《香港国安法》），并将其列入香港基本法附件三，堵住了香港特别行政区在维护国家安全方面存在的法律漏洞。

然而自2019年香港"修例风波"以来，包括英国政府在内的一些境外势力多次公然干预香港事务。《泰晤士报》对"修例风波"和国安立法等的报道也经常大行"双标"之道。

1. 明明是中国香港警察依法执法，却被污蔑为"擅闯"英国领事馆

2020年1月11日下午，中国香港警察在英国驻香港总领事馆外拘捕了一批"示威者"，包括一名15岁女子。据媒体报道，警方接到报案称有人在领事馆外涂鸦、喷标语。随后警方派防暴警员到场并截查在场人士，在一名15岁女子的携带物品中搜到一支喷漆，故以"涉嫌刑事毁坏"将其拘捕。这本来是一起普通的执法行为，而且警方对媒体透露，这一行动是接到英国驻香港总领事馆方面的报案后出警的，在行动前和执法期间，都有知会领事馆，并就如何处理与领事馆进行了沟通。13日，香港警方在其社交媒体上发布的"警察讯息"视频中也提到了此案。

然而《泰晤士报》却刊登了一篇题为《香港警察"擅闯"英国领馆实施拘捕》（"Hong Kong police 'trespass' on British consulate to make arrest"）的文章，试图为乱港分子"洗地"。文章称，香港警察被指擅自闯入英国驻港领事馆内院并拘捕抗议者，"一位英国人权活动者表示（领事馆）并没有请求香港警方出动"，要求英国领事馆及中国外交部就此作出解释。但没过多久这篇文章就被狠狠打脸。英国驻香港总领事馆在回应中明确表示，当晚是他们通知香港警方领事馆外有发生

犯罪行为的危险后,香港警方才来到领事馆外并做出拘捕决定。

2. 同样是违法暴力活动:在中国香港是"民主抗争",在西班牙加泰罗尼亚则是"暴力行动",而且"民主国家决不允许暴力抗法"

香港"修例风波"期间,包括《泰晤士报》在内的英国多家媒体,对反中乱港分子的暴行"选择性失明"。在相关的新闻里,几乎见不到有关香港暴徒恶行的信息,倒是很容易看到被剪裁歪曲的香港警察执法的形象,对香港警察极尽造谣污蔑之能事。不仅如此,这些媒体还无视"港独"分子制造的大量打砸烧暴力事件,把他们描绘成"手无寸铁的""无辜的""和平的",称他们是"民主抗争"。

而当2019年10月,西班牙加泰罗尼亚地区暴力示威者向警察投掷汽油弹和燃烧瓶、污损西班牙国旗、街头纵火时,《泰晤士报》等一些西方主流媒体,众口一词地将这些抗议行为定性为"暴力行动",并声称"民主国家决不允许暴力抗法",与他们之前报道香港时的论调形成鲜明反差。

中国外交部新闻发言人在回答记者提问时指出,对发生在不同地方的违法暴力活动,西方政治人物和媒体显然采取了不同的态度。这再次说明:一是所谓民主、人权只不过是西方干涉香港事务的一个道貌岸然的借口;二是对待暴力违法活动,只能是一个标准、一种态度。双重标准、姑息纵容,到头来只会害人害己。

3. 同样是维护国家安全:论及自身必称"国家安全",却把《香港国安法》视作"北京对香港自由的限制"

众所周知,国安立法在任何国家均属中央事权。英国国安方面的立法众多,禁用华为5G设备所用的借口就包括所谓"国家安全"。论及自身言必称"国家安全",却对中国特别行政区的国安立法指手画脚、说三道四,是赤裸裸的双重标准。

《香港国安法》施行之后,《泰晤士报》发表评论文章《泰晤士报对新香港安全法的看法:澄清时刻》("The Times view on new Hong Kong security law: Clarifying Moment"),称"在北京方面攻击香港的自由和法治之后,西方社会的所有方面都必须立即重新评估它们与中国大陆的接触",把国安法的通过视作"北京对香港自由的限制"(Beijing's curtailment of Hong Kong's freedoms)。此外,该报还时不时以偏概全,通过放大某些个案对《香港国安法》进行污蔑。

4. 同样是维护国家统一:一方面态度鲜明地批评苏格兰的分离倾向,一方面对中国打击"港独"阴阳怪气

据《苏格兰先驱报》报道,在英国"脱欧"以后,苏格兰有越来越多的民众

支持独立，认为作为一个独立的国家加入欧盟，比"是英国的一部分但不在欧盟范围内"要更好。自新冠肺炎疫情暴发以来，苏格兰政府在应对疫情方面取得成绩，民众对苏格兰政府首席大臣斯特金的满意程度远高于英国首相。对此，《泰晤士报》坚定维护英国国家统一，态度鲜明地反对苏格兰独立。2020年7月下旬，英国首相约翰逊访问苏格兰，该报发表评论文章《泰晤士报对鲍里斯·约翰逊和苏格兰独立的看法：与北方接洽》("The Times view on Boris Johnson and Scottish independence: Northern Approach")，指出要采取多方面的行动"说服或者吸引苏格兰留下来"。在《泰晤士报》网站上检索"苏格兰公投""独立"等关键词，会发现该报诸如《独立不能建立在分裂之上》("Independence cannot be built on division"，2020年2月5日)、《苏格兰人仍然不知道独立的真正代价》("Scots still do not know the real price of their independence"，2014年9月17日)等文章，清晰地表明了对分离倾向的反对态度。

但是对于中国的国家统一，《泰晤士报》就不理解、不支持了。《香港国安法》通过后，一些支持"港独""香港自决"的非法组织作鸟兽散，但《泰晤士报》在报道此事时着重设置了"北京加强控制"等议题，炮制了一出"镇压媒体""政治审查"等所谓"民主"团体的戏码。一篇题为《香港中产阶级加入独立运动》("Hong Kong's middle classes join the independence movement")的文章谎称：独立原本只是一个次要选项，是《香港国安法》"强化"了对独立的支持。类似的报道完全低估了中国在维护国家主权、统一和领土完整上的意志和决心，歪曲了国安立法的目的和效果。"独立"在任何时候都绝不应当也不可能是一个"选项"，《香港国安法》的目的是让乱港分子在法理上和实践上毫无"谋独"空间。国安立法后，数百万香港民众签名支持，香港正在渐渐恢复往日的平静。

（三）《泰晤士报》对奥运报道"双标"典型案例

1.同样是奥运会开幕：北京奥运会"在争议中开幕"，伦敦奥运会开幕式"历史性""奇妙"

2008年在北京举办的奥运会是中国第一次举办奥运会，也是发展中国家第一次举办奥运会，当时中国上下的气氛用普天同庆、举国欢腾来形容丝毫不为过。然而北京奥运会开幕当天，《泰晤士报》发表了题为《北京奥运会在争议中开幕》("Beijing Games to begin in smog of controversy")的文章，称圣火在充满着政治性的空气里和充满污染的环境中传递，用极为苛刻的话否定了北京为举办奥运会做出的巨大努力。除此之外，《泰晤士报》对开幕式上所呈现的中国历史和文化并没有足够的善意，甚至恶意满满地将北京奥运会比作1936年纳粹德国主办的柏林奥运会。实际上，北京奥运会被时任国际奥委会主席罗格赞誉为"一届真正的无与伦比的（truly exceptional）奥运会"，此前此后没有任何一届奥运会得到这样的评价。

但当四年后奥运会来到伦敦，《泰晤士报》对本国的体育盛会不吝溢美之词。题为《全世界尽在一座城》（"The world in one city"）的文章中写道：当奥林匹克圣火完成其8000英里的旅程时，七年的精心准备在今晚达到了壮观的高潮（Seven years of meticulous planning come to a spectacular climax tonight when the Olympic flame completes its 8000-mile journey），并称开幕式为"extraordinary journey"（一场非凡的旅行）。开幕式后，《泰晤士报》在头版刊登文章，称当晚是一个历史性的、奇妙的夜晚，在文章中连续使用"celebrate""pleasure""victory""joy"等词，表现出强烈的欢快心情。时任国际奥委会主席罗格表示伦敦奥运会是"一届成功的奥运会"。

在《泰晤士报》看来，国际奥委会主席眼中"无与伦比"的北京奥运会是"在争议中开幕"，而"成功"的伦敦奥运会却成了"历史性的"。这样的"双标"行径，昭然若揭。

2. 同样是夺冠：中国运动员被称为"机器"，英国运动员则是"伟大胜利"

奥运会上，金牌始终是各方关注的焦点。在北京奥运会场地自行车10个项目中，英国运动员两破世界纪录，一口气夺得7金3银2铜，而四年前在雅典，英国队只获得2金1银1铜。这一壮举激发起英国媒体强烈的民族自豪感，《泰晤士报》如此评论：这简直就像是远古传说里那半人半仙的状态，霍伊和威金斯为祖国运回了金牌……这是"伟大胜利"。

但是，当中国跳水健儿在奥运会上取得好成绩时，《泰晤士报》的态度来了一个一百八十度大转弯。中国组合吴敏霞和何姿夺得伦敦奥运会赛场上首枚跳水金牌后，《泰晤士报》上发表了题为《中国人展现人类优秀的一面——吴与何给跳水池带来神奇的感觉》（"Chinese show human face of excellence——Wu and He bring sense of wonder to diving pool"）的文章，称"中国跳水队完美得不真实，她们是一群跳水机器，没有喜怒哀乐，没有人性，她们的表现超越人类的范畴"。这样的表述并没有赞扬意味，反倒充斥着调侃甚至讽刺："她们一遍又一遍地跳着，用自己平时训练中最好的水平来参加这场比赛，这就是我们称她们是机器的原因。就好像她们不会像其他运动员一样紧张，就像她们是被远程操控的玩具而非有血有肉的人类一样。"

大方的赞美和局促的揶揄形成强烈反差，这就是《泰晤士报》的"双标"行径。

3. 面对兴奋剂质疑：极力毁谤没检出兴奋剂的中国运动员，竭力袒护陷入丑闻的英国运动员

伦敦奥运会上，中国游泳选手叶诗文在女子200米和400米混合泳决赛中打破世界纪录，成为双料冠军。当时的中国游泳队领队在接受采访时表示，叶诗文赢得奥运冠军是意料之中的，中国游泳在经过多少代人的多年努力和经验摸索后，可以骄傲地说：中国同样可以出现天才，叶诗文就是其中之一。

令人遗憾的是，叶诗文的成绩一出，不少西方媒体就跳出来质疑，即便叶诗文的兴奋剂药检结果清白。学术刊物《自然》在其网站发表文章《为什么奥运会上的卓越表现引发怀疑》，认为叶诗文夺得伦敦奥运会女子400米个人混合泳金牌的卓越表现是"异常"的，不能完全排除服用兴奋剂的可能。此后不久，《自然》为将叶诗文和兴奋剂联系在一起而道歉。

《泰晤士报》网站则引述时任世界游泳教练协会和美国游泳教练协会负责人的话称，叶诗文的表现"令人不安""成绩完全不可信"，充满了质疑，并将报道重心转移到抹黑中国在体育上的成就以及中国的体制上来。一些西方媒体对于这样的"套路"早已轻车熟路了。题为《中国体制不值千金》("China's system is not worth a thousand golds")的文章写道，叶诗文夺冠之所以会成为体坛一大焦点，关键就是因为中国体制让人无法接受。这篇文章带有非常强烈的倾向，对中国从体育体制到政治体制，作者都进行了猛烈的攻击。对中国运动员的优异成绩进行无端猜忌并非个案，背后是根深蒂固的偏见。

然而国籍一换，话风立马转变。威金斯是英国历史上赢得奥运会奖牌最多的运动员之一，但他在2016年9月被爆服用禁药、陷入兴奋剂丑闻，不得已只好于当年年底宣布退役。《泰晤士报》发表了他退役的报道《布拉德利·威金斯从自行车运动退役》("Bradley Wiggins retires from cycling")，文章几乎都在为他辩护，比如引用威金斯一位发言人的话："这没有什么新东西。大家都知道布拉德利患有哮喘……和所有英国队运动员一样，他严格遵守世界反兴奋剂机构的规

定。"以至于有读者都看不下去,在评论区留言:如果他是俄罗斯人,你们就会像对兰斯·阿姆斯特朗一样,大喊"嗑药的骗子",鼓动取消比赛资格(If he were a Russian you would all be screaming "drug cheat" and be agitating for disqualification similar to Lance Armstrong)。

(四)《泰晤士报》对涉华暴恐活动报道"双标"典型案例

2019年11月29日,英国伦敦发生恐袭案,一名身着自杀式炸弹背心的男子在伦敦桥附近持刀行凶,造成2人死亡。28岁的凶手乌斯曼·汗曾在2012年因恐怖主义罪名被判刑,之后获得假释。当时,乌斯曼·汗获释的条件之一包括参加英国政府组织的"断念与脱离"课程(Desistance and Disengagement Programme,DDP)。DDP是英国政府打击恐怖主义的手段之一,旨在让曾经参与恐怖主义活动的人认识到极端思想的危险,摆脱极端思想的控制,继而重新融入社会。

与英国类似,法国在全国各大区设立去极端化中心,美国推行"社区矫正"措施。这些预防性反恐和去极端化项目设立的初衷和逻辑与中国新疆设立教培中心其实是一样的,只不过新疆设立教培中心的举措更加系统完备,也更加有效。然而大多数西方国家和媒体并没有用正确的眼光看待中国"去极端化"的工作,反而玩弄起"双标",大力妖魔化这项举措,污蔑新疆的教培中心是"集中营"。

不仅针对教培中心,《泰晤士报》等西方主流媒体对涉华暴恐活动的报道也大搞"双重标准",不妨从中国昆明"3·1"事件(2014年3月1日晚,多名统一着装的暴徒蒙面持刀在云南昆明火车站广场、售票厅等处砍杀无辜群众,导致31名旅客死亡,143人受伤)和巴黎"11·13"事件(2015年11月13日晚,在法国巴黎市发生一系列恐怖袭击事件,造成至少132人死亡,300多人受伤)的报道对比中窥见一斑。

同样是手段凶残、恐怖主义特征明显的两起事件,《泰晤士报》报道昆明"3·1"事件时使用频率较高的词汇是"knife(刀)""knife gang attack(持刀团伙袭击)""knife attackers(持刀袭击者)"等,极力避免使用"恐怖主义""恐怖分子"等字眼,对事件的恐怖性和严重性轻描淡写,没有客观公正地揭露暴恐活动的本质。与之形成鲜明对比的是,报道巴黎"11·13"事件时,《泰晤士报》直接果断地将其定性为"恐怖主义",使用的多为"Terror(恐怖行为)""ISIS/Islamic State(伊斯兰国）""terrorists（恐怖分子）""jihadists（圣战者）"等描述恐怖主义袭击的词语。

暴力恐怖活动是世界公害和人类公敌，恐怖主义是世界各国面临的共同挑战，恐怖分子从来不分国籍、不分宗教、不分性别、不分年龄，因此反恐也绝不应有"双重标准"。《泰晤士报》在涉华暴恐活动上玩"双标"，别有用心。

三、《泰晤士报》涉华报道也并非都是"双标"

作为英国严肃大报的代表，《泰晤士报》在有关中国议题的报道上时常戴着有色眼镜，大搞双重标准，但也没有陷入完全不顾事实、一味贬低的地步，也会有较为客观的报道或较为公正的评论。

在全球战疫的艰难时刻，中国在做好自身防疫的同时，也向世界伸出援手，赢得多方赞誉。2020年3月12日，《泰晤士报》发表题为《中方向意大利派遣专家、呼吸机和口罩》（"China sends experts, ventilators and masks to Italy"）的文章，借两国民众之口表达了对中国及时伸出援手的肯定。文章引用了中国医疗队带队专家四川华西医院梁宗安的话："我们不会忘记，在我们最黑暗的时刻，意大利为中国提供了宝贵的支持。现在我们愿意坚定地站在意大利人民一边。"伦巴第大区抗击新冠病毒前线的一名意大利医生表示，欢迎中国的援助，"他们已经有了经验"。帕帕乔瓦尼23医院冠状病毒危机部门的负责人表示："当他们在武汉连夜建造那家医院时，似乎有些夸张，但现在我们明白了。"与欧洲邻国拒绝向意大利出售口罩和其他医疗设备的行为相比，中国的行为体现了大国担当。

2007年3月27日，香港回归10周年之际，《泰晤士报》发表题为《为香港的未来增加一种价值》的文章，肯定"中国不仅使香港的金融自由在本质上完整地保留了下来，而且这个正在觉醒的经济巨人还把香港作为其通向国际金融市场的首要渠道"，对回归10年间香港的繁荣发展和地位提升作出了较为客观的评价。2020年6月14日，《泰晤士报》网站刊登一篇题为《香港抗议者不是英雄》（"Hong Kong protesters are no heroes"）的文章，廓清了美国有线电视新闻网（CNN）和英国广播公司（BBC）关于香港抗议者报道的迷雾，道出"港版国安法"受到大多数香港人欢迎的事实，并表达了对破坏公共和私人财产、袭击内地人的抗议者的批评。

关于奥运会和中国运动员的报道也并非全都充满偏见。2008年北京奥运会上中国体操队闪耀赛场，1994年至2012年中国男子体操队在世界体操锦标赛上获得了压倒性的优势。中国如何变得如此出色？摄影师乔纳森·安德森（Jonathan Anderson）和埃德温·洛（Edwin Low）发出疑问并成为首批进入中国国家体操中心的西方摄影师，《泰晤士报》刊登的长篇特写《痛苦和荣耀》（"The pain and the glory"）记录下他们摄影的经历：

在一张照片上，女孩在教练的帮助下做拉伸。安德森说："很多人在对体操训练什么都不了解的情况下看到这样的情景一定会说'哦我的天哪，虐待儿童'。"（Most people who know nothing about gymnastics go, 'Oh, my God–child torture'.）但这根本就是无稽之谈。她的脸色看起来很痛苦吗？根本没有，她看起来非常平静。因为这就是她每天训练的项目。现在的问题是，西方人喜欢将这些运动员看成冷酷无情、没有感情的中国体育的机器。但我们并没有看到这些，我们完全想错了。那并不是残酷无情，而只是令人难以置信的专注和执着。（Absolute rubbish. Is her face in pain? No. She is totally calm. This is what she does every day. The problem is that the West would like to see the Chinese sports machine as heartless and brutal and ruthless. But we saw nothing I thought was remotely wrong. It's not cruel; it's just incredibly focused.）

文章引用了曾任英国国家队主教练的 约翰·阿特金森（John Atkinson）的话，他从1987年就开始探访中国，他认为"中国运动员有一种内在的韧性"（There is an inner toughness to the Chinese）。文章的结尾，摄影师安德森再次强调："我们期待了太久，太理所当然地把运动员的训练看成他们受到残酷的、不人道的对待，但现在看来，根本没有。"（We were there often enough and long enough to have seen if they were being brutal or inhuman, but they simply weren't.）

四、对《泰晤士报》涉华报道的简要介绍分析

以上列举的都是典型案例，那么《泰晤士报》涉华报道的总体情况是怎样的？呈现什么样的图景？不妨看看相关研究成果。

《泰晤士报》对中国的报道在不同的时期呈现不同的面貌。**研究者刘继南、何辉等人对2000年到2003年这三年间在《泰晤士报》上发表的包含"中国"或"中国人"等关键词的文章进行了定量和定性分析。有效的650篇文章中，客观**

报道的占74%，揭露讽刺的占20%，褒奖赞扬的占6%；倾向不明显或无倾向的占62%，负面否定的占24%，正面肯定的占14%。作者进而得出了"《泰晤士报》对中国的报道在倾向上相对缓和，没有过激的评价，而且报道中意识形态的色彩不是很浓"的结论，并认为《泰晤士报》涉华客观报道有"写作手法相对客观，报道详细"和"用词平实，没有太强的褒贬色彩"等特点。

即使在同一时期同一事件的不同阶段也可能会出现态度的起伏。以新冠肺炎舆情为例，西方主流媒体涉华报道的态度随着疫情的起伏波动而发展变化。有研究发现，西方一些媒体将2020年1月1日至4月12日的新冠肺炎舆情划分为四个阶段：疫情暴发初期、中国疫情高发期、疫情全球蔓延期和海外疫情高发期。梳理分析发现，四个不同阶段西方主流媒体报道中的中国国家形象多次出现反转，呈现"肯定—否定—肯定—否定"的迂回态势。面对这一现实，我们也应当随机应变，灵活调整对外传播策略。

作为世界上历史最为悠久的报纸之一，《泰晤士报》曾在一段时期内担当新闻自由理念的旗手。1858年的一篇社论中写道："思想自由和言论自由，是每一个英国人从诞生那天起就开始呼吸的空气……强化报刊的语气，支持报刊独立的精神，为报刊增添活力。"从欧洲和英国历史上看，自由主义新闻理论发挥过积极作用，但"新闻自由"口号从一开始就是为资产阶级政治斗争服务的，带有鲜明的阶级性。近代以来"新闻自由"的阶级性特征依然明显，且日益带有民族主义和国家主义的特质。

1903年至1904年，英国政府悍然发动第二次侵藏战争，《泰晤士报》诱使读者支持这场侵略战争，并且充斥着西方式居高临下的种族优越感与对藏族人民的歧视。系列涉藏报道对英国发动第二次侵藏战争起到了推波助澜的煽动作用，充分展现了《泰晤士报》充当英国政府喉舌，为英国国家利益服务的本质。

现如今，一些西方媒体标榜的新闻自由和价值中立更像是一种障眼法。"新闻专业主义"的幌子下，是以骂主流为乐、反主流成瘾；"价值中立"的面具后，是歪曲事实甚至谎话连篇。走样的新闻价值观是各种"双标"案例出现的直接原因，片面追求利润和市场效益的新闻业发展模式也起到了推波助澜的作用。乔治·奥威尔的《1984》经常被西方媒体拿来影射中国，一些在中国发生的很正常的事情，换一个标题或者换一个视角就被包装成耸人听闻的、惊世骇俗的新闻投放到媒体市场以吸引更多眼球。制造西方民众对中国的恐慌与误解，早已成为一些西方媒体获取更多读者市场和更丰厚收益的手段。

　　花式"双标"背后更深层次的原因还包括一些人脑子里存在根深蒂固的冷战思维，以及把逐渐发展壮大的中国视为威胁的偏执。在 21 世纪的今天，把东方建构成异质、分裂、他者化的惯性思维既不符合客观实际，也不符合历史发展的潮流。中国一直以自己的实际行动向世界宣示：中国始终做世界和平的建设者、全球发展的贡献者、国际秩序的维护者。煽动意识形态的对立、对中国搞"新冷战"只会搬起石头砸自己的脚。以《泰晤士报》为代表的西方媒体应当坚守新闻道德和职业操守，顺应时代潮流和世界大势，真正"读懂中国"，与时俱进、实事求是地报道发展前进中的中国。

【参考文献】

（1）《泰晤士报》网站，https：//www.thetimes.co.uk。

（2）胡泳：《〈泰晤士报〉的历史沿革》，载《新闻研究资料》1991 年第 2 期。

（3）吴杰：《默多克控股后的〈泰晤士报〉》，载《新闻战线》2001 年第 1 期。

（4）刘继南、何辉等：《镜像中国：世界主流媒体中的中国形象》，中国传媒大学出版社 2006 年版。

（5）唐亚明：《走进英国大报》，南方日报出版社 2004 年版。

（6）马嘉懿：《英美主流媒体对暴力恐怖事件的报道框架探究——基于昆明"3·1"事件与巴黎"11·13"事件的报道》，吉林大学硕士学位论文，2017 年。

（7）余娟娟：《西方主流报媒冬奥会报道的新闻框架研究》，武汉体育学院硕士学位论文，2018 年。

（8）熊萌之：《中英报纸对于第 30 届奥林匹克运动会报道比较研究》，南昌大学硕士学位论文，2014 年。

（9）孟思奇：《全球性媒介事件中国家形象的媒体自塑》，复旦大学硕士学位论文，2013 年。

（10）何兢、韩磊：《英国第二次侵藏战争与〈泰晤士报〉涉藏报道探析》，载《西藏大学学报》（社会科学版）2019 年第 2 期。

（11）王宁、张璐、曹斐：《英国媒体中的北京形象：基于〈泰晤士报〉2000—2015 年的框架分析》，载《西安外国语大学学报》2017 年第 4 期。

（12）刘桦艺：《中英主流媒体对北京/伦敦奥运会报道的比较研究——以〈人民日报〉和〈泰晤士报〉为例》，上海外国语大学硕士学位论文，2013 年。

（13）沈晶晶：《〈人民日报〉和〈泰晤士报〉（2004-2012）奥运会报道比较研究》，苏州大学硕士学位论文，2016年。

（14）孙志祥：《英国媒体上的中国产品品牌形象——基于〈泰晤士报〉的十年内容分析》，华中科技大学硕士学位论文，2015年。

（15）相德宝：《英国媒介中的中国国家形象——对〈泰晤士报〉的实证研究》，载《对外大传播》2006年第9期。

（16）焦文：《黄金时代背景下英国主流媒体中的中国形象研究——以对〈泰晤士报〉的内容分析为例》，载《新闻传播》2016年第11期。

喊着冠冕堂皇的口号,干着卑劣龌龊的勾当,一些西方国家的套路是那么深、那么认真!

直把偏见当洞见 ①

一、《经济学人》简介

《经济学人》（*The Economist*），是由英国经济学人集团出版的杂志，每周一期。杂志内容以全球政治经济为主，兼顾社会文化科技，报道评论风格独树一帜，文字严谨精练又不失生动活泼，是全球阅读量最大、影响力最大的政经杂志之一。

《经济学人》最早是报纸，而不是杂志。1843年9月2日，苏格兰帽子制造商詹姆斯·威尔逊（James Wilson）创办了《经济学人》，并出版了第一期报纸。在当时，"经济学人"这个词不是指研究经济的学者，而是指代任何一个以这样的方式分析问题的人。创办初期的《经济学人》是一份黑白报纸的形态，报头以哥特式的字体印刷，左上方有个简单的目录，后来才演变为杂志形态。在威尔逊独资经营并担任主编的15年里（1843—1857年），他为杂志确立了宣传自由贸易、自由竞争的编辑理念。

成立之初，《经济学人》平均每周发行量不足2000份，有20年的时间发行量都保持在3000份以内，甚至在100年的漫长时间里都在1万份以下缓慢攀升。"二战"结束后，随着全球经济的复苏和国际市场的日益融合，世界性的政治、经济信息越发重要，《经济学人》迎来了高速发展期，1956年发行量为5.5万份，1970年突破10万份，目前发行量稳定在约150万份。读者定位为高收入、富有独立见解和批判精神的社会精英，杂志封面即观点，文章往往不署名，立场鲜明，

---

① 《经济学人》涉华报道"双标"报告。

注重在最小的篇幅内告知读者最多的信息。

  2012年1月28日,《经济学人》开辟中国专栏,为有关中国的文章提供更多的版面,当期杂志的封面文章为《中国与繁荣的悖论》("China and the paradox of prosperity")。上一次为一个国家开辟专栏,还是在1942年开辟的美国专栏。2018年9月15日,《经济学人》在175周年的庆祝周刊中发布全新的中国专栏"Chaguan",意为"茶馆",旨在探索中国经济、社会和文化的多样性。

  《经济学人》还以发明巨无霸指数(Big Mac Index)而闻名,也就是通过比较麦当劳在各国快餐店销售巨无霸的价格来比较国与国之间的购买力平价。这个指数不仅有趣,而且被证明是比较准确的计算购买力平价的方法。

  新媒体时代,《经济学人》注重发力新媒体平台,拓展生存与发展空间。2009年,《经济学人》宣布向社交媒体界进军,推出了一套社交媒体风格指南,用于发展适合社交媒体的文风、格式和概念,注重多元化发展用户。经过这些年的发展,《经济学人》已经在Twitter、Facebook等各大社交媒体上拥有数千万订阅粉丝,在中国也开通了新浪微博和微信公众号,定期推送内容,并不时展开品牌营销推广活动。此外,《经济学人》不断在视频新闻方面加大投资力度,聚焦微纪录片、短视频等形式,进一步丰富了品牌价值的传播渠道。

二、《经济学人》涉华报道"双标"典型案例

  创刊以来,《经济学人》一直沿袭自由和理性的报道理念,在很多全球热点问题上报道发声,十分注重封面设计以表达观点,尤其擅长用生动有趣的方式直观呈现严肃的主题。在涉及中国的报道中,《经济学人》封面常常使用熊猫、龙、长城、五星红旗等典型的中国符号。这些符号在指涉中国时,虽未直接表达传播者的观点,却通过生动有创意的画面,含蓄而又明确地传达了自己的立场和观点,让读者印象深刻。开辟中国专栏后,杂志从多元角度解读中国,但由于受各种主客观、内外部因素的影响,在涉华报道中常常出现"双标",本文选取2017年来部分与中国有关的封面报道进行介绍解读。

（一）新冠肺炎疫情防控中涉华报道"双标"案例

1. 疫情发生初期，"宽于律己，严于待中"地给出偏见性结论

新冠肺炎疫情发生后，中国高度重视，迅速作出部署，把人民群众生命安全和身体健康放在第一位，采取切实有效措施，坚决遏制疫情蔓延势头。

病毒没有国界，疫情不分种族。新冠肺炎疫情的起源至今还没有弄清楚，中国人民特别是湖北人民、武汉人民是受害者，为疫情防控做出了重大贡献，付出了巨大牺牲。2020年2月1日，正是新冠肺炎疫情发生不久，当期《经济学人》封面文章标题是《会有多糟？》（"How bad will it get？"），封面设计则是一个五星红旗图案的口罩套在地球上，透着一股嘲弄甚至看热闹不嫌事大的味道。

对事物的认识需要一个过程，在证据不足、事情不清的情况下，报道应谨慎客观，防止误判。然而，这期封面设计带有明显的倾向，文中有"the fever from Wuhan"（武汉发烧）的字眼，实际上表达了指责中国的态度，而且诱导人们得出"中国让世界戴上口罩"的臆断。

文章称，病毒很可能在中国发生突变，感染人类，因为那里人和动物混杂在一起（The repeated mingling of people and animals in China means that viral mutations that infect humans are likely to arise there）。在没有科学依据的情况下，就把疫情起源和中国"绑"在一起，带有明显的立场偏向。

关于疫情防控，文章表示"最好的预估是疾病控制在中国境内"（The best guess is that the disease has taken hold in China），"如果疫情在中国被消灭掉，那么就可以避免全球大流行"（If the disease burns out in China, that might yet stop the pandemic altogether）。紧接着，文章给出了悲观的结论和所谓的论据，"控制病毒失败"（the heavy-handed failure to contain the virus），因为"中国的初级卫生保健是原始的，一些病患要么是被拒诊，要么就是被繁忙的医院送到他处"（Primary health care is rudimentary in China and some of the ill either avoided or were turned away from busy hospitals）。结论显然是错误的，这不仅反映了作者对中国并不真正了解，而且说明了作者对中国的立场本身就有偏向，毕竟西方媒体一向"宽于律己，严于待中"，以双重标准衡量中国已经习惯了。

实际上，中国始终坚持人民至上、生命至上，前所未有调集全国资源开展大规模救治，不遗漏一个感染者，不放弃每一位病患。而中国的这些努力，并不被

《经济学人》等西方媒体看重。

2. 中国有效控制疫情后，"只看立场，不顾事实"地质疑防控成果

随着国内疫情防控形势持续向好，中国疫情防控进入常态化，复工复产、复商复市、复学复课有序推进，疫情防控和经济社会发展工作统筹推进。与此形成对比，全球疫情大流行，虽然中国疫情防控"境外输入、境内反弹的风险依然存在"，但主要是严防境外输入。

2020年4月18日的《经济学人》封面文章标题是《中国赢了吗》（"Is China winning"）。封面设计可谓"别有用心"：在清晨大背景下，病毒模样的朝阳（太阳被修改成了病毒模样）映照着以上海外滩为代表的中国都会群，旁边伴随的则是向外蓄势待发的中国民航、战机、货船、军舰。这期"别有用心"的封面是想传达这样的意思：中国正"别有用心""处心积虑"地利用新冠肺炎疫情加速崛起，这是"中国威胁论"的一种新表达。

对于中国抗击新冠肺炎疫情取得的显著成绩，报道却表示"它可能不会成功"（it may not succeed），"只看立场，不顾事实"地质疑中国取得的成效。文章不愿承认中国在抗击新冠肺炎疫情中的制度优势，却又试图拿中国与一些国家的制度差异做文章，为新冠病毒贴上政治标签。

文章写道"当呼吸道病毒在武汉传播时，共产党官员的本能是不想声张"（When a respiratory virus spread in Wuhan, Communist Party officials' instinct was to hush it up），这纯属污蔑中国。真实的情况是，疫情发生以来，中国第一时间向国际社会公布和分享了新冠病毒基因序列，及时同世卫组织和国际社会分享防控、治疗经验。而文章却对中国积极分享抗击新冠肺炎疫情的做法使用了"粗鲁、不悦"（crass and unpleasant）这样的偏见字眼。

文章还称没有办法知道中国在防控新冠病毒上是否像宣称的那样令人印象深刻……外界无法确认政府官员在感染人数、死亡人数方面是不是坦诚（There is no way to know whether China's record in dealing with covid-19 is as impressive as it claims...Outsiders cannot check if China's secretive officials have been candid about the number of coronavirus cases and deaths）。自疫情发生以来，包括《经济学人》在内的一些西方媒体多次质疑中方隐瞒疫情规模、瞒报确诊总数和死亡人数，理由是病亡率等指标大大低于西方平均水平。实际上，中国在新冠肺炎确诊和死亡人数统计上始终保持透明。中国不放弃每一个生命，集中全国优质医疗资源，在科

学精准救治上下功夫，才确保了国内疫情最严重的武汉市新冠肺炎患者救治率高、病亡率低。

中国政府对公众高度负责，对统计数据精益求精。4月17日，武汉调整了当地新冠肺炎感染病例数和死亡数统计数据。西方媒体极力渲染这次数据调整是"作假"和"瞒报"的证据，而实际上这次统计数据修正恰恰体现了中国政府对数据高度负责的态度，是中国政府及时、专业和负责任的表现，也是中国政府对国际社会秉持公开透明原则的佐证。《经济学人》等西方媒体，一贯是"只看立场，不顾事实"的"双标"，在他们眼里，中国做得不如西方才是理所当然，做得比西方好那一定就是"作假""有猫腻"。

（二）《经济学人》涉中国香港报道"双标"典型案例

2019年6月12日，为阻止香港立法会审议《2019年逃犯及刑事事宜相互法律协助法例（修订）条例草案》，激进示威者先是占领金钟一带街道非法集会，其后有组织地冲击警方防线，更以砖头、自制铁矛等武器袭警。至深夜，激进分子仍集结在立法会一带，更投掷自制燃烧弹，不断冲击防线，警方迫不得已使用催泪瓦斯、橡胶子弹等驱散示威人群。对此，《经济学人》的报道透着一种扑面而来的幸灾乐祸味道，这或许是因为香港回归后，英国政府和媒体就一直有种"等着看笑话"的心态。

2019年6月15日，《经济学人》封面颜色是醒目的中国红，标题只有"Hong Kong"二字，中间的两个字母"o"被设计成手铐形式，并以黄色进行凸显。"被戴上手铐的香港"，这个潜台词丰富的封面设计暴露了该报道的"歪曲立场"和"双重标准"。

香港暴徒实施激进暴力犯罪，严重违反法律，严重破坏秩序，而文章却称"他们展示了非凡的勇气"（And they showed remarkable courage）。而反观2020年5月以来在英国本土发生的示威游行和部分激进示威者的行为，包括《经济学人》在内的西方媒体都指责其"破坏秩序""暴徒"。同样的游行示威，同样的损坏公物，同样的破坏秩序，却截然相反的定性，"双标"十分明显。

香港回归以来，在"一国两制"的制度安排下，香港背靠祖国、面向世界，不仅能够分享内地的广阔市场和发展机遇，而且能够在国家全面扩大对外开放的大格局中占得先机，辉煌成就有目共睹。但这篇文章却公然炮制"中国压榨香港并付出了沉重代价"（China has paid dearly for its attempts to squeeze Hong Kong）这样背离事实、耸人听闻的言论。更有甚者，文章还借美国一些政客之口称修例会损害美国的特殊地位（Some American politicians have warned that the law could jeopardise the special status the United States affords the territory）。这样的论调，真是滑天下之大稽，其"双标"露骨之程度令人吃惊。

2019年8月10日，《经济学人》封面报道继续关注香港，图片选取了暴乱后的狼藉场景，大标题为《这将如何结束？香港危在旦夕》（"How will this end？What's at stake in Hong Kong"）。"What's at stake in Hong Kong"有一语双关的味道，既可以译为"香港有什么风险"，又可以译为"香港危在旦夕"，一体两面相互关联。

那么，"危在旦夕"的香港究竟有什么风险？众所周知，香港的最大风险是乱港分子滥用暴力、破坏秩序，也就是所谓的"揽抄"，所以香港最重要的就是止暴制乱、恢复秩序。《经济学人》对公认的香港真正的风险也就是乱港势力的打砸抢烧视而不见，或者睁一只眼闭一只眼（实际上是不感兴趣），而把所谓的风险点极力渲染和引导到中国军方上去，完全就是颠倒是非。

文章以一种警告的语气写道：如果中国动用军队，那么将不仅仅是给示威者带来风险（If China were to send in the army, once an unthinkable idea, the risks would be not only to the demonstrators）。接着，文章又用一种审判的语气写道：动用军队来止暴制乱，不是增强而是损害中国的稳定繁荣（Putting these protests down with the army would not reinforce China's stability and prosperity. It would jeopardise them）。解放军的干预也将改变世界对香港的看法（The intervention of the People's Liberation Army would also change how the world sees Hong Kong）。香港的风险明明来自乱港分子的暴力破坏，《经济学人》却指责中国军方，这种指鹿为马式的"双标"令人"叹为观止"。

2019年11月23日，《经济学人》封面报道主题为《香港起义》（"Hong Kong in revolt"），副题为《中国在一旁肆无忌惮》（"China's unruly periphery"），封面图片为香港警察严正执法现场。如果说此前报道，其论调还在拿暴徒争取所谓的"民主自由"说事，那么这篇报道已经撕掉伪装，几乎要鼓吹"港独"了。

文章的大标题"香港起义"四个字，让本篇文章的意图昭然若揭。何为起义？它指的是进步革命的公开武装行动，一种含义是革命人民为反抗反动统治而举行的武装暴动，另一种含义是反动集团的部分武装力量或个别军人背叛所属的集团、投奔革命队伍。乱港分子的暴力行径，怎么配得上"起义"这个词？！文章辩称，示威者是在争取民主（Protesters say they want nothing less than democracy），并对示威者表示同情。但实际上这些暴力行径已经不是什么民主的问题，而是极端暴力违法行为，是对香港法治的极大破坏和践踏。这些恶劣行径被多数无辜的香港市民深恶痛绝，市民发出"你是中国人，你是香港人，你就要爱护这个地方，你们不能把这里搞这么乱""我们只想香港安乐，不要利用我们的下一代"等呼声。

反观2019年，围绕脱欧、气候变化等议题，英国多地多次发生大规模游行示威，并引发了骚乱和暴力事件，英国政府迅速调集约1万名防暴警察强力恢复秩序。再看2020年5月以来在英国本土发生的游行示威，部分激进示威者采取了暴力行为。对此，《经济学人》等西方主流媒体就称之为"暴行"，还有媒体呼吁防暴警察不能"心慈手软"。同样的行为，在西方是暴行，在中国香港就成了起义，真是彻头彻尾的"双标"。

（三）《经济学人》对中美、中欧关系"双标"典型案例

作为自由贸易的坚定拥护者，《经济学人》一向明确反对贸易保护主义，但如果是针对中国，那就另当别论了。2018年10月20日出版的《经济学人》杂志，封面文章的标题为《中国和美国：危险的竞争对手》（"China V America: a dangerous rivalry"）。内页正文的核心提要为："约会"的时代已经结束，世界上两个超级大国已经成为竞争对手（The era of engagement is over. The world's two superpowers have become rivals）。这篇文章毫不避讳呼吁美欧联合起来一起对中国施压，文章是这么写的：美国应当和欧洲各国政府更加紧密合作，就增强透明度、反腐败和打击以权谋私等建立共同标准，此举使中国难以将本国规则强加在小国身上。（America should also work more closely with European governments to set up common standards of transparency, graft-busting and the prevention of influence-peddling—which would make it harder for China to impose its own rules on small countries.）

中欧关系也是《经济学人》会涉及的话题，有些报道常常把偏见当作洞见。2018年10月6日的《经济学人》，封面文章的标题是《中国在欧洲的图谋》（"China's designs on Europe"），封面设计是代表欧洲意象的蒙娜丽莎，穿着中国的中山装，拿着带有中国国旗的扇子。

文章极力渲染焦虑，称"如今欧洲在经济、政治甚至军事领域就要被中国全面攻陷了，而且中国人很精明，拿东欧当突破口，用点小恩小惠收买捷克、黑山、希腊等国，智取欧洲"。

文章以一种"以小人之心度君子之腹"的论调写道：欧洲现在不再像以前那样团结，有分裂的趋势，背后有中国作祟，因为中国需要一个四分五裂的欧洲分而治之，让欧洲在人权和民主等问题上不能统一发声，而欧洲应该团结一致"一个鼻孔出气"（Europe should aim to speak as one）。

文章在渲染"中国威胁论"之后，又笔锋一转，有点幸灾乐祸地写道：中国在欧洲和美国中间搞挑拨离间，企图恶化美欧老盟友的关系从中牟利（鹬蚌相争，渔翁得利），但英法支持美国在中国南海搞事情，说明欧美国家还是有统一战线的，中国一天不民主，欧美就一天不松绑（Until China itself becomes a democracy, of which there is no sign, Europe will surely remain closer to its traditional allies）。

其实，《经济学人》一贯是呼吁中欧合作的，但前提是欧洲要处于优势地位、欧美要绝对优先，否则那就另当别论必须"双标"了。

三、《经济学人》涉华报道也并非都是"双标"

因意识形态、价值观等方面差异，《经济学人》在涉华报道中常常秉持"双重标准"，存在着大量非理性批评，夹杂着不少曲解和偏见，有些报道措辞和数据来源值得玩味。但《经济学人》毕竟定位为全球性政经杂志，不能完全抛弃客观、公正的专业理念，所以其涉华报道也并非都是"双重标准"。

2020年5月9日的《经济学人》推出题为《全球金融中枢正在重塑》（"The financial world's nervous system is being rewired"）的行业深度观察文章。文章认为，当下变化的世界经贸格局下，各国都在搭建自己的数字跨境金融基础设施，支付宝等公司的表现让中国的探索走在了世界前列。文章肯定近年来中国移动支付的发展，指出2019年中国消费者的移动支付总额达到了惊人的49万亿美元，是2013年的35倍。

《经济学人》观察到，得益于无现金化程度高的经济环境及巨大的国内市场，以蚂蚁金服、阿里云为代表的中国企业正在移动支付的全球软硬件竞争中崭露头角。以支付宝为代表的中国企业正在走国际化发展的道路。新冠肺炎疫情导致的全球大规模居家隔离也让金融业的数字化需求更为紧迫。

文章认为,中国企业正在走国际化发展道路,其在移动支付方面的专业经验吸引了更多海外合作伙伴。除了支付软件上的领先,中国在硬件上的竞争也走在世界前列。移动支付方式上的竞争只是表面,背后更大的竞争是支撑移动支付方式的硬软件之争,这也是中国正在发展壮大的领域(But the battle over payment methods masks a bigger war over the hardware and software that power them all. It is one that China is winning)。

2020年2月29日的《经济学人》封面报道为《走向全球》("It's going global"),文章认为,即使许多国家无法照搬中国模式,中国的实践仍提供了三大经验:需要及时向民众公开信息,政府可以减缓疫情的传播速度,卫生系统需要为需求激增做好预案。(Yet even if many countries could not, or should not, exactly copy China, its experience holds three important lessons—to talk to the public, to slow the transmission of the disease and to prepare health systems for a spike in demand.)

文章提到,世卫组织上周对中国的做法赞不绝口,并认为,正如中国的情况所示,结果究竟会如何在极大程度上取决于政府选择怎么做。在这个阶段的疫情防控中,中国按下了"暂停键",工厂停工,人们居家隔离,减少外出,这提高了人们的防范意识,改变了人们的行为。不采取这样的措施,就很难控制病例和死亡人数(Without it, China would by now have registered many millions of cases and tens of thousands of deaths)。

2020年6月23日,《经济学人》在官网发表《中国世界工厂的地位更加凸显》("China is the world's factory, more than ever")。文章指出,中国产业链强大,基础设施完善,市场巨大,这将让中国"世界工厂"地位在疫情过后更加凸显。疫情中的必需品口罩就生动地展现了中国的实力。

谈到今年的广交会时,文章指出,尽管受疫情影响,广交会的客商无法像往常一样面对面交谈,但网上交易让大量中国厂商实现直播卖货,促进了出口。网上广交会顺利举行在一定程度上也是中国制造能力的体现(Although no substitute for meetings in the flesh, the virtual fair was a spectacle in its own right, testament to China's manufacturing muscle)。

文章指出,近几个月来,中国作为制造业大国具有的两大优势已充分显现。一是工业基础的广度和深度无与伦比,从低端鞋类制造到高端生物技术创新,应有尽有（First, its industrial base is unparalleled in breadth and depth, churning out everything from low-end footwear to high-end biotech）；二是拥有庞大的市场（The second advantage for China is its own vast market）。

类似案例还有不少，在此不一一列举。

四、对《经济学人》涉华报道的简要介绍分析

上文列举了典型案例，那么《经济学人》涉华报道的总体概况大致是怎样的？一起来看看相关研究成果。

研究者高龙在其学位论文《〈经济学人〉涉华报道分析与中国国家形象呈现（2014—2018）》中，收集了 2014 年至 2018 年《经济学人》标题包含 China、Chinese 的 1118 篇涉华报道，通过阅读后发现，《经济学人》绝大多数涉华政治报道都带有非理性的偏见。在对剩余 639 篇经济类和社会文化类报道进行文本分析后发现，正面形象呈现在环境保护、技术创新、私有企业经营等方面；负面形象呈现在农村问题、人口老龄化问题、灾难性报道、货币与金融问题等方面；中立形象呈现在国际投资与贸易、宏观经济运行、各种社会现象等方面。

在《〈经济学人〉封面设计与中国形象建构研究》一文中，研究者何靖通过研究发现，"《经济学人》自身的西方视角占据了第一层次的叙事权力，从而确立了话语的主体地位。该刊塑造出来的中国形象，往往并非中国社会及文化的真实再现，而是构筑一种西方政治和意识形态所需要的中国形象"。

作为一份全球性政经类周刊，《经济学人》以深度报道和分析评论见长，它不是新闻事件的简单陈述，而是新闻事件的深解读、相关信息的深加工。作为一份具有世界影响力的老牌杂志，《经济学人》深受自由主义价值观影响。但单纯用西方的自由主义思维去解读中国模式、中国方案，并不能真正了解，也不能客观反映中国的现实，还常常会出现"双重标准"。

价值观的差异必然带来认识的局限和报道的狭隘，因此，也就不难理解《经济学人》在看待中国时存在的立场偏向，有时甚至自觉屏蔽不同观点，无法做到基本的平衡。和很多西方媒体一样，《经济学人》在关注中国时表现出明显的负面倾向，问题导向十分突出。面对中国的积极进展和发展成就，《经济学人》有时像其他西方媒体一样，会表现出本能的质疑，刻意曲解、抹黑、丑化，甚至直

接诱导和传递不实信息。这在政治领域报道中表现得尤为突出。这也表明，虽然中国在经济上的成就已经获得国际社会的普遍认可，但让世界理解中国的理念和价值观的道路还很漫长。

戴着有色眼镜打量与自己发展道路不同的国家，难免会出现观点冲突甚至莫名的优越感。"人的价值唯有和他人相照，才能被衡量出来。"这句话也适用于国家与国家之间。每个国家的制度、道路、理论、文化可能存在差异，但只要适合本国国情、焕发其价值，就应该被尊重，就应该得到理性对待。中国积极推动构建人类命运共同体，在国际事务中敢于担当，发挥负责任大国作用，特别是在新冠肺炎疫情防控中，中国以实际行动向世界展示了团结合作精神，生动诠释了与全球各国守望相助、同舟共济。这是中国的理念与主张，更是中国的作为与担当。翻阅《经济学人》，我们发现中国这样的贡献和价值被选择性忽视，反而被"阴谋论"的声音所质疑。

一个自由而负责任的新闻媒体应该超越意识形态等分歧，不应该一面宣称"新闻自由"，却一面对其他国家标签化、污名化。实际上，西方新闻媒体所标榜的"中立"、所鼓吹的"新闻自由"，有着相当大的局限性。在客观、平衡、公正、专业等标榜之下，裹挟着浓厚意识形态色彩和强烈的政治意图，这种双面性必然会让报道出现双重标准。不遗余力地输出自身价值、漠视求同存异的多元价值，或站在看似旁观者的角度拉偏架、选边站、和稀泥，都是滋生双重标准的沃土。

【参考文献】

（1）[美]李普曼：《舆论》，常江、肖寒译，北京大学出版社2018年版。

（2）[美]阿特休尔：《权力的媒介》，黄煜、裘志康译，华夏出版社1989年版。

（3）刘继南、周积华：《国际传播与国家形象——国际关系的新视角》，北京广播学院出版社2002年版。

（4）刘继南、何辉：《镜像中国——世界主流媒体中的中国形象》，中国传媒大学出版社2006年版。

（5）刘笑盈、贺文发：《俯视到平视——外国媒体上的中国镜像》，中国传媒大学出版社2009年版。

（6）张咏华、殷玉倩：《框架建构理论透视下的国外主流媒体涉华报道——以英国〈卫报〉2005年关于中国的报道为分析样本》，载《新闻记者》2006年第8期。

（7）张穆楠：《英国媒体"他者化"的中国形象建构——以〈经济学人〉2003—2012年中国封面文章为例》，上海外国语大学硕士学位论文，2013年。

（8）吕箫：《框架理论下的〈经济学人〉中国形象建构研究——以2001—2014年涉华报道为例》，吉林大学硕士学位论文，2016年。

（9）朱昭昭：《〈经济学人〉杂志个案研究》，复旦大学硕士学位论文，2011年。

（10）杨希：《〈经济学人〉封面报道变迁及形成机制研究》，复旦大学硕士学位论文，2013年。

（11）高龙：《〈经济学人〉涉华报道分析与中国国家形象呈现（2014—2018）》，河北大学硕士学位论文，2019年。

（12）刘静宜：《2015年〈经济学人〉"中国专栏"分析研究》，陕西师范大学硕士学位论文，2017年。

（13）何靖：《〈经济学人〉封面设计与中国形象建构进行研究》，载《现代出版》2017年第1期。

（14）丰雪：《〈经济学人〉"中国"专栏分析与中国国家形象呈现》，天津师范大学硕士学位论文，2014年。

（15）郑群、张博：《〈经济学人〉中国主题封面的多模态话语分析》，载《西安外国语大学学报》2015年第1期。

（16）梁婧玉：《中国国家形象的架构隐喻分析——以2016年〈经济学人〉中国专栏为例》，载《外语研究》2018年第6期。

（17）甘婷：《〈经济学人〉如何构建中国经济形象：框架理论视阈下的内容分析及其阐释》，南京大学硕士学位论文，2012年。

（18）吴成惠：《十九大后〈经济学人〉中国专栏国家形象分析》，载《现代商贸工业》2018年第6期。

（19）高徽、曾勇：《西方媒体对中国国家形象的双面建构——以〈经济学人〉2019年涉华报道为例》，载《国际传播》2020年第3期。

（20）梁婧玉、李德俊：《中国形象的隐喻架构分析——以〈经济学人〉社会法制类报道为例》，载《外国语文》2020年第2期。

（21）鞠玉梅：《辞屏建构的中非往来：〈经济学人〉中非关系报道话语分析》，载《当代修辞学》2020年第1期。

（22）郭之恩：《〈经济学人〉报道中的中国战疫经验》，载《对外传播》2020年第11期。

（23）刘洪汝、任香云、丁艺雪：《中国特色词汇翻译研究——以〈经济学人〉中国专栏为例》，载《文化产业》2020年第8期。

（24）刘洪汝、任香云、丁艺雪：《西方媒体笔下的中国文化形象研究——以〈经济学人〉中国专栏为例》，载《文化产业》2020年第12期。

（25）陈明明、李钢：《〈经济学人〉对中欧班列发展及影响的判断》，载《重庆工商大学学报（社会科学版）》2020年第2期。

（26）马鸣皓：《基于语义标注的经济语篇隐喻建构研究——以〈经济学人〉2020年特刊为例》，载《湖北工程学院学报》2020年第4期。

（27）张丹萍：《在"事实报道"和"价值评判"间寻求平衡——西方主流报刊新冠肺炎疫情报道分析》，载《公共外交季刊》2020年第1期。

绝对不"对事不对人",偏就要"对人不对事",一些西方人士"双标"起来,就是这么任性。

偏不一把尺子量到底[①]

一、《费加罗报》简介

《费加罗报》（法语：*Le Figaro*）是法国历史最悠久、发行量最大的综合性日报。该报不仅在法国具有很大的影响力，被称为法国第一大报，而且在国际舆论界也拥有较高的知名度和影响力。

《费加罗报》的报名源自法国剧作家博马舍的名剧《费加罗的婚礼》中的主人公费加罗，该报的座右铭"倘若批评不自由，则赞美亦无意义"（Sans la liberté de blâmer, il n'est point d'éloge flatteur）同样是取自《费加罗的婚礼》这一剧作。报名和座右铭奠定了该报报道立场属中间偏右派的基调。

1826年1月15日，一本讽刺性周刊《油灯》在巴黎诞生，创办人是诗人莫里斯·阿罗伊和小说家艾汀纳·阿拉果。该讽刺性周刊以小尺寸纸张刊行，每期四页的容量，这便是《费加罗报》的前身。

由于观点尖锐，这份讽刺性周刊的发行遭遇了很多阻力和困难，坚持了7年后，1833年底周刊被迫停刊，一直到1854年才得以复刊。

1854年4月，依波利特·德·威尔梅桑取得了该周刊的所有权，并将其改名为《费加罗报》。威尔梅桑奠定了该报的基调：根植于巴黎文化土壤之中，目标读者群是巴黎的知识阶层。威尔梅桑开展了彻底的改革，包括创建常设专栏，报道简明新闻，增设讣告、读者来信等栏目。其中，最著名的专栏是《回声》，该专栏为《费加罗报》赢得了巨大的成功，向读者塑造了服务公众的形象。

[①] 《费加罗报》涉华报道"双标"报告。

1856年，趁着《费加罗报》取得巨大成功，由每周一期增加为每周两期，分别在每周三和每周日出版发行。

1866年11月16日，《费加罗报》正式成为一张每日发行的日报。此时，《费加罗报》每天的发行量能够达到56000份，订户的总数超过15000。

一直到"一战"前夕，《费加罗报》逐渐形成并一直坚持一种代表贵族阶层和中产者（社会中上层）利益的基本立场。

1922年，《费加罗报》被香水商弗朗索瓦·科蒂收购。

1939年，在法西斯日益猖獗的情势下，《费加罗报》由于大量报道埃塞俄比亚战争、日本侵华战争和西班牙内战而遭遇严格的审查。为此，《费加罗报》于1940年将社址迁至波尔多，随后又迁至里昂，以躲避审查。

1942年11月11日，由于德军的占领，《费加罗报》停止出版。

1944年8月25日，《费加罗报》在巴黎复刊发行。由于反法西斯同盟的需要，刊载了弗朗索瓦·莫里亚克关于夏尔·戴高乐的评论文章，并第一次对共产主义和社会主义者持友好态度。

"二战"后，《费加罗报》迅速恢复，并进一步得到发展。

1945年，《费加罗报》的发行量首次突破20万份，达到21万3000份，而且发行量还在不断增长。最高时，该报的发行量曾超过40万份，后来一直稳定在30多万份。

进入21世纪，特别是近些年，传统报业受到很大的冲击，在法国纸媒普遍衰落的背景下，《费加罗报》的发行量依然稳定在30万份左右，广告收入也稳定可观。《费加罗报》的读者比较高端，相当一部分是有一定社会地位的政经界人士，政经类新闻占据报纸最大比重。因此，《费加罗报》一直保持法国第一大报的地位，发行量稳居前列，舆论影响力综合第一。

网络时代和新媒体时代，《费加罗报》也开启了网络化、新媒体、融合发展步伐，先后创办了网站、启用了社交媒体账号等，但法国媒体的新媒体运营和媒体融合发展步伐，相对于美国媒体和中国媒体是缓慢滞后的。

二、《费加罗报》涉华报道"双标"典型案例

《费加罗报》虽然也像西方其他主流媒体一样宣称"客观""公正"，但由于

受各种主观和客观、内部和外部因素的影响，在涉华报道中时常出现明显的"双重标准"问题。

（一）新冠肺炎疫情中涉华报道"双标"典型案例

1. 同样是"隔离"：武汉是"隔离下的鬼城"，意大利是"勇敢的措施"

2020年初中国遭遇新冠肺炎疫情时，法国基本处于"隔岸观火"的状态，法国媒体尤其是《费加罗报》对中国疫情情况进行了实时追踪，但用词很不友善。武汉采取强制隔离措施，《费加罗报》在报道中使用"鬼城""地狱"这样的字眼来形容武汉。

2020年1月28日，《费加罗报》的报道标题为《武汉，隔离下的鬼城》（"Coronavirus：Wuhan, une ville fantôme en quarantaine"）。文章是这么写的：Visée par des restrictions drastiques de circulation, la ville de Wuhan, épicentre de l'épidémie de coronavirus qui inquiète le monde, a des allures de ville fantôme. Les rues sont vides, presque aucune voiture ne circule et les 11 millions d'habitants sont priés de rester chez eux.

翻译成中文为：受到严厉交通限制的武汉市是令人担忧的新冠病毒流行中心，看上去像个鬼城（或地狱）。街道上空无一人，道路上几乎没有车，1100万居民被强制待在家里。

相比之下，《费加罗报》报道意大利采取强制隔离措施的第一天则是另外一番景象。在题为《冠状病毒：在意大利进行隔离的第一天》（"Coronavirus：un premier jour de quarantaine en Italie"）报道的导语写道：政府已采取遏制措施与该流行病作斗争。该国北部的大城市在3月8日星期日空了。（Le gouvernement a pris des mesures de confinement pour lutter contre l'épidémie. Les grandes villes du nord du pays étaient vides dimanche 8 mars.）一方面客观表述事实，另一方面暗含对意大利政府行动举措的肯定。

不仅如此，报道还援引世界卫生组织总干事谭德塞的话，称赞"意大利政府和人民正在采取大胆而勇敢的措施，以减缓冠状病毒的传播并保护其国家和世界。他们做出了真正的牺牲。"（«Le gouvernement et les gens d'Italie prennent des mesures audacieuses et courageuses visant à ralentir la propagation du coronavirus et à protéger leur pays et le monde. Ils font de véritables sacrifices», a indiqué le patron de l'OMS, Tedros Adhanom Ghebreyesus.）

需要特别指出的是，中国的疫情防控措施（包括武汉的抗击疫情），多次受到世卫组织总干事和世卫组织其他官员、专家的高度肯定和称赞，但《费加罗报》都选择了视而不见。

同样是"隔离"，武汉是"隔离下的鬼城"，意大利是采取了"勇敢的措施"；同样是世卫组织总干事的肯定称赞，对中国的肯定称赞就视而不见、避而不谈，对意大利的肯定称赞就大张旗鼓、大书特书。这些都充分暴露了《费加罗报》的"双标"本质。

2. 同样是医疗资源紧张：武汉是"绝望的地狱"，法国是"全力弥补缺口"

在新冠肺炎疫情防控中，各国都会经历医疗资源紧张的情况和阶段，有的是局部性的医疗资源紧张，有的是全国性的医疗资源紧张。有的国家应对得好，情况就会比较快地得到缓解和好转，比如中国、韩国等；有的国家应对得不好，情况就会持续很长时间。

疫情暴发初期，武汉经历了医疗资源紧张的情况和阶段。在这个阶段，《费加罗报》驻华记者通过"见证"类的文章对武汉医疗资源紧张情况进行报道，其用词极尽夸张，其视角极尽偏颇，报道的基调为"武汉的病人求救无门""病人陷入绝望境地"。例如2月2日的一篇长篇报道，标题为《武汉一家卡夫卡地狱式医院》（"Coronavirus：dans l'enfer kafkaïen d'un hôpital de Wuhan"），用武汉医院里一名患者的话串起了整个故事，"绝望""死亡""害怕"等字眼高频率地出现在报道中，不遗余力地给读者渲染出一种"武汉成为现实世界的地狱"的印象。（"卡夫卡式"，指的是捷克作家弗兰兹·卡夫卡的写作特色，多体现为对社会的陌生感、孤独感、恐惧感和不确定性，给人一种世界末日般的绝望感受。——作者注）

该报道的导语写道：TéMOIGNAGES – Une patiente raconte au Figaro le quotidien effrayant d'un hôpital démuni de la ville épicentre de l'épidémie. Ce témoignage illustre la précarité des conditions sanitaires face à l'afflux constant de nouveaux malades.

翻译成中文：见证——一名病人告诉《费加罗报》在疫情中心的一家平民医院里的可怕生活。该证词说明了面对新患者不断涌入，健康状况是多么令人感到绝望。

该报道正文的开头是这样写的：Elle avait décollé de Londres pour passer un dernier nouvel an chinois au chevet de sa mère, malade d'un cancer. La voilà happée par l'épidémie du coronavirus, prisonnière d'un hôpital décrépi, encerclée de mourants qui tombent un à un, dans une chambre glacée. «*Je suis désespérée*», confie Shi Muying, 37 ans, allongée sur son lit, dans une pièce lugubre qu'elle partage avec deux femmes plus agées qui toussent bruyamment.

翻译成中文：她从伦敦起飞回中国，计划在罹患癌症的母亲的病床旁与其度过最后一个春节。而现在她被新冠病毒困住了，"囚禁"在一家破旧的医院中，在一间阴冷的房间，周围是一个接一个倒下的垂死之人。"我很绝望"，37岁的史慕英（音译）说。她躺在昏暗房间里的床上，与她同住的是两名大声咳嗽的老年妇女。

这篇报道还链接了另一篇报道《另请阅读：冠状病毒：一名法国医生在武汉的证词》（"à lire aussi：Coronavirus：le témoignage d'un médecin français à Wuhan"）。内容大同小异，也是极力渲染"绝望""死亡""害怕"。

法国在疫情暴发时，同样面临医疗物资的巨大缺口，医护人员严重不足，不得不召集已退休医生以及医学专业的学生加入抗疫队伍，医院情况非常不乐观，尤其在失能老人养老院中，由于检测能力不足以及缺乏医护人员和医疗物资，养老院因此成为疫情重灾区，死亡率非常高。根据法国公共卫生部门的数据，截至2020年12月19日法国累计死亡60418例中有18774例在养老院死亡。

面对法国在疫情中的医疗资源严重不足，《费加罗报》的报道中并未使用"地狱""失控"等词语，而是突出传达政府正在动员社会各界弥补物资缺口这一信息，宣传团结精神等正能量。

比如4月1日一篇标题为《新冠病毒：团结一致的巨大能量填补了重症监护设备的不足》（"Coronavirus：le formidable élan de solidarité pour combler les pénuries de matériel en réanimation"）的报道。

文章特别正能量地写道：手术服、口罩、注射器，甚至水桶……目前，重症监护病房几乎"一无所有"，但前所未有的团结精神正在缓解对健康危机的恐惧。巴黎Pitié-Salpêtrière医院的医疗复苏者Nicolas Weiss博士说："两个星期后，我们提供了一些服务来替代服务中缺少的所有东西！"（Des blouses, des masques, des seringues et même des seaux… «On manque de tout» dans les services de réanimation en ce moment, mais un élan de solidarité sans précédent adoucit l'effroi de la crise sanitaire. «Cela a commencé par du café et des gateaux offerts pour nous réconforter pendant la garde, raconte le Dr Nicolas Weiss, réanimateur médical à l'hôpital de la Pitié-Salpêtrière, à Paris. Deux semaines plus tard, on nous propose de quoi remplacer tout ce qui manque dans le service ！»）

同样是报道医疗资源紧张，报道中国武汉是"卡夫卡式地狱医院""病人求救无门""病人陷入绝望境地"，报道法国是"团结一致的巨大能量填补了重症监护设备的不足""前所未有的团结精神正在缓解对健康危机的恐惧"，这样的巨大差别，是非常露骨的"双标"行为。

3. 同样是社交隔离：中国是"让人民付出了生活和个人自由的巨大代价"，法国是"保障民众的生命安全"

在疫情防控期间，《费加罗报》驻华记者发回多篇所谓"亲历式报道"，向法国民众描述中国尤其是武汉的疫情情况，对城市采取的"封城"具体措施评头论足，阴阳怪气地指责武汉"封城"的做法"让人民付出了生活和个人自由的巨大代价"。

2020年2月10日，一篇题为《"我不再感到骄傲"：新冠病毒时代费加罗报驻华记者的种种苦难》（"Je ne fais plus le fier: les tribulations de notre correspondant à Pékin au temps du coronavirus"）的文章，看标题就能体会到极其主观的色彩，整篇报道充满了先入为主的偏见。

文章开头第一句就写道：Au cœur de la capitale fantôme, chaque résidence se transforme en fortin et une poussée de fièvre fait de vous un suspect. 翻译成中文：在幽灵首都的中心，每个住所都变成了一个堡垒，任何发烧症状都会使您变成一个犯罪嫌疑人。

文章接着详细介绍了中国为应对疫情采取的检测体温、凭证出入、戴口罩等具体举措，并将这些防控措施污蔑为"从制度工具箱中拿出锤子和镰刀挥舞"，意指中国的防控措施"限制了个人自由"。

法国自2020年3月17日采取"封城"措施，也采用了与中国类似的防控措施。此外，法国政府要求民众出行需携带纸质证明，违者将面临135欧元的罚款，在"封城"第一个月便开出了76万张罚单。不过《费加罗报》在报道中从不提及这些防控措施"限制民众自由"，而认为这是为了"保障民众的生命安全"。从2020年7月20日起，法国政府规定在公共场所必须佩戴口罩，违者罚款135欧元。《费加罗报》介绍这一规定是为了"防止第二波疫情暴发"，与一开始报道中国全民戴口罩"限制自由"的态度截然相反。

2020年7月19日,在一篇题为《在封闭的公共场所必须戴口罩:违者罚款135欧元》("Port du masque obligatoire dans les lieux publics clos: une amende de 135 euros pour les contrevenants")的报道中,文章写道:为了防止第二波疫情暴发,从7月20日星期一开始,必须在对公众开放的封闭场所戴口罩。正如总统马克龙(Emmanuel Macron)在7月14日的讲话中所宣布的那样,8月1日之前法令将在全国范围内实行。在等待该法令的同时,这是可以期待的。(Pour casser une reprise de l'épidémie de Covid-19, le port du masque devient obligatoire à partir de lundi 20 juillet dans les lieux clos recevant du public. Elle s'étend désormais à tout le territoire, et ce avant le 1er août comme l'avait annoncé Emmanuel Macron lors de son discours du 14 juillet. En attendant le décret, voici déjà ce à quoi il faut s'attendre.)显然,文章对戴口罩的法令持欢迎态度。反观年初,在中国为防控疫情要求民众戴口罩之际,《费加罗报》大力抨击这是"侵犯人权""限制自由"。

对比一下,同样是社交隔离防控疫情,中国是"让人民付出了生活和个人自由的巨大代价",法国是"保障民众的生命安全";同样是要求民众在公共场合佩戴口罩,中国是"侵犯人权""限制民众自由",法国是"防止第二波疫情暴发"。同样的举措,不同的定性,这样的"双标",让人不适。

(二)涉中国香港报道"双标"典型案例

自2019年6月以来,《费加罗报》对中国香港"修例风波"及其后续事件的报道落点都在支持所谓的"香港民主运动"、谴责警察所谓的"暴力执法"上。法国近年来也频频发生大罢工和游行运动,游行示威者和警察冲突不断。但在报道中,立场和观点分野非常明显:同样是维持秩序,香港的警察就是"暴力执法",法国的警察就是"合理合法";挑起事端、暴力袭警、破坏公物的香港暴力示威者在《费加罗报》的文章里是"民主运动者",而向警察投掷烟幕弹、石头、抢砸烧的法国游行示威者则是"违法者""暴力分子"。

2020年5月11日,《费加罗报》用《民主抗议期间香港有200多人被捕》作为标题,谴责警察用暴力驱散示威者,造成18人入院治疗。报道的重点放在谴责"警察暴力"上。

而2018年12月,"黄马甲"抗议活动中,法国1723人被捕,其中巴黎1150人被捕,包括39名警察和宪兵在内的264人受伤。《费加罗报》的文章标题为《黄马甲：严重影响经济》，谴责"黄马甲"运动已经让超过700家公司处于部分停产状态，至少导致了四亿欧元的直接损失，这还不包括提前预防示威游行的花费以及事后被打砸抢的损失。被逮捕的人比香港多，受伤的人也比香港多，但报道只字不提"警察暴力"，而且把重点放在谴责"黄马甲"抗议活动上。如果按对待香港的同样标准，该报应该支持"黄马甲"抗议活动才对。

同样的场景，香港的警察是"暴力执法"，法国的警察就是"合理合法"；香港暴力示威者是"民主运动者"，法国游行示威者则是"违法者""暴力分子"。绝不"对事不对人"，坚决"对人不对事"，绝不一把尺子量到底，坚决一方一套标准，《费加罗报》的双重标准让人大跌眼镜。

（三）涉中国经贸报道"双标"典型案例

随着当前国际形势不确定性因素增加，单边主义、保护主义不断抬头，西方国家的冷战思维和"零和"博弈观念沉渣泛起，难以客观、理性地看待中国和中国发展，难以秉持开放、包容、合作的理念，而是盛行狭隘的主观猜忌和意识形态偏见。在涉及对华经贸议题上，各种无中生有的指责接连不断。

比如，2018年10月23日的《费加罗报》在头版头条发表题为《法国人已成为中国"间谍"活动的目标》的报道，大肆炒作所谓中国情报人员在职业、人脉与商务相关的社群网络上"有规模地运作"，意图渗透到法国行政部门、权力圈以及大企业内，目的是要大规模掠夺法国国家内部和经济财产的敏感资料。

报道毫无根据地称，中国"间谍"通过专业的社交网络平台，接触了超过4000名法国人，其中包括法国高级公务员、战略性企业经理员工以及意见领袖等。

报道接着大肆渲染，现在发现的案例不过是冰山一角，中国"间谍"的目的是大规模掠夺法国国家内部和经济财产的敏感资料，并一口气列出了13个所谓"打着协会组织招牌的中国机构和招工网站"。报道认为这种大规模间谍活动"对国家主权造成重大威胁，并置法国经济财产于险境"。

事实上，西方媒体指责中国进行所谓"间谍渗透"早已不是什么新鲜事。美国媒体曾报道称，中国"间谍机构"在网站上使用"虚假账户"，试图招募能够接触政府和商业机密的美国人。德国媒体也曾报道称，中国情报机构瞄准了1万名德国网站用户，试图在德国招募线人。

同样是协会牵头的行业交流，中国的协会就是在不遗余力进行商业"间谍"

行为，西方国家的协会就是在全心全意推进经贸交流合作。这种充满偏见的论断和先入为主的成见，"双标"得令人惊诧。

再比如，随着全球化的发展，中国越来越融入全球经济，中国在海外的企业并购越来越多，虽然西方国家的跨国企业并购也非常多，但西方媒体看待中国企业的跨国并购时，就不是简单地作为企业并购行为看待，而是偏执地认为后面有个"影子中国"在操控，对其构成威胁。

2015年，中国化工集团通过全资子公司中国化工橡胶有限公司以73亿欧元（约合550亿元人民币）收购意大利倍耐力全部股份并由中国化工橡胶公司控股。对此，《费加罗报》发表了题为《中国将要收购欧洲？》（"La Chine va-t-elle racheter l'Europe？"）的分析报道，耸人听闻地渲染中国企业并购给世界经济带来的威胁，称"中国的企业从各个领域占第一位的国家和有大市场的国家入手，首先是美国，然后是欧洲，横扫世界"（Les groupes chinois ont commencé par investir dans des pays où il y avait des matières premières puis dans de grands marchés, aux États-Unis puis en Europe）。

同样是跨国并购，中国企业的跨国并购就是打着经贸交流幌子的、野心勃勃的、充满侵略的、带来威胁的，而西方国家企业的跨国并购就是正常的市场经济行为、常规的商业经营行为、无害的跨国合作行为。这种带有"原罪"观点看待中国的思维和方式，是非常典型的"双标"行为，没有丝毫公道正义可言。

《费加罗报》涉华报道的"双标"案例还有很多，在此不一一列举。

三、《费加罗报》涉华报道也并非都是"双标"

《费加罗报》在涉华报道中常常秉持"双重标准"，但《费加罗报》毕竟是一份严肃的大报，标榜"客观""公正"，其涉华报道也并非都是"双重标准"。

比如，对北京奥运会开幕式的报道。相比于法国《解放报》对北京奥运会开幕式只字不提（对40亿人观看的北京奥运会开幕式的新闻视而不见，而对300个所谓抗议者的政治操作大书特书，这就是法国一些媒体令人"叹为观止"的新闻观），《费加罗报》对北京奥运会开幕式不吝赞美之词。该报在头版头条以"一个美丽的仲夏梦"为题正面报道开幕式的精彩绝伦。不仅如此，开幕式当天的《费加罗报》，头版刊登题为《北京，世界的首都》的文章，称中国的百年梦想将于8

日晚在"鸟巢"实现，认为开幕式将汇集全球政界名流，是亿万观众瞩目的中心，是中国展现自豪和复兴的舞台。《费加罗报》当天出版的《费加罗杂志》还推出20页的中国专题，通过大量文字和图片介绍中国政治经济等方面的情况。

又比如，2019年3月25日，《费加罗报》网站发表题为《欧洲不应害怕中国发展》的文章，呼吁欧洲不应当害怕中国的发展，也不应在道义上指责中国，而是应该关注自身的弱点。文章中肯地写道：在中国已经摆脱了阻碍其发展的外国干涉之后，人口众多且心灵手巧的中国人民将会很正常地迈向世界顶峰。现在的问题则是中国人会如何运用他们的实力。中国人同西方人不一样，中国人从来都不是征服者，也从来没有在海外以帝国主义强权行事。需要指责中国吗？中国不满足于做世界工厂，中国同样希望成为世界的实验室。受到西方前例的激励，中国模仿了西方的产业和创新模式。西方能够在道义上指责一个现在希望超过老师的学生吗？不能。要害怕的不是中国，而是欧洲自身的弱点。这些弱点涉及政治（欧盟的削弱）、社会（教育水平下降）和战略（去工业化）。这篇报道摒弃了西方一贯指责中国的套路，客观地摆事实讲道理。

再比如，2018年12月21日，《费加罗报》发表题为《越来越多外国学生选择留学中国》的文章，写道：2017年，近50万名外国学生选择前往中国留学，2018年这一数字还在持续上升。中国大学较低的学习费用以及在国际上优异的排名都是吸引留学生来华发展的重要因素。可以看出，中国正在巩固其作为最受欢迎的亚洲留学国家的地位。文章还称：随着中国经济和科技创新的迅猛发展，越来越多的美国学生选择留学中国。美国国际教育协会发布的2017年门户开放报告显示，在美国学生出国学习最受欢迎目的地排行榜上，中国排在第6位。中国是美国学生去亚洲留学的首选国家。文章分析道：中国能够吸引越来越多的外国学生的原因是双重的。首先，虽然还不能与英美国家相比，但是中国大学的国际排名尚可。最新公布的世界大学排名表中，中国有三所大学入围前100名，与法国持平。此外，中国吸引留学生的另一原因是大学注册费相对较低。这篇报道是比较实事求是和客观中立的。

还比如，2014年8月8日，《费加罗报》发表题为《中国为何能在非洲胜过美国》的文章，写道：非洲是中国的战略性贸易伙伴。中国已连续5年成为非洲第一大贸易伙伴国。中国对非投资存量超过250亿美元，超过2500家中国企业为当地创造了大量就业岗位。中国和非洲之间的合作建立在新兴国家所特有的新的世界视野之上。在发展问题、气候变化谈判或者战略平衡等问题上，中国和非洲观点相近。这篇文章没有所谓的"中国对非洲进行新殖民"等充满偏见和抹黑的陈词滥调，而是客观地分析中国和非洲的相互需要和合作共赢，比较客观，比较实事求是。

类似的案例还有，在此不一一列举。

四、对《费加罗报》涉华报道的简要介绍分析

以上列举的是典型案例，那么《费加罗报》涉华报道的整体情况是什么样的？不妨看看相关研究成果。

研究者外交学院肖雁腾在其论文《从法国〈费加罗报〉关于贸易战的报道看中国经济形象》中，对《费加罗报》2018年至2019年间有关中美贸易战的报道进行了数据和内容分析，总结其构建的中国经济形象。分析认为，《费加罗报》向读者呈现的中国经济形象：一个潜力超凡的新兴经济技术强国，利用其发展中国家地位在世界贸易组织中享受优待，同时扰乱国际规则的不讲信用的贸易伙伴，以及表面上打着支持自由贸易旗帜却在背后计划着称霸国际的中国形象。这些形象折射出报道背后的指导框架：西方的"政治正确""欧美中心主义""市场原教旨主义""中美争霸逻辑"等。

研究者中国国际广播电台何滨在其论文《法国主流媒体中的中国形象研究——以〈费加罗报〉涉华报道为例》中，从框架理论出发，以《费加罗报》2016—2018年的402篇涉华报道为样本，综合运用内容分析法和框架分析法，研究该报在其涉华报道中如何进行新闻材料选择，揭示其建构的中国形象及其影响因素。研究发现，《费加罗报》通过四种框架建构了"专制的中国""扩张的中国""矛盾的中国""贪婪的中国"四种中国国家形象。

为建构"专制的中国"形象，《费加罗报》采用"中国不是一个民主国家"的新闻框架。这一框架主要隐含在政治类报道中。其主要内容是对中国的政治体制和人权状况进行评判和指责。

为建构"扩张的中国"形象，《费加罗报》建构的新闻框架为"中国觊觎争议领土，威胁地区安全"。这一框架中包含了两个方面的内容：一是中国扩张野心不断膨胀，加大地区冲突风险；二是美国联合域内国家制衡中国。

为建构"矛盾的中国"形象，《费加罗报》所建构的新闻框架是"前进中的

中国被一系列社会问题所困扰"。这一框架主要蕴含在《费加罗报》涉华社会类报道之中，主要体现在"两极分化严重"和"司法不公正"两大主题下。

为建构"贪婪的中国"形象，《费加罗报》建构出"中国贪婪地攫取西方的市场和先进技术"的新闻框架。该报主要从以下两个方面建构这一框架：一是中国向西方倾销过剩产能，威胁西方制造业发展。二是中国加大并购西方优质企业力度，以攫取先进技术，即"一种具有侵略性的海外技术收购政策"。

研究者北京外国语大学戴冬梅、陆建平在论文《法国主流媒体生产的中国"异者"形象？——以〈世界报〉和〈费加罗报〉（2012—2016）为例》中，通过对2012年至2016年间的《世界报》和《费加罗报》的定量分析和定性分析发现：

以《世界报》和《费加罗报》为代表的法国主流媒体就中国实质上生产了一个日益负面的"异者"形象。中国被框定为一个内部危机四伏、对外奉行扩张主义的权威主义国家，"中国崩溃论"和"中国威胁论"联袂登场。

中国在受到西方主流媒体前所未有的关注的同时，也遭到了法国主流媒体的结构性否定：经济上崛起的中国，并不是被作为一个平等、独立、自主，具有自身的历史、想象、意志、理性和诉求的主体来对待，而是被客体化为一个需要加以改造、教化、降服的"异者"，特别是被预判性地框定为一个需要按照欧洲或西方中心主义身份认同、生活方式和价值观加以教育、改造、否定的"泥足巨人"（colosse aux pieds d'argile）。

可见，以《费加罗报》为代表的法国主流媒体，对中国的形象建构主要还是负面的，对待中国的态度不是平等、公平、公正，而是基于"他者"基础上论定"其心必异"。需要注意的是，虽然《费加罗报》还是按照自身的政治正确、刻板印象、猎奇心理等来报道中国，常常不实事求是，常常"双标"中国，但作为严肃媒体的《费加罗报》毕竟还不是"逢中必反"的"观点纸"，不能把其所有报道或批评中国的报道都一概扣上"抹黑中国"的帽子，需要实事求是地具体问题具体分析。我们既要看到《费加罗报》偏见中国的一面，也要看到其对中国持开放态度的一面，在国际舆论场，我们还要善于斗争，尽力寻求"最大公约数"，争取更多支持。

【参考文献】

（1）《费加罗报》网站，https://www.lefigaro.fr。

（2）郑超然、程曼丽、王泰玄:《外国新闻传播史》,中国人民大学出版社2000年版。

（3）陈力丹:《世界新闻传播史》,上海交通大学出版社2002年版。

（4）李彬:《全球新闻传播史》,清华大学出版社2005年版。

（5）董开栋:《法国费加罗报业的现代发展战略》,载《中国报业》2009年第6期。

（6）《法媒头版跟风炒作"中国间谍"通过领英等平台渗透》,观察者网,2018年10月24日。

（7）张之简:《法国各大媒体纷纷聚焦并报道北京奥运会开幕式》,新华社巴黎2008年8月8日电。

（8）郑若麟:《法国500万人看开幕式 北京奥运成功冲破媒体偏见》,香港《文汇报》2008年8月11日。

（9）《费加罗报:欧洲不应害怕中国发展》,参考消息网,2019年3月28日。

（10）《法国〈费加罗报〉:越来越多外国学生选择留学中国》,中国日报网,2018年12月21日。

（11）《〈费加罗报〉:中国为何能在非洲胜过美国》,参考消息网,2014年8月11日。

（12）肖雁腾:《从法国〈费加罗报〉关于贸易战的报道看中国经济形象》,外交学院硕士学位论文,2019年。

（13）何滨:《法国主流媒体中的中国形象研究——以〈费加罗报〉涉华报道为例》,载《国际传播》2019年第1期。

（14）戴冬梅、陆建平:《法国主流媒体生产的中国"异者"形象?——以〈世界报〉和〈费加罗报〉(2012—2016)为例》,载《法语国家与地区研究》2020年第2期。

（15）邓颖平:《法国〈费加罗报〉官网涉华报道分析》,载《国际传播》2018年第3期。

总是眼睛盯着别人，总是只对别人提要求，总是不能把自己摆进去，一些西方政客明明自己有病，却强迫别人吃药。

常沾雾气，明镜还明吗？[①]

一、《明镜》周刊简介

《明镜》周刊（德文：*Der Spiegel*）创始于 1947 年 1 月 4 日，其前身《这一周》杂志（*Diese Woche*）于 1946 年在汉诺威创办，最初由英国报商主办，后改由德国报商管理，于是，《这一周》杂志停刊，改名《明镜》。此时的主编鲁道夫·奥格斯坦（Rudolf Augstein）年仅 23 岁。1952 年，《明镜》周刊总部迁至汉堡。此后，《明镜》周刊逐渐成长为德国最负盛名的主流媒体之一，发行量超百万，见证了联邦德国的建立。

自创刊起，《明镜》周刊坚持揭露腐败、监督社会，写下了大量深度报道。德国著名政治家、前外长汉斯-迪特里希·根舍（Hans-Dietrich Genscher）曾这样评价："如果没有《明镜》周刊，我们国家会完全不同。"

1962 年，"明镜事件"爆发。当年，《明镜》周刊援引北约秘密文件，发表文章揭露了代号为"Fallex 62"的军事演习行动中存在的问题，因此招来政府对《明镜》周刊的制裁。1962 年 10 月的一个晚上，《明镜》周刊编辑部被突然查抄，奥格斯坦和主要人员被捕入狱。动用国家力量查封新闻媒体，德国社会一片哗然。在公众舆论压力下，奥格斯坦等人身陷囹圄 103 天后被无罪释放，而深度参与这一事件的国防部部长弗朗兹·约瑟夫·斯特劳斯（Franz Josef Strauß）引咎辞职。

1994 年 10 月，借助明镜在线（Spiegel Online），《明镜》成为第一本在网络上线的新闻杂志。2010 年 2 月，《明镜》开发了应用程序，可以在平板电脑上阅读。

[①] 《明镜》周刊涉华报道"双标"报告。

经过70多年发展，《明镜》已成长为一家媒体集团，旗下除《明镜》周刊外，还包括《经理杂志》（Manager Magazin）、《哈佛商业评论》（德文版）（Harvard Business Manager）、明镜TV（Spiegel TV）等多个媒体品牌。

新媒体时代，《明镜》集团积极转型升级主动融入，发力媒体融合。2019年，《明镜》集团拥有一千多名全职员工，创造了2.673亿欧元的销售额。

然而，2018年《明镜》周刊曾爆出造假丑闻，一名记者承认多次编造故事或加工事实，一些采访对象也是无中生有。这一丑闻震动新闻界，引发了人们对西方新闻真实性的怀疑。

二、《明镜》周刊涉华报道"双标"典型案例

《明镜》周刊作为德国媒体的佼佼者，业界流传着这样一种说法：每到《明镜》周刊发行这一天，德国的记者们都不出去采访，每人手捧一份《明镜》周刊来寻找选题。这种说法虽带有玩笑性质，但也反映出《明镜》周刊在德国新闻界的重要性，深刻影响着德国舆论的议程设置。可就是这样一家影响力大、标榜"不要害怕真相"的杂志，在一些真相面前也会"双标"和"选择性失明"。常沾"雾气"，《明镜》还明吗？

（一）罔顾事实造谣"中国胁迫世界卫生组织隐瞒信息"，违反一贯规则妄称"中国制造病毒"

2020年5月8日，《明镜》周刊援引德国联邦情报局消息称：中国领导人1月21日在同世界卫生组织总干事谭德塞通话时，要求谭德塞隐瞒新冠病毒人传人的信息，并推迟宣布新冠肺炎全球大流行。

2020年5月9日，世卫组织第一时间发布严正声明，指责《明镜》周刊的报道毫无根据、子虚乌有。声明称，1月21日谭德塞与中国领导人没有进行过交谈，且从未通过电话交谈过。世卫组织表示：这种不准确的报道会扰乱和诋毁世卫组织及全世界为结束COVID-19大流行所做的努力。

《明镜》周刊这篇报道是彻头彻尾的谣言，不仅不存在所谓的"中国领导人要求谭德塞隐瞒新冠病毒人传人的信息"，连这通电话也是根本不存在的，而且中国在此之前就已经确认了病毒的人际传播。《明镜》周刊这篇虚假报道，唯一

的信源是德国联邦情报局，在某些读者看来，这种消息是无法被证伪的，因为按照常理来说，情报机构必定掌握外人不可能知道的信息，而其掌握的证据又是不轻易公开的。"谣言一张嘴，辟谣跑断腿"，对于"中国早就确认人传人"这一事实不够了解的德国读者，根本无法识别这篇假新闻。

"据情报机构透露""据记者获得的一份文件显示""据某智库提供的报告证明"……其实，这种方式是西方涉外报道的常用手法，也是西方主流媒体进行"双标"和发表偏见报道的惯用套路，西方媒体圈有一个术语专门形容这一招数——"文件倾倒"（document dump）。

《明镜》周刊毫无底线地编造假新闻来诬陷中国及世卫组织，要表达的意思很明显：中国胁迫世卫组织与之"勾结"，共同隐瞒新冠肺炎疫情的真实信息，导致西方国家延误了疫情防控，因而中国及世卫组织要为现在西方国家严重的疫情负责。这实际就是典型的"甩锅"。

实际上，这不是《明镜》周刊第一次抹黑中国的新冠肺炎疫情防控工作了。2020年2月1日出版的《明镜》周刊封面报道《中国制造新冠病毒》（"Corona-Virus Made in China"），在缺乏证据的情况下，直接将中国形容成病毒制造者，充满恶意。

病毒没有国界，疫情不分种族，国际通行的一贯规则就是要求不能将病毒与特定国家和地区相联系，避免造成种族或地区歧视。2009年，H1N1流感始于北美，国际社会并没有将之称作"北美流感"，当年第十八、十九期《明镜》周刊分别刊登了题为"历史在重演吗？"和"世界病毒"两组有关疫情的封面报道，均没有专注于病毒的始发地。而对于新冠肺炎疫情，《明镜》周刊却明目张胆地将新冠病毒与中国捆绑，是违反规则的，反观2009年，这明显是"双标"。

2020年2月1日这一期的封面图片，透着严重的种族歧视。图片上，一个戴着防毒面具、全副武装的人，一边行走一边看着手里的苹果手机；红底黄字的配色，让人联想到中国的五星红旗。这种报道方式以及报道内容，具有明显的种族歧视倾向。《明镜》周刊类似的报道，助长了种族歧视。德国联邦反歧视局5月6日公布的一份报告披露，自疫情发生以来至4月20日，共接到超过100起涉及疫情的歧视行为的投诉，其中一半以上涉及种族背景。报告表示，多位亚裔人士在公共场合被人称为"新冠病毒"、被商店拒绝接待、被骂"害死了德国"、被诅咒"死于新冠病毒"……

（二）同样是 Google：在欧洲是"窥探用户隐私的技术强者"，在中国就成了"被管控的无奈弱者"

2010 年第二期《明镜》杂志的封面报道《隐私的终结》（"Ende der Privatheit"），介绍了 Google 网站搜集用户信息，包括用户偏好、隐私等内容。在这篇文章中，《明镜》周刊认为 Google 利用技术上的绝对强势，对用户的隐私进行"观察"——无论是欲望、疾病还是性生活，而它显然知道的太多了。同时，《明镜》周刊提出应建立一个欧洲的搜索引擎。

短短七天后，《明镜》周刊对 Google 的态度便发生了巨大的转变。2010 年第三期《明镜》周刊中的一篇报道《极光行动》（"Operation Aurora"），介绍了 Google 退出中国的消息。在这篇文章中，Google 变成了中国政府管制下无奈退出市场的"弱者"，对于 Google 的信息控制和搜集几乎只字不提。

同一家公司，相近的报道时间，态度却截然不同。原因就在于，一个是"欧洲与 Google"，一个是"中国与 Google"。前者焦点在于控诉 Google 侵犯用户隐私，建议欧洲建立自己的搜索引擎；后者不提 Google 侵犯隐私的事实，焦点全在批评中国的网络监管。双重标准，显而易见。

时间继续放长到十年后，近几年，西方一些国家动用国家力量疯狂打压与中国相关的企业发展，从中兴到华为，再到 TikTok、微信，禁令愈演愈烈，这些西方国家可以毫不留情地中断全球合作的技术与产业体系，闭口不谈公平正义，不谈全球化的国际规则，不需要理由、证据就可以任意打压中国相关企业，只因本国利益，而此间，媒体基于本国利益，也跟着一唱一和。

2020 年 7 月，《明镜》周刊的新闻报道《中国如何结束全球化》（"Wie China die Globalisierung beenden könnte"），公然叫嚣要联合美国、欧盟、英国、日本、加拿大、澳大利亚，长远来看还要联合印度、印度尼西亚、巴西、墨西哥等，重新制定国际规则，只为反对日渐强大的中国。文章称，中国不符合西方世界的价值观，此前西方世界认为可以同化中国，最终却发现并没有让中国走上西方的道路，变得跟自己一样，反而在这个过程中，中国还变得更强大了。为什么要"双标"中国，从这篇报道中就能找到答案。

（三）所谓"西藏问题"：粉饰暴力事件，抹黑北京奥运会

2008 年 3 月 14 日，一群暴徒在西藏拉萨市中心城区多点以石块、刀具、棍

棒等为武器，对无辜路人、车辆、商铺、银行、电信营业网点和政府机关实施打砸抢烧，当地社会秩序受到严重破坏，给民众生命财产造成重大损失。在事件中，暴徒纵火300余处，拉萨908户商铺、7所学校、120间民房、5座医院受损，砸毁金融网点10个，至少20处建筑物被烧成废墟，84辆汽车被毁，18名无辜群众被烧死或砍死，受伤群众达382人，其中重伤58人。与此同时，深受达赖影响的"西藏青年大会"头目称，为了彻底胜利，已经准备好至少再牺牲100名藏人。

1. 张冠李戴，粉饰打砸抢烧事件

2008年《明镜》周刊第二十期封面文章是一篇对达赖喇嘛的专访《世界应该帮助我们》("Die Welt muss Uns helfen")，在一篇关于西藏"3·14"事件的报道中，"3·14"打砸抢烧事件被描述成"Volksaufstand"（人民起义），对达赖喇嘛称呼"Oberhaupt"（首脑），而在叙述到中国对不法分子依法采取措施时，使用了很多诸如"Gewalt"（暴力）、"Repression"（压迫）这种负面词汇。

2008年3月22日，明镜在线在其视频栏目《一周回顾》中张冠李戴，把尼泊尔军警的行动说成"中国军警在西藏镇压示威者"。

据研究者曾海芳统计，从2008年3月14日至4月10日，《明镜》周刊涉藏的94篇报道中，多处失实，比如：把"救人"说成"抓人"，把"防御"说成"镇压"。

事实上，采取暴力的正是达赖集团。达赖集团多年兜售所谓"中间道路"时，总是借"和平""非暴力"等时髦话语来粉饰自己，掩盖其暴力和武装的本质，但为达到"西藏独立"的政治目的，达赖集团从来没有放弃过暴力。

而且，美国公开的档案资料显示，达赖集团在1951年西藏和平解放之际即与美国政府建立了联系。在西藏武装叛乱期间，美国中央情报局不仅派特工帮助达赖喇嘛逃亡，而且专门训练了从事"藏独"活动的武装分子，并空投大量武器装备。

2012年6月8日，德国《南德意志报》发表《神圣的表象》评论说，"纯粹和平主义的代表人物达赖喇嘛对中情局在西藏活动的了解，很可能比他迄今承认的多得多。如今，巨大的阴影落到了这位神王的头上"。这篇评论指出，达赖喇嘛与美国中央情报局的直接关系与其"最高道德权威的身份完全不符"。

2. 污蔑北京奥运会是"政治阴谋"

2008年北京奥运会筹办期间，"藏独"势力在国际上制造了一系列干扰破坏活动。"藏独"分子多次破坏奥运会的重要仪式，包括冲击希腊的圣火采集仪式，在多国抢夺传递中的奥运火炬等野蛮行为，引起极大愤慨。

而此间,《明镜》周刊对西藏问题等进行了大量有失偏颇的报道,称象征和平的奥运会为"政治阴谋"。

2008年4月7日出版的《明镜》周刊封面报道《指环王——中国政府是如何镇压人民并且背叛奥运的》("Die Herren der Ringe: Wie Chinas Regime sein Volk unterdruekt-und Olympia verraet.")中,将奥运五环标志与铁丝封锁网结合,下方配以中国领导人集体照,借此讽刺中国,抹黑奥运。该文开头说:"中国试图在北京将自己展示为一个既游刃有余又兼容并包的东道主。然而,这一体育盛会尚未开始,就已经成了中国公众形象的灾难。对西藏的镇压和对反对者的运动,都说明了这个年轻的世界大国仍然是老一套的警察国家。"该文还写道:"中国的天空是阴霾的,奥运的天空是阴霾的,世界的天空是阴霾的""星巴克咖啡店会带来民主的讨论?还是奥迪轿车会带来无限制的自由?皆是泡影"。

奥运会是人类和平、友谊和进步的象征,为世界欢迎和珍重。达赖集团对北京奥运会进行滋扰破坏,是对其所谓"非暴力"形象的极大讽刺。

(四)所谓"黄色间谍":炒作政治话题,抹黑中国经济社会发展

2007年8月底,《明镜》周刊封面报道《黄色间谍》("Die gelben Spione")中,将中德企业之间正常的交流活动曲解为技术盗取,称中国盗取德国技术。文中充斥大量不实数据和内容。

《黄色间谍》封面图,是一名女子拨开印有五星红旗的布帘向外窥视,露出华人典型的丹凤眼;文章对中国在外留学、务工人员进行污蔑,认为他们是中国政府安排的商业、技术间谍。这篇14页的新闻报道,给在德生活工作的中国人造成了严重的困扰。内页发表的《沙粒原理》一文称中国是"骗子人民共和国"。

郑清在德国工作多年,是一名正规注册的中国记者,在一次德方组织记者参观西门子某涡轮厂的活动中,一名德方工作人员指着郑清手中的相机半开玩笑地说:"这不是用来窃取我们的技术的吧。"同样,长期在德生活的周坚在一次乘火车的途中,像往常一样打开电脑,身边的德国人带着嘲讽的语气问他:电脑里是否有不可告人的秘密?

2007年11月10日,《明镜》周刊汉堡总部大楼前聚满了从各地赶来的华人,150多名华商和学者、学生代表,严词抗议《明镜》周刊的辱华报道。抗议者联名向《明镜》周刊递交了一封抗议信《我们不是"黄色间谍",而只是来自中国

的人》，要求"《明镜》及其所有需对此负责的编辑和作者，必须立即收回所有针对在这里生活的中国留学生、科学家、员工和企业家的不实言论和猜测臆想"。

《黄色间谍》封面报道刊发之日，德国总理安格拉·默克尔正在访问中国（2007年8月26日至29日），炒作间谍话题，污蔑中国是采取了不正当手段才获取的先进技术，明显是出于政治利益考量，实则是对中国经济社会高速发展的恐慌和焦虑。

三、《明镜》周刊涉华报道也并非都是双重标准

（一）对中国也有客观报道

2017年11月11日《明镜》周刊封面报道《醒来》，红色封底配以黄色汉语拼音"Xǐng Lái"和黄色五角星，让人联想到中国五星红旗的配色。在9页的新闻报道中，对中国崛起的现状进行了多方位评述，指出中国具有西方不可比拟的制度优势：内政有着坚实有效的长远规划，并且有贯彻到底的决心；在介入国际事务的深度方面有灵活的弹性。

文章颇有洞见地指出，新崛起的中国不同于以往任何超级强权，中国不热衷于搞意识形态之争，而是着重于自身发展。接下来，文章从政治、经济、科学技术、文化和足球五个部分进行了论述。

又比如，2006年《明镜》周刊曾发表过一篇对时任西藏自治区党委书记张庆黎的采访《达赖欺骗了自己的祖国》，文中介绍了中国政府为什么把达赖看成可鄙的分裂主义分子，以及中国奉行的宗教信仰自由政策等。

（二）并非单独针对中国

从《明镜》周刊的创刊理念及实际刊发的新闻报道可以看出，《明镜》周刊坚持报道的批判性，倾向于展现自己鲜明的报道立场。

从挑选选题来看，《明镜》周刊天生就会关注负面新闻，倾向于报道负面消息。这不仅仅是针对中国选题而言，对于德国本身，对于美国、俄罗斯、印度等世界其他地区的选题，《明镜》周刊都热衷于在世界范围内寻找负面话题。从写作风格来看，《明镜》周刊和一些西方媒体一样，倾向于直接、强烈和带有个性的文字。

比如，《明镜》周刊2017年2月的一期封面十分血腥：一个类似美国总统特

朗普轮廓的人偶，左手举着尖刀，右手提着美国自由女神像头颅，鲜血滴在地上，一旁写着"美国优先"（America First），这是特朗普政府的竞选口号，也成为特朗普政府后来最鲜明的施政理念。

……

必须认清，以上两点都不能成为《明镜》周刊涉华报道"双标"的借口。

不仅是《明镜》周刊，其他的西方主流媒体也常会拿"新闻自由"来标榜自己，称自己不受政府管控，所以才能"讲真话""多批评"。西方民众也相信这一点，并引以为傲。但这只是表象。

第一，不受管控的媒体是不存在的，标榜新闻自由的西方媒体实际上会受到资本、受众喜好、作者认知等多方面的影响。长期以来，西方社会习惯于戴着有色眼镜来看中国，他们眼中的中国不仅发展滞后，还愚笨、不自由。媒体要迎合这种受众认知来写稿，这种社会认知又会被不断强化，从而更加偏离真实的中国形象。放在更微观的层面，很多操作中国选题的编辑记者也是被西方社会的刻板印象影响的个体，并不了解中国，仅仅拿西方的一套说辞来理解中国，只能是自以为是地站在"舆论制高点"来批评中国，甚至嘲笑中国。

第二，由于政治体制不同、文化观念不同，地理位置相隔十万八千里，当地受众只能被动地通过媒介的议程设置来了解中国。因此，对于媒体塑造出来的"双标"报道，受众无法分辨，只能片面被动地接受，久而久之受众眼中的中国就是一个极其负面的形象。这与媒体报道自己国内负面消息完全不同，因为受众对自己本国的事务，会有更多了解途径，也会形成一个更清晰的理解，并不会全盘接受《明镜》周刊的报道。

第三，报道风格并不能成为《明镜》周刊"双标""选择性失明"的借口，客观性和真实性是新闻报道的底线，任何深度报道都要遵循这一规则。对比《明镜》周刊的报道可以看出，对德国的报道是在新闻底线规则范围内的行为，但对中国的报道却常常失去了真实性和客观性，带着傲慢口吻，践踏新闻底线。比如，上文提到的《黄色间谍》报道，不仅有失公允，实际已经是种族歧视了。

四、对《明镜》周刊涉华报道双重标准的简要分析

《明镜》周刊笔下的中国，总体是什么形象？

研究者华中科技大学的韩宏研究了2008年至2016年间《明镜》周刊超400

篇涉华报道后发现，《明镜》周刊在构建中国形象时，一贯采用二元对立、西方为主的框架和话语逻辑。

《明镜》周刊笔下的中国，政治上存在严重的人权问题，随着中国近年来的发展，中国开始试图重构世界政治结构，"中国威胁论"由此而生。经济上，中国是一个野蛮扩张的大国形象，虽然互联网经济快速发展值得表扬，但中国粗放式、落后的经济发展模式并不值得借鉴，中国也未能承担起相应的环保义务，对环境造成污染。文化上，中国的所谓软实力政策十分"无耻"，政客式文人是中国文化事业最主要的"障碍"。教育上，中国的教育模式也不值得推广借鉴。

报道倾向上，负面居多。2008年至2016年涉华报道中，负面报道的比例超六成。除2015年，《明镜》周刊其他年份中对中国的负面报道均多于中立和正面报道总和，有些年份甚至不见正面报道。研究分析认为，随着中国综合国力的发展壮大以及在国际社会中发挥出更加积极正面的作用，与世界建立起了更友善的交流联系，中国国际形象逐渐改观。《明镜》周刊对于中国的负面报道数量近年来呈现下降趋势，中立、正面报道所占比重提高。

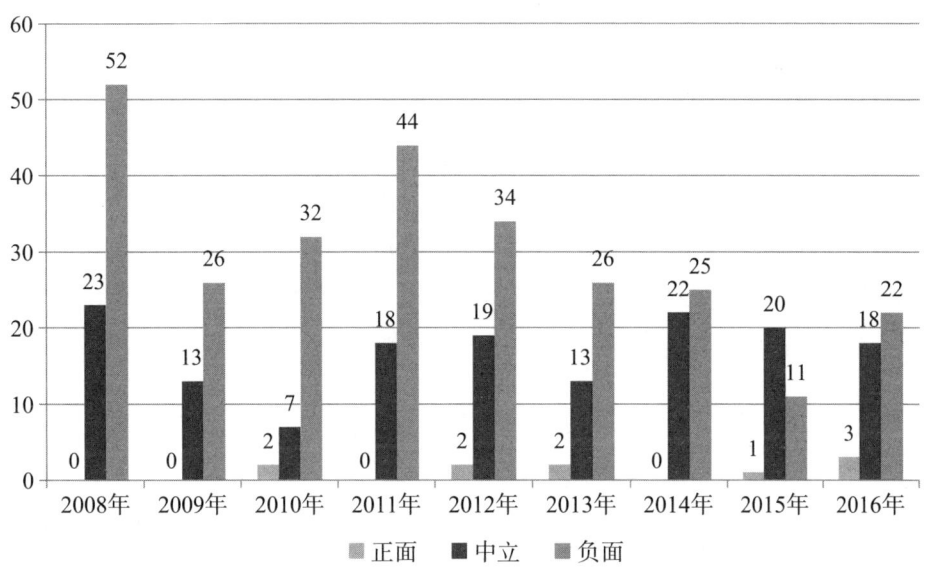

《明镜》周刊涉华报道倾向性分布

采访对象上，**对中国缺乏了解的外籍人士居多**。研究者西南大学的黄维选取了1949年10月1日至2017年12月31日与中国相关的53期《明镜》周刊封面报道，统计发现，53期报道共采访或引用了418人，其中拥有外国国籍的有295人，占比为 70.6%，拥有中国国籍的有 123 人，占比为 29.4%。不难理解，因传统文化、社会环境、国家利益等不同，再加上信息传播不对称，外籍人士对他国发生的事件并不能感同身受，对新闻背后的社会现象、相关政策很难全面认识，甚至拿西方价值观来强行解释，结果只能是远远偏离实际情况，甚至炮制出"双标"报道。

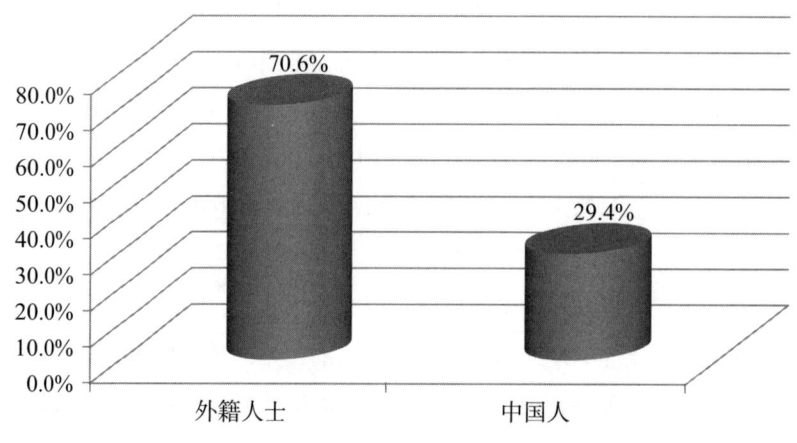

《明镜》周刊封面涉华报道采访对象国籍比例（1949—2017年）

即使是标榜不受政府控制的《明镜》周刊等西方媒体，也会受到多重因素影响，真正自由客观的新闻报道是不存在的。利益（尤其是国家利益）往往是影响涉华报道框架选择的根本原因，《明镜》周刊也不例外。德国对华政策需要一个怎么样的中国，德国媒体便会呈现出一个怎么样的中国，无论德国媒体行业还是社会受众，更关注的一定是中国与德国之间的利益交汇点。当德国认为能从中国崛起中获利时，便会塑造一个经济快速发展的友好合作伙伴形象；当德国认为中国崛起会损害德国利益、扰乱德国发展时，便会塑造一个专制、落后的中国形象，甚至蓄意抹黑中国。

这种新闻报道的不客观、不真实，却也是遵循了传播学中的议程设置理论。面对这种"舆论战"，特别是抹黑中国的"双标"报道，我们必须大声回应、积极回击，对恶意诽谤要及时驳斥和澄清，对关键议题要善于讲好中国故事，寻求中国与世界的利益结合点，有理有利有节，努力放大国际舆论中有利于我国的声音。

【参考文献】

（1）明镜集团网站，https://www.spiegelgruppe.de。

（2）王月：《德国媒体中中国形象的呈现——以〈明镜〉周刊为例》，吉林大学硕士学位论文，2014年。

（3）纪永滨、宋健飞：《鲁道夫·奥格斯坦和他的〈明镜〉周刊》，载《德国研究》2003年第18卷第2期。

（4）韩宏：《德国〈明镜〉周刊中的中国国家形象研究（2008—2016年）》，华中科技大学硕士学位论文，2017年。

（5）《歪曲报道自取其辱 〈明镜〉周刊歪曲中国报道探源》，人民网，http://media.people.com.cn/GB/40606/7487131.html。

（6）"Corona-Virus Made in China", Der Spiegel, February 2020.

（7）"WHO Statement on false allegations in Der Spiegel", https://www.who.int/news-room/detail/09-05-2020-who-statement-on-false-allegations-in-der-spiegel.

（8）侠客岛微信公众号：《造谣中国胁迫世卫组织，这家媒体被美国"带坏"了》，https://mp.weixin.qq.com/s/rgWDoG9OliqrxB-ZQHNa1A。

（9）"Wie China die Globalisierung beenden könnte", Der Spiegel, July 2020.

（10）《西藏发展道路的历史选择》白皮书，国务院新闻办公室，2015年4月15日发布。

（11）熊健：《从媒体报道谈德国对西藏问题的误解》，载《新闻传播》2009年第7期。

（12）钱立勇：《西方视野下中国军队国际形象的变迁与建构》，南京大学博士学位论文，2013年。

（13）《德国〈明镜〉周刊："达赖欺骗了自己的祖国"》，http://www.china.com.cn/international/txt/2006-09/18/content_7169828.htm。

（14）《德刊严重妖魔化中国》，环球网，2008年4月22日。

（15）《反击国外媒体歪曲中国报道 海外华人理智维权益》，国务院侨务办公室，http://www.gqb.gov.cn/news/2007/1102/1/6995.shtml。

（16）《疫情期间德国针对亚裔的歧视现象增多》，http://www.chinanews.com/gj/2020/05-22/9191369.shtml。

（17）《德国最新一期〈明镜〉周刊以"醒来"作为封面报道中国》，http://world.chinadaily.com.cn/2017-11/13/content_34481461.htm?_t=t。

（18）黄维：《〈明镜〉周刊封面中中国国家媒介形象研究（1949—2017）》，西南大学硕士学位论文，2018年。

（19）贾文键：《德国〈明镜〉周刊（2006—2007年）中的中国形象》，载《国际论坛》2008年第10卷第4期。

（20）《在德华人向德国〈明镜〉周刊递交抗议信要求道歉》，人民网，2007年11月11日。

（21）曾海芳：《真实与谎言的又一次博弈——透视西方媒体对"3·14"事件的虚假报道》，载《新闻记者》2008年第5期。

一些西方人士秉持"宽以律己,严以待人"的原则,自己天大的错也只是小事一桩,可以忽略不计,别人就算没错也要挑出错来。

区别对待，已经成为习惯[①]

一、《朝日新闻》简介

《朝日新闻》（日语：朝日新聞）是日本三大综合性日文对开报纸之一。1879年1月25日在大阪创刊，创办人是木村滕、村山龙平。初创时期，形态为插图小报，办报方针为"不偏不党"。1888年实行产业化管理，《朝日新闻》东京版以《东京朝日新闻》为名进入东京出版市场。1930年前后，与《读卖新闻》《每日新闻》形成三家报纸鼎足之势。

1940年9月1日，该社将在各地出版的报纸统一报名为《朝日新闻》，在东京、大阪、大仓、名古屋、札幌等地出版发行。《朝日新闻》从创刊初期就注重发行地方版，加强地方通信网络的建设，以满足各地读者的需要，推动了《朝日新闻》走向全国。到1930年，逐渐实现了一县一版的地方版格局，除了重要新闻通过综合版统一编排、内容基本相同外，其他报道则是各地各自采写、各自编排，版面各具特色。

《朝日新闻》从创刊不久一直到20世纪70年代，发行量一直保持日本第一，70年代中期以后，发行量被《读卖新闻》反超。根据日本ABC协会（调查报纸和杂志实际销量的第三方组织）的统计，2019年上半年《朝日新闻》平均日发行量730.5万份，其中朝刊日发行量558.0万份，夕刊日发行量172.5万份，在日本报纸中发行量排名第二，同时也是世界第二大发行量的报纸。根据日本新闻协会有关专家对《朝日新闻》《读卖新闻》《日本经济新闻》日本三大报纸的民众舆论

[①] 《朝日新闻》涉华报道"双标"报告。

调查结果，在新闻的真实准确性、公众依赖性、对社会的影响力、对解决社会问题的积极态度、观点立场和公正性等九个方面，《朝日新闻》的支持率均排在前列。至今，《朝日新闻》仍在日本报纸中保持"精英报纸"的色彩，读者的学历层次也较高。

《朝日新闻》不仅仅是报纸，也是一家大型综合性媒体集团。除发行《朝日新闻》外，还发行英文报纸、周刊杂志、月刊杂志等，其中不少在日本国内有着较高的知名度。

二、《朝日新闻》涉华报道"双标"典型案例

《朝日新闻》的办社纲领涵盖"坚持不偏不党之立场，贯彻言论自由"，"公正、迅捷地真实报道，以进步精神保持评论之公正"。但是在具体的新闻报道实践中，特别是在涉华报道领域，《朝日新闻》时常会出现"双标"新闻报道。

（一）涉华新冠肺炎疫情报道"双标"典型案例

2020年1月23日，为了疫情防控需要，武汉暂时关闭离汉通道。《朝日新闻》对此却有些阴阳怪气。

《朝日新闻》有一个专栏评论，叫《天声人语》。所谓"天声"，常被解读为"民众的呼声"；"人语"则是表示作者在倾听民意后，发表自己的观点。《天声人语》是日本历史最悠久、影响力最大的评论专栏之一。

1月25日，也就是武汉"封城"后的第三天，《天声人语》刊登了评论《武漢の封鎖》（武汉封锁），文章不长，从明治时期日本遭受霍乱的历史背景说开去，然后笔锋一转，就提到了中国的新冠肺炎疫情。文章写道：中国の武漢市で多くの患者が発生し、ついに外部との交通を遮断するに至った（随着中国武汉的患者越来越多，最终还是切断了与外界的交通）。紧接着，作者写道：

都市を丸ごと封鎖するようなことがまさか現代で起きるとは。駅に人を入れまいと、警官が立ちはだかる写真が紙面にあった。（没想到在现代社会还发生了封锁整个城市的事情。有的报纸刊登了警察阻止民众进车站的照片。）

鉄路、空路、道路が閉ざされた1千万都市からは苦境が伝わる。コンビニが品薄になっている。病院でベッドが足りない。日本企業の駐在員も自宅待機

を余儀なくされる。いつまで続くか分からないという不安は、耐えがたいものだろう。(因为铁路、航空、公路的关闭，一个1000万人口的城市处境变得越发困难。便利店里缺货，医院的病床不够。日本企业的派驻员工也不得不在家待命。这种不知道要持续到什么时候的不安情绪，想必是令人难以忍受的。)

通过这篇出自著名专栏的评论可以看出，《朝日新闻》对于武汉的管控措施有明显的不认同和批评色彩。

而在2020年3月13日刊发的另一篇报道《強権の中国、成果を自賛「感染のピークは過ぎた」》(强权体制的中国自夸防疫成果，说"感染高峰期已过")中，作者更是直接指出了中国的严格管控措施就是强权的象征，文章写道：

武漢で1千万人超、湖北省全体で約6千万人の自由を制約するという対応は、党を頂点にトップダウンの統治が行われる中国だからこそできるともいえる。(能够限制武汉超过1000万人、湖北全省约6000万人的自由流动，也只有执政党是自上而下垂直管理的中国才能做到。)

武漢市に残された市民は、過酷な環境に追いやられた。急増する患者に医療物資やスタッフの手当てが追いつかず、医療現場は混乱に陥った。ベッド不足で入院できない患者が自宅に戻らざるを得ない状況になり、重症患者の治療も遅れた。(留在武汉的市民处境艰难。医疗物资和人员的储备应付不了患者数量激增的局面，救治现场十分混乱。因床位不足而无法住院的患者只能选择回家等待，重症患者得不到及时救治。)

而对同样采取"封城"举措的意大利，《朝日新闻》又是如何报道的呢？3月9日，《朝日新闻》刊登了一则报道《コロナ、イタリアでも封鎖》(因为新冠肺炎，意大利也施行封锁措施)，除了报道意大利封锁全国的背景和现状外，里面有两段这样的表述：

「政治責任は私が負う。特に高齢者の健康を守り、みんなでこの危機を乗り越えよう」。コンテ氏は8日未明、異例の記者会見を開き、国民に理解を求めた。("政治责任我来承担。特别要保护老年人的身体健康，希望我们一起努力度过这次危机。"意大利总理孔特于8日凌晨召开了特别记者会，请求国民能够理解这个举措。)

ミラノの弁護士ジャンフランコ・ディラーゴさん(45)は、隣の州で民事裁判官として働く仕事が中止に。「封鎖は正しい判断だと思う。依頼者とはオンライン上でやりとりできるが、長引くと仕事上の問題が出てくるだろう」と心配する。（来自米兰、45岁的律师圣弗兰科·迪拉戈已经中止了在邻州做民事法官的工作。他有些担心："我认为封锁是正确的决定。现在可以和委托人在线上商谈，但是时间久了工作上还是会出现问题吧。"）

通过对比，我们可以看出，《朝日新闻》在评价"封城"这个议题上，还是有较为明显的意识形态偏见。同为"封城"，中国则背负"骂名"，被扣上"强权"的帽子，同样是描述疫情初期的"困难"，对于中国的报道就非常详尽，"医用物资不足""病床数量不够""人手不够""重症患者得不到及时救治"，等等。而对于意大利的"封城"，仅仅是列举了米兰中央车站发生的众人为了逃离封锁区而引起的骚乱。同时，对意大利的报道还关注了说出"政治责任我来承担"的总理，以及认为"封锁是正确的决定"的律师，字里行间为"封城"举措寻找合理性。

2020年2月底，韩国对疫情较为严重的大邱市和庆尚北道采取"最大限度的封锁措施"。在一系列的防控措施下，韩国的疫情一度得到有效控制。《朝日新闻》5月1日刊登的报道《新型コロナ、どう課題を克服したのか》（如何克服新冠肺炎疫情的课题），将韩国作为疫情防控的先进典型，但是文章只聚焦了韩国PCR检查的全面、彻底和高效，对于封锁措施却没有任何提及。按照《朝日新闻》的价值取向，"封城"并非理想、值得倡导的手段。对防控措施有不同观点这当然能够理解，但是在韩国的疫情防控中，采取了限制性措施是事实，这些措施和其他措施一起共同取得了成效更是事实。在介绍先进经验时，却有意规避了这个方面的做法，明显有偏颇之嫌，也暴露了《朝日新闻》的新闻选择标准。

（二）涉"一带一路"报道"双标"典型案例

中国提出了"一带一路"倡议，而日本提出了"印太构想"。那么，这两大倡议在《朝日新闻》的语境中是如何呈现的？

在《朝日新闻》2015年3月12日刊登的报道《中国、シルクロード構想推進　一帯一路、国際社会に警戒感も》（中国推进丝绸之路构想　国际社会警惕一带一路）中，这样写道：

しかし、国際社会には、「一帯一路」が経済協力を誘い水に「親中国陣営」を築く「中国版マーシャル・プラン」ではないか、との警戒感が強い。第2次大戦後、米国の提唱で始まった欧州の経済復興計画「マーシャル・プラン」は、

西欧の復興を加速させ西側陣営の結束を強めた面がある。(但是，对国际社会来说，"一带一路"以经济合作为由头，构筑"亲中国阵营"，可谓是"中国版马歇尔计划"，不少国家对此十分警惕。第二次世界大战后，由美国发起的欧洲经济复兴计划，也称"马歇尔计划"，起到了加速西欧复兴、团结西方阵营的作用。)

《朝日新闻》将"一带一路"倡议称为"中国版马歇尔计划"，意味深长。"马歇尔计划"通常被视作美国经济帝国主义的表现，美国借助这一计划控制西欧，以实现其地缘政治的目标。"一带一路"倡议在《朝日新闻》看来，如同"马歇尔计划"一样潜藏着地缘政治意图。

2017年5月17日刊登的社论《一带一路构想 中国の資質が問われる》（一带一路构想 中国资质遭到质疑）中，明确写道：

ただ、構想はもっぱら中国資本の進出を促すもので、「新植民地主義」との批判もある。ともすれば自国中心主義に走る従来の姿勢が変わらないのなら、協調的な国際開発の推進役としての資格が疑われる。（但是，构想在主要促进中国资本流动的同时，也受到了"新殖民主义"的批判。如果坚持以本国为中心的姿态一直没有改变，作为协调和推进国际开发的角色的资格就会被质疑。)

中国は外交で不都合な事態が起きると、国際経済のルール違反に問われかねない手段で相手国に制裁を加えてきた。（中国在外交上一旦发生了不合意的情形，就有可能通过违反国际经济规则的手段对对方进行制裁。）

在另外一篇2018年2月14日刊登的东洋英和女学院大学名誉教授津守滋的言论《「インド太平洋」構想 価値観共有国と関係強化を》（印太构想 加强与共同价值观国家的关系）中，出现了这样的表述：

中国はかつての中華帝国の復権を目指す意図をあからさまにしている。目的は今世紀半ばごろまでに、例えば経済規模において米国との間の覇権競争に勝つことである。（中国公开了复兴中华帝国的意图。目的是在21世纪中叶之前，在与美国的霸权竞争中能够胜出，比如在经济规模方面。）

在《朝日新闻》看来，"一带一路"倡议潜藏着"负效应"：在中国资本扩张的背景下，"一带一路"倡议不仅会导致合作国陷入"债务陷阱"，而且会成为中国牵制各国的筹码。津守滋教授的言论更是将"一带一路"倡议的终极目标指向与美国的霸权争夺。旨在同沿线各国分享中国发展机遇、实现共同繁荣的"一带一路"倡议，就这样被《朝日新闻》强加了许多政治企图甚至是帝国野心。且不说这是否符合新闻专业主义的操守，他们是否能以同等的角度来解读"印太构想"呢？答案显然是否定的。

2018年12月4日刊登的社论《インド太平洋　対決の枠組みにするな》（印太构想不应成为对决的工具）写道：

この考え方は安倍首相が16年に打ち出し、翌年のトランプ氏との会談で、日米共通の外交方針とされた。インド洋から太平洋にかけて、影響力を増す中国を牽制（けんせい）する狙いがある。（安倍首相在2016年提出这个想法，并在第二年与特朗普总统的会谈中将其明确为日美共同外交方针。此举意在牵制从印度洋到太平洋影响力逐渐增加的中国。）

这篇社论可以视作对"印太构想"的建言之作，既没有出现"新殖民主义""债务陷阱"这样的词汇，也没有出现"复兴帝国荣光"的表述（而这些，往往都伴随着对"一带一路"倡议的报道）。同为更广泛的区域合作规划，"印太构想"在《朝日新闻》的语境中就要纯净许多，更多地被当作一个经济产物，所附带的价值关键词也是自由、民主和法治等西方世界的"正面词汇"。但是"一带一路"倡议就要背负很多负面的词汇和恶意的揣度，也再一次说明了《朝日新闻》在"一带一路"议题上的"双标"色彩。

（三）涉中国香港"修例风波"报道"双标"典型案例

2019年6月以来，香港反对派和一些激进势力借"修例"进行各种激进的示威活动并不断升级暴力行为，其行动完全超出了和平游行示威的范畴。

同年10月，因为西班牙加泰罗尼亚地区独立派领导人被判重刑，该地区发生大规模抗议和骚乱。示威者上街游行，破坏公共设施、攻击警察，警方则用警棍、装甲车等"清场"。

那么，这两起事件在《朝日新闻》上又是怎么体现的呢？

在《朝日新闻》的电子数据库中以"加泰罗尼亚"和"巴塞罗那"进行检索，只得到一篇相关报道《カタルーニャ、独立派がデモ　サグラダ・ファミリアも一時閉鎖》（独立派在加泰罗尼亚示威游行，圣家教堂暂时关闭），文章很短，全文400多字：

スペイン北東部カタルーニャ州バルセロナで18日、世界遺産サグラダ・ファミリア教会が、同州の独立を求める住民の大規模デモによって一時的に閉鎖に追い込まれた。デモは14日にスペイン最高裁で独立派指導者に有罪判決が出たことをきっかけに始まった。（在西班牙东北部的加泰罗尼亚州巴塞罗那，世界遗产圣家教堂因民众要求地区独立的大规模示威而被迫于18日暂时关闭。示威游行的导火索是，西班牙最高法院在14日作出了加泰罗尼亚独立派领导人有罪的判决。）

ＡＦＰ通信によると、デモには50万人以上が参加。一斉ストライキの呼びかけに公務員の3割が応じた。参加者は同教会前に押し寄せたほか、空港に向かう高速道路を占拠した。乗務員が空港にたどり着けず、50便以上のフライトがキャンセルになり、18日にバルセロナで公演予定だったオペラも中止された。（据法新社报道，有50万人以上参加了此次示威游行。三成公务员响应了罢工的号召。参与者除了集聚在教会前，还占领了通往机场的高速公路。乘务人员因此没能到达机场，50班以上的航班也被迫取消了，原定18日在巴塞罗那公演的歌剧也取消了。）

さらに、26日に予定されたサッカースペイン1部リーグの2大人気チーム、バルセロナとレアル？マドリードの試合も延期が決まった。両チームの対決は「クラシコ」と呼ばれる伝統の一戦で、世界で最も視聴者の多い試合の一つだ。同教会は19日午前は通常営業を再開している。（此外，计划在26日举行的西班牙足球甲级联赛两支人气球队巴塞罗那队和皇家马德里队的比赛也不得不推迟。两队的对决向来被视作"巅峰之战"，可能拥有着世界上最多的观众。教会19日上午恢复了教堂开放。）

这篇报道跟我们想象中的示威游行报道相比，有很多的"闲来之笔"，读不出太多紧张的氛围，而且《朝日新闻》对加泰罗尼亚持续、升级的暴力活动并没有进行跟进报道。

但是，对于香港的非法暴力行为，《朝日新闻》的态度来了180度转变，不仅报道数量多、篇幅长，而且还颇有"立场"。在2019年6月11日刊发的报道《香港デモ、帰ってきた若者たち》（香港示威年轻人归来）中如此写道：

香港で9日にあった「逃亡犯条例」改正案に反対する大規模なデモでは、学生をはじめ若者の参加が目立った。2014年の民主化デモ「雨傘運動」が挫折した後、民主化運動から遠ざかっていた世代が再び政治意識を高めつつあるようだ。（9日在香港举行的反对《逃犯条例》修正案的大规模游行中，以学生为首

的年轻人的参与引人关注。2014年的民主化游行"雨伞运动"受挫后，远离民主运动的一代人似乎再次提高了政治意识。）

しかし、今回の条例改正を座視すれば、民主化の進展どころか、香港の高度な自治を保障する「一国二制度」が骨抜きにされるとの危機感が若者たちを動かしたとみられる。（但是，如果对本次修例熟视无睹，不仅民主化的进程倒退，年轻人还非常担忧保障香港高度自治的"一国两制"会被虚化，这才促使他们采取了行动。）

而且报道仅对参加示威的人进行了采访，一边倒地认为"改正案に不満を持っている人が多いという事実を政府に伝えることが大事だ"（向政府表明有许多人对修正案不满的事实是重中之重）。

在6月27日，《朝日新闻》又刊发了报道《香港デモ200万人、それぞれの思い》（香港200万人游行各怀心思），记者采访了学生、公司员工、教师等香港市民。

1997年に香港が英国から中国に返還された前後を知る世代もいる。男性教師（51）は「返還前は、社会問題は政府に任せればいいという空気があった。返還後の政府は、市民の気持ちを考えずに押しつける政策を続けています」。[也有人知道1997年香港从英国回归中国前后的事情。男教师（51岁）说："回归之前，有一种社会问题交给政府就行的气氛。回归后的香港政府，不考虑市民的感受，继续推行强人所难的政策。"]

客观的报道应当呈现多方面、多角度的声音，这位记者确实采访了一些人，但是角度都指向对香港特区政府不满、市民生活艰难等，和示威者如出一辙，这完全算不得是客观，跟《朝日新闻》所宣扬的"不偏不党"相去甚远。

《天声人语》栏目在2019年8月23日也对香港非法暴力行为发表了评论《香港デモの所作》（香港游行的行为），文中写道：

若者が救護テントや携帯の充電場所を設営し、その親世代が飲み水やマスクを運び入れた。路上の自習テントでは、「短時間でも参加を」と高校生が宿題の数学に取り組んでいた。現地で取材中の同僚によると、今年も10代、20代の姿が目立つ。[年轻人设置了救护帐篷和手机的充电处，他们的长辈把饮用水和口罩运进来。在路上的自习帐篷里，高中生正埋头写数学作业，声称"哪怕只能短时间也要参加（游行）"。据当地采访的同事说，今年参加示威的10多岁、

20多岁的年轻人备受关注。]

评论在字里行间都表露出对示威者的支持，认为这些参与示威游行的年轻人是自由和民主的捍卫者，他们的行动得到了来自长辈等其他香港人的支持。

作者也并非完全看不到这些示威游行带来的负面影响，文章写道：デモが節度を失えば、たちまち市民の共感を失う。人心が離反すれば、当局がすかさず排除に乗り出す。（如果示威游行失去了分寸，立刻就会失去市民的共鸣。如果失去了人心，当局会立刻出手扫除。）

但这句话的用意，可能并不是在展现客观的报道标准，而是在给示威者出谋划策，希望他们能获得更多人的支持并把抗议活动持续下去，有明显的站队痕迹。

比较《朝日新闻》对加泰罗尼亚和香港的示威游行报道，可以再次清楚地看到该报的双重标准。

三、《朝日新闻》涉华报道也并非都是"双标"

虽然时不时会出现"双标"，但《朝日新闻》涉华报道也并非都是如此。总体而言，比起《读卖新闻》等媒体，《朝日新闻》对中国报道更客观一些，立场更为中立一些。

在钓鱼岛问题上，中日之间风波不断。尤其是2012年"购岛事件"以来，日本采取了一系列措施，比如安倍晋三曾经强行通过法案，确定在日本高校文科教育教材中增加关于钓鱼岛的知识信息。对于这些做法，《朝日新闻》一直都是主张日本不应该单方面行事，应该和中国通过交流谈话等方式解决问题。但《读卖新闻》则不同，认为日本应该采取一系列措施来占据钓鱼岛，并时常发表社论对中国进行指摘。

新冠肺炎疫情暴发后，《朝日新闻》在2020年2月16日曾经刊发一篇评论《中国人への偏見、恥ずかしく》（对中国人有偏见，抱歉）。作者由他的一次旅行生发开去，在旅途中遇到了中国游客，因为受到电视新闻的影响，觉得中国游客粗鲁、没有礼貌，于是着急要离开，却不小心踩了中国女游客的鞋子。结果对方微笑着用日语说"没关系"。这让作者颇为感慨：

私は恐縮するとともに、恥ずかしくなった。ご婦人は、がさつな日本の老人の行いを許してくださった。それに比べ、私は何と浅はかなことをしたこと

か。（我在惶恐的同时，也感到不好意思。那位女士原谅了我这位日本老人的粗鲁行为。相比之下，我的偏见是多么肤浅的事啊。）

作者进而写道：

新型肺炎の感染が拡大する中、世界でアジア人差別が広がっていると報道で知った。米ニューヨークではマスクをつけたアジア系女性が暴行される事件があったという。感染拡大は、武漢市をはじめ中国の人々が悪いわけではない。偏見や差別につながる報道はあってはならず、特にネットで蔓延（まんえん）させてはならない。（从新闻中看到，随着新冠肺炎疫情的蔓延，世界上其他国家的人对亚洲人的歧视也在加深。据说在美国纽约发生了戴着口罩的亚洲女性受到暴力伤害的事件。疫情的加剧，并不意味着要归罪于以武汉人为代表的中国人。在新闻报道中不能存有偏见和歧视，有失偏颇的消息尤其不能在网络上蔓延。）

在新冠肺炎疫情发生后，中国对于日本的医疗物资援助，《朝日新闻》也进行了报道，在这一领域没有因为意识形态不同而刻意规避报道有利于两国关系发展的事情。

总的来看，《朝日新闻》和许多日本媒体一样，会戴着有色眼镜看中国。一旦涉及中国的话题，就容易把它牵引到"中美争霸""中国威胁论""专制政权""威胁民主自由"等框架中去。但同时，《朝日新闻》在一些领域的涉华报道中，还是相对较为中立、客观的，不会一味抹黑中国、污蔑中国、唱衰中国。

四、对《朝日新闻》涉华报道"双标"的简要介绍分析

日本媒体一贯对中国的关注度较高，涉华报道屡屡出现在媒体的重要位置和重要时段。在日本国内经济停滞不前的背景下，近几年日本媒体的涉华报道中对华负面论调持续增多，他们炮制所谓的"中国威胁论"，试图营造出无论是经济上还是军事上日本都受到中国威胁的假象。因此，在涉华报道中时常可见"双标"的踪影，其原因可简要归纳为以下几点：

1. 日本政府越来越明显的强力干涉

研究者陈雅赛在《日本媒体对华舆论特征与引导策略》中介绍，近几年，日本政府通过记者俱乐部等手段不断加强对舆论的控制，成为影响日本媒体对华舆论的重要因素。日本政府不断强化对媒体的控制，对一些持不同立场的媒体采取

了打压手段，并控制NHK（日本放送协会）人事权，诱导NHK管理层在历史遗留问题、集体自卫权等重大问题上发表右翼言论。重压之下，日本媒体的涉华报道逐渐趋同，不断炒作所谓的日本国家安全环境日益紧张、日本领海领空遭到中国威胁等问题，制造"厌华"舆论，影响日本民众对华态度。从另一方面来讲，日本的大众媒体要想在市场中生存下去，也必须选择偏右的立场，在日本政府越来越强势的背景下，受到政治势力的裹挟，选择炮制话题、"双标"中国。

日本政府于2012年9月无理宣布钓鱼岛"国有化"，引起中国各地爆发了大规模的抗议活动。**研究者王京滨在《日本媒体报道与中日关系恶化》**一文中指出，日本媒体在对中国的报道中大多运用了"危机"逻辑，一方面鼓吹所谓的中国"军事威胁"，另一方面引导日本民众相信中国存在着政府主导下的反日教育、反日报道。安倍晋三在第一次组阁时，媒体报道具有较大的自由度，这也被其视为自己首次组阁失败的重要原因。在第二次上台执政后，安倍强化了对媒体的管制。为实现其长期以来的"修宪"和"国家正常化"的政治目的，从2012年末开始，自民党和安倍利用手中的权力，通过"威逼、利诱、拉拢"等手段，使媒体向政府工具的角色转变。

2. 日本民众越来越显露的"反华"情绪

2019年10月，中国外文局和日本言论NPO共同发布了中日关系舆论调查，结果显示：日本受访者对中国"印象较好（或相对较好）"的比例仅为15%。这样的民意土壤，也在某种程度上促使大部分是市场化运作的日本媒体选择迎合受众的偏好，在对中国问题的报道上，日本媒体有意选择负面新闻进行放大和渲染。**研究者张红梅在《文化折扣视域下日本报纸中国形象的失真呈现——以〈朝日新闻〉为例》**一文中指出，虽然中国外交方针的重点是"中国要与周边国家深化互惠关系，在安全保障领域相互信赖"，但《朝日新闻》在报道中国外交方针时，却刻意淡化，反而更侧重于宣扬"中国威胁论"的观点。

总之，在日本政府弹压、日本民众偏好、媒体自身发展需求等变量因素作用下，日本媒体在涉华报道中坚守中立客观的报道标准变得越来越难。这也给中国的对外传播带来更严峻的挑战，面对西方媒体根深蒂固的偏见和"双标"，传播中国声音、讲好中国故事需要我们更大的智慧和勇气。

【参考文献】

（1）荣元：《福田时期〈朝日新闻〉涉华报道倾向性研究》，大连理工大学硕士学位论文，2009年。

（2）孟凡晓：《回归本源：新闻本位时代的精神底蕴》，南京师范大学硕士学位论文，2009年。

（3）杨洋：《日本〈朝日新闻〉"天声人语"专栏评论的特点分析——以2016—2017年该专栏文本为研究对象》，载《视听》2018年第9期。

（4）赵新利：《从南海报道看日本媒体的倾向性——兼论我国南海问题国际传播策略》，载《青年记者》2016年第13期。

（5）黄小英：《试论基于日本媒体框架下的"一带一路"与TPP》，载《文化创新比较研究》2019年第36期。

（6）林子博、谢金文：《〈朝日新闻〉上的中国形象研究——基于该报2014—2016年涉华社论的内容分析》，载《西南民族大学学报》（人文社会科学版）2018年第12期。

（7）金赢：《日本政治舆论空间的变革与方向——以〈朝日新闻〉的跌宕沉浮为视角》，载《东北亚学刊》2018年第6期。

（8）姚奇志、梁婷婷：《日本主流媒体对华报道倾向性与形象呈现——以2012—2016年〈朝日新闻〉中文网站为例》，载《对外传播》2018年第3期。

（9）伏学燕：《〈朝日新闻〉报道反映的"一带一路"倡议的国际舆论研究》，载《新闻研究导刊》2018年第24期。

（10）段然：《日本媒体"一带一路"高峰论坛报道倾向研究》，载《国际传播》2017年第5期。

（11）李素华：《日本对"一带一路"构想的认知和反应》，载《东北亚学刊》2015年第3期。

（12）福井冰：《〈读卖新闻〉〈朝日新闻〉钓鱼岛报道的比较研究》，浙江大学硕士毕业学位论文，2019年。

（13）熊伟：《话语偏见的跨文化分析》，武汉大学出版社2011年版。

（14）郭彬彬：《批评认知视角下的环境新闻语篇话语策略研究》，人民日报出版社2016年版。

（15）陈雅赛：《日本媒体对华舆论特征与引导策略》，载《情报杂志》2019年第3期。

（16）王京滨：《日本媒体报道与中日关系恶化》，载《当代亚太》2018年第2期。

百年未有之大变局下，文明竞赛"东升西降"让西方失落，权力结构"南升北降"让西方失望，国家制度"中升西降"让西方失措，发展动能"新升旧降"让西方失势。一系列的失利，让"不适应""不舒服"的西方注定会"把气撒在别人身上"，从而又进一步滑向失信，对中国的"双标"更为变本加厉。

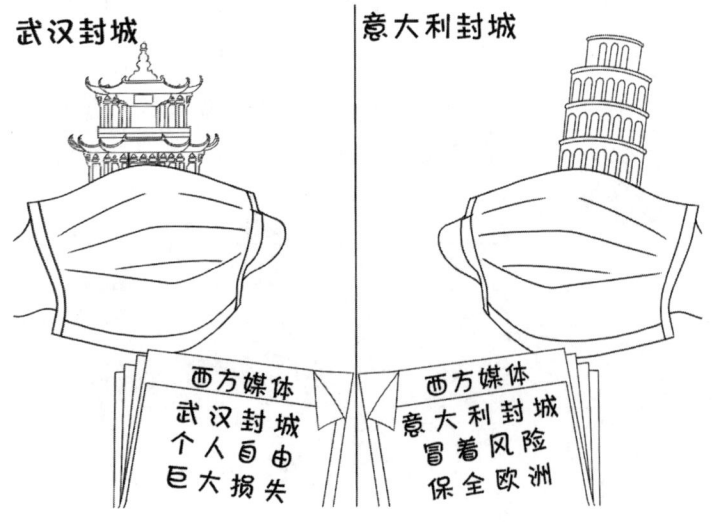

同样的疫情防控措施，却得到天差地别的定性，如此混淆是非，冒天下之大不韪，滑天下之大稽，注定会被钉在历史的耻辱柱上。

政治病毒，比新冠病毒更可怕①

一、全球新冠肺炎疫情和中国抗击新冠肺炎疫情行动介绍

新型冠状病毒肺炎是近百年来人类遭遇的影响范围最广的全球性大流行病，对全世界是一次严重危机和严峻考验，对人类生命安全和健康造成重大威胁。

（一）全球新冠肺炎疫情介绍

据世界卫生组织数据，截至 2020 年 11 月中旬，全球累计确诊新冠肺炎病例已超过 5600 万例，累计死亡超过 135 万人。确诊病例数排在前三的国家分别是美国、印度、巴西，确诊病例数超百万的国家有 11 个，确诊病例数超 10 万的国家约 50 个。其中美国确诊病例超 1100 万例，累计死亡超过 25 万人。

（二）中国抗击新冠肺炎疫情行动介绍

《抗击新冠肺炎疫情的中国行动》白皮书介绍，中国用 1 个多月的时间初步遏制了疫情蔓延势头，用两个月左右的时间将本土每日新增病例控制在个位数以内，用 3 个月左右的时间取得了武汉保卫战、湖北保卫战的决定性成果，疫情防控阻击战取得重大战略成果，全国疫情防控进入常态化。

1. 中国抗击新冠肺炎疫情的五个阶段

《抗击新冠肺炎疫情的中国行动》白皮书显示，中国抗击新冠肺炎疫情的历程，分为五个阶段。

---

① 西方主流媒体新冠肺炎疫情涉华报道"双标"报告。

第一阶段：迅速应对突发疫情（2019年12月27日至2020年1月19日）。

关键节点包括：1月4日，中国疾控中心负责人与美国疾控中心负责人通电话，介绍疫情有关情况。1月5日，中国向世界卫生组织通报疫情信息，世界卫生组织首次就中国武汉出现的不明原因肺炎病例进行通报。1月11日起，中国每日向世界卫生组织等通报疫情信息。

第二阶段：初步遏制疫情蔓延势头（1月20日至2月20日）。

关键节点包括：1月23日10时起，机场、火车站离汉通道暂时关闭，全国暂停进入武汉市道路水路客运班线发班。1月24日开始，从各地和军队调集346支国家医疗队、4.26万名医务人员和965名公共卫生人员驰援湖北省和武汉市。1月26日，决定延长2020年春节假期，各地大专院校、中小学、幼儿园推迟开学。2月3日，中央指导组从全国调集22支国家紧急医学救援队，在武汉市建设方舱医院。2月10日，建立省际对口支援湖北省除武汉市以外地市新冠肺炎医疗救治工作机制。2月19日，武汉市新增治愈出院病例数首次大于新增确诊病例数。

第三阶段：本土新增病例数逐步下降至个位数（2月21日至3月17日）。

关键节点包括：2月27日，全国除湖北省以外其他省份，湖北省除武汉市以外其他地市，新增确诊病例数首次双双降至个位数。3月11日至17日，全国每日新增本土确诊病例数维持在个位数。总体上，中国本轮疫情流行高峰已经过去，新增发病数持续下降，疫情总体保持在较低水平。

第四阶段：取得武汉保卫战、湖北保卫战决定性成果（3月18日至4月28日）。

关键节点包括：3月18日，全国新增本土确诊病例首次实现零报告。3月25日起，湖北省有序解除离鄂通道管控措施。4月8日起，武汉市解除持续76天的离汉离鄂通道管控措施，逐步恢复正常生产生活秩序。4月26日，武汉市所有新冠肺炎住院病例清零。4月27日，中央指导组离鄂返京。

第五阶段：全国疫情防控进入常态化（4月29日以来）。

境内疫情总体呈零星散发状态，局部地区出现散发病例引起的聚集性疫情，境外输入病例基本得到控制，疫情积极向好态势持续巩固，疫情防控进入常态化。

关键节点包括：5月2日，湖北省突发公共卫生事件应急响应级别由一级响应调整为二级响应。5月21日至27日，全国政协十三届三次会议在北京举行。5

月 22 日至 28 日，十三届全国人大三次会议在北京举行。

2. 不惜一切代价维护人民生命安全和身体健康

《抗击新冠肺炎疫情的中国行动》白皮书显示，中国始终坚持人民至上、生命至上，举全国之力，快速有效调动全国资源和力量，在防控和救治两个战场协同作战，不惜一切代价维护人民生命安全和身体健康。

坚持人的生命高于一切。全力以赴救治每一位患者，从出生仅 30 个小时的婴儿至 100 多岁的老人，不计代价抢救每一位患者的生命。对伴有基础性疾病的老年患者，只要有一丝希望绝不轻易放弃，人员、药品、设备、经费全力保障。湖北省成功治愈 3000 余位 80 岁以上、7 位百岁以上新冠肺炎患者。

开展新中国成立以来规模最大的医疗支援行动。自 1 月 24 日除夕至 3 月 8 日，全国共调集 346 支国家医疗队、4.26 万名医务人员、900 多名公共卫生人员驰援湖北。19 个省份以对口支援、以省包市的方式支援湖北省除武汉市以外 16 个地市。人民解放军派出 4000 多名医务人员支援湖北，承担火神山医院等 3 家医疗机构的医疗救治任务，空军出动运输机紧急运送医疗物资。从全国调集 4 万名建设者和几千台机械设备，仅用 10 天建成有 1000 张病床的火神山医院，仅用 12 天建成有 1600 张病床的雷神山医院。短短 10 多天建成 16 座方舱医院，共有 1.4 万余张床位。

3. 为国际社会抗击疫情提供支持

《抗击新冠肺炎疫情的中国行动》白皮书显示，疫情发生以来，中国始终同国际社会开展交流合作，加强高层沟通，分享疫情信息，开展科研合作，始终在力所能及的范围内为国际社会抗击疫情提供支持。

积极开展国际合作。习近平主席在第 73 届世界卫生大会视频会议开幕式上发表致辞，并宣布两年内提供 20 亿美元国际援助、与联合国合作在华设立全球人道主义应急仓库和枢纽、建立 30 个中非对口医院合作机制、中国新冠疫苗研发完成并投入使用后将作为全球公共产品、同二十国集团成员一道落实"暂缓最贫困国家债务偿付倡议"等中国支持全球抗疫的一系列重大举措。

同国际社会分享疫情信息和抗疫经验。中国第一时间向世界卫生组织、有关国家和地区组织主动通报疫情信息，分享新冠病毒全基因组序列信息和新冠病毒核酸检测引物探针序列信息，定期向世界卫生组织和有关国家通报疫情信息。中国与众多国家、地区、国际组织等，开展了 70 多次疫情防控交流活动。

积极开展对外医疗援助。截至5月31日，中国共向27个国家派出29个医疗专家组，已经或正在向150个国家和4个国际组织提供抗疫援助；指导长期派驻在56个国家的援外医疗队协助驻在国开展疫情防控工作，举办线上线下培训400余场；通过各种渠道向150多个国家、地区和国际组织捐赠抗疫物资。

有序开展防疫物资出口。3月1日至5月31日，中国向200个国家和地区出口防疫物资，其中，口罩706亿只，防护服3.4亿套，护目镜1.15亿个，呼吸机9.67万台，检测试剂盒2.25亿人份，红外线测温仪4029万台，有力支持了相关国家疫情防控。到2020年底，累计向各国提供了2000多亿只口罩、20亿件防护服、8亿份检测试剂盒等。

二、西方主流媒体新冠肺炎疫情涉华报道"双标"典型案例

（一）《纽约时报》评"封城"：中国是"个人自由巨大损失"，意大利是"冒着风险保全欧洲"

西方主流媒体涉新冠肺炎报道的"双标"行为，《纽约时报》评中国和意大利"封城"防控疫情是最为典型、最广为人知的。

2020年3月8日上午10时30分，《纽约时报》在其社交媒体（推特）官方账号上发布了一则关于中国疫情防控的报道并配上短评。短评认为：为抗击新冠病毒，中国对近6000万人实施封锁，并对数亿人实施强制隔离和严格旅行限制，这对人民的生计和个人自由造成了巨大的损失。

仅仅过了20分钟，2020年3月8日上午10时50分，《纽约时报》在其社交媒体（推特）官方账号上发布了一则关于意大利疫情防控的报道并配上短评。这段短评认为：意大利正在封锁米兰、威尼斯及其北部大部分地区，冒着经济风险试图遏制欧洲最严重的新冠病毒疫情。

同样是防疫"封城"，《纽约时报》对中国武汉的"封城"和对意大利的"封城"却做出了大相径庭的报道和评论。《纽约时报》这次"双标"已经沦为新闻界的一大笑话，必定也会成为世界新闻史的"经典案例"和"反面教材"。

（二）《华尔街日报》：指责别人"种族歧视"，却妄用"亚洲病夫"一词还辩解自己"言论自由"

2020年2月3日，《华尔街日报》在其网站刊发了题为《中国是真正的亚洲病夫》("China Is the Real Sick Man of Asia")的文章。次日，这篇文章见诸该报言论版（标题仅删去"Real"一词），引起国际舆论哗然。

这篇文章将"亚洲病夫"（Sick Man of Asia）这个种族歧视词语刊登在自家网站和报纸上，与此同时，《华尔街日报》却"倒打一耙"指责中国"种族歧视"。《华尔街日报》借题发挥：广州的防控措施"歧视性地对待非洲人"，"这样的事情向非洲人印证了：中国是一个非常种族主义的地方"。

一边指责别人"种族歧视"，一边却妄用"亚洲病夫"一词并标榜"言论自由"，是彻头彻尾的"双标"。"你永远无法叫醒装睡的人"，事发这么久，这篇充满种族歧视色彩的评论，仍一字未改地挂在《华尔街日报》的网站上。这注定会被钉在历史的耻辱柱上。

（三）英国《每日电讯报》：本是人道主义的医疗援助，涉及中国就变成"掠夺性"援助

2020年4月1日，英国《每日电讯报》发表该报首席外交专栏作家孔·昆库林题为《新冠肺炎意味着我们要把中国作为敌人对待》("Coronavirus means that we must now treat China like a hostile state")的文章。作者在文章中通过不实报道和无端指责，污蔑中国"刻意瞒报疫情"致使英国"疫情防控延误"，歪曲疫情期间中国威胁要停止出口关键的医疗物资，抹黑中国利用疫情谋取经济利益并进行"掠夺性"援助，呼吁政府将中国列为威胁经济和人民健康的敌对国家，鼓吹企业考虑将关键生产从中国转移回到英国。

而实际上，中国从未威胁过停止关键医疗物资的出口，昆库林所说的所谓"威胁"指的是3月31日中国商务部、海关总署、国家药品监督管理局发布的《关于有序开展医疗物资出口的公告》。之所以要"有序开展医疗物资出口"，背景恰恰正是西方媒体大肆诋毁"中国出口医疗物资质量"，是为了更好保证产品质量安全，更有效支持全球抗击疫情。

商务部 海关总署 国家药品监督管理局公告2020年第5号 关于有序开展医疗物资出口的公告

当前,全球疫情呈加速扩散蔓延态势、在做好自身疫情防控的基础上,有序开展医疗物资出口是深化疫情防控国际合作、共同应对全球公共卫生危机的重要举措。在疫情防控特殊时期,为有效支持全球抗击疫情,保证产品质量安全、规范出口秩序,自4月1日起,出口新型冠状病毒检测试剂、医用口罩、医用防护服、呼吸机、红外体温计的企业向海关报关时,须提供书面或电子声明(模板见附件1),承诺出口产品已取得我国医疗器械产品注册证书(相关注册信息见附件2),符合进口国(地区)的质量标准要求。海关凭药品监督管理部门批准的医疗器械产品注册证书验放。上述医疗物资出口质量监管措施将视疫情发展情况动态调整。

有关医疗物资出口企业要确保产品质量安全、符合相关标准要求,积极支持国际社会共同抗击疫情。

在英国,并不是《每日电讯报》一家"双标"中国。英国《卫报》3月30日称,英国内阁办公厅大臣迈克尔·戈夫日前在回应为何英国新冠病毒检测能力迟迟无法提高时宣称,中国出现首个新冠肺炎病例时,"没有清楚阐明"病毒的规模、性质和传染力,导致英国准备不足。而《星期日邮报》3月29日刊登英国前保守党党魁伊恩·邓肯·史密斯的专栏文章,指责中国"掩盖"事实,声称中国"推迟"了向世界各国通报疫情的严重程度。这些欲加之罪,在事实面前不值一驳。

(四)法国《费加罗报》:无视中国的及时通报,指责"中国隐瞒疫情",并污蔑"中国70年来一直爱撒谎"

早在1月4日,中国疾控中心负责人就与美国疾控中心负责人通电话,介绍疫情有关情况;早在1月5日,中国就向世界卫生组织通报疫情信息;自1月11日起,中国就每日向世界卫生组织等通报疫情信息。但《费加罗报》就是选择视而不见,偏执地指责"中国隐瞒疫情",并污蔑"中国70年来一直爱撒谎"。

4月21日,《费加罗报》刊发文章《调查:法国输出的武汉P4实验室是如何逃脱所有管控的》。该文称"2月16日,一些中国国家媒体也报道了一些缺陷。他们称有研究人员在实验后,将未经专门生物废料处理的材料丢入下水道。还有一些研究人员为了赚取外快将实验室做过实验的动物卖给武汉市场"。作为中法合作的实验室，法国总统府声明显示，武汉病毒所 P4 实验室不存在任何问题。

4月24日，《费加罗报》又在所谓调查报道中指责中国在"新冠病毒的出现、新冠肺炎疫情的规模、疫情造成的死亡人数"这三点上都没有讲实话，宣称中国存在太多"灰色地带"，才导致全球追责声浪四起。然而，这些恶意炒作和诋毁根本没有任何事实根据，所谓论据都只是记者的臆测。文章质疑中国瞒报疫情感染和死亡数据，理由仅仅是因为"和欧洲数据比，中国疫情官方数字低得离谱"。不仅如此，该报还专门发表了一篇社论，污蔑"中国 70 年来一直爱撒谎"。

（五）加拿大、澳大利亚媒体：一边宣称公正平等，一边污名化"中国病毒"

2020 年 1 月 29 日出版的墨尔本《太阳先驱报》在头版醒目位置上称呼新型冠状病毒为"中国病毒"（CHINESE VIRUS），并且还生造了 PANDAMONIUM 一词。这个词的原型是 pandemonium，做形容词时意思为"喧嚣的，极度混乱嘈杂的"，做名词时意思为"喧嚣，极端混乱嘈杂的地方"。该报把这个词前半部分的 pande 改成发音相似的 panda，是一种明显的种族主义歧视行为，因为 panda（熊猫）是中国特有的动物，故意将之与中国进行绑定。

2020 年 2 月 5 日出版的加拿大不列颠哥伦比亚省《省报》（The Province）在头版新闻标题中，用超大加粗文字在标题中写道："2nd China Virus Case in BC！"（不列颠哥伦比亚省的第二例中国病毒）。明目张胆地将"新型冠状病毒"报道为"中国病毒"，是明显的污名化行为，与其一向标榜的公正平等严重背离。

当日，《悉尼每日邮报》头版用超大加粗文字书写标题《中国孩子待在家里》（"CHINA KIDS STAY HOME"）。而且这篇报道的标题还有故意歪曲政府公告的意图——该国政府公告明明是说建议"所有具有中国旅行史的孩子都尽量在家隔离"，该报道却故意歪曲成了"中国孩子待在家里"。

People in NSW have been asked to hold their children back from returning to school this week if they've recently travelled to China.

As Australian authorities manage the coronavirus risk, and schools nationwide prepare to reconvene for the year, different states have issued different directives. Here's what you need to know, depending on where you live around Australia.

（六）德国《明镜》周刊：一边标榜客观理性，一边助长种族歧视称"新冠肺炎病毒：中国制造"

2020年2月1日出版的《明镜》周刊，封面报道的标题非常有煽动性：《新冠肺炎病毒：中国制造》（"Corona-Virus Made in China"）。副标题是"当全球化成为致命危险"，Made in China 特意用了红底黄字，寓意十分鲜明。封面人物则是一位戴着防毒面具的中国人头戴耳机，手拿着苹果手机。

《新冠肺炎病毒：中国制造》是一篇非常严重的种族歧视报道，严重违反了新闻伦理。不仅如此，文章还极力带节奏，认为此次肺炎病毒的蔓延和传播，是中国特殊的不民主的政治体制和媒体审查的结果，这也是一种"中国制造"。文章大言不惭地指出：中国人若想消灭这次的新型冠状病毒，需要的药方既不是什么西医疫苗，也不是中医草药，而是自由和民主。多么荒唐可笑的"双标"论调！

（七）《经济学人》：各国都在努力防控疫情，但中国是在"趁西方在疫情迷失中崛起"

2020年4月18日出版的《经济学人》杂志，封面文章的标题为《中国赢了吗？covid-19 的地缘政治影响》（"Is China winning？ The geopolitical consequences of covid-19"）。这期封面文章探讨的主题是：中国有没有可能成为新冠肺炎之后的地缘政治大赢家？

文章写道：中国曾经尝试掩盖新冠肺炎的做法是灾难性的，但后来采取的封锁政策又似乎奏效了。当新冠肺炎让整个西方灰头土脸，让美国引以为傲的国家治理破绽百出、完全失去了作为全球领导者风范的时候，与此形成鲜明对比，中国在控制疫情之后，不但对内积极推动复工，而且高调对各国提供援助。文章引述意大利汉学家 Francesco Sisci 的话："美国没能发挥领导者的作用，欧洲消失不见，西方整个迷失了方向，而在这片空白中，中国站了出来。"一些西方陷入焦虑的外交观察家警告说，一向复杂的地缘政治正无声无息地往一个美国最不愿看见的方向发展，中国"趁西方在疫情迷失中崛起"。

而且这期杂志的封面设计可谓"别有用心"：在清晨大背景下，病毒模样的朝阳（太阳被修改成了病毒模样）映照着以上海外滩为代表的中国都会建筑，旁边伴随的则是向外蓄势待发的中国民航、战机、货船、军舰。这期"别有用心"的封面是想传达这样的意思：中国正"别有用心""处心积虑"地利用新冠肺炎疫情加速崛起。这可谓是处心积虑宣扬"中国威胁论"。

（八）《彭博商业周刊》：疫情来袭的中国是"脆弱的中国"，这实际上也是一种"中国崩溃论"

2020年2月17日出版的《彭博商业周刊》，封面文章标题为《脆弱的中国》（"Fragile China"）。"Fragile China"是双关语，本来是指"脆弱的瓷器需要轻拿轻放"，这里是玩弄语言技巧，指中国面对新冠肺炎疫情挑战"像瓷器一样脆弱"。

主标题下列举了"新冠病毒、债务负担、贸易战争、抗议行动"四个方面内容，分别以戴口罩的头像等配图形成四个图标，影射中国面临的四大问题。图标下标明"小心轻放"（Handle with care），暗指中国"脆弱得不堪一击"。

其实，这是"中国崩溃论"的一种表现形式而已。这与数年前美国的中国问题专家谢淑丽（Susan Shirk）的专著《中国：脆弱的超级大国》（*China: Fragile Super Power*）如出一辙，异曲同工。

长期以来，一些西方媒体和专家学者总是不愿意客观公正看待中国，时不时抛出所谓的"中国崩溃论"，此次趁中国面对疫情冲击之际，这种论调又浮出水面，是典型的老调重弹、沉渣泛起。事实一再证明，这种一厢情愿的论调总是被事实无情"打脸"。

（九）法国《皮卡尔信使报》：新的"黄祸"？

2020年1月26日，法国《皮卡尔信使报》（法语：*Le Courrier Picard*）发表了一篇标题为《黄色警戒》（"Alerte Jaune"）的头版头条文章和标题为《新的"黄祸"？》的网络文章，并且都用了一张亚洲妇女戴口罩的配图，种族主义倾向十分明显。

带有严重种族主义倾向的"黄祸论"，明显越过了文明社会的底线，但多年来一直阴魂不散，这次疫情正好给了一些国家和媒体借题发挥的机会。事实上，病毒是全人类的共同敌人，可能在世界上任何一个国家出现，如埃博拉病毒、疯牛病病毒等，病毒没有国籍，更不认种族。

三、西方主流媒体新冠肺炎涉华报道也并非都"双标"中国

西方主流媒体涉新冠肺炎报道中充斥着大量"双标"中国的报道，但不同的

媒体有不同的立场和诉求，同一家媒体在不同的时间也有不同的利益和诉求，所以并非都"双标"中国，也有一些较为客观公允的报道。

比如，《纽约时报》2020年3月13日发布一篇评论员文章《中国为西方国家赢取了时间，而他们却白白浪费了》("China Bought the West Time. The West Squandered It")，驳斥了"责任归咎于中国"的"甩锅"论调。

文章写道：我想有很多原因，其中一个自我安慰的想法就是，中国那么遥远，那里的流行病肯定不会那么广、那么快地传到这里。不过，我认为最重要的是，局外人——尤其是西方国家的人，都把注意力集中在中国的政治体制上，这让他们低估了中国的做法可能给他们带来的价值和意义。

又比如，美国《洛杉矶时报》2020年4月9日刊发题为《中国的新冠病毒统计数据并非真正的问题》的文章，驳斥了曾对疫情风险轻描淡写的美国官员反复将防疫不力归咎于中国"虚假数据""欺骗做法"的"甩锅"论调。

文章写道：所谓的中国"报告延滞和（初期）混乱"，如今成了美国准备不足应对不力的替罪羊。眼下纠缠住中国数据不放，是在否认一种现实：早在几个月前，韩国等一些行事审慎的政府就意识到问题的严重性，并迅速采取行动协调检测、追踪措施以保护国民。与此同时，中国自身对武汉和湖北实施严格隔离的决定，也凸显（病毒）威胁的严重性。不幸的是，彼时美国领导人却犹豫不决并最大限度地淡化危机的严重性。他们没有效仿韩国那样尽早行动，担心的反而是管控（疫情）"数字"而非美国民众的健康。

又比如，英国《金融时报》2020年5月5日发表的题为《世界可能会借鉴中国应对疫情的方法》("World likely to copy China's pandemic measures")的文章，肯定了中国统筹推进疫情防控和经济社会发展工作的成效，为世界经济复工复产提供了示范。

文章写道：伴随着封锁措施结束后逐渐恢复正常的生活，数十家跨国公司已经在中国重新恢复营业。星巴克首席执行官凯文·约翰逊（Kevin Johnson）告诉记者，中国展示了一些疫情期间的新方法，美国的星巴克门店也将在本周开门营业时采取相同的措施。福特（Ford）公司调整了其汽车生产的流程，力图使工人们彼此能够保持一定距离以防范疫情传播——这同样也是从中国借鉴来的经验。化险集团（Control Risks）驻上海的合伙人肯特·凯德（Kent Kedl）表示，这些经验教训对那些将要重启欧美业务的公司来说是十分重要的。

再比如，2020年2月9日，英国《卫报》发表题为《新冠肺炎暴发后对华人的种族歧视"令人震惊"》("Chinese in UK report shocking levels of racism after coronavirus outbreak")的报道，对种族主义行为进行了批驳。

文章写道：有人认为"中国的一些不洁饮食文化是导致新冠病毒暴发的原因"，甚至认为中国"变态"的饮食习惯，"活该"遭到这种病毒的侵袭。不仅如此，中国人以及亚洲面孔似乎都被认为有病毒风险，连戴口罩都会成为他们仇恨的目标。人们似乎把这怪罪到某个种族头上，它暴露了一些人对中国人或者看起来像中国人的人群的种种偏见。在当今时代，这种偏见令人震惊。

还比如，美国政治外交杂志《国家利益》（*The National Interest*）网站5月24日发表题为《不要听信所谓"中国掩盖疫情"的说辞》("Don't Listen to the 'China Covered Up the Cornoavirus' Narrative")的文章，指出美国官员之所以频频抛出中国"隐瞒疫情"这一论调，只是为了给自己犯下的错误开脱责任。

文章写道：与其说中国"瞒报"，不如说是美国方面自己应对错误。在意大利成为疫情中心后的几周，美国继续允许14万旅客从意大利入境美国，还允许欧洲其他国家的170万人入境，且没有进行任何体温检测或隔离14天的预防措施。做这些决定的，不是中国，而是美国自己。那种认为中国从第一天起，就能够知道或应该知道这些病例是由新型冠状病毒引起、会通过看似健康的人传播，且应该追踪到每一例传播者的想法，在一定程度上是种讽刺。中国的应对处理，就被称为政府失职，而欧美国家的应对，却被认为是可预料和接受的"无能"。此种观点不仅不准确，还被用来为西方某些领导人的失误开脱责任。

四、对西方主流媒体新冠肺炎疫情涉华报道的简要介绍分析

以上列举的都是典型案例，那么西方主流媒体新冠肺炎疫情涉华报道的整体情况是怎样的？不妨看看有关梳理和研究成果。

有研究者阅读并统计了《纽约时报》《华盛顿邮报》3周共计50篇关于涉华新冠肺炎疫情的评论，其中66%的文章为纯粹负面，32%的文章较为中立，积极正面的仅有一篇。其中有些是肆无忌惮的种族歧视式标题，例如《华盛顿邮报》上的文章《对抗中国病毒，都有些啥措施？》

北京外国语大学国际新闻与传播学院高金萍教授和团队的研究成果《彼岸的

声音：西方六国主流媒体新冠肺炎舆情分析》，通过对《纽约时报》《华尔街日报》《泰晤士报》《世界报》（德）《明镜》周刊、《费加罗报》《朝日新闻》《澳大利亚人报》6个国家8家西方主流媒体2020年1月1日至4月12日新冠肺炎涉华报道的分析，发现在三个多月的新冠肺炎舆情中，西方六国主流媒体对中国的批评从最初的制度嘲讽，已转变为指责中国政府恶意隐瞒、对中国进行恶意抹黑。具体来说，对应疫情暴发初期、中国疫情高发期、疫情全球蔓延期、疫情全球高发期四个阶段，西方主流媒体报道中的中国国家形象也出现反转，呈现"肯定—否定—肯定—否定"的迂回之态。

疫情暴发初期：西方主流媒体认为中国科学家及时发布关于新冠病毒的研究成果、在武汉高速建设两所收治医院，彰显了信息开放透明、及时应对疫情的"东方强人"形象。西方六国舆论认为中国采取了更加积极主动的公共关系策略，通过公开大量信息来显示出控制局面的更大决心——而不是试图让一个爆炸性问题消失。

中国疫情高发期：疫情恐慌波及海外，西方主流媒体大量出现对中国防控举措和舆情调控政策的负面报道和严厉批评。基于长期的刻板成见和意识形态偏见，西方主流媒体出现了包含种族歧视、辱华之嫌的报道，"中国威胁论"旧调重弹，疫情报道政治化倾向明显。比如，2月3日，德国《明镜》周刊专栏作家Stefan Kuzmany的文章《您现在必须要做什么》，其用词极具种族主义色彩，文中甚至使用"一点点种族主义没有问题"（Ein wenig Rassismus geht schon in Ordnung）这样的小标题，大量使用对中国（亚洲）人极具侮辱性的词汇如"黄皮肤眯眯眼"（gelbhäutigen Schlitzaugen），并提出"远离亚洲人"。

疫情全球蔓延期：疫情全球蔓延之际，中国国内疫情有效控制，中国抗疫举措的成效显现，西方主流媒体认可中国抗疫成效，媒体及时报道了中国派遣援外医疗队、赠送医疗卫生材料的援助行动。3月10日，《澳大利亚人报》刊发报道《澳大利亚医学会协会主席称：对新冠病毒的意大利式封国可能也是澳大利亚的选择》，澳医学协会西澳分会主席安德鲁·米勒认为，迄今为止，只有中国成功遏制住了新冠病毒的传播。3月14日，《纽约时报》的报道《中国为西方国家赢取时间，而它们却白白浪费了》，对欧美各国丧失了中国为世界争取的时间窗口深深惋惜。

疫情全球高发期：西方政府在国内疫情严峻、矛盾加剧的现实下，主张向中国追讨责任。《纽约时报》3月23日刊发《面对新冠危机，美国不再是一个慷慨的全球领导者》一文，称"中国人的赈灾正试图让所有人忘记，我们正在经历的很多事情是因为他们的国内失误"。《费加罗报》认为中国政府对新冠病毒的全球大流行负有巨大责任，而如今中国政府通过"口罩外交""发动信息战"在全球范围内改变对新冠病毒大流行危机的描述和看法，消除其在处理新冠肺炎危机方面的失败（3月19日、3月20日）。《明镜》周刊也在4月1日《世界强国难堪》的报道中提出如果中国政府吸取了"非典"的教训，世界或许就不会遭遇灾难。这些实际上都是欲加之罪。

总之，西方主流媒体在新冠肺炎涉华报道中，既有正面肯定，也有负面批评，既有"双标"中国的报道，也有非"双标"中国的报道和较为客观公允的报道，但总体来说还是负面报道为主，负面报道中有相当部分是"双标"中国的报道。

【参考文献】

（1）《抗击新冠肺炎疫情的中国行动》，国务院新闻办公室，2020年6月。

（2）高金萍、许涌斌：《彼岸的声音：西方六国主流媒体新冠肺炎舆情分析》，载《新闻与写作》2020年第5期。

（3）高金萍、任长胜：《澳大利亚主流媒体新冠肺炎舆情分析》，载《中国记者》2020年第4期。

（4）高金萍、刘书彤：《俄罗斯主流媒体新冠肺炎舆情分析》，载《中国记者》2020年第4期。

（5）中国人民大学重阳金融研究院：《这些令人惊愕的论调，让我们看清国际"众生相"！》，人大重阳微信公众号2月15日。

（6）张富丽：《中国媒体新冠肺炎疫情报道与国际舆情应对》，载《国际传播》2020年第3期。

（7）李洋：《从当前国际舆论环境看国际传播着力点——基于对新冠肺炎疫情期间海外舆情的分析》，载《对外传播》2020年第4期。

（8）隋璐怡：《新冠肺炎舆情中的世卫组织：积极发挥引领作用》，载《世界知识》2020年第4期。

（9）《为了黑中国 美媒脸都不要了》，https://zhuanlan.zhihu.com/p/112053968。

（10）乌元春、张晓雅：《中国人是"新的黄祸"吗？当然不是，也从来不是》，https://world.huanqiu.com/article/9CaKrnKpLsO。

（11）贾晋京、杨凡欣、关照宇、王鹏、张梦晨：《坚决回击六类"甩锅中国"的国际谬论》，英文版载《环球时报》（英文版）2020年4月17日，中文版刊载于人大重阳微信公众号2020年4月19日。

只问阵营,不管是非;只认立场,不分黑白;只管偏向,不讲善恶……西方一些媒体和政客的"双标",完全丧失底线。

一视同仁，那是不存在的[①]

一、中国香港为何成为西方媒体的焦点

在中国发展的不同阶段，香港扮演不同角色、发挥着不同的历史作用。如今，香港是内地最大的外资来源地、最大的境外融资平台，是内地对外投资的首要目的地，也是全球最大的人民币离岸中心和跨境贸易人民币结算中心。随着"一带一路"和粤港澳大湾区建设的推进，香港作为中国内地联结全球的"超级联系人"作用，将更为凸显。

香港是连接型经济的重要支点。作为全球航运中心、国际贸易中心和国际金融中心，香港凭借其优越的区位和政策优势，成为全球重要的贸易中转地和投资中转地，是中国商品和中国资本走向全球的"超级联系人"。根据国家统计局数据，中国内地和香港2018年进出口总额达到3105.24亿美元，占中国内地进出口总额的6.72%。2018年，中国内地对世界直接投资净额达1430.4亿美元，其中对香港投资净额占60.73%；中国内地实际利用香港外商直接投资金额达899.2亿美元，占整体金额的66.62%。中国大陆是世界第二大经济体，"背靠大陆，面向世界"的香港作为全球金融经贸重要节点的地位越来越凸显。

香港是服务型经济的发展高地。香港服务业高度发达，在中国内地贸易全球化、资本全球化的进程中能够提供高层次的法律、会计、咨询、金融、保险等服务。有了香港作为服务支撑，中国内地的全球化进程将会更加迅速和畅通。

在中华民族伟大复兴的征程中，香港更有着特别意涵、特殊意义、独特价值。

[①] 西方主流媒体涉中国香港报道"双标"报告。

"一国两制"的伟大构想，最早是为解决台湾问题而提出的，但首先运用于解决香港问题并获得了成功。不断丰富和发展"一国两制"在香港的实践，保持香港长期繁荣稳定，是中国梦的重要组成部分，是中华民族伟大复兴的应有之义，也是完善和发展中国特色社会主义制度、推进国家治理体系和治理能力现代化的必然要求。

"一国两制"在具体实践中取得了巨大的成功，但新鲜事物的发展未必都能一直一帆风顺，遭遇一点困难和挑战不足为奇。近年来，香港发生了非法"占中"、"修例风波"等事件，极大地扰乱了当地经济社会秩序，也被国际上别有用心、各怀鬼胎的人拿来作为攻击"一国两制"的"弹药"。

正因为香港在经济和政治上的特殊地位，香港事务成为中国与一些西方国家意识形态斗争和博弈的焦点。一些西方国家极力推动香港问题"国际化""政治化"，试图对香港发生的事件予以最大化干预，从而将其作为中西方博弈的重要筹码。比如，美国政府毫不掩饰地将香港问题与中美经贸谈判直接挂钩，美国打"香港牌"是其对华"极限施压"的组成部分，企图借搞乱香港来遏制中国发展。除了意识形态外，所谓的国家安全利益往往成为西方插手香港事务的借口，比如美国就叫嚣"香港国安法损害了美国国家安全利益"。以美国为首的一些外部势力还为香港违法暴力分子提供庇护，向极端暴力行为提供物资和技术上的各种"援助"，在国际上为香港反对派势力"撑腰"。

在这样的背景之下，西方主流媒体的涉港报道也成为博弈的重要场域。有的媒体歪曲事实、颠倒是非，充斥着香港警察"对示威者开枪"的画面和文字，却对暴徒从前后左右四个方向反复冲击围攻警察、企图抢夺警察佩枪进而威胁警察和在场市民的生命安全避而不谈。有的媒体移花接木、偷梁换柱，只将摄像机对准警察执法，却模糊处理黑衣暴徒打砸抢烧，甚至淡化在光天化日之下用易燃液体焚烧意见不同无辜市民的残忍暴行，在剪辑时刻意拼凑"武装警察强势应对和平示威者"的虚假画面。有的媒体颠倒因果、混淆视听，不去谴责黑衣暴徒不断升级暴力行动、破坏香港法治秩序的违法犯罪行为，反而声称要中央和特区政府对当前的局势负责。

通过梳理西方主流媒体的涉中国香港报道，可以对它们的"双标"手法有更加清醒的认识，对做好对外舆论工作有更好的谋划和应对。

二、西方主流媒体涉港报道"双标"典型案例

（一）同样面对暴力示威：对美国骚乱呼吁冷静，对香港乱象加油添火

1. 同样是定性暴力示威：香港的运动是"民主抗争""起义运动"，美国的运动是"将城市推向崩溃的边缘"

2020年5月，美国明尼苏达州明尼阿波利斯市白人警察涉嫌执法不当造成黑人男子乔治·弗洛伊德（George Floyd）死亡，由此引发的大规模抗议活动迅速蔓延至美国的上百个城市。

"弗洛伊德之死"引发的全美游行示威确立了一个绝佳的参照系，帮助我们审视：同样是暴力行为，美国媒体将会如何对待？其中，《华盛顿邮报》在2020年5月28日这一天同时报道了发生在香港和明尼阿波利斯的暴力示威行动，但从标题、配图到内容完全可以说是"双标"的典范。

关于香港暴力示威活动的报道，标题为《香港抗议者无视警方镇压，以抵制中国收紧的控制》。配图说明文字：一名防暴警察在香港金融区的抗议活动中开枪，抗议活动源于亲北京的立法者提出一项法案，将不尊重中国国歌的行为定性为刑事犯罪。该篇报道几乎完全从一名"抗议者"的角度，描述香港警方如何暴力执法，配图更是清一色全副武装的香港警察。同时，报道不惜采用夸张修辞，表示"警察在全城范围内实施逮捕，强迫为数不少的青少年、老年人和白领背对墙壁，然后对他们进行搜查，之后戴上手铐、押送上车"，极尽加油添火之能事，希望事情越闹越大无法收拾。

在对明尼阿波利斯骚乱的报道中，《华盛顿邮报》马上换了一副面孔。标题为《对乔治·弗洛伊德之死的抗议持续两晚后，明尼阿波利斯出现混乱场面》的报道中，有这样的说明文字：5月27日，明尼阿波利斯抗议活动进入第二天，成千上万人聚集在此，就乔治·弗洛伊德之死抗议。这一次，《华盛顿邮报》没有采访任何一位"抗议者"，通篇都是明尼阿波利斯市市长雅各布·弗雷（Jacob Frey）、警察局局长梅达里亚·阿拉东多（Medaria Arradondo）等官员呼吁民众要"理性克制"的言论。文章多次提出类似的观点："暴力只会引发暴力。更多的武力只会导致更多的生命逝去和更大的破坏。"（Violence only begets violence. More force is only going to lead to more lives lost and more devastation.）

《华盛顿邮报》的报道，再一次让世人见识了什么是美国式"双标"，在国内搞种族"双标"，在国际搞意识形态"双标"，他们的套路有时连"自己人"都看不下去了。

在 2020 年 5 月 30 日，《华盛顿邮报》刊发了一篇"神文"《明尼阿波利斯事件如果发生在其他国家，西方媒体会如何报道》（"How Western media would cover Minneapolis if it happened in another country"）。作者卡伦·阿蒂亚（Karen Attiah）是《华盛顿邮报》的编辑，但她十分反感西方媒体惯用的"双标"手法，所以特意用"双标"手法虚构了一篇关于"弗洛伊德之死"引发游行示威和骚乱的报道。这里面的一些套路和措辞，和西方媒体黑中国、黑香港的文章如出一辙。这里遴选一些段落：

In recent years, the international community has sounded the alarm on the deteriorating political and human rights situation in the United States under the regime of Donald Trump. Now, as the country marks 100,000 deaths from the coronavirus pandemic, the former British colony finds itself in a downward spiral of ethnic violence. The fatigue and paralysis of the international community are evident in its silence, America experts say.（近年来，国际社会已经多次对特朗普政权下美国不断恶化的政治和人权状况发出警告。在新冠肺炎疫情扩散导致 10 多万人死亡的背景下，这个前英国殖民地已经陷入了无法自拔的种族暴力的旋涡。"国际社会对美国现状充满了无奈和疲惫。"了解美国事务的专家评论说。）

The country has been rocked by several viral videos depicting extrajudicial executions of black ethnic minorities by state security forces. Uprisings erupted in the northern city of Minneapolis after a video circulated online of the killing of a black man, George Floyd, after being attacked by a security force agent. Trump took to Twitter, calling black protesters "THUGS" and threatening to send in military force. "When the looting starts, the shooting starts！" he declared.（这几天几段视频震惊了全美国。这些视频展现了国家安全部队对黑人群体的非法虐杀：一名安全部队特工袭击并杀害了黑人乔治·弗洛伊德。随后美国北部城市明尼阿波利斯爆发了起义。特朗普在推特上发文称黑人抗议者为"暴徒"，并威胁要派遣军事力量，他强调："抢劫一旦开始，我们就会开枪！"）

虽然是虚构的文字，但你是否闻到了熟悉的配方？把美国政府叫作"the

regime of Donald Trump"（特朗普政权），将美国称为"the former British colony"（前英国殖民地），把警察叫作"state security forces"（国家安全部队），把非法暴力行为叫作"uprisings"（起义）。如此娴熟地使用带有倾向性的词语，和西方媒体对香港暴乱的报道何其相似。

无独有偶，《纽约时报》在2019年8月12日刊发了一篇报道《香港困局：极端立场下，抗议者与中共难和解》（"Protests Put Hong Kong on Collision Course With China's Communist Party"），个中笔法和这篇虚构的"神文"如出一辙：

The Chinese government has made veiled threats of military intervention and accused protesters of plotting a "color revolution" with help from the United States, referring to anti-Communist uprisings it says are orchestrated by the West.（中国政府已经做出了军事干预的含蓄威胁，并且指控抗议者在美国的帮助下谋划一场"颜色革命"，这里指的是一种由西方策动的反共产主义的起义运动。）

"How do you think Beijing will think now？" he added. "Do you think they will want to give democracy to people when people are insulting their rule？"（"你觉得北京现在会怎么想？"他补充说，"如果人们在侮辱他们的统治，你觉得他们会愿意给人民民主吗？"）

这篇报道来自《纽约时报》，并非《华盛顿邮报》，但是措辞是如此相似，比如"镇压""起义""统治"等，带有很强的倾向性。试问，《纽约时报》会用这些词汇去报道发生在明尼阿波利斯的暴力行为吗？答案显然是否定的。在《纽约时报》看来，明尼阿波利斯的暴力行为可不是什么"起义"，而是"将城市推向崩溃的边缘"（a razor's edge between protest and civic meltdown）。

2. 同样是应对暴力示威：对美国呼吁"破坏只会带来混乱，要给和平一个机会"，对香港鼓动"如果暴力反抗能起作用，为什么不用"

对于弗洛伊德事件引发的全美抗议，《纽约时报》从未曾放弃对抗议者的劝导，2020年5月30日刊登的报道《愈演愈烈的抗议活动可能失控，呼吁大家保持冷静》（"Appeals for Calm as Sprawling Protests Threaten to Spiral Out of Control"）写道：

There was a sense of a nation on the brink. "What are you changing by tearing up a city？" Mayor Keisha Lance Bottoms of Atlanta asked protesters there. "You've lost all credibility now. This is not how we change America. This is not how we change the world."（有一种国家濒临崩溃的感觉。"你通过撕毁一座城市能改变什么？"亚

特兰大市长凯莎·兰斯·博顿斯质问抗议者,"你们现在已经失去了所有的信誉。这不是我们改变美国的方式。这也不是我们改变世界的方式。")

"I'm here for peace。" said Kenny Washington, 39, of northeast Minneapolis who came out with her newly minted college freshman son, Trenton Washington, 19, after some rest from the exhausting first night of protest. "Destruction is only going to bring chaos. People want to bring change, and we came back to give peace another chance."("我来这里是为了和平。"来自明尼阿波利斯东北部的39岁的肯妮·华盛顿说,她和刚上大学的19岁的儿子特伦顿·华盛顿一起走出家门呼吸新鲜空气,终于能在令人焦虑的第一晚抗议后喘口气了。"破坏只会带来混乱。他们想带来改变,但是我们也要给和平一个机会。")

林郑月娥,作为香港特区的行政长官,多次呼吁停止暴力破坏、推动各界对话,"暴力升级不能解决社会问题,只会令冲突、撕裂、仇恨变得更深,社会各界必须共同努力遏止暴力"。林郑月娥的出发点和亚特兰大市长的理念相同,但是在西方媒体那里得到的对待却天差地别。《纽约时报》甚少给香港政府官员、警察表达观点的空间,反而一再渲染"Peaceful protests are no use""If violent resistance can work, then why not use it?"("和平示威没有用""如果暴力反抗能起作用,为什么不用")。试问《纽约时报》写这篇报道的记者,为什么不把这些话放在对弗洛伊德事件的报道中?这不就是赤裸裸的"双标"吗?

(二)图片的选择性呈现:不客观呈现整体事实,只呈现符合预设立场的部分事实

"一图胜千言",西方媒体非常擅长用特定角度的图片或视频来扰乱视听、颠倒是非、混淆黑白。

2019年7月31日,英国广播公司(BBC)发布了一条香港新闻视频,并耸人听闻地将标题拟为《警察用枪指着抗议者》。

而事实其实是这样的:7月28日,有极端者不顾香港警方劝告,在港岛西区举行非法活动,甚至用极端暴力手段冲击警方。49人因此被捕,其中44人被控罪、1人被控藏有攻击性武器。7月30日晚,由于部分疑犯被扣留在香港葵涌警署,千名"口罩党"借机包围该警署叫嚣"放人",一度欲冲进警署。防暴警员冲出警署制止,反被围攻、追打和投掷镪水弹,至少5名警员被灼伤。警员一度持霰

弹枪喝退激进分子。

而 BBC 在 1 分多钟的报道中，开头就放出了警察举枪的画面，并打出字幕渲染称："这是抗议者们被枪指着的一瞬间……"

现场拍摄的完整视频显示，两名落单警察被近百人围住并殴打。暴徒向警察投掷不明物体，还用激光笔试图使落单警察丧失防卫能力。在此情况下，一名警察挥舞警棍自卫，一名白衣警察迫于无奈举枪。7 月 31 日，香港警察队员佐级协会前主席陈祖光回应记者采访称，当晚的情势下警察举枪完全没有问题。

作为法国历史最悠久的《费加罗报》，是如何"图说"香港非法暴力行为的？

自 2019 年 6 月以来，《费加罗报》对发生在香港的示威游行的报道落点都在"这是一场民主运动"。香港的警察是在"暴力执法"，采取极端暴力手段的游行示威者则成了"民主捍卫者"。

《费加罗报》在报道 2020 年 5 月香港警察驱散游行示威者时，用《香港民主示威，200 多人被捕》（"Plus de 200 arrestations à Hong Kong lors de manifestations pro-démocratie"）作为标题，指责警察用暴力驱散示威者，造成 18 人入院治疗，文章同时还配发了凸显警察暴力执法的照片。

照片同时配文：Un manifestant est plaqué au sol par un policier.（一名示威者被警察击倒。）照片来源于法新社。

而在香港国安法于 2020 年 6 月 30 日生效后，《费加罗报》在 7 月 2 日推出报道《北京向香港输出强制》（"Pékin exporte l'arbitraire à Hongkong"），报道中写道：La police a enchaîné les arrestationsdès l'entréeenvigueur de la loi de sécuriténationale.（自香港安全法生效以来，警察一直在四处抓人。）配发的照片中，警察全副武装、神情冷峻，被逮捕者表情痛苦，穿着的 T 恤上印着 "COURAGE"（勇气）字样，脖子上还挂着十字架项链。这不只是一张警察逮捕示威者的照片，拍摄者在照片里灌输了很强的个人意识、主观意见，表达着对抗议者的赞扬和同情、对警察的不满和愤怒。

自 2019 年 11 月以来，法国国内兴起了因退休制度改革引发的大罢工运动，游行示威者和警察冲突不断，但相似的场景、相似的角色，只是因为发生在不同的国家，法国警察的执法就是"合理合法"，用激进手段表达诉求的法国示威者也仅仅是"抗议者"，而不再是什么"民主捍卫者"了。

（三）立场的选择性偏颇："救世主"心态，"教师爷"做派，认为选择西方道路才是唯一正解

1.同样是着眼香港未来：诬称中国对香港是"摧毁它"，美化西方是香港的"救世主"

2020年7月7日，英国《金融时报》（*Financial Times*）刊发了一篇题为《香港永远成不了新加坡》（"Hong Kong will never be a Singapore"）的评论，充斥着深入骨髓的偏见，文章写道：

新加坡模式不大可能在香港运行。作为独立的城市国家，新加坡深知，它最终需要依靠外部世界的好建议和善意。新加坡没有腹地可仰赖，但香港是中国的一部分，中国是一个巨大的国家，它可以不求助于任何人。如果需要香港为共产党所谓的伟大国家利益而牺牲，中国政府定会毫不犹豫地做出这样的决定。

Unfortunately, Hong Kong's prosperity has been built on the western legalism and judicial independence that China's president regards as anathema. It is his principle of the absolute authority of the Communist party that is now going to be extended to Hong Kong as part of the new national security law.（不巧的是，香港的繁荣是建立在西方法治和司法独立基础上的，而这种独立被中国的领导者认为是毒瘤。作为新国家安全法的应有之义，共产党的威权主义正在向香港延伸。）

China would doubtless prefer Hong Kong to remain a prosperous and dynamic city. After a year of demonstrations and unrest, Beijing may even genuinely believe that it is saving Hong Kong from anarchy. But its actions are unfortunately reminiscent of a phrase often attributed to a US officer in Vietnam: "We had to destroy the village, in order to save it."（中国无疑更愿意香港成为一个繁荣而充满活力的城市。经过一年的示威和动乱，北京方面甚至可能真的会相信它将香港从无政府状态中拯救了出来。但不幸的是，北京的行为只让人想起一句经常被认为是驻越美军军官说的话："为了拯救这个村庄，我们不得不摧毁它。"）

字里行间透露出西方的"救世主心态"：任何一个国家和地区想要获得发展和成功，只能接受西方文化、按照西方规则、选择西方道路、归顺西方。这种骨子里的优越感和西方沙文主义无论是在西方的精英阶层还是大众群体间，都广泛存在着，成为"双标"盛行的培养皿。

2.同样是推迟选举：中国香港是"遏制政治自由"，其他国家和地区是"疫情防控需要"

另外一个典型案例就是香港因为疫情推迟立法会选举，成为西方政客和媒体争相口诛笔伐的对象。

美国白宫发言人麦克纳尼（Kayleigh McEnany）7月31日称"中国政府违背了对香港市民的承诺"。《华盛顿邮报》2020年7月31日刊登报道《香港领导人推迟选举，进一步削弱政治自由》("Hong Kong leader postpones elections, further eroding political freedoms")，文章写道："The legislative council races loomed as a potential slap against China and its stunning moves to curb Hong Kong's political freedoms after a waves of pro-democracy protests last year."（在去年的一波民主抗议浪潮之后，立法会的竞选活动俨然是对抗中国的潜在有力手段，它的延期则是对香港政治自由的遏制。）文章最后援引了一位采访对象的表述："They are using the law to essentially find any pretense to outlaw political opposition wholesale, and disqualify as many as they can. It now seems like any pretense of democracy has been taken away."（他们以法律为借口想要全盘取缔政治反对派，并尽可能取消其参选的资格。现在看来，哪怕一丁点想要假装民主的痕迹都没有了。）《纽约时报》同样假借采访对象之口称延期选举是"the largest election fraud in HK's history"（香港历史上最大的选举舞弊）。

然而，新冠肺炎疫情期间香港不是第一个更不是唯一推迟选举的地区。2020年3月12日，德国执政党基督教民主联盟宣布，该党原定于4月召开党代会选举新任党主席，因疫情影响推迟举行。3月13日，英国首相府确认，原定于5月举行的英格兰地方选举延期一年，因为政府判断5月英国可能正值疫情高发期。6月27日，索马里国家独立选举委员会主席哈利玛·亚雷向议会表示，受疫情等因素影响，原定于当年举行的选举无法如期举行，至少将推迟至2021年3月。政府间组织国际民主和选举援助学会认为，选举是一项全民参与的重要社会活动，保持社交距离非常困难。疫情之下，这将给个人和社会带来严重的健康隐患。能否确保充分、可靠的投票参与度，能否保证选举过程的公正、透明、有效，也是各国必须考虑的因素。根据该学会的统计，从2020年2月21日至7月26日，全球至少68个国家和地区因新冠肺炎疫情而推迟选举。对于这些国家和地区的"延期选举"，西方主流媒体要么不约而同地集体缄默，要么声称是"疫情防控需要"，比照指责中国香港推迟选举是"遏制政治自由"的行径，完全是赤裸裸的"双标"闹剧。

三、对西方主流媒体涉中国香港报道的简要分析

在新闻框架的倾向性研究中，意识形态被视为促使报道产生媒介偏见与新闻倾向性的重要因素之一。在新闻实践中，媒介偏见与新闻倾向性主要体现在新闻事件的选择框架与报道方式上。

研究者王润泽、徐诚在《意识形态偏见与西方媒体涉港报道的选择框架》一文中指出，在国际新闻的跨文化传播中，媒介偏见更加明显，西方媒体的新闻报道常将发展中国家置于"他者化"框架，将其与落后、混乱、人权问题等联系在一起，报道基调呈现出负面内容大于正面的现象。"他者"被视为异端，为的是证明与维护"我们"的价值。究其原因，可以从以下两个维度进行解读：

一是源于意识形态的差异。中国因为与西方的体制大为不同，一直被西方视为"异类"，在各个报道领域都被放置于专制政权、缺乏人权、妄图争霸的报道框架中。香港发生"修例风波"、暴力破坏活动后，给了西方媒体以更多现成的所谓"坐实"素材，来填充和固化刻板成见。在某种程度上，"双标"的产生是因为西方媒体的意识形态偏见。

二是转移国内矛盾的需要。在全球经济下行、西方社会矛盾层出不穷的情况下，西方媒体急需构建一个"敌人"的形象转移焦点。在近期涉港问题的报道中，中国内地与中国香港被西方媒体描述成两个对立的阵营，西方媒体将自以为正确的"普世价值"投射到香港抗议者身上，期待从他们身上验证西方体制、西方文明的优越和正确。如此一来，既可以暂时转移本国国内矛盾的焦点，也可以增强国民对西方制度的信心。

在西方媒体以"双标"裹挟国际舆论的生态之中，我们必须要留意，近些年来，中国受到的"关注"可以说是无以复加。

研究者钟雪娇在论文《西方意识形态偏见下如何做好香港局势对外报道——以 CGTN 涉港报道为例》中介绍了一个有意思的研究案例。英国媒体撰稿人阿伦·麦克劳德（Alan MacLeod）基于《纽约时报》和美国有线电视新闻网（CNN）当年夏天以来对世界各地抗议活动报道做了比较研究，并于 2019 年 12 月 6 日在 FAIR（全称 Fairness and Accuracy in Reporting，纽约媒体评论非营利组织）平台

发表文章《当世界各地都有示威游行的时候，媒体特别关注香港》("With People in the Streets Worldwide, Media Focus Uniquely on HongKong")。作者认为，2019年示威活动席卷全球，但美国媒体的目光只聚焦香港，这是因为香港抗议者的目标是美国政府的"敌人"，因此报道的范围和程度都被放大。《纽约时报》的社论更是避谈香港抗议者的暴力行为，赞美示威者为自由而战，多篇报道反复渲染"和平示威没有用""如果暴力反抗能起作用，为什么不用"的观点。

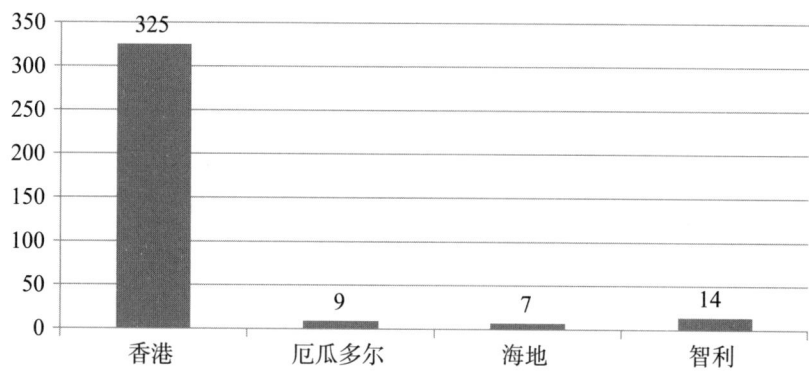

《纽约时报》对四地示威活动的报道量（截至2019年11月22日）

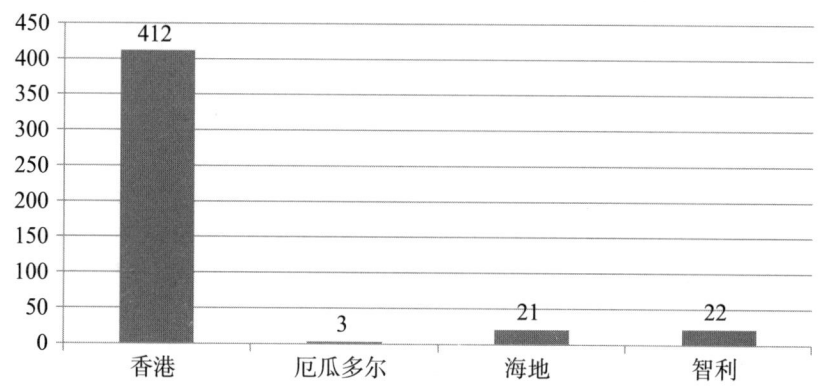

CNN对四地示威活动的报道量（截至2019年11月22日）

截至2019年11月22日，《纽约时报》和CNN对世界四地抗议活动的报道量：厄瓜多尔12篇、海地28篇、智利36篇、香港737篇。

在西方媒体和西方社会的舆论场中，中国备受关注将会成为一种常态，而且这种关注充满了偏见、"双标"，也即"有风有雨是常态"。这反映了西方国家把中国当作"假想敌""战略竞争对手"的现实，反映了有些人想要打断中国发展节奏、阻碍中华民族伟大复兴的意图。可以预见，在未来不仅是国际舆论场中，在经贸、科技、文化等其他各个领域，中国也将承受各式各样、各种程度的"双标"和束缚。

踏平坎坷成大道，越是艰难越向前，我们必须要相信：中国有坚强决心、坚定意志、坚实国力应对挑战，有足够的底气、能力、智慧战胜各种风险考验，任何国家任何人都不能阻挡中华民族实现伟大复兴的历史步伐。实际上，这么多年，中国一直从风雨中走来，接下来的征程，中国也一定会在风雨兼程中稳步前行。

【参考文献】

（1）任仲平：《同书写不朽香江名句》，载《人民日报》2017年6月29日。

（2）李锋：《香港地区在新时期国家对外开放中的功能定位》，载《现代管理科学》2019年第1期。

（3）张建：《美国对香港修例风波的介入：评估与影响》，载《统一战线学研究》2020年第1期。

（4）《外交部驻港公署发言人批驳西方媒体歪曲炒作：不要给香港局势火上浇油》，新华网2019年11月13日。

（5）王润泽、徐诚：《意识形态偏见与西方媒体涉港报道的选择框架》，载《中国记者》2020年第1期。

（6）《不少国家和地区为应对疫情推迟选举》，载《人民日报》2020年8月5日。

（7）钟雪娇：《西方意识形态偏见下如何做好香港局势对外报道——以CGTN涉港报道为例》，载《对外传播》2020年第1期。

（8）王龙：《批评话语分析视角下中英新闻评论的态度资源对比研究——基于〈卫报〉和〈人民日报〉香港暴乱评论话语分析》，载《西安建筑科技大学学报》（社会科学版）2020年第2期。

（9）冯庆想：《香港本土意识与青年国家认同——基于内地与港澳学界的文献分析》，载《青年学报》2020年第1期。

（10）焦俊峰：《基于态度资源的新闻话语意识形态构建与解读》，载《西安外国语大学学报》2018年第3期。

（11）侯增文、葛铁梅：《中西方媒体价值观新闻传播差异》，载《吉林师范大学学报》（人文社会科学版）2019年第1期。

（12）张建、张哲馨：《香港回归以来美国国会对香港事务的介入及其影响》，载《太平洋学报》2017年第7期。

（13）范勇：《意识形态偏见词汇与"中国形象"塑造——基于对〈纽约时报〉的实证研究》，载《湖北社会科学》2009年第8期。

（14）周庆安、卢朵宝：《西方传媒"3·14"事件报道的选择框架与意识形态偏见》，载《新闻与传播研究》2008年第3期。

（15）[美]爱德华·S.赫尔曼、诺姆·乔姆斯基：《制造共识：大众传媒的政治经济学》，邵红松译，北京大学出版社2011年版。

（16）[美]沃尔特·李普曼：《舆论学》，林珊译，华夏出版社1989年版。

（17）[美]约翰·赫尔顿：《美国新闻道德问题种种》，刘有源译，中国新闻出版社1988年版。

对美国为代表的西方而言,所谓的贸易自由主义就是对自己行自由,让他人无路可走;所谓的公平竞争,就是要一切唯我独尊。

州官可以放火，百姓不许点灯[①]

一、中国参与全球贸易的基本情况介绍

1978年，中国开启了改革开放的历史进程。2001年中国加入世界贸易组织（WTO），是中国深度参与经济全球化的里程碑，标志着中国改革开放进入历史新阶段。

中国自2001年加入世贸组织以来，不断完善社会主义市场经济体制，全面加强同多边贸易规则的对接，切实履行货物和服务开放承诺，强化知识产权保护，中国开放的大门越开越大，对外开放政策的稳定性、透明度、可预见性显著提高，为多边贸易体制有效运转做出了积极贡献。中国加入世界贸易组织以来，取得了巨大的发展成就，达到甚至超过了预期效果，并且实现了"双赢""多赢""共赢"，既惠及了14亿多中国人民，也惠及了全世界各国人民。

（一）加入世界贸易组织，中国经济实现了长足发展

进出口贸易，跃升为世界第一大货物贸易国。2001年，加入世界贸易组织之际，中国是世界第六大出口国，从2009年起跃居世界第一大出口国，此后一直保持世界第一大出口国地位，目前在全球货物贸易出口总额中所占比重约13%。中国主动向世界开放市场，连续11年成为全球第二大进口市场，目前在全球货物贸易进口总额中所占比重超过10%。2019年，中国全年进出口总额31.54万亿元人民币，其中出口17.23万亿元人民币，进口14.31万亿元人民币，进出口、出口、

---

① 西方主流媒体涉华贸易报道"双标"报告。

进口规模均创历史新高。

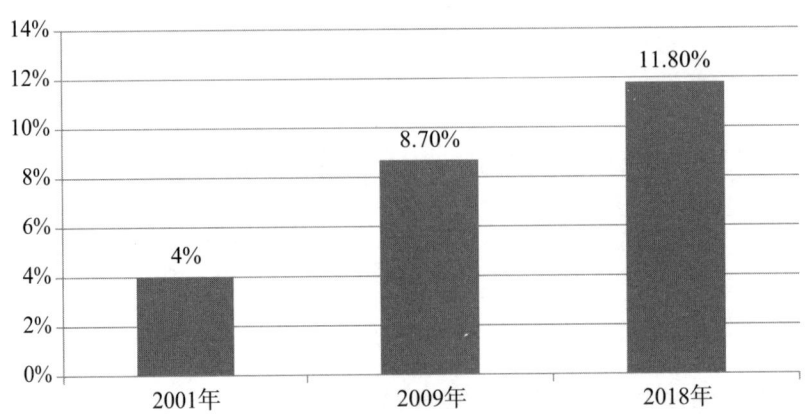

中国进出口总额（货物贸易）占全球份额的变化

国内生产总值，跃升为世界第二大经济体。2001年，加入世界贸易组织之际，中国GDP约为1.34万亿美元，居世界第六，排在美国、日本、德国、英国、法国之后。2010年，中国GDP约为6.09万亿美元，超过日本跃居世界第二，此后一直保持世界第二的位置。2019年，中国GDP约为14.5万亿美元，美国约为21.4万亿美元。人均GDP方面，2001年中国人均GDP首次超过1000美元，达到1053美元；2019年，中国人均GDP首次超过1万美元。

收入和消费，城乡居民生活水平大幅提升。可支配收入方面，2001年，全国城镇居民人均可支配收入6860元，农村居民人均纯收入2366元；2019年，全国城镇居民人均可支配收入42359元，农村居民人均可支配收入16021元。人均消费支出方面，2001年，全国城镇居民人均消费支出5350元，农村居民人均消费支出1741元；2019年，全国城镇居民人均消费支出28063元，农村居民人均消费支出13328元，全国居民人均消费支出21559元。

（二）加入世界贸易组织，中国对世界经济贡献突出

中国是世界经济增长的主要稳定器和动力源。中国已经是120多个国家和地区主要贸易伙伴，已成为日本、澳大利亚、巴西、南非等国的第一大出口市场，已成为亚洲16个国家的最大贸易伙伴，是"一带一路"25个沿线国家最大贸易伙伴。一方面，中国迅速增长的出口，为世界各国不同类型消费者提供了负

担得起、可供充分选择的优质商品，全球消费者都从中受益。另一方面，2001年至2018年，中国货物贸易进口额从2436亿美元增至21358亿美元，年均增长13.6%，高于全球平均水平6.8个百分点，为带动出口国消费、增加就业、促进经济增长做出了重要贡献。自2002年以来，中国对世界经济增长的平均贡献率接近30%，是拉动世界经济复苏和增长的主要引擎。

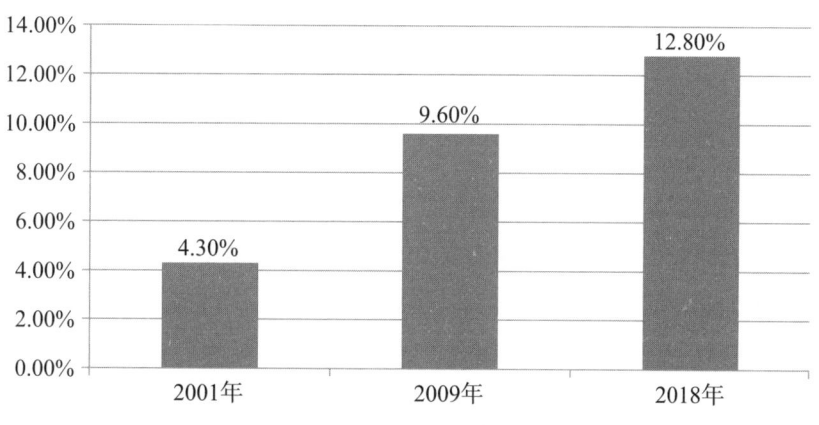

中国出口额（货物贸易）占全球份额的变化

中国全方位对外开放为各国分享"中国红利"创造更多机会。在全面履行加入承诺的基础上，中国近年来又多次以暂定税率方式大幅自主降低进口关税税率，截至2017年底，已调减900多个税目产品的税率。根据世贸组织统计，2015年中国的贸易加权平均关税已降至4.4%，比大部分发展中国家要低很多，接近发达国家、发达市场对外开放水平。而且中国积极扩大进口，举办中国国际进口博览会。测算显示：未来15年，中国进口商品和服务将分别超过30万亿美元和10万亿美元。有关测算结果表明，2013—2016年，如果没有中国因素，世界经济年均增速将放缓0.6个百分点，波动强度将提高5.2%。麦肯锡全球研究院发布报告认为，2000—2017年，世界对中国经济的综合依存度指数从0.4逐步上升至1.2，中国贡献了全球制造业总产出的35%。

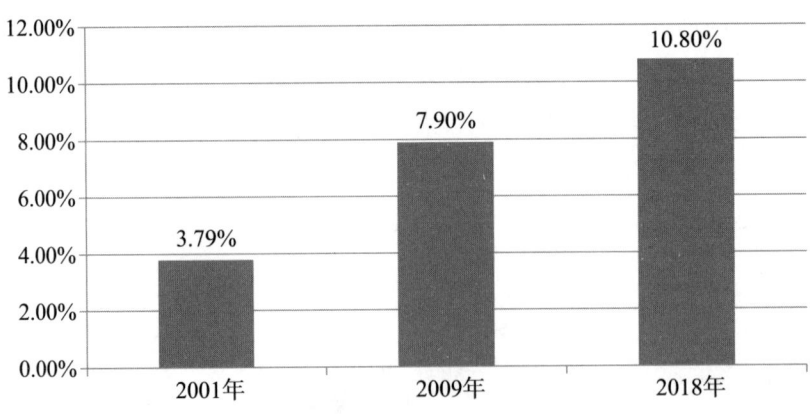

中国进口额（货物贸易）占全球份额的变化

中国向其他发展中成员提供务实有效的支持。截至2018年3月，中国已对36个建交且完成换文手续的最不发达国家97%的税目产品实施零关税。自2009年以来，中国一直是最不发达国家第一大出口市场，吸收了最不发达国家1/5的出口。根据国际劳工组织发布的首份《中国与拉美和加勒比地区经贸关系报告》，1990—2016年，中国为拉美和加勒比地区创造了180万个就业岗位。2017年起，中国在南南合作援助基金项下与世贸组织等国际组织加强合作，在"促贸援助"领域实施合作项目，帮助其他发展中成员提高从全球价值链中获益的能力。

迄今为止，中国加入世贸组织和参与全球贸易的表现得到了广大成员的广泛认可和普遍赞誉，中国加入后的四任WTO总干事——麦克·穆尔、素帕猜、拉米、阿泽维多，都充分肯定了中国所做的巨大努力和取得的显著成绩。拉米先生曾评价，"中国加入世贸组织是载入史册的重要事件，是开放、竞争和经济一体化带来双赢的典型例子"。阿泽维多则评价，"中国在各个方面是积极参与者，是协商一分子"。

二、西方主流媒体涉华贸易报道"双标"典型案例

（一）同样是贸易伙伴：认同西方是"贸易共同体"，指责中国是"贸易利维坦（怪兽）"，视中国商品为"洪水"

2018年12月18日，《华尔街日报》推出了一篇数据可视化深度报道，标题为"Emergence of a Trade Leviathan"。标题翻译成中文为《贸易利维坦的出现》。

"利维坦"（Leviathan），是《圣经》中象征邪恶的一种海怪，将中国快速发展的对外贸易称为"贸易利维坦"，这不仅不是友善的称谓，更暗含了"中国的快速发展挤占了其他国家发展空间""中国的外贸对其他国家造成巨大压力"的意思。

该报道在头版进行了导读，形式是标题＋图表＋引语，标题为《洪水席卷美国，助推中国的统治》（"Flood Into U.S. Powered China's Dominance"），"洪水"指的是中国商品，意思是中国商品如同洪水一样在美国泛滥，与西方商品自诩为世界的"福利"相对立。言下之意，在中美贸易竞争中，《华尔街日报》将中国视为"洪水猛兽"，丝毫不提及西方民众在与中国贸易中获得的巨大实惠。

这篇报道的新媒体标题为《中国：贸易利维坦的出现》（"China: Emergence of a Trade Leviathan"）。报道提要为：China has demolished rivals to produce much of what Americans consume. The country's rise, and the Trump Administration's decision to confront it head on, has put the economic powers on a collision course.

这段提要翻译成中文为：中国已经淘汰了竞争对手，美国人消费的大部分商品都依赖中国生产；中国的崛起，特朗普政府选择直面不回避的政策决定，使经济大国陷入对抗冲突。

新媒体版本比印刷版的图表更丰富，但仍未丝毫提及中国在国际贸易领域的短板和不足，都是在极力展示中国在国际贸易领域的巨大优势。比如，美国进口低端产品和高端产品的主要来源国及比例图表下方，有一段补充说明：In 2017, China's share of high-tech and low-tech products imported into the U.S. was bigger than the next six economies combined. 翻译成中文为：2017年，美国从中国进口的低端产品和高端产品的份额，超过了接下来的六个经济体（第2名到第7名）的总和。

这些补充说明，与提要和标题《贸易利维坦的出现》《洪水席卷美国，助推中国的统治》如出一辙，都极力营造"大块头中国碾压其他国家"的氛围，本质是在宣扬"中国威胁论"。

（二）同样是发展外贸：认可西方是"负责任的利益相关者"，指责中国是"规则破坏者"

2018年10月20日出版的《经济学人》，封面文章的标题为《中国和美国：

危险的竞争对手》("China V America: a dangerous rivalry")。内页正文的核心提要为："约会"的时代已经结束，世界上两个超级大国已经成为竞争对手（The era of engagement is over. The world's two superpowers have become rivals）。

　　与封面文章相呼应的封面图设计很有"创意"，更有深意：一个面目狰狞的龙头，代表中国，但鼻子和脸颊却是代表美国的白头鹰；白头鹰的两只爪子上，没有象征和平的橄榄枝了，只有刀剑；龙和鹰既合为一体，又剑拔弩张。

　　封面图和封面文章标题的相互配合，营造出一种氛围：中国咄咄逼人，美国不甘示弱，对抗一触即发。特别是画面给人的感觉是，中国龙强势扑来，美国鹰迎面而上。而实际上，中美贸易战一直是美国率先挑起，中国一直都是被动应对步步跟进而已。

　　文章一开头就以占据道义制高点的姿态写道：在过去的1/4世纪中，美国对中国的态度一直建立在对融合的信念上。一体化不仅会使中国变得更加富裕，还将使中国更加自由、多元和民主。尽管发生过危机，但是美国坚信，只要有适当的激励措施，中国最终将成为"负责任的利益相关者"。但中国并没有，如今融合已死。美国开始将中国视为战略对手———一个"行径恶劣者"和"规则破坏者"（a malevolent actor and a rule-breaker）。

　　接着，文章塑造了一个所谓的"狡猾中国"：以前中国人很"狡猾"地搞韬光养晦（hiding its strengths and biding its time），但2008年的国际金融危机是个转折点，中国人觉得没必要再藏着掖着以假装谦卑的面目示人。

　　再接着，文章渲染"中国的威胁"：美国担心，时间站在中国这边。中国经济的增长速度是美国的两倍多，而且中国正在向人工智能、量子计算和生物技术等高科技领域投入大量资金飞速赶超。如今，美国看似还能咋咋呼呼地叫嚷中国不尊重知识产权、偷窃技术，还能和中国在南海问题上拍桌子，但明天的美国可能就做不到了。

　　在此基础上，文章肯定了特朗普和他的团队有三点做得很对，一是美国必须要保持强大，二是美国必须要调整对中国的期待值，三是特朗普以一己之力颠覆了原来那些用以制衡中国的传统观点，而这些传统观点其实早已被证明效果非常不好。

　　在肯定特朗普的同时，文章指责中国钻了国际贸易体系的空子，中国的国企踩着线玩得很痛快。（Today's trading system fails to prevent China's state-backed firms from blurring the line between commercial interests and the national interest.）并以"教师爷"的口吻提醒：当美国与中国竞争以规则为基础的秩序捍卫者时，它是从强势地位开始的。但是，西方式民主国家如果拉下脸，放到和中国这样一个国家的底线同样的水平去竞争，那最终必然会失败。（When America competes with China as a guardian of a rules-based order, it starts from a position of strength. But any Western democracy that enters a ruthless race to the bottom with China will—and should—lose.）

不仅如此，文章最后还不忘帮特朗普出谋划策：美国的战略还要再做到一点，就是如何更有效地孤立中国。（And America's strategy must include the asset that separates it most clearly from China: alliances.）在国际贸易领域，美国需要和日本加强合作抗衡中国，不但要拉拢日澳这些老盟友，还要创建新的朋友圈，比如印度和越南。

（三）同样是在 WTO 规则下：指责中国在全球贸易中"占尽便宜"，声称其他成员"则在吃亏"

2018 年 11 月 5 日出版的《彭博商业周刊》（*Bloomberg Businessweek*）的贸易（Trade）版块发表了一篇深度长篇报道《重塑世界秩序：中国的影响力》（"Remaking the world order THE CHINA EFFECT"），文章的标题没有使用明显的贬义词，但内容却在貌似客观的笔触中极力造成这样一种印象——中国在国际贸易中占尽便宜、获益巨大，而其他成员特别是西方国家却总是吃亏。

文章一开头就写道：通往自由和公平贸易的未来之路看起来越来越狭窄。一方面，美国日益抬头的贸易保护主义有可能使消除贸易壁垒的数十年进展无法实现。另一方面，中国日益强大的产业政策引起了人们的担忧，即北京将不遗余力或不惜付出任何代价，使国有企业比国际竞争对手更具优势。

对于美国日益抬头的贸易保护主义，文章并没有深入从美国自身找原因，而是强调"中国不满足于扮演世界工厂的角色"。文章写道：北京的经济学家不满足于扮演世界工厂的角色，因此发起了一系列旨在使中国成为世界机器人车间、半导体铸造厂和新能源汽车生产线的举措。这些计划以 2015 年发布的"中国制造 2025"计划为最终结果，利用产业政策来加快制造业的发展。中国的竞争已经使外国公司放弃了低利润业务，例如服装、鞋和玩具的生产。如果"中国制造

2025"计划获得成功，西方国家剩下的具有相对优势的产业将面临挑战。

在此基础上，文章认为（实际上就是指责）中国20世纪90年代的市场化改革已"退变"成了一种强势的产业政策，试探公平竞争的极限（Testing the limits of fair competition），这考验了WTO规则的局限性。文章紧接着直接将矛头指向了"中国制造2025"计划：该计划确定了10个关键领域，包括先进信息技术、数控机床和机器人技术、飞机、海洋设备和运输、铁路运输设备、新能源汽车、电力设备、农业设备、新材料以及生物制药和医疗设备。目的是提高研发能力和生产能力，以替代国内组装。这是全世界公认的最野心勃勃的市场抢夺，从德国汽车制造商到中国台湾的半导体工厂的每个人都必将输掉。（It's the most ambitious attempted market grab the world has seen, with everyone from German automakers to Taiwan's semiconductor fabs standing to lose out.）到这里，文章的指向非常明确——中国在世界贸易中获益巨大，而代价是其他成员吃亏。

（四）鼓吹中国加入WTO是"西方恩赐""巨大错误"，指责中国回报了"贸易失衡"

2018年6月20日，《纽约时报》在头版头条发表评论文章《欧洲必须拥抱特朗普的灵魂》（"Europe must embrace the Trump soul"），并转文到第11版加了标题《特朗普对欧洲的正确洞见》（"What Trump gets right about Europe"），鼓吹"当初允许中国加入世贸组织（WTO）是个巨大的错误"。文章的引语写道：（特朗普）总统的愤怒，尽管看起来很粗鲁，却触及了西方国家一个共同的核心问题（The president's anger, albeit crude, gets at a core problem with the Western alliance）。

这个"核心问题"是什么？文章给出了答案：世界秩序不平衡不公平。（The global world order is unbalanced and inequitable.）

这种"不平衡不公平"是怎么产生的？文章继续写道：

2001年WTO对中国敞开大门时，许多西方人士乐观地认为，让中国融入世界经济将使中国人变得富有，产生更多"中产阶级"，他们会逐渐掌握话语权，甚至用选票使中国实现"民主化"。

但是，中国的发展同西方的期待背道而驰，中国通过从西方"盗窃知识产权"而变得更加富有，而且变成了一个网络时代的"专制政权"，并且仍然拒绝在投资和贸易领域对西方给予互惠。

中国肆无忌惮地"滥用全球自由贸易体制",这让人们对"世界可以按照基于规则的秩序运作"的想法落空直至失望透顶。尽管很多西方人士都在谴责中国的行径,但实际上只有特朗普采取了行动。

……

最后,文章呼吁:欧洲需要了解导致特朗普愤怒的原因,并进行合作以解决世界秩序失衡的问题。(Europe needs to understand what is driving Mr. Trump's anger and cooperate to fix the system's imbalances.)显然,作者认定中国加入WTO是西方的恩赐,而实际上是相互需要的协商;作者认定失衡的原因是中国加入了WTO带来的,当初允许中国加入WTO是个巨大的错误,而事实并非如此。

三、对西方主流媒体涉华贸易报道的简要介绍分析

上文展示了西方主流媒体涉华贸易报道"双重标准"典型案例,但这并不意味着西方主流媒体涉华贸易报道都是持"双重标准"的,实际上也有不少西方主流媒体对特朗普的贸易保护主义和发动贸易战的做法持批评态度,有时候这些批评甚至非常尖锐和激烈。但是,类似报道所占比例并不高。

那么,西方主流媒体塑造的中国经济形象是什么样的?我们看看相关的研究成果。

研究者们通过对《纽约时报》、《华尔街日报》、《费加罗报》、《时代》、《经济学人》、《明镜》周刊等西方主流媒体2018年至2019年期间关于贸易战的报道的分析,发现这些媒体不约而同地塑造了这样一个充满偏见的中国经济形象:中国是一个实力非凡潜力巨大的新兴经济技术强国,一方面利用发展中国家地位在世界贸易组织中享受优待,另一方面为了发展壮大不讲信用地钻空子扰乱国际规则,表面上打着支持自由贸易的旗帜,实际上是想利用自身的显著优势称霸世界经济。简而言之,在一些西方媒体眼中,中国就是一个自私自利、"走自己的路让别人无路可走"的大块头对手。

这充分说明西方主流媒体在涉华贸易报道的一些根本立场、根本认知和根本诉求上存在明显的"双重标准"。

在根本立场方面,西方主流媒体认为中国在国际贸易中是个"异类",像"闯入瓷器店的公牛",对西方主导的贸易秩序构成威胁。《华尔街日报》将中国快速

发展的对外贸易称为"贸易利维坦（怪兽）"、将中国商品的畅销视为洪水一样在美国泛滥，是这种立场的体现；《经济学人》提醒美国如何更有效地孤立中国，在国际贸易领域，不但要拉拢日本、澳大利亚这些老盟友，还要拉拢印度和越南，同样是这种立场的体现。

在根本认知方面，西方主流媒体认为中国在国际贸易中获益巨大，这是拜西方发达地区的利益让渡所赐，是西方的恩赐，而中国没有做出符合西方预期的回报。《纽约时报》评论，西方让中国融入世界经济本意是将使中国人变得富有，产生更多"中产阶级"，帮助中国实现"民主化"，但是中国的发展同西方的期待背道而驰，变成了一个网络时代的"专制政权"，并且仍然拒绝在投资和贸易领域对西方给予互惠，这是这种认知的体现；《经济学人》认为，在过去的25年中，美国本意是对中国在融合和一体化中使中国变得更加富裕，并使中国更加自由、多元和民主，成为"负责任的利益相关者"，但到头来确定中国是一个"行径恶劣者"和"规则破坏者"，同样是这种认知的体现。

在根本诉求方面，西方主流媒体认为中国在国际贸易中应该安分守己待在产业链的中低端，不应该觊觎本应属于西方发达地区的高端领域。《彭博商业周刊》的文章将这种诉求表达得淋漓尽致：中国的竞争已经使外国公司放弃了低利润业务，例如服装、鞋和玩具的生产，但北京的经济学家并不满足于扮演世界工厂的角色，发起了利用工业政策来加快制造业的发展的"中国制造2025"计划，如果计划获得成功，西方国家剩下的具有相对优势的产业将面临挑战，从德国汽车制造商到中国台湾的半导体工厂的每个人都必将输掉。

西方主流媒体的根本立场、根本认知和根本诉求决定了它们必然持"双重标准"看待中国参与世界贸易，而无法真正认同中国和西方在全球贸易中是平等的成员，无法认可在产业链分工中是互利的协同，无法赞同实现的是"双赢""多赢""共赢"的结果。

【参考文献】

（1）《新时代的中国与世界》白皮书，国务院新闻办公室，2019年9月。
（2）《中国与世界贸易组织》白皮书，国务院新闻办公室，2018年6月。
（3）《2019全球贸易报告》，世界贸易组织，2019年10月。

（4）"China: Emergence of a Trade Leviathan", *The Wall Street Journal*, December 18, 2018.

（5）"China V America: a dangerous rivalry", *The Economist*, October 20, 2018.

（6）"Remaking The World Order THE CHINA EFFECT", *Bloomberg Businessweek*, November 5, 2018.

（7）"Europe must embrace the Trump soul", *The New York Times*, June 20, 2018.

（8）陈继勇:《中美贸易战的背景、原因、本质及中国对策》,载《武汉大学学报》(哲学社会科学版)2018年第5期。

（9）沈伟:《"修昔底德"逻辑和规则遏制与反遏制——中美贸易摩擦背后的深层次动因》,载《人民论坛·学术前沿》2019年第1期。

（10）丁远哲:《中美媒体对两国贸易摩擦舆论特点分析》,载《经济导刊》2018年第7期。

（11）侯杰:《西方媒体视野中的中国经济形象》,载《文教资料》2018年第1期。

（12）赵永刚:《中国经济形象在〈时代〉中的演变——基于语料库的话语—历史观分析》,载《语料库语言学》2017年第1期。

（13）王帆:《基于〈经济学人〉插图文章的中国经济形象多模态构建研究》,广东外语外贸大学硕士学位论文,2016年。

（14）肖雁腾:《从法国〈费加罗报〉关于贸易战的报道看中国经济形象》,外交学院硕士学位论文,2019年。

（15）黄维:《〈明镜〉周刊封面中中国国家媒介形象研究（1949—2017）》,西南大学硕士学位论文,2018年。

中国阅兵：
耀武扬威！威胁他国！

法国阅兵：
纪念历史！珍爱和平！

每一个"中国威胁论"的背后，都有一个不可告人的秘密，西方倒不是真觉得受威胁，而是不能错过任何一个挑拨教唆的机会。

字里行间充斥着"中国威胁论"[①]

一、世界各国阅兵及中国阅兵基本情况介绍

（一）世界各国阅兵情况

阅兵，是极其隆重的军事仪式。世界上的许多国家，如俄罗斯、法国、英国、德国、印度、朝鲜、巴基斯坦等，都有在重大节日组织阅兵的惯例。

以俄罗斯为例，通常会选择5月9日或11月7日在莫斯科红场举行阅兵仪式。其中，5月9日是为纪念卫国战争胜利，而11月7日则是纪念1941年11月7日的红场阅兵。从历史来看，苏联在1941年11月7日（十月革命纪念日）举行的阅兵正值纳粹德国进攻苏联期间。阅兵式上，数十万红军走过主席台接受检阅，之后便斗志昂扬地奔赴西部前线抗击法西斯德国军队的入侵。经过浴血奋战，苏军顶住进攻并于当年12月转入反攻，对世界反法西斯战争胜利起到至关重要的作用。

在法国，阅兵式是每年国庆日（7月14日）的重头戏。按照惯例，阅兵式一般在巴黎香榭丽舍大街举行，由法国"法兰西巡逻兵"的飞行表演拉开序幕。巡逻兵的机群在经过巴黎凯旋门上空时喷出蓝色、白色和红色的烟雾，正是法国国旗上的三种颜色。

美国在国家层面的阅兵次数虽然并不多，但也并非从不阅兵。据美国《时代周刊》报道，美国上一次举行大规模阅兵式是在1991年，当时海湾战争刚结束。

[①] 西方主流媒体涉中国阅兵报道"双标"报告。

这次阅兵中，爱国者导弹、M2步兵战车、M1-A1艾布拉姆斯坦克以及F-117隐形战斗机集中亮相展示。

世界各国何时举办阅兵、因何举办阅兵，与国家的历史传统密不可分，也与时代背景、国情军情紧密相连。不管是东方还是西方，不管是社会主义国家还是资本主义国家，都会出于纪念重大节日、庆祝胜利、鼓舞士气、展示国威军威等考虑进行阅兵。

（二）中国阅兵情况

1. 新中国成立以来的阅兵

1949年至1959年的阅兵。1949年10月1日下午3时，毛泽东主席在天安门广场向全世界庄严宣告中华人民共和国中央人民政府成立，朱德总司令宣读中国人民解放军总部命令，随后举行开国大典阅兵式。从1949年至1959年，中国每年都会在天安门广场举行一次大规模的国庆阅兵。1960年9月，中共中央、国务院对国庆典礼制度进行改革，实行"五年一小庆，十年一大庆，逢大庆举行阅兵"。之后由于各种因素影响，中国连续24年没有举行国庆阅兵。

改革开放后的国庆阅兵。改革开放后，中共中央、中国军委决定恢复阅兵制度，并于1984年国庆35周年时再次举行阅兵。此后，1999年、2009年、2019年国庆阅兵，均按"逢大庆举行阅兵"的原则进行。1949年10月1日以来，中国共举行了15次国庆阅兵。

重大纪念日等阅兵。除了国庆阅兵，中国举办的其他重大纪念日阅兵还包括纪念中国人民抗日战争暨世界反法西斯战争胜利70周年阅兵（2015年）、庆祝中国人民解放军建军90周年阅兵（2017年）等。与常规在陆地上举行的阅兵不同，在庆祝中国人民解放军建军30年（1957年）、中国人民解放军海军成立60周年纪念日（2009年）、中国人民解放军海军成立70周年纪念日（2019年）时，中国举行过海上阅兵；2018年，中央军委还首次在南海海域举行了阅兵式等。

2. 中国阅兵的特点和目的

中国阅兵历来规模宏大。据公开资料显示，中国的国庆阅兵受阅人数一般在万人规模上下，超过了世界上绝大多数国家，这与中国是人口大国、兵员大国密切相关。

中国阅兵是为了坚决维护国家主权、安全、发展利益，坚决维护世界和平。

在纪念中国人民抗日战争暨世界反法西斯战争胜利70周年大会上，习近平总书记发表重要讲话指出，我们纪念中国人民抗日战争暨世界反法西斯战争胜利70周年，就是要铭记历史、缅怀先烈、珍爱和平、开创未来。战争是一面镜子，能够让人更好认识和平的珍贵。在庆祝中华人民共和国成立70周年大会上，习近平总书记发表重要讲话指出，中国人民解放军和人民武装警察部队要永葆人民军队性质、宗旨、本色，坚决维护国家主权、安全、发展利益，坚决维护世界和平。

二、西方主流媒体涉中国阅兵报道"双标"典型案例

（一）同样是阅兵：中国阅兵是"耀武扬威"，西方阅兵是"珍视和平"

在纪念中国人民抗日战争暨世界反法西斯战争胜利70周年大会和庆祝中华人民共和国成立70周年大会上，习近平总书记发表重要讲话时特别强调，阅兵的目的是要"铭记历史、缅怀先烈、珍爱和平、开创未来""坚决维护国家主权、安全、发展利益，坚决维护世界和平"。关键词都有"和平"二字。

2019年，《新时代的中国国防》白皮书发布，系统阐明了新时代中国防御性国防政策，明确了坚持永不称霸、永不扩张、永不谋求势力范围是新时代中国国防的鲜明特征，阐明武装力量建设运用的防御性、正义性、有限性，强调中国的国防建设和发展，始终着眼于满足自身安全的正当需要，始终是世界和平力量的增长。白皮书呼吁，各国应超越文明冲突、冷战思维、零和博弈，坚持对话协商、求同存异、共建共享，携手应对全球性挑战，共同走和平发展道路，推动构建人类命运共同体，努力建设一个持久和平、普遍安全、共同繁荣、开放包容、清洁美丽的世界，让人类生活更加幸福美好。

然而，西方媒体对此却选择性视而不见、避而不谈，执着于将中国阅兵与"对抗""秀肌肉"画等号，偏执地将中国阅兵往"中国威胁论"上引，往所谓的"中国争霸"上靠，大肆渲染中国对他国构成的所谓威胁。

2015年9月3日，纪念中国人民抗日战争暨世界反法西斯战争胜利70周年阅兵（以下简称中国"9·3"阅兵）在北京举行，国际媒体争相报道。2015年7月14日，法国也在巴黎举行了国庆日阅兵（以下简称法国"7·14"阅兵），国际媒体也进行了充分报道。**研究者马笑清通过对《华盛顿邮报》报道中国"9·3"**

阅兵和法国"7·14"阅兵的差异分析，发现了该报的"双标"：同样是阅兵，在《华盛顿邮报》的报道中的定性和呈现却差别很大，中国"9·3"阅兵被描述成"炫耀武力""震慑他国"，而法国阅兵被描述成"纪念一战""珍视和平"。该报别有用心地将中国阅兵的标题制作为"China shows off rising power in marking WWII defeat of Japan"（"中国通过纪念'二战'日本战败来炫耀大国崛起"）。这里故意进行了"偷梁换柱"，因为中国阅兵的主题是"纪念中国人民抗日战争暨世界反法西斯战争胜利70周年"，而不是"纪念'二战'日本战败70周年"。之所以采用这个标题，就是想传达所谓的"中国威胁论"，而对法国"7·14"阅兵，《华盛顿邮报》的报道标题没有一丝"法国威胁论"的味道。

2019年，新中国成立70周年阅兵前后，《华盛顿邮报》先后刊发了《中国以"冷战式"核力量为重点展示其军事火力》("China rolls out its military firepower with emphasis on 'Cold War-style' nuclear might")、《中国70周年庆典难掩不安之情》("China's 70th anniversary party can't hide a sense of unease")等文章，报道极尽影射之能事，其中写道："中国正在用它所知道的唯一方式来庆祝它的盛大生日——携带大量武器的大型游行。当你读到这篇文章的时候，战斗机已经呼啸着飞过北京的天空，成千上万的士兵正步走在首都的林荫大道上，隐形无人机在上空盘旋，后面跟着一队队装载着先进的新型洲际弹道导弹的坦克和卡车。"这些报道，无视阅兵只是庆祝新中国成立70周年系列活动之一的事实，无视世界许多国家国庆阅兵的惯例，用"冷战式""唯一方式"等词语试图将中国塑造成穷兵黩武的形象。

还有的西方媒体，对中国阅兵新亮相的武器装备添油加醋、恶意挑拨。如《悉尼先驱晨报》称，"（通过东风-17导弹）中国传递的信息是：我们正在前进，正在寻找绕过西方技术和防御系统的方法""东风-41是第一种能打到整个美国的中国导弹"。法新社则称，"解放军在阅兵式上展示了最新的武器装备，包括'东风-41'战略核导弹，这是一种能够打到美国任何地方的洲际弹道导弹"。而同样在2019年，同样是报道阅兵，法新社对法国国庆阅兵却是这么说的：马克龙将在此次阅兵式上将欧洲军事合作置于核心位置，以此展示欧洲的防卫能力。并引述马克龙在阅兵式前发布的国庆文告：期待阅兵式能凸显法国坚定不移巩固本国与欧洲安全的决心。中国的阅兵就是"充满威胁的"，法国的阅兵就是"巩固本国与欧洲安全"，很露骨的"双标"。

实际上,对于所谓"中国威胁论""秀肌肉"等论调,中国有关部门已经反复进行过驳斥。2019年9月24日,在国庆阅兵前夕,庆祝中华人民共和国成立70周年活动新闻中心举办了第一场专题集体采访活动。当美国有线电视(CNN)记者提问"这次新型武器装备亮相是要对外释放出什么政治军事信号"时,国防部新闻发言人当即进行了说明:"我听懂了你的问题。这个问题主要是想问展示新型武器装备是不是中国在'秀肌肉'。在中国军队发展壮大的历程中,总有一些人或者势力喜欢进行不实炒作。他们头脑中有一些非常奇怪的逻辑:如果中国军队展示武器装备就是'秀肌肉',如果不展示就是'不透明'。我觉得对付这种逻辑最好的办法就是坚定不移地做好自己的事情。70年来,中国军队的发展壮大有目共睹。我们既没有意图,更没有必要通过阅兵来'秀肌肉'。70年来,中国军队的世界贡献有目共睹。我们自身越强,为世界和平提供的正能量就会越多。"

(二)同样是阅兵准备:炒作中国阅兵"扰民",对西方阅兵则只字不提

中国阅兵向来规模宏大,必然需要进行针对性训练和多次演练。以2019年国庆阅兵为例,在当年的9月7日至9月8日、9月14日至9月16日、9月21日至9月23日,全流程阅兵演练共进行了3次。阅兵前,有关阅兵内容需要保密,参阅部队的生活、交通、安保等方面也需要得到保障。因此,会偶尔对有关道路采取临时管制措施。为此,阅兵联合指挥部将阅兵训练场地设置在六环以外,远离北京市区,从而最大限度地降低对附近居民的影响;在天安门广场进行阅兵合练预演时,也尽最大可能安排在夜间。但这一系列的举措,一些西方主流媒体却选择性失明,他们一边用手蒙眼,高喊"我看不见,我看不见,我看不见!"一边继续着他们"妖魔化中国"的报道。

> On the street outside *The Sydney Morning Herald* and *The Age*'s office at Jianguomen, the missiles ended and the colourful floats of a cultural parade waited.
>
> But unless they had a rare ticket for Tiananmen Square, Beijing residents were confined to their lounge rooms as streets closed and the city became a stage for the television spectacle.

例如,报道2019年中国国庆阅兵时,《悉尼先驱晨报》发表题为《枪炮和姿态:中国庆祝成立70周年阅兵的军事前线和中心》("Guns and poses: China's military front and centre for 70th anniversary parade")的文章称,"封路时,除了极少数拿到去往天安门广场入场券的人,北京居民都要被禁足在家中,北京城成为展示电

视上那种奇观的舞台"。这种充满恶意的编造，完全违背新闻真实的底线。事实上，在特定时段、特定地点受到影响的北京居民是极少数，"北京居民在家中禁足"的说法更是无中生有的编造。事实上，西方阅兵也有或多或少的管制措施，但遍寻西方各主流媒体，都是只字不提。

西方一些主流媒体，在所谓中国阅兵"扰民"的报道中，一味根据自己主观认知进行臆测，而不愿意到街头去采访北京普通居民，听听他们的心声。因为他们深知，随便采访几位普通百姓，就会得到与所谓"扰民"相反的答案。这一点，美国有线电视新闻网（CNN）或许深有体会。在采访中，中国的老百姓对CNN表示，10月1日要在家观看庆典："中国经历了这么多风雨……我为我的国家感到自豪。""我感到大家都很兴奋，因为这是我们国家70周年纪念日。"马来西亚《星报》对中国国庆阅兵表达了自己的理解：虽然届时北京安保方面会比较严，但这是值得的，因为这样规模的庆祝活动数年才会举行一次。

（三）同样是报道阅兵：对中国阅兵"造谣生事"，对西方阅兵报道事实

2019年国庆阅兵前，《纽约时报》发表了题为《坦克、导弹，但没有和平鸽：中国庆祝中华人民共和国成立70周年》（"Tanks, Missiles and No Pigeons: China to Celebrate 70th Birthday of the People's Republic"）的文章。《纽约时报》派驻中国北京的记者史蒂芬·李·迈尔斯（Steven Lee Myers）在文章中极力营造一种"压抑""黩武""阴森恐怖"的氛围。

鸽子在世界上绝大多数国家中都是和平的象征和符号。如今，世界很多国家在重大庆典活动中都会放飞和平鸽，表达祈愿和平的美好愿望。在《纽约时报》的文章中，作者故意将"坦克"、"导弹"和"和平鸽"三个词并置在标题中，试图营造一种阴森恐怖压抑的氛围，刻意传达出"中国的阅兵只是展示肌肉和力量"，突出"中国带给其他国家的军事威胁"等意涵。这样有倾向性的"吸睛"标题是真实的吗？这则报道很快被事实打脸。2019年国庆阅兵当天，伴随着《歌唱祖国》的悠扬歌声，天安门广场上不仅放飞了和平鸽，且数量达7万多只。这些信鸽都是向北京市民借来的，阅兵结束后，各自返回自己的家。

《纽约时报》造谣式报道从何而来？原来，9月14日，北京市政府为确保庆祝中华人民共和国成立70周年活动期间阅兵飞行活动的安全，发布了一份通告。通告中明确，除庆祝活动期间组织的阅兵飞行活动以及和平鸽、气球等专项放飞

活动外，禁止放飞、升放任何影响飞行安全的鸟类动物和其他物体。阅兵当天，会有飞行活动以及和平鸽、气球的专项放飞。这样明显的信息，史蒂芬选择无视，偏要偷换概念，硬说国庆阅兵"没有和平鸽"。而且，对这一关键性信息，《纽约时报》根本没有多方采访确认。事实上，不管是主动联系采访相关部门，还是在有关发布会上提问，抑或简单地采访北京养鸽的市民，都有很多机会了解到事情的真相，但《纽约时报》并没有这样做，显然是偏见伤害了理性。

2015年中国反法西斯战争胜利70周年阅兵前，北京市政府也发布过类似通告。阅兵结束后，天安门广场同样放飞了大量的和平鸽和气球。更何况，阅兵式上的飞行活动和放飞和平鸽、气球本来就是在时间相隔较远的两个环节，不会相互影响。但凡对中国过去阅兵稍微有一点认识，也不会出现如此低级的错误。史蒂芬不专业的操作加上偏见，让这则所谓的"大新闻"变成一个笑话、一场闹剧，可谓"搬起石头砸了自己的脚"。有网友对此调侃说，《纽约时报》是被鸽子"放了鸽子"。

三、对西方主流媒体涉中国阅兵报道的简要介绍分析

2009年10月，首届世界媒体峰会（World Media Summit）在北京举行，来自世界各地的通讯社、报刊、广播、电视、网络等各种媒体形态的170多家传媒机构参加了峰会。峰会通过的《共同宣言》指出："希望世界各地媒体向全世界传播真实、客观、公正、公平的新闻信息，促进政府和公共机构的透明度和公信力，促进世界不同国家和地区人民间的相互理解和交流。"

作为由世界知名媒体机构倡议发起的高端交流平台，世界媒体峰会主席团成员机构包括新闻集团、美联社、路透社、新华社、俄塔社、共同社、英国广播公司、时代华纳特纳广播集团、谷歌、半岛媒体集团、纽约时报公司、美国全国广播公司、南非米瑞德集团、印度教徒报公司和巴西圣保罗页报报业集团等。然而回看西方主流媒体对中国阅兵的报道，不少仍然充斥着偏见和"双重标准"。"老毛病""老问题"并没有得到解决。

研究者罗家丙、刘凤健针对中国国庆阅兵时西方媒体的报道进行了研究，发现：西方媒体的中国国庆阅兵报道难以向受众传播真实、客观、公正、公平的新闻信息，致使国际社会产生种种误读和误判。"中国以令人联想起冷战的阅兵和盛

大庆典活动庆祝共产党统治""共产党中国用坦克和俗气艺术庆祝国庆""东风–31的改进型，射程超过1万公里，可达美国东海岸"……研究者在对这些来自《每日电讯报》《华尔街日报》《读卖新闻》《华盛顿邮报》《朝日新闻》的恶意解读和联想进行分析后得出结论：出于政治制度和意识形态的偏见，一些媒体惯用冷战思维看待变化着的中国；一些媒体对社会主义中国抱有怀疑态度，仍戴着"有色眼镜"观看中国，甚至为了达到某些不可告人的目的，肆意扭曲或捏造一些所谓的"新闻"；也有一些人不愿意看到中国的强大，利用中国国庆阅兵热炒"中国威胁论"。

固守冷战思维、用二元对立的框架标定报道立场，这样的"双标"报道，与西方主流媒体自己宣称的"客观主义""新闻专业主义"也是完全背离的，注定自相矛盾、漏洞百出。

然而，这并不意味着西方主流媒体对中国阅兵的所有报道均是戴着有色眼镜、充满偏见的"双标"报道。在对中国2019年国庆阅兵报道中，有些也是偏向客观和正面的。

有西方主流媒体以阅兵为切入点，报道新中国成立以来发生的翻天覆地变化。如英国广播公司（BBC）网站以图文直播的形式报道称：中国正在举行盛大活动庆祝中华人民共和国成立70周年，1949年10月1日，毛泽东宣告中华人民共和国成立，现在中国以非凡的速度发展。英国《卫报》发文写道，1949年10月1日中华人民共和国成立时，中国刚经过内战，如此贫穷，只好让17架飞机在阅兵式上飞了两遍，今天中国是一个主要的世界大国，精心筹备的庆典展示中国的经济和军事力量。

有西方主流媒体关注中国强大的国防力量，重点强调了中国防御性国防政策。例如，法新社援引军事研究专家的观点："展示的新型核武器证明了（中国取得的）巨大进步。这些武器越来越机动、坚固、可靠、精确，所使用的技术也越来越先进。""核武器的展示并非表明中国改变了核战略。中国将继续保持数量少但性能优的核武库。目的在于确保核威慑力以及一旦受到他国打击能够进行可靠反击。"

国际形势风云变幻、国际关系错综复杂，西方主流媒体对中国阅兵报道所持的态度，也随着其所在国与中国的关系变化而变化。2019年中国国庆阅兵，正值日本谋求改善同中国的关系之时，日本时任首相安倍晋三特意录制了一段小视频，并用中文说"大家好"；日本时任内阁官房长官菅义伟在中国国庆阅兵当日表态：

日本一贯密切关注中国的军事发展,"我们(日本)希望恰当处理共同关心的问题,在每个领域都进一步加强交流与合作,将日中关系提升到一个新水平,为两国开创一个新时代"。日本《每日新闻》也针对中国国庆阅兵发表了社论:就像拿破仑的预言一样,"沉睡的雄狮"苏醒了,中国70年来的发展震撼了世界。曾经是全球最贫穷国家之一的中国成为"世界工厂",这样的发展值得在人类史上特写一笔。文章还称,中国科技特别是在5G和人工智能方面的发展让美国产生危机感。美中经济在全球化的背景下复杂连接在一起,美国一些人主张美中经济脱钩,是不现实的。除了与巨大邻国中国共处之外,日本别无选择。

在国际舆论场,客观的声音,都是有利的因素和力量。我们要团结一切可以团结的力量,发掘一切可以发掘的积极因素,讲好中国故事,为实现中华民族伟大复兴贡献力量。

【参考文献】

(1)《新时代的中国国防》白皮书,国务院新闻办公室,2019年7月。

(2)《关于阅兵,都说了!》,环球网,2019年9月25日。

(3)《10月1日天安门广场将举行阅兵式》,载《新京报》2019年8月30日。

(4)《展庆典盛况　颂祖国赞歌》,载《中国新闻出版广电报》2019年10月8日。

(5)《看完大阅兵,外媒感叹:中国的自信还将继续增长》,观察者网,2019年10月2日。

(6)《今年国庆中国人都跟过年似的,不长眼的西方媒体又来了》,载《环球时报》2019年10月2日。

(7)《外国人看完中国大阅兵,有人表白,有人@特朗普》,环球网,2019年10月1日。

(8)《70周年华诞,外媒集体围观……他们都在猜,阅兵式上哪些"拉风"装备会登场》,上海热线,2019年9月30日。

(9)《国庆70周年活动新闻中心第一场专题集体采访文字实录》,国防部官网,2019年9月24日。

(10)《西方眼里的"中国阅兵":"五味杂陈"》,中国军网,2019年10月4日。

(11)《大阅兵展示中国新锐武器引发外媒关注》,参考消息网,2019年10月2日。

(12)《国庆大阅兵　内行看门道》,大众网,2009年9月30日。

(13)《外媒关注中国盛大阅兵,称东风-41"是这个星球上最强大的导弹"》,环球网,2019年10月1日。

（14）《军史专家解读"中国式阅兵"》，大众网，2009年9月19日。

（15）《盘点史上最大规模国庆阅兵的17个首次》，载《新京报》2019年10月1日。

（16）《装备解读来了：它们是本次大阅兵中最重磅的明星！》，载《环球时报》2019年10月1日。

（17）《世界的镁光灯聚焦！国庆70周年阅兵在即，外媒这样说……》，中新网，2019年9月27日。

（18）罗家丙、刘凤健：《境外媒体视野中的中国国庆60周年阅兵》，载《南京政治学院学报》2010年第4期。

（19）马笑清：《从阅兵报道看〈华盛顿邮报〉的双重标准》，载《传媒》2016年第17期。

（20）《美国阅兵计划因缺钱黄了！特朗普：我去巴黎看阅兵》，人民日报海外网，2018年8月17日。

（21）《世界媒体峰会共同宣言》，载《光明日报》2009年10月11日。

（22）姜加林：《中国威胁还是威胁中国？中国威胁论研究》，外文出版社2000年版。

（23）[法]魏柳南：《中国的威胁？》，王宝泉、叶寅晶译，人民日报出版社2009年版。

（24）陈安：《美国霸权版"中国威胁"谰言的前世与今生》，江苏人民出版社2015年版。

（25）陆钢：《中国威胁谁》，学林出版社2004年版。

（26）苏珊珊：《冷战后"中国威胁论"的历史演变》，载《社会主义研究》2019年第2期。

（27）吴飞：《流动的中国国家形象："中国威胁论"的缘起与演变》，载《南京社会科学》2015年第9期。

（28）孙宝国、沈悦：《以"污名"为视角探究中国形象的生成与传播机制——兼论"中国威胁论"与"中国梦"的话语博弈》，载《东岳论丛》2019年第8期。

（29）张云莲、李福建：《"中国威胁论"对中国国家形象的挑战》，载《思想理论教育导刊》2016年第8期。

（30）任洁：《中国和平发展面临的主导性国际舆论环境——从"中国威胁论"到"中国责任论"》，载《中国矿业大学学报（社会科学版）》2015年第1期。

（31）王聪悦：《新一轮"中国威胁论"：酝酿、表征与应对》，载《世界社会主义研究》2019年第1期。

（32）冯海燕、张骐严：《中国媒体构建国家形象的文化超越策略——基于"中国威胁论"的语境》，载《新闻战线》2019年第2期。

（33）施旭、郭海婷：《学术话语与国家安全——西方安全研究是如何制造"中国威胁论"的》，载《学术界》2017年第5期。

（34）张晓明、曹延中、洛岩：《新一轮"中国威胁论"透析》，载《国防》2019年第1期。

（35）周琦、彭震:《"中国威胁论"成因探析》,载《湘潭大学学报(哲学社会科学版)》2009年第3期。

（36）朱锋:《"中国崛起"与"中国威胁"——美国"意象"的由来》,载《美国研究》2005年第3期。

永远无法叫醒一个装睡的人,特别是那种"揣着明白装糊涂"的人,这在把"双赢"歪曲成"中国连赢两次"的伎俩中体现得淋漓尽致。

典型的"我可以，但你不行"[①]

一、"一带一路"倡议基本情况介绍

（一）"一带一路"倡议的提出

2013年9月7日，习近平主席在哈萨克斯坦纳扎尔巴耶夫大学发表题为《弘扬人民友谊 共创美好未来》的重要演讲，倡议共同建设"丝绸之路经济带"。同年10月3日，习近平主席在印度尼西亚国会发表题为《携手建设中国—东盟命运共同体》的重要演讲，提出共同建设"21世纪海上丝绸之路"。"丝绸之路经济带"和"21世纪海上丝绸之路"，简称"一带一路"倡议（The Belt and Road，缩写B&R）。

随后，国家层面成立了推进"一带一路"建设工作领导小组，并在国家发展和改革委员会设立领导小组办公室。

（二）"一带一路"倡议的愿景

2015年3月，《推动共建丝绸之路经济带和21世纪海上丝绸之路的愿景与行动》发布。

结合古代陆海丝绸之路走向，共建"一带一路"确定了五大方向：丝绸之路经济带有三大走向，一是从中国西北、东北经中亚、俄罗斯至欧洲、波罗的海；二是从中国西北经中亚、西亚至波斯湾、地中海；三是从中国西南经中南半岛至印度洋。21世纪海上丝绸之路有两大走向，一是从中国沿海港口过南海，经马六

[①] 西方主流媒体涉"一带一路"报道"双标"报告。

甲海峡到印度洋，延伸至欧洲；二是从中国沿海港口过南海，向南太平洋延伸。

根据上述五大方向，确定了"六廊六路多国多港"合作框架。"六廊"是指新亚欧大陆桥、中蒙俄、中国—中亚—西亚、中国—中南半岛、中巴和孟中印缅六大国际经济合作走廊。"六路"是指铁路、公路、航运、航空、管道和空间综合信息网络，是基础设施互联互通的主要内容。"多国"是指一批先期合作国家。"一带一路"沿线有众多国家和地区，中国既要与各国平等互利合作，也要结合实际与一些国家率先合作，争取有示范效应、体现"一带一路"理念的合作成果，吸引更多国家参与共建"一带一路"。"多港"是指若干保障海上运输大通道安全畅通的合作港口，通过与"一带一路"沿线国家共建一批重要港口和节点城市，进一步繁荣海上合作。

（三）"一带一路"倡议的进展

"一带一路"倡议源于中国，但机会和成果属于世界。

2013年以来，共建"一带一路"倡议以政策沟通、设施联通、贸易畅通、资金融通和民心相通为主要内容扎实推进，取得明显成效，一批具有标志性的早期成果开始显现，各参与国得到了实实在在的好处，对共建"一带一路"的认同感和参与度不断增强，为世界应对贸易保护主义和单边主义提供中国智慧、中国方案。2017年5月，首届"一带一路"国际合作高峰论坛在北京成功召开；2019年4月，第二届"一带一路"国际合作高峰论坛在北京成功召开；共建"一带一路"倡议得到了越来越多国家和国际组织的积极响应，受到国际社会广泛关注，影响力日益扩大。

1. 国际共识不断扩大

"一带一路"倡议同俄罗斯欧亚经济联盟、哈萨克斯坦光明之路、蒙古国发展之路等国家发展战略对接，同东盟、非盟、欧盟等相关国际和地区组织的发展和合作规划结合，倡议及其理念被数次写入联合国、G20、APEC等重要国际机制成果文件。

签署共建"一带一路"政府间合作文件的国家和国际组织数量逐年增加。截至2020年11月17日，中国累计与138个国家和31个国际组织签署201份共建"一带一路"合作文件，商签范围由亚欧地区延伸至非洲、拉美、南太、西欧等相关国家和地区。

2. 互联互通水平提升

各国共同努力，以铁路、公路、航运、航空、管道、空间综合信息网络等为核心的全方位、多层次、复合型基础设施网络正在加快形成，区域间商品、资金、信息、技术等交易成本大大降低，有效促进了跨区域资源要素的有序流动和优化配置，实现了互利合作、共赢发展。

其中，中欧班列是欧亚地区互联互通的重要标志。2020年11月公布的数据显示，2020年中欧班列已开行超万列，再次创造新纪录，通达欧洲21个国家、92个城市，往返综合重箱率达98.3%。

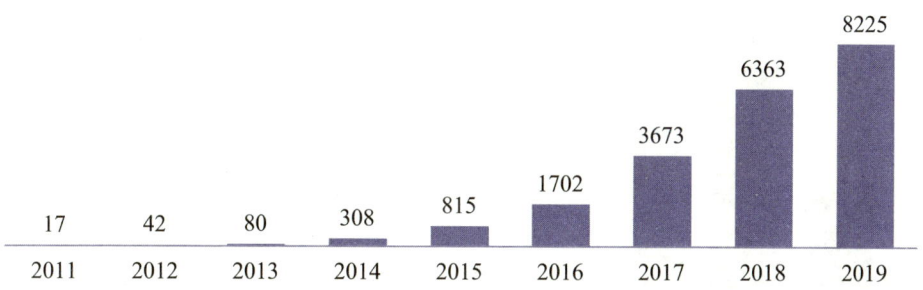

中欧班列开行数量（列／年）

3. 经贸投资成果丰硕

一方面，贸易规模持续扩大。2013年至2018年，中国与沿线国家货物贸易进出口总额超过6万亿美元，年均增长4%，高于同期中国外贸的整体增速；中国企业对沿线国家直接投资超过900亿美元，年均增长5.2%。世界银行研究发现，共建"一带一路"倡议将使参与国之间的贸易往来增加4.1%。

另一方面，贸易与投资自由化便利化水平不断提升。中国发起了《推进"一带一路"贸易畅通合作倡议》，与东盟、新加坡、巴基斯坦、格鲁吉亚等多个国家和地区签署或者升级了自由贸易协定，与欧亚经济联盟签署经贸合作协定，与沿线国家和地区的自由贸易区网络体系逐步形成。

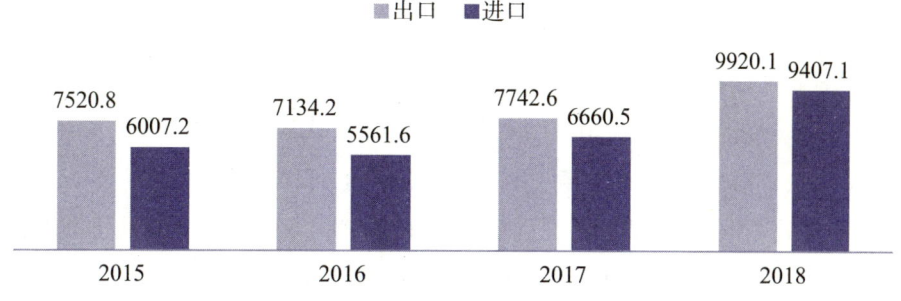

中国与"一带一路"沿线国家贸易额（亿美元／年）

得益于"一带一路"倡议，世界最大的内陆国哈萨克斯坦拥有了出海通道，白俄罗斯第一次有了自己的轿车制造业，巴基斯坦多个能源项目开工以后电力短缺问题得到了根本性改善，中老铁路将使老挝从"陆锁国"变为"陆联国"。事实证明，共建"一带一路"倡议为沿线国家的经济发展、民生改善做出了突出贡献。

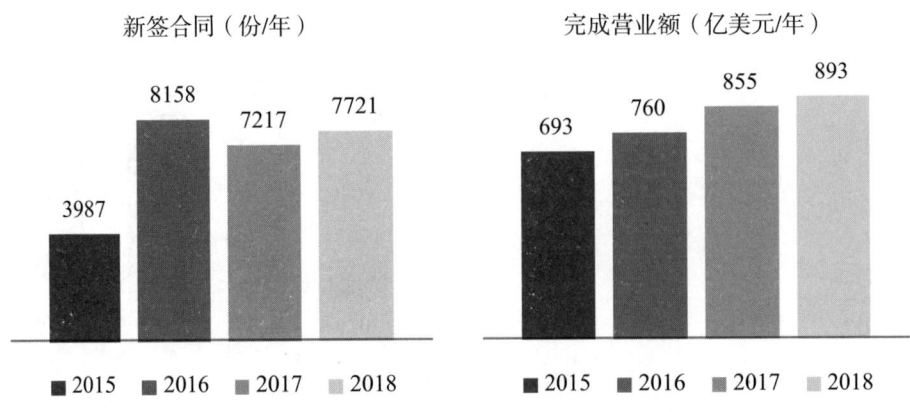

中国在"一带一路"沿线国家新签对外承包工程项目合同及完成营业额

在各方共同努力下，"一带一路"已成为开放包容的国际合作平台和广受欢迎的全球公共产品，为各国和世界经济增长开辟了更多空间，促进了全球共同发展繁荣，为应对日益严重的贸易保护主义和单边主义提供中国智慧、中国方案，为推动构建人类命运共同体注入了强劲动力。

二、西方主流媒体"一带一路"报道双重标准典型案例

（一）污名化"一带一路"倡议意图

对于"一带一路"倡议提出的时代背景和真实意图，一些西方媒体选择性失明，带着偏见污名化"一带一路"倡议，大肆宣扬"中国威胁论""中国主宰论"，歪曲"一带一路"倡议是"新殖民主义""中国版马歇尔主义""朝贡体系"等。

1.污蔑中国要统治世界，要重新建立"朝贡体系"

2020年2月8日出版的《经济学人》杂志刊登了一组专题报道《特别报道：中国的"一带一路"》("Special report: China's Belt and Road")，分若干篇章介绍了"一带一路"倡议。专题报道第一章"重返中心"（Return to centre）标题

下的提要即污蔑倡议意图：中国的标志性外交政策是再次让自己站在世界舞台中央（China's flagship foreign policy is a way to put itself at the centre of the world once again）。

第一章写道：中国共产党正在利用"一带一路"倡议重塑一个更符合自身意愿的世界秩序。重点是经济参与和巧妙的外交。北京的领导人因战略或政治原因与各国合作。而通常，这些都在纯粹商业性下被无政府状态所掩盖（"一带一路"既有自上而下的、指令性的举措，也带有自下而上的狂热）。然而，对于中国领导人来说，这是一个新兴地缘政治集团的雏形，目前基本规则秩序还掌握在美国手中。

随后专题报道中又将"一带一路"倡议隐喻为"中国式马歇尔主义"（a Chinese Marshall Plan）、"朝贡体系"（imperial China's tributary relations with others），称中国领导人为"皇帝"（emperor），"他们将再次居于一个以中国为中心的世界中心，就像过去的朝贡体系"（They would sit again at the heart of a China-centred world, an echo of the tributary relationships of old）。

对于"一带一路"这一名称的由来，作者装出很懂的样子，实则既不懂中文也不懂历史。在"名字中蕴含了什么"（what's in a name）这一章节里，作者强行将"一带一路"与"一夫一妻""一心一意"等词对比，称中文里这种相互关联的四字词组意味着平衡、和谐、整体（Such correlative, four-character phrases are common in Chinese, and imply balance, harmony, wholeness）。继而又十分荒谬地说：在中国人听来，"一带一路"这一名称与古代皇帝一统天下的观念呼应。［To a Chinese ear, that would carry echoes of the ancient concept of tianxia（literally, "all under heaven"）, by which emperors ruled.］

事实上，中文里的"一带一路"仅仅是"丝绸之路经济带"（一带）和"21世纪海上丝绸之路"（一路）的合并简称，与作者类比的"一夫一妻""一心一意"等词风马牛不相及，与等级、皇帝、朝贡体系更是相去甚远、毫无关联。《经济学人》的所谓"解读"，完全是牵强附会，牛头不对马嘴。

2. 诋毁中国已改变外交政策，要推行"新殖民主义"

2020年6月，《华盛顿邮报》发表文章《欢迎来到中国新的干预主义外交》（"Welcome to China's new interventionist foreign policy"）。文章诋毁"一带一路"倡议为"新殖民主义"（new colonialism），称中国不干涉他国的时代已经结束（the era of Chinese nonintervention is now over）。

该文导语部分的新闻由头是，中国驻巴西大使馆致函巴西国会，提醒国会约束议员们不要在中国台湾地区领导人蔡英文开启第二个任期时做有违巴西承认的一个中国原则的事情。就此，文章认为中国侵犯他国主权，中国的独立外交政策已经"死亡"。

接着，文章又引用了另一个案例——中国的电影《战狼》，电影结尾画面的中国护照上写着："中华人民共和国公民：当你在海外遭遇危险，不要放弃！请记住，在你的身后，有一个强大的祖国。"文章对此故意歪曲解读：全球领导人如今应该意识到，在关键时刻中国会随时侵犯他国主权，中国的承诺都是假的（Global leaders must now realize that when the domestic rubber meets the road, China will not hesitate to intervene—its promises be damned）。

第一个案例，一个中国原则举世公认，台湾问题属于中国内政，中国人的事情本就应该由中国自己做主。而且，巴西与中国有正式外交关系，建交的前提就是奉行一个中国原则，巴西议员不做有违一个中国原则的事情，理所应当。

第二个案例，但凡文章作者求证一下就会发现，真实的护照背面并没有这段文字。退一步说，领事保护是中国政府和中国驻外外交、领事机构维护海外中国公民和机构安全及正当权益的工作，若中国公民在海外遇险，向国家求助无可非议。

可见，报道声称中国侵犯他国主权，甚至污蔑中国外交政策转向，完全是毫无根据的指责。中国是和平共处五项原则的积极倡导者和坚定践行者，愿同各国相互尊重、平等互利、和平共处、共同发展，共同推动构建人类命运共同体。

（二）指责"一带一路"倡议给相关国家带去灾难

2020年1月，《华盛顿邮报》刊发题为《中国如何扼杀湄公河》（"How China is choking the Mekong"）的文章称，因大坝等项目建设持续推进，湄公河流域的村庄居民流离失所，生态系统遭到破坏，"一带一路"倡议只是为了巩固中国自身在亚洲甚至更大范围内的影响力（Belt and Road Initiative, a vast network of projects that seeks to cement Beijing's influence across Asia and beyond）。

第一，文章引用民间信源称，中国把南乌河等当成实验室（Waterways such as the Nam Ou are viewed by the Chinese as "not a river, but a laboratory"），只是想掌握全局、控制它。（"They want to own the whole thing," she said, "to just play with it.")但通篇看下来,并没有权威信源和案例佐证,真实性客观性皆难以保证。

第二,文章对于修建大坝的原因以及带来的巨大经济和生态效果,只字不提,通篇只有对传统生活方式消逝的痛惜。

(三)故意诋毁歪曲"一带一路"倡议取得的成果

1. 称中国采用"债务外交",攫取他国资源,分裂沿线国家

2020 年 5 月,《华盛顿邮报》一篇题为《中国认为这一大流行病将使其成为世界的新领导人,但是不会》("China thinks the pandemic will make it the world's new leader. It won't")的报道中写道:当许多国家还在应对新冠肺炎病情时,中国正在向经济不景气的斯里兰卡等国家提供优惠贷款(Beijing is offering concessionary loans to countries like Sri Lanka with battered economies),向富裕的民主国家(如西班牙和意大利)和邻国(如菲律宾和马来西亚)分发救援物资,发放口罩和派出医疗专家,有时也会沿着"健康丝绸之路"分发物资。这一路线与中国的"一带一路"倡议联系起来,这是中国外交政策的核心。[It is handing out aid and sending masks and medical experts, both to wealthy democracies (like Spain and Italy) and neighbors (like the Philippines and Malaysia), sometimes along the same transport routes that Beijing was already building to connect the globe. China's leaders have branded these routes as the "Health Silk Road," linking them to its massive global Belt and Road Initiative, the centerpiece of Chinese foreign policy today.]

善意的援助却被恶意歪曲。

文章接着写道:一些国家认识到,他们迫切需要的援助来自交易性外交。中国已经向许多国家提供了巨额贷款,用于如斯里兰卡港口和巴基斯坦发电厂等基础设施项目。现在,一些以这些重要实物资产作为抵押品的借款人无法偿还贷款;但如果北京方面没收了这些抵押品,将在这些地区引发大规模敌意。(Several countries also recognize that the aid they desperately need comes as transactional diplomacy. China had already loaned many nations massive sums for infrastructure projects like ports in Sri Lanka and power plants in Pakistan. Now some borrowers, which put up those important physical assets as collateral, cannot pay back their loans; but if Beijing seizes that collateral, it will engender massive hostility in recipient states.）

文章不仅将中国对其他国家提供的帮助污蔑为"交易性外交"（transactional diplomacy），还暗示中国有可能会没收贷款的抵押品，造成他国债务危机。

同是 2020 年 5 月，《纽约时报》在题为《贫穷国家从中国借了数十亿美元，但他们无法偿还》（"Poor Countries Borrowed Billions from China. They Can't Pay It Back"）的报道中，称中国进行"债务外交"。

《纽约时报》先是引用美国政府的话，指责中国进行的是"债务外交"——借给穷国的钱超过了其负担能力，从而攫取该国战略资产，扩大中国军事力量和经济力量。（The Trump administration has accused China of "debt trap diplomacy", lending more money than poor countries could afford to seize strategic assets and to expand its military and economic footprint.）

接着，文章称"一带一路"项目无利可图，给纳税人留下了沉重的负担（Belt and Road projects have often proven unprofitable, leaving taxpayers with hefty bills）。污蔑中国通过"一带一路"秘密谈判，让当地官员中饱私囊，或是同意一些不合理条款（China also relied on a secretive web of bilateral negotiations for Belt and Road, to line officials' pockets or get them to agree to unreasonable terms）。

最后，文章引用美国人士说法称：中国希望"一带一路"沿线国家分裂，因为他们团结起来比单个国家更强大（China wants to keep Belt and Road countries divided, as they are stronger than each country individually）。

所谓"债务陷阱"，充斥着不符合客观事实的双重标准论调。作为沿线参与国，2019 年，巴基斯坦国民议会财政、税收和经济事务常务委员会主席阿萨德·奥马尔就曾驳斥这一双标言论。奥马尔指出，巴基斯坦公共债务中仅有约 10% 来自中国，其余近 90% 来自其他国家和国际组织。"他们为什么不说那 90% 债务的投资来源是'债务陷阱'？当他们自己投资时，称这是出于贸易目的。当中国投资时，他们就描述成奴役小国的阴谋，"奥马尔说，"这是虚伪的双重标准！"

美国波士顿大学《2019 年拉丁美洲和加勒比地区中国研究》报告显示，中国贷款绝大多数并未跨过国际货币基金组织的债务可持续性门槛。在世界银行和国际货币基金组织认定的 17 个非洲债务危机国中，多数国家的债权人并非中国，反而是欧美国家的银行、企业等。

可见，通过"债务陷阱论"指责中国，是典型的"我可以，但你不行"，既缺少事实依据，也遭到了沿线参与国家的驳斥。

2.污蔑"一带一路"倡议收效甚微，美化美国"马歇尔计划"

在涉华报道上奉行双重标准，指责中国破坏规则，明目张胆大搞"美国例外""西方例外"，是一些西方媒体的惯用伎俩。就拿"马歇尔计划"来说，美国推行的"马歇尔计划"，本质上是一项基于自身政治与安全提出的战略，通过带有附加条件的援助，扶持欧洲发展，加剧同苏联之间的冷战，帮助美国成为真正的全球霸主。

基于"一带一路"倡议能拉动沿线国家和地区发展，发挥相似的经济带动作用，便认定其是"中国版马歇尔计划"，完全是欲加之罪。要看到，"一带一路"倡议的定位和目标诉求与美国的"马歇尔计划"完全不同，从形式、内容到实施方式都存在本质区别。"一带一路"倡议强调的是构建人类命运共同体，是怀着和平友好、开放包容的精神来谋求世界共同发展进步的，而非冷战产物。

即便如此，还是有一些媒体试图美化基于意识形态、大搞冷战的"马歇尔计划"，贬低遵循平等互利原则的"一带一路"倡议。

比如，2018年3月10日的《经济学人》杂志在Finance and economics专栏中发文问道：中国的"一带一路"倡议是否会超过马歇尔计划？（"Will China's Belt and Road Initiative outdo America's plan to rebuild post-war Europe？"）文章称："马歇尔计划"旨在重振饱受战争摧残的欧洲经济，拥有着政治家般的远见和活力，带来了巨大的好处；而"一带一路"倡议却无法带来类似的影响。

实际上，"马歇尔计划"与"一带一路"倡议根本毫无可比性。"马歇尔计划"虽然客观上促进了西欧的复苏振兴，但其是冷战的产物，目的是服务美国与苏联的争霸。"一带一路"是和平发展的产物，是互利共赢的，目的是推进构建人类命运共同体，更好地促进沿线国家和地区的发展。

三、对西方主流媒体涉"一带一路"报道简要介绍分析

一些西方媒体的报道罔顾客观事实，对"一带一路"倡议抱有严重偏见，给中国戴上"新殖民主义"、"债务外交"、"污染制造者"、"规则破坏者"甚至"朝贡体系"等帽子，借此挑拨中国同沿线国家关系，宣扬"中国威胁论""中国主宰论"等。但也要看到，也有一些西方媒体的报道没有回避"一带一路"倡议给

沿线国家、给世界带来的切实成果，肯定中国为值得信赖的伙伴。

从《纽约时报》《华盛顿邮报》《华尔街日报》《明镜》周刊、《经济学人》以及BBC等西方主流媒体对"一带一路"倡议的报道中可以看出，偏见更加集中于政治、军事领域，其中，美国媒体对"一带一路"倡议抱有更强烈的防范甚至对抗心理，认为美国的全球霸主地位正被中国动摇。因此，一些美国媒体不遗余力地指责中国正野心勃勃地要通过"一带一路"倡议重新构建欧亚地缘政治、重塑世界秩序。

研究者王义桅撰文《西方质疑"一带一路"的三维分析：心理·利益·体系》，认为西方对"一带一路"倡议的偏见质疑主要来自三个方面：

一是对世界的质疑，近年来美国衰弱、中国崛起的论调不绝于耳，再加上金融危机、难民危机以及新冠肺炎疫情导致的不确定性增加，西方国家将对自身的担忧、对世界的担忧转嫁到了中国，转嫁到"一带一路"倡议上。

二是对中国的质疑，包括不少老掉牙的论调，比如"中国威胁论""过剩产能转移论""债务外交论""环境污染论""新殖民主义论"等，同时也包括对中国模式能否适用于其他国家的担心。

三是对"一带一路"倡议本身的质疑，包括对其性质、目的、方法、结果的质疑，比如中国是否要借"一带一路"倡议改写规则、称霸世界，实施过程是否透明公正、领土争端如何处理，最终结果是否有效、是否会造成债务危机等。

可见，因为"一带一路"倡议符合沿线国家需要，符合全球合作的时代背景，西方社会和媒体对"一带一路"倡议的关注程度很高。但因为制度层面、利益层面、文化层面等诸多因素的影响，西方一些媒体往往表现出既想了解又傲慢看低中国、既想合作又担心中国一家独大的矛盾心理，于是在涉华新闻报道上出现双重标准，有意放大矛盾冲突的严重性，甚至不惜造谣生事抹黑中国形象。

遗憾的是，放眼当今世界，中国媒体发出的声音还不够大，国际舆论的话语权主导权还掌握在西方国家手中，"西强中弱"的传播格局一时间还难以改变。这种情况下，中国媒体必须提升传播中国声音、讲好中国故事的能力，对一些双重标准的报道甚至虚假报道及时驳斥和有力回应。学会用数字说话，用事实说话，用故事说话，用创意说话，增强对外传播的针对性和有效性，加强与"一带一路"沿线国家和地区、西方国家的文化交流，从而更有效地消除偏见和误解，让世界更加客观地了解真实的中国。

【参考文献】

（1）中国一带一路网，https://www.yidaiyilu.gov.cn。

（2）《迈向更加美好的未来》，载《人民日报》2019年4月22日。

（3）"Special report: China's Belt and Road", *The Economic*, February 2020.

（4）"Welcome to China's new interventionist foreign policy", *The Washington Post*, June 2020, https://www.washingtonpost.com/opinions/2020/06/02/welcome-chinas-new-interventionist-foreign-policy.

（5）"How China is choking the Mekong: A river journey reveals displaced villages and a ruined ecosystem", *The Washington Post*, Jaruary 2020, https://www.washingtonpost.com/graphics/2020/world/the-mekong-river-basin-under-threat.

（6）"China thinks the pandemic will make it the world's new leader. It won't", *The Washington Post*, May 2020, https://www.washingtonpost.com/outlook/china-uses-the-pandemic-to-claim-global-leadership/2020/05/21/9b045692-9ab4-11ea-ac72-3841fcc9b35f_story.html.

（7）《访巴基斯坦国民议会财政、税收和经济事务常务委员会主席奥马尔》，新华网，2019年5月。

（8）"Poor Countries Borrowed Billions from China. They Can't Pay It Back", *The New York Times*, May 2020, https://www.nytimes.com/2020/05/18/business/china-loans-coronavirus-belt-road.html

（9）"Free Exchange", *The Economist*, March 2018.

（10）王义桅：《西方质疑"一带一路"的三维分析：心理·利益·体系》，载《东南学术》2018年第1期。

（11）龚婷：《一带一路"债务陷阱论"可以休矣》，载《经济日报》2019年6月18日。

"己所不欲,勿施于人",西方"双标"人士做不到,他们不遗余力要实现的恰恰是"己所不欲,偏施于人"。

己所不欲，偏施于人[①]

一、中国反恐工作面临的基本形势与主要举措

恐怖主义一直以来都是危害世界各国社会安全稳定的重大威胁，中国也同样面临恐怖主义所带来的严峻挑战。自20世纪90年代起，以暴力恐怖势力、民族分裂势力、宗教极端势力为代表的"三股势力"渗透破坏活动日趋频繁，采取爆炸、暗杀、纵火、投毒、打砸抢等暴力恐怖方式在中国境内特别是新疆地区制造了大量暴恐袭击事件，严重破坏中国社会秩序、危害公共安全，给人民群众的生命财产造成巨大损失，产生了极其恶劣的社会影响。

据《新疆的反恐、去极端化斗争与人权保障》白皮书、《新中国成立70年来公安反恐怖工作成就回眸》，面对日益复杂严峻的反恐工作态势，中国政府采取坚决果断措施，始终保持严打高压态势，坚决维护祖国统一、社会安定、人民幸福。

（一）中国境内恐怖主义威胁的主要来源

以"东伊运""世维会"等为代表的"东突"恐怖势力。自新疆和平解放以来，"东突"势力一直试图搅动新疆局势，境内外"东突"分子相互勾连，通过各种暴力恐怖手段，妄图达到分裂国家的政治目的。21世纪以来，"东突"势力一方面组织、参与、指导恐怖分子在境内外实施暴恐活动，在新疆制造了"7·5"乌鲁木齐打砸抢烧严重暴力犯罪事件、"5·22"乌鲁木齐暴恐袭击案；另一方面，以"疆独"分子为代表的"东突"势力，极力洗刷恐怖色彩，炒作"民主""人权"

---

① 西方主流媒体涉华暴恐活动报道"双标"报告。

等议题，污蔑中国政府"侵犯人权"，为国际反华势力分化中国鼓噪声势，并图谋在新疆伺机开展分裂破坏和暴恐行动。

以达赖集团为代表的"藏独"恐怖势力。西藏平叛后，十四世达赖喇嘛逃往国外成立所谓的"流亡政府"，采取政治蛊惑性宣传、宗教极端主义渗透、恐怖暴力破坏活动等手段进行分裂中国的活动。如拉萨"3·14"打砸抢烧暴力事件等，极大危害了西藏社会安定和民族团结。目前，达赖集团更是加速推动"西藏问题"国际化，以"人权""宗教自由""民主"等议题掩盖分裂国家的政治意图。

此外，还有一些报复社会的极端分子和各式邪教分子，也成为引发暴恐活动的重大隐患和诱发因素。如"法轮功"邪教组织1999年前后在全国制造事端，严重危害中国社会安全和稳定。

值得关注的是，在境外反华势力的怂恿策动下，以"疆独""藏独""法轮功"为代表的国内外分裂主义势力、宗教极端势力、敌对势力和各类极端分子等已经有逐步合流趋势，我国面临的反恐怖斗争形势依然复杂严峻。

（二）中国境内恐怖主义威胁的基本特点

从组织实施方式上看，由于我国反恐斗争持续保持高压态势，境内恐怖活动活跃程度总体下降，但"境外煽动境内，境内联系境外，境外指导境内"的态势愈发明显。随着各国交流日益加深和通信技术进步，恐怖组织利用通信技术跨国、跨地域暗中勾连渗透更加隐蔽便利，恐怖分子跨国跨区域流动更加频繁便捷，这些都给反恐提出更加严峻的挑战。

从活动范围上看，暴恐活动威胁正在从边陲向内地扩散。21世纪以来，新疆、西藏、云南、北京等地均遭受过恐怖袭击。为了形成强大的"政治轰动效应"，恐怖分子故意选择人流密集的城市区域（如车站、广场、街道等）进行暴恐活动。同时，境外恐怖分子洗白为"民权斗士"，活跃在西方媒体和公众视野，打着"人权""自由"等旗号募集资金，为恐怖主义"输血"。

从外部环境上看，近年来，国际恐怖组织在欧洲、中东、南亚、东南亚等地制造了多起严重恐怖袭击事件，这些恐怖活动对我国境内恐怖分子产生了一定的刺激和影响。境外"东伊运"加紧与国际恐怖组织合流，"世维会"组织加紧与西方反华势力勾结，在西方媒体上对中国民族宗教政策、"一带一路"倡议等进行污蔑抹黑，美化暴恐活动，策划反华游行示威，以图对中国的国际形象和反恐工作造成恶劣影响。

（三）中国反恐工作的主要举措

一是坚持法治思维、运用法治方式打击恐怖主义。建立起由宪法、刑法、国家安全法、反恐怖主义法等法律法规构成的国家反恐法律体系，明确反恐怖工作的基本原则，依法开展反恐怖主义、去极端化斗争，依法惩治犯罪、治理非法宗教活动，维护社会和谐稳定。

二是坚持把预防性反恐放在第一位。强化源头治理，着力保障和改善民生，普及法律知识、增强法治意识，积极开展帮扶教育，依法设立教培中心，教育挽救有轻微犯罪行为或违法行为人员，消除恐怖主义、极端主义的影响，避免其成为恐怖主义、极端主义的牺牲品，努力将恐怖活动消灭在未发生之时、萌芽状态。

三是持续保持反恐严打高压态势。公安反恐部门持续开展以新疆为主战场的严厉打击暴力恐怖活动专项行动，绝大多数暴恐极端案件被摧毁在预谋阶段，成效显著。

四是坚持专群结合，依靠群众开展群防群治。将反恐工作战线向内纵深拓展，编制《公民防范恐怖袭击手册》，发动群众举报涉恐线索，成立反恐教育基地，提高公民识恐防恐和应急自救能力。

五是积极参与反恐国际交流与合作。加入绝大多数国际反恐公约，深度参与联合国、国际刑警组织、亚太经合组织、上合组织、全球反恐论坛等多边框架机制下的反恐合作。通过各种双边、多边反恐机制，各有关国家开展了大量卓有成效的反恐交流与合作，在遏制恐怖主义和极端主义、维护国际和地区安全稳定方面发挥了重要作用。

二、西方主流媒体涉华暴恐活动报道"双标"典型案例

（一）同样是暴力犯罪：发生在西方是"暴恐袭击"，发生在中国就只是"流血事件"

2008年3月14日，西藏拉萨市发生严重暴力犯罪事件，一群暴徒在拉萨市区主要路段实施打砸抢烧，18名无辜群众被烧死或砍死，382人受伤，908户商铺、

7所学校、120间民房被毁。这是一起达赖集团有组织、有预谋、精心策划煽动的，由境内外"藏独"分裂势力相互勾结制造的恶性暴力恐怖事件。

针对这起事件，英国《卫报》发布了一篇题为《随着危机升级，北京封锁拉萨》("Beijing locks down Lhasa as crisis grows")的报道。该报道刻意回避该事件的暴恐性质，避重就轻地称之为"bloodshed"（流血事件）。文章极力淡化事件中暴徒的暴力犯罪行为，而把焦点转移到警察维持秩序的强硬措施和行为上。先是援引"overseas support group"（海外支持组织）的话，认为事件发生的原因是官方压制"抗议者"，"抗议者"表达不满才破坏政府机关。而事实上，被打砸抢烧的还有大量商铺、民房、学校，因而这是典型的暴力犯罪。随后，文章又引用某"藏独"组织所谓消息人士的描述，称"市中心全是催泪瓦斯"，还借不明信息源"其他目击者"之口谎称"抗议活动大多是和平的"。

该报道引用的信源共21处，其中中国官方信源仅6处，非中国官方信源多达15处。在非中国官方信源中，特别倾向于引用"藏独"组织及其支持者的消息，内容主要是污蔑警察的强硬处置措施导致藏人伤亡和中国政府压制逮捕"抗议者"等。还有一些所谓"目击者称""一名游客称"之类的模糊信源，内容也都是描述警察使用催泪弹、控制城市、设置检查站等。在倾向性的选择报道中，中国政府止暴制乱、保护群众生命财产安全的行为被塑造成"专制国家利用军队镇压反抗者"。

文章不仅刻意把中国官方信源放在后面，而且在处理时通过加引号等方式极力表达质疑和不信任。比如，文章写道：官方媒体称其为"蓄意破坏"（what state media called "sabotage"），刻意给"蓄意破坏"加上引号以表达不认同。又比如，报道写道：政府已确认10人丧生，其中大部分是"无辜平民"，他们在"藏族破坏者"引发的大火中被烧死（The government has confirmed 10 fatalities, which it says were mostly "innocent civilians" who burnt to death in fires started by "Tibetan vandals"）。刻意给"无辜平民""藏族破坏者"加引号，实际上就是不认可，也是暗示读者不要相信中国官方的说法。

简单做下对比，西方主流媒体的"双标"就暴露无遗。

在对事件的定性方面，报道2015年"11·13"巴黎恐怖袭击事件时，《卫报》等西方主流媒体都直接将事件定性为"暴恐袭击"。同样是暴力犯罪，发生在中国就不是"暴恐袭击"而只是"流血事件"，多么明显的"双标"。

在信源的取舍方面，针对2005年巴黎因移民少年死亡而引发的20天骚乱，《卫报》一篇题为《法国为暴乱的第十二晚做好准备》（"France braced for 12th night of riots"）的报道中，10处信源引用中有7处来自法国官方，几乎"照单全收"，且没有任何质疑。同样是当事国官方信源，西方国家的官方信源就是值得信任的，中国官方的信源就是值得怀疑的，多么露骨的"双标"。

（二）同样是暴恐分子：在西方是"暴恐分子"，在中国就化身"抗议者"

2009年7月5日，新疆乌鲁木齐发生严重的打砸抢烧暴力犯罪事件，这是以热比娅为首的境外民族分裂势力策划煽动、国内"三股势力"组织实施的严重暴力犯罪活动。暴力分子聚集堵路、焚烧警车、追打行人、四处窜动，一路打砸抢烧、滥杀无辜，造成184人死亡，1680多人受伤，627辆车辆被砸烧，633户房屋受损，给新疆人民的生命财产安全带来严重损害。

《华盛顿邮报》在报道新疆"7·5"事件时发布了一篇题为《安全部队地毯式搜索中国城市》（"Security Troops Blanket Chinese City"）的报道，开篇便把这起暴力犯罪事件定性为"族裔冲突"，并且全篇都在这一预设下进行叙述和评论。文章称暴力事件始于维吾尔族人的示威活动，示威起因是两名维吾尔工人死亡调查陷入停顿。报道引用不明来源的目击者称"security troops fired shots at the protesters while Han Chinese retaliated against Uighurs with household items such as kitchen knives, pipes and steel bars"（安全部队向抗议者开枪，同时汉族人用厨刀、烟斗、铁棒等生活用品对维吾尔人进行报复），把中国政府依法制止暴恐活动的行为歪曲成利用军队"镇压"抗议者。文章用详尽的篇幅极力渲染所谓维汉冲突，对于打砸抢烧分子残忍暴虐地杀害无辜群众、大肆破坏公民财物却只是用"participants attacking Han Chinese and their businesses"（参与者们袭击了汉族人和他们的商业）一笔轻轻带过。另一个细节也暴露了《华盛顿邮报》的别有用心，报道特意强调许多嫌犯的学生身份，着力往学生运动上引导，以洗刷和淡化暴恐性质。

该报道挑拨离间地称"长期以来少数民族与占中国人口90%以上的汉族人之间的关系一直很紧张"，完全无视我国民族团结的基本事实，有意突出汉族人口比例，刻意制造民族对立。此次暴力事件导致137名汉人、46名维吾尔族人死亡，《华盛顿邮报》却着意塑造多数族裔对少数族裔的"压迫"和"攻击"。报道所称的民族冲突，场景都是所谓汉族人在攻击维吾尔族人的画面，如"witnesses said, about 300 Han rioters broke through a police line and attacked Uighur shops and homes"（目击者称，约300个汉族骚乱者冲击警戒线并袭击维吾尔人店铺和住宅）；"About 20 Han men with wooden bats and other weapons converged to beat a Uighur man, according to a reporter with Agence France-Presse who witnessed the incident"（法新社记者目击该事件，称大约20个汉族人拿着木棍和其他武器聚集在一起殴打一名维吾尔族男子）。刻意隐瞒暴力犯罪的客观事实并将其描绘成族裔冲突，不知其所谓的"独立""客观"等新闻理念这时躲到哪里去了。

在一篇题为《帮助维吾尔人的正确方式》评论中，《华盛顿邮报》更是将新疆"7·5"事件与西藏"3·14"事件对比，强调两者都是"和平抗议遭遇暴力镇压"，罔顾暴力犯罪事实，甚至鼓吹美国政府应当采取新的举措支持以热比娅为首的"疆独"分子。在题为《中国骚乱引发死亡人数辩论》的报道中，引用"流亡团体领导人"热比娅的话为暴力事件辩护，称"发生混战是因为安全部队对和平抗议活动反应过度"，并指责中国瞒报维吾尔族人死亡人数。

把暴力分子描述为"抗议者"，把"暴力犯罪"称为"和平抗议"，单方面引用"疆独"分子的话作失衡报道，对中国止暴制乱、维护人权的行为进行攻击，别有用心地剪裁甚至伪造新闻事实，利用英文写作的"春秋笔法"给中国境内外分裂势力煽风点火，这些标榜客观新闻报道的背后，是冷冰冰的偏见傲慢与居心叵测的双重标准。

（三）同样分析暴恐原因：在中国是因为"绝望呐喊"，在西方是不言自明的"恐怖主义"

2013年10月28日，天安门金水桥发生恐怖分子驾车冲撞致人伤亡案件，导致2人死亡，40人受伤，伤亡者中也包括外国公民。中国警方迅速破获该案件，将事件认定为"经过严密策划的、有组织和预谋的暴力恐怖袭击案"。后来，"突厥斯坦伊斯兰党"宣布对此事件负责并进一步提出恐怖袭击威胁。"突厥斯坦伊斯兰党"即被联合国列为恐怖组织的"东突厥斯坦伊斯兰运动"，可见中国对该袭击事件的恐怖主义行为定性是准确的。

然而，美国有线电视新闻网（CNN）在报道此次恐怖袭击时，发布评论文章《天安门冲撞案件：恐怖主义还是绝望的呐喊？》("Tiananmen crash: Terrorism or cry of desperation?")，质疑中国对事件的恐怖主义袭击定性，并借机指责中国的民族宗教政策。这篇评论文章毫不关注那些受到恐怖分子袭击或死或伤的无辜民众，却对残忍暴力的恐怖分子温情脉脉，极力为他们开脱："看看这些据称是袭击者使用的原始工具吧——汽油、刀子、铁棍和一辆吉普车，很难说这是任何一个高度有组织、装备良好的叛军或恐怖分子团伙所为。"（Looking at the crude instruments allegedly used by these people——gasoline, knives, iron rods, and an SUV, it is difficult to argue that this was the work of any highly organized and well-armed militant group or terrorist network.）接着，文章"假设"这起暴力事件仅仅是一户维吾尔族家庭实施的非恐怖主义行为，并在这一明显错误的假设上进行"理解"，把中国新疆描述成一个遍地是警察、处处有监视、宗教活动高度受限的区域，把新疆的民族关系描述成汉族挤压维吾尔族生存空间导致民族矛盾激化，把中国维护新疆稳定发展的政策措施描述为以反恐为名义的政府压制和地缘政治策略。通过"偷梁换柱""移花接木"，文章一步步将恐怖主义袭击话题置换为中国民族宗教政策问题，把恐怖分子包装成自己建构出来的"民族矛盾对立"中的"受压迫者"，把此次恐怖袭击粉饰为"一个挣扎在中国巨大发展机器边缘的民族仓促组织的绝望呐喊"（a hastily assembled cry of desperation from a people on the extreme margins of the Chinese state's monstrous development machine）。

同年3月，CNN在报道波士顿马拉松赛发生的炸弹袭击事件时，发表评论文章《它可能发生在任何地方》（*It can happen anywhere*），将之与"9·11"恐怖袭击事件相提并论，明确认为这是一次恐怖袭击——"巴拉克·奥巴马总统在简短讲话中没有说'恐怖主义'一词，可能在等待更多的事实被发现……而且，我们不需要总统说这个词就能感觉到这个词"（President Barack Obama did not say the word "terrorism" in his brief address, perhaps waiting until more facts are learned... And we do not need the president to say the word to feel the word）。整篇文章都充斥着对恐怖主义威胁的恐惧、丧失安全感的担忧和对国家安全的期盼。

一边对经中国政府侦破有充分证据证明是恐怖袭击的金水桥事件不断"质疑"，为恐怖分子"辩护"，一边又认为哪怕证据尚显不足，波士顿爆炸案是一次"恐怖袭击"已不言自明。赤裸的"双标"背后，是CNN等西方媒体一贯的立场先行、价值观先行式报道，新闻的客观性、真实性成为论证立场的工具，合之则用，不合则弃。

（四）同样报道暴恐事件：对发生在中国的暴恐事件刻意"冷静理性"，对发生在西方的暴恐事件"义愤填膺"

2014年3月1日深夜，多名身着统一深色衣服的蒙面维吾尔族分裂分子手持长刀对昆明火车站广场候车旅客进行砍杀，恐怖袭击长达25分钟，导致31名旅客死亡，143人受伤。2013年5月22日，英国伦敦伍尔维奇区发生街头砍杀事件，两名穆斯林狂热分子将一名现役军人用刀杀害。《纽约时报》对于这两起恶性事件的报道呈现出迥然不同的情感态度和话语立场。

《纽约时报》刊发的一篇题为《中国谴责新疆分裂主义分子在火车站实施刺杀暴力事件》的报道中，开篇描述了恐怖分子所进行的残忍虐杀行为，对屠杀现场和伤亡人数都作了叙述，可见这起事件的恐怖性质。另外，事件现场发现了印有"东突"恐怖势力旗帜的物品，也无疑说明昆明事件是一次恐怖袭击。但《纽约时报》报道中所有关于"恐怖主义""恐怖分子"的词汇前都会加上"官方称"一类的限定语，表明事件的"恐怖主义"性质是由中国官方宣称和定义的，言外之意是不代表《纽约时报》立场的。

报道又称，这次袭击所释放的广泛的憎恨和恐惧可能会加剧该地区政府的镇压，这种镇压导致最近几个月一系列的流血冲突，夺取了100多个生命，他们几乎全部是维吾尔族人（The widespread revulsion and fear unleashed by the attack are likely to intensify the government's crackdown in the region, which has led to a series of bloody clashes in recent months that have claimed more than 100 lives, nearly all of them ethnic Uighurs）。把中国政府在多民族聚居区维护安全稳定的反恐措施叙述为对维吾尔族人民的"镇压"，并引用"维吾尔流亡者"（疆独分子）的话"安全部队一直在过度使用武力，有时是对付没有武装的抗议者"来进行佐证，炮制了一个专制强硬、滥用武力的负面的中国政府形象。报道还引用疆独分子和国际人权组织激进分子的观点，污蔑"中国西部的紧张局势来源于中国令人窒息的高压政策和宗教限制"，谎称恐怖行为是"忍无可忍的人们实施的极端行动"（an extreme act by people who feel they cannot take it anymore）。这是公然为实施暴力的恐怖分子辩护，也是西方媒体为涉华暴恐活动的恐怖分子开脱的惯用逻辑和说辞。

而在报道同为恶劣暴力事件的英国伍尔维奇案时，《纽约时报》不仅在标题中就明确把这次事件定性为恐怖事件，对犯罪分子也多用野蛮、残暴、恐怖分子、极端等词来描述，同时在背景介绍中提到袭击者在"9·11"事件后皈依伊斯兰教，意指恐怖分子身份确凿无疑。在暴恐事件处置措施上，昆明事件的报道多采取"镇压""控制""惩罚""管制"等具有专制意指的词语，而对英国警方如何在受害人被杀、逮捕暴徒时存在生命危险情况下击毙击伤暴徒有很详细的解释说明，呈现出英国警方专业高效的职业素质和保护人权的人道主义形象。

昆明事件显然比伍尔维奇事件更加血腥、恐怖、残暴，但《纽约时报》在涉华报道中百般回避"恐怖主义"一词，极力以探究恐怖分子和恐怖活动的行为动机为借口，为他们的暴行洗白。事实上，无论什么动机，都不能成为实施恐怖活动的借口，对于任何恐怖行为都应当坚决反对、严厉谴责。相比伍尔维奇事件报道中的"义愤填膺"，昆明事件报道中所展现出来的刻意"冷静理性"让人不禁感到森森寒意。

三、西方主流媒体涉华暴恐活动报道简要介绍分析

一直以来，在各类涉华暴恐活动报道中，许多西方媒体并非像他们自我标榜的那样客观、真实、全面，而是因为种种因素的影响，或颠倒是非，利用"移花接木"的手段扭曲事件性质，如对新疆"7·5"事件和金水桥"10·28"事件的报道；或厚此薄彼，让自己支持的一方拥有更多话语权，如对拉萨"3·14"事件的报道；或玩弄文字游戏，给中国贴上标签，如对昆明"3·1"事件的报道。这些"双标"行为很大程度上源于西方媒体傲慢自大的意识形态偏见、别有用心的政治意图和种族主义的思维定式。

长期以来，建立在西方政治经济霸权和军事霸权上的文化霸权持续塑造了西方世界的意识形态，西方媒体高调鼓吹自身定义下的"民主""自由""人权"等观念，宣扬"西方文明至上论"，敌视、蔑视一切非西方式的政治经济体制、社会制度和价值观念。特别是在苏联解体后，以"历史终结论"为代表的傲慢与自大更是达到了前所未有的高度：对一个与西方异质化的社会主义中国有着很强的偏见，认为中国是"落后的""不尊重人权"的"专制极权"国家。在进行新闻报道时，这些意识形态塑造出的刻板印象先入为主，新闻事实变成了刻板印象的种种论据、变成了达到意识形态目的的工具，合之则用，不合则弃。在新闻事实的呈现、采访对象的选择、写作的观点逻辑上，无不带着文化霸权的傲慢和意识

形态偏见来过滤、裁剪、改造事实，以达到为我所用的目的。

西方媒体虽然常常以独立于政党和政府的面貌示人，但其背后的大财团却与政府和政党中的各种政治集团形成利益合谋，因而媒体舆论很大程度上体现着政治集团的政治立场和价值取向，而政治集团也往往利用舆论手段实现自己的政治经济意图。随着中国的快速发展，西方世界感受到经济霸权受到挑战、超额利益空间被压缩，某些政治集团为了压制中国的发展，便通过媒体大肆宣传"中国崩溃论""中国威胁论"，或者对中国新疆、西藏的有关问题妄加干涉，或者在涉华暴恐事件报道上制造、聚焦、放大所谓的"民族矛盾"话题，试图达到挑动中国国内矛盾、破坏国内稳定局面、抹黑中国国际形象、阻碍中国发展步伐的意图。

另外，"种族主义"本身就是西方资本主义国家发展的原罪，资本原始积累无法抹除的血腥历史给资本主义社会留下了种族问题的"后遗症"，这个"后遗症"直到今天非但没有被治愈，反而有愈演愈烈的趋势。为了应对这个"后遗症"，"洗白"自己的血腥史，西方舆论形成了反对种族主义的"政治正确"，相应地西方媒体对种族问题、族群矛盾、少数族裔等话题都非常敏感，已经形成了一套"政治正确"的思维定式和话语模式，就是更多地同情"少数族裔"，为他们发声、鼓励他们抗议。涉华暴恐活动中涉及中国少数民族，西方媒体别有用心地带着种族问题思维框架来看待中国的民族关系，而不去实事求是地探寻一下中国的民族关系跟美国、西方的巨大差别，想当然地认为多数族裔（汉族）就是压迫少数族裔的，这种"以小人之心度君子之腹"导致的错位共情、错误认知和双重标准，想来也是可笑。

【参考文献】

（1）何秉松主编：《后拉登时代国际反恐斗争的基本态势和战略》，中国民主法制出版社2012年版。

（2）胡联合：《第三只眼看恐怖主义》，世界知识出版社2002年版。

（3）李恒：《当前中国面临的恐怖主义态势、特点与应对策略》，载《山东警察学院学报》2009年11月第6期。

（4）国务院新闻办公室：《新疆的反恐、去极端化斗争与人权保障》白皮书，2019年3月。

（5）《新中国成立70年来公安反恐怖工作成就回眸》，载《人民公安报》2019年9月22日。

（6）贾秀东：《西方媒体自爆其丑》，载《瞭望新闻周刊》2014年第10期。

（7）李梓畅、李映山：《西方主流媒体对涉恐事件报道的双重标准——以昆明暴恐事件和乌尔维奇事件为例》，载《云梦学刊》2015年第5期。

（8）蒋晓娜、张娇娇：《文本分析视角下的媒介国家形象——以〈纽约时报〉"昆明事件"和"伍利奇事件"报道为例》，载《青年记者》2014年第35期。

（9）蔡善文：《从批评话语分析角度解构西方新闻报道的"双重标准"——以昆明和伦敦暴恐报道事件为例》，载《湖南科技学院学报》2015年第8期。

（10）《人民时评：西方媒体不实报道，比打砸抢烧更可怕的"暴行"！》，人民网观点频道2009年7月15日。

"有朋自远方来,不亦乐乎?"这与西方一些人士捕风捉影的"有敌自远方来"形成鲜明对比,高下立判。

有"敌"自远方来[①]

一、世界各国语言文化机构及孔子学院基本情况介绍

（一）世界各国语言文化机构基本情况介绍

为了促进语言的沟通、文化的交流，世界几大主要语言的原生国家都有推广该语言及文化的机构。

德国歌德学院（Goethe-institut），创建于1951年，以德国诗人歌德的名字命名，使命是在全世界推广德语语言及文化，目前已遍布78个国家和地区，共有分支机构144个，其中国外分支机构128个。几十年以来，歌德学院通过与歌德中心、阅览室、考试中心和语言学习中心组成的网络，在全球从事着德语教学、对外文化交流等工作。

西班牙塞万提斯学院（Instituto Cervantes），是西班牙于1991年创办的非营利性官方机构，以西班牙文豪、《堂吉诃德》的作者塞万提斯的名字命名，其宗旨是与以西班牙语为官方语言的20多个国家合作，共同推动全世界的西班牙语教学和西班牙其他官方语言的教学，传播西班牙文化。塞万提斯学院在30多个非西语国家设有机构，分院涉足世界四大洲。

意大利但丁学院（Società Dante Alighieri，也译为但丁协会），以意大利文豪、《神曲》作者但丁的名字命名，是一家非营利机构，使命是在全世界推广意大利语言及文化，在意大利境内拥有87个下属委员会，并在世界各地设立委员会423

[①] 西方主流媒体涉孔子学院报道"双标"报告。

处，分布于60个国家。

葡萄牙卡蒙斯学院（Camões-Instituto da Cooperação e da Língua），为葡萄牙对外推广葡萄牙语言和文化的官方机构，名称从葡萄牙的爱国诗人卡蒙斯的姓氏而来。该学院的前身是"葡萄牙语言文化学会"，成立于1928年，1992年改名为卡蒙斯学院。卡蒙斯学院拥有一个跨四大洲、19个国家的葡萄牙文化中心网络，通过其与357所高等教育机构和组织合作下的外教网络和教学协议，保证葡语语言和文化在84个不同国家里的传播、宣传和教育。

另外，英国有英国文化协会，法国有法语联盟，这些机构的使命和功能与上述机构大致类似。

（二）中国孔子学院基本情况介绍

随着中国经济的发展以及国际交往的日益广泛密切，世界各国对汉语学习的需求快速增长。为推进中外文化交流，推动汉语加快走向世界，提升中国语言文化影响力，2004年起，中国在借鉴德国、意大利、西班牙等国家推广本民族语言文化经验的基础上，探索在海外设立以教授汉语和传播中国文化为宗旨的非营利性教育机构"孔子学院"。

《孔子学院章程》规定，孔子学院作为非营利性教育机构，宗旨是增进世界人民对中国语言和文化的了解，发展中国与外国的友好关系，促进世界多元文化发展，为构建和谐世界贡献力量。其主要职能是：面向社会各界人士，开展汉语教学；培训汉语教师；开展汉语考试和汉语教师资格认证业务；提供中国教育、文化、经济及社会等信息咨询；开展当代中国研究。

孔子学院坚持中外合作办学。其申办程序是：外方自愿提出申请，中外双方在充分协商的基础上签署合作协议。近年来，孔子学院快速发展，已成为世界各国人民学习汉语和了解中华文化的园地、中外文化交流的平台、加强中外人民友谊合作的桥梁。截至2020年1月，全球有162个国家和地区开办了550所孔子学院和1172个孔子课堂。

伴随着孔子学院在全球的发展，有关孔子学院的非议也层出叠见。除了一些西方政客，不少西方主流媒体也充当了污名化孔子学院的鼓吹手。在报道中，他们对孔子学院持"双重标准"，不与歌德学院、塞万提斯学院、但丁学院、卡蒙斯学院一视同仁，其主要指控包括所谓的"输出政治影响""干涉学术自由""从事间谍活动"等。

二、西方主流媒体涉孔子学院报道"双标"典型案例

（一）同样是推广语言文化：西方的机构是在"推广语言文化"，孔子学院是在"意识形态渗透"

2017年12月16日出版的《经济学人》(The Economist)，封面文章标题为《锐实力：中国影响的新形态》("Sharp power: The new shape of Chinese influence")，封面设计是一个凸显中国版图、周身布满尖刺的地球形象。

文章从"澳大利亚人的抱怨"说起，声称中国通过各种渠道将影响力渗透于澳大利亚的政界、商界、学术界，引起不满，且这种现象不仅发生在澳大利亚，还发生在北美、欧洲等地。文章称中国的做法为"锐实力"(Sharp power)，认为它不同于诉诸军事力量或经济力量的硬实力，也有别于诉诸文化和价值观的软实力，而是更具恶意。文章还引述一位西方学者的言论，称中国的"入侵"是一场"左右、收买或强加政治影响力"的"新全球战役"。

在举证"中国输出锐实力"的具体表现时，孔子学院首先成为靶子。文章说："约有500所政府资助、政府工作人员构成的孔子学院正在大学运作，约有1000个孔子课堂位于全球学校。它们大部分都在富裕国家。尽管这些机构在教授中文方面做得很好，但它们即便努力，也不大能够让西方学生相信中国的威权主义是令人钦佩的。"言下之意，是指控孔子学院肩负"输出意识形态"的政治任务，是中国借以施展政治影响的工具。

无独有偶，2016年5月29日，澳大利亚媒体《悉尼先驱晨报》发表了题为《孔子学院课堂的背后：中国政府的代理机构为新南威尔士州学生授课》("Behind Confucius Classrooms: the Chinese government agency teaching NSW school students")的文章，称孔子学院为中国政府文化入侵的工具。文章借用一名当地学生家长之口，称孔子课堂的开设是"中国共产党在新南威尔士公立教育系统的渗透"。文章还引述了一位悉尼居民的话，称"我不愿让女儿卷入任何共产党的意识形态"。此外，一位名叫Jocelyn Chey的"中国研究专家"放话道："可能有人说，如果一个教育项目'仅仅是教授语言'，不可能具有政治性；我要说，只要

和中国沾边，一切都具有政治性。"

《悉尼先驱晨报》文章一出，旋即引来一片谴责之声。各界纷纷致信该报，批评其"在没有对澳洲孔子学院做任何采访的情况下，用政治思维去解读文化和教育活动，妄图以极少数人的受访观点来代表整个澳大利亚"。

冲锋陷阵、发难孔子学院的，除了《经济学人》《悉尼先驱晨报》，还有《华盛顿观察家报》等，它们甘当反华政客攻击孔子学院的传声筒，并拼命摇旗呐喊。

2018年2月，时任美国佛罗里达州参议员的反华政客马可·卢比奥（Marco Rubio）发表公开信，声称：由中国政府资助的孔子学院是中国对美国的"外国渗透"活动之一，该州4所大学和1所高中应终止与孔子学院项目的合作关系。《华盛顿观察家报》当即在网站上对此事予以报道，题为：《马可·卢比奥警告：共产主义中国正在瞄准美国学生》（"Marco Rubio warns: Communist China is targeting US students"），转述了若干公开信的内容。如此照搬反华政客的荒谬言论，无疑助长了人们对于"孔子学院进行意识形态渗透"的偏见。

孔子学院真是一家"输出政治影响"的机构吗？真的是在进行"意识形态渗透"吗？答案显然是否定的。《孔子学院章程》明确规定，孔子学院的主要职能是：开展汉语教学；培训汉语教师；开展汉语考试和汉语教师资格认证业务；提供中国教育、文化、经济及社会等信息咨询；开展当代中国研究。而且，孔子学院是由外方自愿提出申请后，中外双方在充分协商的基础上签署合作协议成立的，其活动不可能是随心所欲的。

对此，2018年6月，中国驻英大使刘晓明在英国《每日电讯报》上发表文章表示：孔子学院致力于帮助各国人民学习汉语，了解中华文化，加强中外教育、文化合作，增进中外人民之间的友谊。它过去没有、今后也不会参与任何与所在国政治、宗教有关的活动。

给一家语言文化机构扣"政治工具"的帽子，实属杯弓蛇影。对横扫世界的美国大片，尚且视为"文化软实力"，怎么一轮到传播中国语言文化的孔子学院就视为"政治锐实力"？实在说不通"锐"在何处，"双标"使然而已。

（二）同样接受政府资助：西方的机构"独立""学术自由"，孔子学院则会"干涉学术自由"

上述《经济学人》报道《锐实力：中国影响的新形态》，除了指控孔子学院"意识形态渗透"之外，还对孔子学院"干涉学术自由"进行了指责。

文章称，许多经济拮据的大学已经用孔子学院的课程取代了他们自己的语言课程。在有些地方，孔子学院建立了全新的中国研究项目。尽管它们在推广中国共产党的路线方面并不十分活跃，但还是经常引导涉及中国的讨论远离敏感话题。

上述《华盛顿观察家报》报道《马可·卢比奥警告：共产主义中国正在瞄准美国学生》也写道：马可·卢比奥在公开信中表示，目前全美共有100多个孔子学院，而该机构是由中国政府主导的，"只教授中国认可的历史、文化、政治等""试图教授一种扭曲的历史版本"。

更有甚者，在2018年2月22日，美国《国会山报》刊登了一位美国学者攻击孔子学院的文章，题为《让有害的中国孔子学院滚出美国校园》("Get China's pernicious Confucius Institutes out of US colleges")，文中写道："这些由中国政府出资的机构，传播的是一个被粉饰的中国""孔子学院是对美国学术自由、国家安全和利益的冒犯，美国是时候行动起来，将其全部关闭"。

早前，还有德国《世界报》网站于2014年9月27日发表题为《中国在德国大学里的"魅力攻势"》的报道称：孔子学院与德国歌德学院或英国文化协会不同，它并非独立机构，而是通常与驻在国的大学结合。还有专家在文中表示：孔子学院的经费不仅由大学来承担，中国国家汉语国际推广领导小组办公室也提供资金，"这对学术独立来说不是好现象"。

因为"有中国官方资助"，所以"孔子学院缺乏学术独立性"，甚至会"干涉他国学术自由"——西方媒体的这一问罪逻辑，能否站得住脚呢？

回头来看上述《悉尼先驱晨报》报道《孔子学院课堂的背后：中国政府的代理机构为新南威尔士州学生授课》，其中也指摘中国官方资助孔子学院、孔子课堂：中国政府每年至少支付1万澳元给新南威尔士公立学校，要求其开设中国语言及文化课程，还每年支付每所学校5万元人民币的"书本及其他文化资料"费用，而孔子课堂课程内容也由中方一手策划，澳大利亚教育部对课程内容毫不知情。但《悉尼先驱晨报》的说法很快遭到新南威尔士州某高中校长Patti Kearns的反驳。她表示，政府支持语言和文化传播项目是各国政府的普遍做法，不仅中国孔子学院，法国法语联盟以及德国歌德学院都是如此。

中国外交部发言人也多次回应道："美国所有孔子学院都是由美国大学自愿申请，由中国高校与美国高校合作开办的，所有教学与文化活动全部公开、透明。""孔子学院根据美方自愿申请,提供教师教材等支持帮助,从来没有强加于人,也不可能对大学的学术自由、诚信构成威胁。"

各国都在支持语言和文化传播,西方办的学院,没见谁指责其学术不独立、不自由,那为何要对孔子学院群起而攻之呢?一边高喊"学术自由",一边忙着排挤传播中国语言文化的教育机构,难道不是自相矛盾、"双重标准"吗?

(三)同样是参与学术交流:西方机构是"正常学术交流",孔子学院是"从事间谍活动"

在上述美国《国会山报》文章《让有害的中国孔子学院滚出美国校园》中,作者写道:"这些由中国政府出资的机构(孔子学院),传播的是一个被粉饰过的中国,是中国的海外情报前哨站。"

2019年10月29日,比利时媒体《晨报》以《为何布鲁塞尔自由大学孔子学院院长不再被允许进入比利时?》为题,刊发长篇报道称:布鲁塞尔自由大学孔子学院院长宋新宁申请新签证时,遭到了比利时移民局拒绝,比利时安全部门认为他是一个"威胁",且"涉嫌从事间谍活动"。

报道通篇没有提供比利时当局对宋新宁所谓"间谍"指控的证据,只是通过对他在布鲁塞尔的工作,诽谤他可能有"间谍"行为。报道宣称,宋新宁在学术交流活动上"通过非正式谈话获得信息""通过熟识的人士和学术界有名望的学者联系,不仅可以传播中国的观点,还可以建立情报网络"。

对于比利时《晨报》的报道,宋新宁回应:怀疑比利时当局是受到了美国的影响。2019年4月初,一名美国外交官曾同他说:"我知道你与中国情报部门合作,你能与我们合作吗?"宋新宁否认与中国情报部门存在合作,拒绝了要求。该外交官警告,如果宋新宁不和美方合作,将会有"严重后果"。据媒体报道,对宋新宁这一说法,美国驻布鲁塞尔大使馆拒绝回应。

中国外交部发言人表示,据了解,宋新宁已致信比利时媒体记者,对不实报道提出抗议,并委托比利时律师向法院提起诉讼,要求比方拿出证据。发言人还强调,孔子学院是世界认识中国的重要窗口,其宗旨是帮助各国人民学习汉语、了解中国,加强中国与各国教育、文化交流合作,增进相互理解与友谊。一段时间以来,一些媒体特别是西方媒体对孔子学院进行不实报道,包括所谓的间谍问题,事后都被证明是子虚乌有。

"通过熟识的人士和学术界有名望的学者联系,不仅可以传播中国的观点,还可以建立情报网络。"欲加之罪何患无辞,这种"莫须有"的有罪推定与西方的无罪推定理念完全南辕北辙。诚如中国外交部发言人所说,西方媒体对孔子学院"从事间谍活动"的指控都是基于猜忌、污蔑,没有谁能够拿出证据。

三、对西方主流媒体涉孔子学院报道简要介绍分析

西方主流媒体涉孔子学院报道的"双重标准"现象,已有一些研究进行过较为系统的梳理和分析。

例如《异域的"脸谱"——美国媒体所形成之孔子学院与歌德学院刻板印象比较分析》一文,分析了多年来美国媒体涉孔子学院报道,认为美国媒体对孔子学院的评价主要有三类:积极的,认同孔子学院是中国发展软实力的举措,对中国推动中西文化交流表示赞赏;中立的,理解中国发展软实力,但是对孔子学院及其对美国教育、文化产生的长远影响持观望态度;消极的,则担心孔子学院是中国的"宣传机构"和"间谍机构",且会对美国校园的学术独立、学术自由造成不良影响。

又如《西方报道中的孔子学院形象建构——基于美英澳新闻报道的分析》一文,选取了2016年到2018年美国、英国、澳大利亚、加拿大、新西兰五国的新闻报道为样本,进行了量化统计、内容分析,得出结论:西方各国媒体有各自偏好的新闻框架,包括国家安全、宣传工具、就业与未来、互动与交流、教育等;西方媒体的报道以多种方式隐晦地表达文化偏见,不断拉大自我与他者的距离,重复加深内群体对外群体的刻板印象。

正如上述研究发现的,西方主流媒体涉孔子学院报道,负面的比较多,但也并不都是负面的。如2018年7月,《华盛顿邮报》刊文表示:正值人们对中美关系十分关切之际,美国政客似乎急于削弱中国在美国的影响力,并且把矛头对准了孔子学院;国会关闭孔子学院的行动是愚蠢的。一味关注孔子学院,而不关注其他项目,这让人想起20世纪50年代的麦卡锡主义。再如2018年4月6日,美国《明星论坛报》刊载美国明尼苏达州州立圣克劳德大学孔子学院院长凯瑟琳·约翰逊题为《孔子学院是有好处的,不是威胁》的文章,认为:自州立圣克劳德大学孔子学院开放以来,很多人的生活得到了改变,学到了知识,而具有全

球竞争力的未来领导者也得到了培养。又如2018年6月7日，英国《每日电讯报》刊登中国驻英大使刘晓明的文章，称孔子学院是增进中英友谊的金钥匙，同时对孔子学院"干涉学术自由""传播共产主义思想""是间谍机构"等奇谈怪论进行了驳斥。

西方主流媒体对孔子学院的客观、中性报道，也有不少，这也说明孔子学院是受到欢迎的。

需要特别说明的是，西方媒体那些操持"双重标准"，甚至不惜造谣诽谤的恶意负面报道，与那些别有用心或不负责任的报道，不仅有违新闻伦理规范，也不利于中西之间的交流互信，既是损人的，也是害己的。

"君子和而不同。"中西文明之间存在差异，这是再正常不过的，彼此之间理应增进了解、相互尊重。

"有朋自远方来，不亦乐乎？"敞开怀抱坦诚交往，又何必动辄以最坏的恶意推测中国甚至栽赃污蔑？

"己所不欲，勿施于人。"既然鲜明反对"政治影响"，那么自己的报道视角也不宜"泛政治化"；既然坚决捍卫"学术自由"，那么也应该给予他人开展文化交流的充分空间。不然，则难免会沦为虚伪的"双重标准"，贻笑世人。

【参考文献】

（1）孔子学院总部/国家汉办网站，http://www.hanban.org/。

（2）"Sharp power: The new shape of Chinese influence", *The Economist*, December 16th, 2017.

（3）《澳媒：孔子学院系中国政府某入侵工具 澳教育界驳斥》，环球网2016年6月6日。

（4）《美参议员炒作"中国锐实力"敦促美大学关闭孔子学院》，观察者网2018年2月8日。

（5）《中国驻英大使投书英报回应对孔子学院"非议"》，参考消息网2018年6月8日。

（6）《叫嚣"孔子学院滚出美国校园"，这位学者还要"分六步走"》，观察者网2018年2月23日。

（7）《孔子学院彰显文化魅力 外媒忧其影响学术独立》，参考消息网2014年9月30日。

（8）《美议员要调查孔子学院 中方称从未干涉学术自由》，环球网2014年12月6日。

（9）《外交部：孔子学院不可能对大学学术自由、诚信构成威胁》，国际在线网2014年

9月29日。

（10）《既然"合作"不了，你就是"间谍"吧……》，环球网微信公众号2019年11月1日。

（11）韩琳：《异域的"脸谱"——美国媒体所形成之孔子学院与歌德学院刻板印象比较分析》，复旦大学硕士学位论文，2013年。

（12）许翘楚：《西方报道中的孔子学院形象建构——基于美英澳新闻报道的分析》，山东大学硕士学位论文，2019年。

（13）《美国北佛罗里达大学关闭孔子学院》，观察者网2018年8月16日。

正所谓"仁者见仁,智者见智",西方一些政客杯弓蛇影疑神疑鬼,别无他因,只因他们自己心中有鬼。

心里住着"假想敌"[①]

一、中国企业"走出去"的基本情况介绍

在适应经济全球化发展趋势、不断提高对外开放水平的过程中,中国企业不失时机"走出去",到世界经济的大海中去冲浪,到国际市场中去竞争。

（一）中国企业对外直接投资快速增长

据统计,2002年中国对外直接投资净额只有27亿美元,而到了2019年,中国对外全行业直接投资8079.5亿元人民币（折合1171.2亿美元）。其中,中国境内投资者共对全球167个国家和地区的6535家境外企业进行了非金融类直接投资,累计投资7629.7亿元人民币（折合1106亿美元）。

自2013年以来,面对新形势、新变化,中国提出"一带一路"倡议,为中国企业"走出去"创造了难得的历史机遇。据统计,截至2020年初,中国企业在"一带一路"沿线国家直接投资累计超过1000亿美元。

中国开放投资与服务贸易,促进了当地经济增长。中国积极参与国际分工,创新投资类型,推动全球资源配置更加合理,满足了国际市场多样化需求。经济上的相互往来,极大促进了中外交流互鉴。

中国企业积极参加国际竞争与合作,开展全球贸易投资活动,扩大了当地就业。2019年7月,伦敦大学亚非学院（SOAS）一项关于中国在非投资情况的调查报告表明,在埃塞俄比亚的中国企业建设工地和工厂,当地员工雇佣率在90%

[①] 西方主流媒体涉中国企业报道"双标"报告。

以上，中国企业为非洲创造了大量就业机会。随着中国对外开放的大门越开越大，越来越多的中国企业将到国外投资。

（二）中国企业走出国门、走向世界

随着中国改革开放不断加快，中国经济总量稳居全球第二，一些中国企业在世界经济舞台上风生水起。

比如，作为一家民营企业，华为抓住机遇在参与国际竞争中成为全球领先的ICT（信息与通信技术）基础设施和智能终端提供商，业务遍及170多个国家和地区，服务30多亿人口。2019年，华为帮助全球35家已使用5G的运营商打造5G精品网，全球已有700多个城市、228家世界500强企业（含58家世界100强企业）选择华为作为数字化转型的伙伴。华为应用市场（AppGallery）服务于全球170多个国家及地区，全球月活跃用户超4亿，上架应用持续快速增长。

又比如，作为家电品牌，海尔从中国市场起步，稳步走向世界。今天的海尔已经遍布亚洲、非洲、欧洲、北美洲等地，在全球拥有十大研发中心、25个工业园、108个营销中心、122个制造工厂。随着海尔全球化品牌战略实施，海尔连续10次蝉联"全球大型家用电器品牌零售量第一"，成为当之无愧的全球领先家电品牌。在美国的南卡州坎姆顿市，有一条以海尔命名的海尔路（HAIR BLVD）；在法国，"购买一台海尔"成为不少当地居民首选的新年礼物。

中国企业"走出去"的主体不只有实体企业，互联网企业也成为中国企业开拓海外市场的重要组成。在电商领域，阿里巴巴为入驻地带来就业，为当地中小企业带来长期发展平台。在短视频领域，抖音海外版TikTok短短几年内全球下载量突破20亿人次，活跃用户约8亿，覆盖150多个国家和地区。

……

如今，越来越多的中国企业加入"走出去"的行列。

（三）中国企业"走出去"面临多重挑战

当然，中国企业"走出去"也面临多重挑战。

宏观看，世界面临百年未有之大变局，特别是当前保护主义上升、世界经济低迷、全球市场萎缩的外部环境，将对中国企业"走出去"产生各种冲击，还有国际关系、当地局势、跨文化障碍等，给"走出去"增加不利因素。

微观看，企业内部的治理结构、管理境外员工队伍的方式、团队文化、人才观念等，也影响着中国企业"走出去"的效率和效果。中国企业"走出去"，成功率不够高、目标不够清晰、总体效益不够理想等问题依然存在，在一定范围甚至还比较突出。

世界市场虽有无限机遇，但风云莫测的市场环境、残酷激烈的国际竞争会使中国企业一不小心就要交"学费"。欧盟的《通用数据保护条例》（GDPR）、经济合作与发展组织（OECD）隐私框架、美国的《反海外贿赂法》（FCPA）及337调查等会使中企稍有不慎就被卷入诉讼、刑事调查的旋涡。毫不夸张地说，如果没有一套完备的合规体系，中国企业"走出去"面临的可能不是机遇，反倒是陷阱。

《经济学人》联合全球最大的上市咨询公司埃森哲对亚洲企业的国际化做过一次专项调研。结果显示，亚洲企业在执行全球扩张战略时面临的前三大内部挑战，均与文化和人息息相关。中外的文化思维差异，对法、理、情的理解差异，很容易导致商务合作举步维艰。

二、西方主流媒体涉中国企业报道"双标"典型案例

中国企业"走出去"从来不是一帆风顺的，除了来自西方跨国公司抢先占领市场的激烈竞争外，还受到西方主导的国际舆论的干扰，一些西方主流媒体时常抹黑、诋毁中国企业，制造麻烦。

（一）同样是正常经营：西方企业是"在商言商"，中国企业是"另有图谋"

中国倡导人类命运共同体的理念，向来秉承共商、共享、共建的原则推动中国企业"走出去"，使合作国分享中国发展机遇，搭乘中国发展的"快车""便车"。然而，一些西方主流媒体无视中国企业给当地带来的发展，指责中国企业"走出去"是"另有图谋"，是为了谋求地缘政治利益，是为了扩大自身影响力。与之相比，西方企业的跨国经营在它们眼中却是正常经营、"在商言商"。

《纽约时报》2018年8月1日刊登题为《中国赢得朋友和影响力的计划包括滑雪和水疗》("China's Plan to Win Friends and Influence Includes Ski Slopes and Spas")的报道。文章将中国企业在泰国、澳大利亚、捷克的项目，描述为在

全球建立地缘政治和经济联系的雄心勃勃的努力。（All three projects fall under Beijing's ambitious effort to build geopolitical and economic ties around the world—and all three stray from its original mission.）这篇报道认为中国企业在国外建设公路、发电厂和港口等基础设施项目，只是中国赢得朋友和扩大影响力的途径（The program envisions big, critical infrastructure projects, backed and blessed by the Chinese government, as the path to winning friends and spreading influence）。文章还认为，一些规模较小、影响力较小的项目在"一带一路"倡议下寻找庇护，目的是绕开对外投资的限制（Smaller, less impactful projects are finding cover under the umbrella of Belt and Road, using the program to slip past restrictions on foreign investment）。

2015年12月，《纽约时报》刊文《中国拓展新丝路，贸易伙伴却充满疑虑》，指出中国的"一带一路"正在制造地缘政治压力，使一些国家越来越担心会变得过度依赖中国而失去自主性。

2014年12月7日，法国《世界报》的文章《中国在法国加速出手》（"Le coup d'accélérateur de la Chine en France"）总结了中国对法国投资的背景、方式及目的等。文章对中国抱有畏惧，认为"中国是可怕的"（Il faut dire que ce pays fait peur），"就像一个坐在巨大的外汇储备上的食人魔，准备吞噬法国的公司"（un ogre assis sur une colossale réserve de changes, prêt à dévorer les entreprises françaises），还是有野心的，"距离中国的扩张幻想只有一步"（De là réveiller les fantasmes sur la volonté d'expansion de la Chine, il n'y a qu'un pas）。

既然中国如此可怕，为何法国还愿意和中国合作？原因法国其实非常清楚，中国收购的法国公司常常是处于困境中的公司，从法国的利益出发，"这些外国公司（中国企业）为法国创造就业机会"。

此外，加拿大《环球邮报》在2017年7月22日的一篇报道中写道：以技术型的中国企业为例，这些企业在加拿大或其他任何国家一直都处于明显的贪婪状态（Consider the example of technologically-inclined Chinese businesses, which have been in a decidedly acquisitive mood in Canada and elsewhere）。

（二）同样是正常商贸：西方企业是"遵规守矩"，中国企业是"劣迹斑斑""威胁国家安全"

一些西方主流媒体宣扬西方企业跨国经营遵规守矩，却帮腔本国极端政治势力，恶意诋毁、诬陷中国企业甚至帮助一些政客打压特定中国企业。

作为中国企业"走出去"的代表之一，中兴在全球的影响力不断提升。2018年4月17日，美国宣布封禁中兴通讯，封禁期间不允许美国向中兴出售零部件、技术、商品和软件。受禁令约束，中兴通讯的经营活动受到很大影响。单就此事件，《纽约时报》在2018年发布30篇左右相关报道。这些报道将中兴描述为一个"劣迹斑斑"的企业，称其威胁到美国国家安全和利益，为美国的制裁以及挑起贸易战寻求正当理由。

比如2018年5月10日刊发的报道《中国科技巨头在美国新一轮冷战中面临死刑》("Chinese Tech Giant Faces Death Sentence in a New U.S. Cold War")，文章指出中兴在海外连接了许多快速增长的经济体，如非洲。报道将中兴描述为一个有着多次"前科"的企业，指控中兴利用一套精心设计的系统销售美国制造的商品，然后在商务部开始调查时撒谎并删除电子邮件。这篇报道称，美国一直认为中兴、华为是国家安全威胁。白宫正在考虑一项行政命令，使政府机构不能从中兴和华为购买设备。《纽约时报》将对中兴的制裁称为"死刑"（Death Sentence）。

与中兴一样，华为在美国遭遇了类似的打压，不久前在英国也被禁，这背后受到美国的施压影响，而非所谓的国家安全问题。当地时间2020年7月14日，英国政府宣布英国通信运营商自2020年12月31日起禁用华为5G。英国广播公司（BBC）报道称，华为在5G领域的领先，似乎已经融为英国本土科技的一部分。当美方断然要求封杀华为之际，英国政坛、科技及商业领域的不少人士感到为难。早在2012年，《经济学人》就刊发《谁恐惧华为？》("Who's Afraid of Huawei?")，从标题就可看出，一些西方媒体对中国企业发展充满偏见，不愿意看到华为这样一家中国企业的顺利发展。

2018年10月8日，《彭博商业周刊》（*Bloomberg Business Week*）推出特别报道《大骇客：中国如何利用微型芯片入侵美国公司》("The Big Hack: How China Used a Tiny Chip to Infiltrate U.S. Companies")，称超微公司（Supermicro）所生产的主板被植入了来自中国的间谍芯片，使得采购该设备的"亚马逊、苹果等近30家美国公司受到中国的攻击与监控"。报道刊出后，苹果和亚马逊均以详细的回复否认了相关指控，但《彭博商业周刊》依旧坚称"对我们的报道和信源充满信心"。这种毫无根据的报道，完全就是受偏见和"双标"影响的臆测。

类似无端指责中国企业的例子还有不少。实际上中国一贯倡导中国企业在海外经营中严格遵守当地的法律法规，从来没有，也不会要求中国企业从事违反当地法律法规的活动。一些西方媒体和政客大肆渲染特定中国企业产品存在所谓安全风险，是以政治手段干预经济活动，违反世贸组织规则，干扰公平竞争的国际市场秩序，是典型的双重标准，既不公正，也不道德。

（三）同样是投资非洲：西方企业的投资是香甜的"馅饼"，中国企业的投资就成了黑暗的"陷阱"

2017年，在首届"一带一路"国际合作高峰论坛即将举行之际，《纽约时报》陆续发表4篇长文，以《中国式新殖民主义？》（"Is China the World's New Colonial Power？"）为总标题，用质疑的视角讲述中国国有企业、民营企业、个体商贩在非洲的创业经营活动，给它们统统扣上"新殖民主义"的帽子。这组报道认为中国公司和商人在非洲赚得盆满钵满，掠走资源，却没给当地发展、就业带来什么实际好处，字里行间流露出对中国企业与非洲发展经济合作的不满情绪。

在第一篇报道中，《纽约时报》以纳米比亚为例，称中国企业的大量贷款和投资看上去不太像自由交易，更像是一种新的殖民主义形式。这篇报道认为中国企业"可能是以榨取资源为主的外国势力""把铀、木材、犀牛角和利润运出纳米比亚，却没有惠及当地民众"。

实际情况真是这样吗？统计显示，最近10年中国企业在非洲修的公路，比过去80年西方在非洲修的公路总和还要多。中资修建的基础设施服务于非洲社会，广大非洲民众都是受益者。《纽约时报》的报道完全是胡说八道。

长期以来，一些西方媒体不遗余力地炒作所谓"中国债务陷阱"问题。当地时间2018年10月26日，肯尼亚航空实现直飞美国纽约的首航。首航前，肯尼亚总统肯雅塔接受美国有线电视新闻网（CNN）的专访。29日，美国有线电视新闻网播出这段专访，不过从播出的视频来看，主持人不谈直航，反而将肯尼亚债务问题当作主题，不停地围绕"中国贷款"做文章。

当主持人问"我想问的不是贷款的用途，而是这钱是从中国借的，你将自己置身于中国的债务包围中"时，肯雅塔回答："我们是从中国借了钱，我们还向美国借了钱，为什么要偏偏只关注一国的借贷呢？""其实在我看来，我们有非常健康的债务组合，既有来自世界银行和非洲开发银行的多边贷款，也有跟日本、中国、法国等国家间的双边贷款，这些国家都致力于跟我们合作，帮助我们实现目标。"

在这段专访中，主持人甚至直截了当地抹黑中国提供资金的目的。一些西方媒体对中国的攻击已经"歇斯底里"，中国的每一个举动都能被说成怀有最坏的动机。中国企业不向贷款方设前提条件不对，中国企业没有亏损而是盈利了不对，有的中国创业者在非洲实现了个人梦想也不对。实际上，迄今没有任何一个非洲国家抱怨是因为同中国企业合作而陷入债务危机。相反，很多非洲国家领导人都积极评价中国企业对非投融资合作，期待同中国企业扩大有关合作。

同样是企业对非洲进行投资，怎么西方企业的资金就是香甜的"馅饼"，而中国企业提供的就变成了黑暗的"陷阱"？这是毫无道理的、虚伪的"双标"行径。

同样是与非洲合作，一些西方媒体常常不由自主地就向美国靠拢，站在美国立场说话。如 2018 年 9 月 4 日，英国《金融时报》网站刊文称，美国政商两界的领导人必须重新理解中国在非洲开展的商业活动，并为科技和电商领域日益激烈的竞争做好准备。想要在非洲市场保持竞争力，亚马逊等美国企业必须在市场进入战略上提升灵活性，努力提供更加多元而富有创意的产品组合。文章认为，美国公司必须做好应对的准备，才能更好地迎接来自中国企业的竞争。一股浓浓的联合起来遏制中国的味道。

（四）同样是投资合作：西方企业"惠及当地"，中国企业"只对本国有利"

2020 年 2 月 1 日，《经济学人》刊发《老挝维加斯万岁》（"Viva Laos Vegas"）的文章。文章表示，中国政府从 21 世纪头几年开始鼓励企业展开海外投资，而"一带一路"倡议加速了这一趋势。除铁路、公路和管道外，这一倡议也推动经济特区这种"如今中国经济扩张的首选模式"。文中刻意引用一项研究，指出经济特区的"立法和治理结构"基础已"偏向于投资者的利益，不利于当地人及当地环境的利益"（the "legislative and governance structures" underpinning SEZs in Cambodia and Myanmar "have been skewed toward the interests of investors and against those of locals and the environment"）。文中说这些经济特区"尚未能够将好处惠及"更广泛的经济领域，并把此归咎于中国企业往往不聘用当地人（In part this is because Chinese companies tend not to hire locals）。

这篇报道刻意强调大量涌入的投资和工人正在创造中国"飞地"（An influx

of investment and workers is creating Chinese enclaves），移民的涌入加剧了整个地区的反华情绪（The influx of migrants has fuelled anti-Chinese sentiment across the region）。中国投资当地经济特区，而文中却说东道国政府几乎得不到什么好处（That, along with the tax breaks, mean there is little benefit for host governments）。东南亚经济特区的中国工人和游客往往光顾中国人开的商店和餐馆，并通过支付宝等应用购买商品和服务。对此，文章表示"实际上钱甚至没离开中国"（The money doesn't even leave China essentially）。

这完全是无稽之谈，中国企业在当地的投资合作，都会雇用大量当地劳动者，解决就业，改善民生。在西方主流媒体的报道中，西方企业对外投资多是惠及当地，帮助发展，而中国企业则是另有一番图谋，这是典型的"双标"。

三、西方主流媒体涉中国企业报道也并非都是"双标"

虽然西方主流媒体针对中国企业"走出去"的报道有很多偏见，但也并非都是"双标"，并非总是一"黑"到底。

关于中非合作。2017年2月7日的《纽约时报》刊发《非洲人欢天喜地踏上中国投资的列车》（"Joyous Africans Take to the Rails, With China's Help"），讲述亚吉铁路顺利通车一事，文章引述吉布提技术专家的原话，"感谢中国企业对我们的信任，他们分享了资金和技术"。

2018年9月，中非合作论坛北京峰会举行。在峰会召开之际，美国有线电视新闻网（CNN）在首页发布长篇特稿《雇主中国》（"Employed By China"），报道通过深度采访和视频融合的页面，展示了中国企业在埃塞俄比亚的经营历程，基本肯定了中国企业雇用当地人的努力，以及带给当地人生活的明显改善。文中引述埃塞俄比亚总理特别顾问阿尔卡贝·奥克贝的话："我们非洲人最有资格判断我们是否从与中国的合作中受益，我们不需要其他国家代言。"（But we as the Africans are the ones to say if we are benefiting from China. We don't need a witness.）

"非洲领导人看到中国从昔日那个处境艰难还有大量未受教育的农村人口的国家，转变为世界第二大经济体。这就是奇迹可以发生的证明。"比利时布鲁塞尔自由大学的学术和研究助理索朗·查特拉德（Solange Chatelard）表示。麦肯锡2017年发布一份报告，调查了包括埃塞俄比亚在内的8个非洲国家的1000多家中国公司。结果显示，89%的员工都是非洲人。中国在非洲大陆创造了数百万个就业岗位，近2/3的中国公司提供技能培训。"我们与中国的合作本着互相尊重的原则，我们不会遇到殖民主义，这一事实非常重要。这事关爱国主义和尊严。"文中引述埃塞俄比亚投资委员会委员菲克的话。

关于中企发展。2019年7月22日，美国《财富》周刊网站报道，中国航运巨头中远海运集团收购希腊比雷埃夫斯港后，为这个历史悠久的港口提供了一条经济生命线。如今，比雷埃夫斯港已成为"一带一路"的展示窗口，该项目不仅改造了一个港口，还可能改造整个希腊经济。文中引述港口焊工的话说，中国企业到来后，他的生活发生了巨大的改善。文章称，高耸的集装箱吊塔就是港口繁荣的象征，在经历了10年的衰退之后，比雷埃夫斯港的码头工人感受到了经济增长与稳定。

2018年9月19日，美国《财富》杂志中文网报道，中国"最受赞赏"的公司也都在海外市场上付出了艰辛的努力：海尔拉开六大家电品牌全球化战略的序幕，要将人单合一模式在全球推进；中国航天科工集团加速打造中国首个工业互联网平台，拟为全球多个国家提供工业互联网相关服务；顺丰沿着"一带一路"开拓市场，与多个国家建立合作关系……这份成绩单足够亮眼，也更让人敬佩中国企业家在这个"壁垒森严"的世界里穿行的勇气和智慧。

关于抖音海外版TikTok。个别美国政客假借国家安全之名，走技术民族主义道路，打压中国企业，破坏市场规则，为了利益而将道义弃之不顾。对此，2020年8月1日，美国有线电视新闻网（CNN）以《美国禁令让TikTok用户崩溃》为题刊文说，这是一款在美国"人气暴涨"的应用，用户超过1亿，其中很多是青少年，他们通过TikTok表达自己，并与他人联系。通过这款应用，人们能逃离面对疫情的严峻现实，即便只是片刻的安慰。另外无法忽视的是，TikTok在美国雇用了1500名员工。《纽约时报》刊文称"对很多人来说，这是他们的生计"。对于美国政府拟强收TikTok，并试图拿"回扣"，彭博社称，政府打算从一笔非政府持股的公司间的交易中分得一杯羹，这在美国近代历史上是史无前例的（It would be unprecedented, based on recent history, for the US government to collect a cut of a transaction involving companies in which it doesn't hold a stake）。目前尚不清楚他将在何种权限下得到这笔钱（It wasn't clear under what authority he can extract a payout）。

2018年12月3日，《纽约时报》刊发《TikTok——一个来自中国的快乐APP》，文章说："TikTok具有简单的门槛，用户设置一段音乐就可以开始拍摄短视频……听起来非常简单,但它居然变成了可能是唯一真正令人愉快的社交网络平台。""TikTok 没有这些乱七八糟的东西,相反它是一个非常稀有的互联网物种:一个人们可以放下他们的防卫和他们的朋友分享搞笑行为,它抽取人类创造力的成果而不被滥用,也没有被算法放大的错误信息所煽动。"

"也许因为它比其他网络更加温和,TikTok 用户大多感到安全和健康……一个罕见的社交应用程序,并没有充斥着仇恨言论。"文章引用了 TikTok 一位忠实粉丝朱莉娅·亚历山大(Julia Alexander)的观点,"也许说 TikTok 前途无量的最明显的迹象是 Facebook 正在试图扼杀它……"

美国《华尔街日报》网站 2017 年 6 月 9 日刊文《安德森·霍洛维茨基金合伙人说,如今美国科技公司正在抄袭中国同行》,文中美国著名风投公司安德森·霍洛维茨基金的合伙人陈梅陵表示,多年来,中国企业被西方同行称为"抄袭者",但近来美国的科技公司正在开始"回报"前者(Chinese technology companies have long had a reputation of being copycats of Western peers, but U.S. companies have recently begun to return the favor)。她表示,目前中国的腾讯等互联网巨头正在影响美国的初创企业和大公司,中国的许多商业模式都正被复制到美国(China's internet titans such as Tencent Holdings Ltd. are influencing U.S. startups and majors alike, and many Chinese models are being replicated in the U.S.)。

四、对西方主流媒体涉中国企业报道的简要介绍分析

有风有雨,有阴有晴,是中国企业"走出去"这些年的真实境况。很多中国企业正是在世界市场的汪洋大海中学会了游泳。但是,正如上文所述,西方主流媒体并非总是客观报道中国企业"走出去",尤其在某些具体问题上,一旦出现关于中国企业相对负面的内容,它们便往往将其作为焦点予以特别关注,并时常刻意进行突出、放大,甚至混淆是非、颠倒黑白。

中国企业"走出去"既是全球化发展的必然趋势,也是当地谋求合作共赢的宝贵选择。尽管一些西方主流媒体标榜客观、公正,在相关报道中也尽量采纳多种消息源,但形式上的"不偏不倚"并不能掩盖它们自视甚高的傲慢与根深蒂固的偏见。这一"傲慢与偏见"也因其对商业利益、轰动效应的过度追求而进一步放大。它们标榜"新闻自由",不愿意承认自己被多方势力裹挟,但实质上对西

方与非西方的国家和企业天然持有不同的态度。

"一带一路"倡议为中国企业"走出去"创造新机遇，一些西方主流媒体念念不忘地质疑和指责。一些媒体承认"一带一路"倡议给部分参与国家带来经济发展、安全稳定，但它们更为强调的是中国经济动机的"自私"和地缘政治的"企图"。一些西方媒体一方面批评中国的"一带一路"倡议是"自上而下"的政府行为，服务于中国的国家战略和国有企业，另一方面又指责中国对"一带一路"倡议的投入资金"更多是商业贷款和私人投资""政府投入有限""雷声大雨点小"。这种显而易见的自相矛盾，也从一个侧面反映了西方主流媒体的"双重标准"。

华为、中兴等中国企业在海外的成长壮大是市场经济发展、激烈竞争的结果。但一贯标榜市场经济原则的一些西方政客却疯狂进行打压，一些西方媒体帮腔造势，不惜捏造莫须有的罪名。这些事实表明，一些西方主流媒体对个别国家霸权可能遭到挑战的深深忧虑。当心里住着"假想敌"时，它们不得不挖空心思去对付这个"假想敌"。在一些传统优势领域，个别西方国家的产品正在被追赶甚至存在被市场淘汰的风险，但它们又不希望看到中国企业崛起或突出重围，于是超越法律和商业规则的"强盗逻辑"出现了，这就不可避免地造成"双标"。这种"双标"引起的"政治病毒"对世界秩序的危害更大。

"走出去"的中国企业并非只在发达国家遭受当地主流媒体的偏见，实际上这些媒体不乏对中国企业走向发展中国家的挑拨离间。一些案例表明，一些西方主流媒体对中国企业"走出去"的"双标"，政治考虑多于经济需求，意在本国优先。同样是出海发展，自己国家的企业是正常经贸合作，而中国企业就是地缘政治图谋。部分政客更是在媒体上宣布极端做法，依靠国家政治蛮力而不是市场去打压竞争对手。

回击西方媒体"双标"、维护自身形象的有力做法，是让自己更强大，在市场竞争中占据主动，用好产品、好服务的"硬实力"说话，同时做好长远性深耕"软实力"的工作，在合法合规中更好地与当地协调沟通，把中国故事讲得更好。

【参考文献】

（1）郭凤林：《美国主流媒体的对华意识形态特征——基于〈华盛顿邮报〉的文本分析》，载《人民论坛·学术前沿》2020年第5期。

（2）刘佩：《"走出去"十年：中国企业海外危机西方媒体话语分析——以甘姆森"诠释包裹"框架理论为分析路径》，载《新闻界》2015年第11期。

（3）张克旭：《中西方主流媒体的国际议题话语权竞争——基于"华为危机事件"的实证分析》，载《新闻大学》2019年第12期。

（4）易若彤：《试论"中国制造"的媒介新形象——以〈华尔街日报〉有关中国手机报道为例》，载《国际传播》2019年第6期。

（5）刘立华、谢静：《中国企业跨国并购中的国家形象话语建构研究》，载《浙江传媒学院学报》2013年第20卷第6期。

（6）周玲妮：《西方污名化中国对外援助和投资分析》，载《江南社会学院学报》2019年第21卷第4期。

（7）李英华：《从西方传媒对中国企业的新闻报道看中国企业的对外形象——基于批评性话语分析视角》，载《新闻知识》2014年第3期。

（8）清华大学爱泼斯坦对外传播研究中心：《"一带一路"议题的国际舆情分析》，载《对外传播》2017年第5期。

（9）林如鹏、刘佩：《"一带一路"愿景下中国企业海外形象传播的危机沟通策略》，载《南京社会科学》2015年第7期。

（10）刘珊、刘伟：《新时期外媒视角下的在非中企形象分析》，载《国际传播》2018年第2期。

（11）苏云鹏：《中国企业"走出去"70年嬗变》，载《法人》2019年第9期。

（12）沙涛：《西方主流媒体高度关注"一带一路"国际合作高峰论坛》，载《当代世界》2017年第7期。

（13）于蓉：《〈纽约时报〉经济报道"中国威胁论"分析》，上海大学硕士学位论文，2019年。

（14）吕珍珍：《"中国制造"的形象转变：〈经济学人〉对手机产业报道十年》，华中科技大学硕士学位论文，2018年。

（15）彭程：《英美媒体中中国民营跨国企业报道研究》，上海外国语大学硕士学位论文，2013年。

（16）韦宗友：《美国媒体对"一带一路"倡议的认知——基于美国三大主流媒体的文本分析》，载《国际观察》2018年第1期。

"花繁柳密处拨得开,才是手段;风狂雨急时立得定,方见脚跟。"面对傲慢、偏见和"双标",必须保持战略定力,对方向确定,对纷扰淡定,对行动笃定,坚定站在历史正确的一边,站在公道正义的一边,自信开放不掉入情绪陷阱,集中精力做好自己的事,推动国际社会的信任与合作。这样才算是真正的敢于斗争、善于斗争。

历史能在眼皮底下被篡改，是因为西方年轻一代是被意识形态影响下选择性"食料"喂养大的。

立场偏向:"屁股歪到一边"

> 无论是在国际视野进行考察,还是在历史时空进行观照,西方社会和主流媒体的立场偏向都受到意识形态、国家利益、霸权思维、文化殖民等众多因素的影响。历史已经证明,现实正在证明,未来还将证明:意识形态并没有过时,国家利益一直是优先,霸权思维未曾远离过,文化殖民就在日常中。

首先,我们不妨先看两段西方主流媒体的评论:

2001年WTO对中国敞开大门时,许多西方人士乐观地认为,让中国融入世界经济将使中国人变得富有,产生更多"中产阶级",他们会逐渐掌握话语权,甚至用选票使中国实现"民主化"。但是,中国的发展同西方的期待背道而驰,中国通过从西方"盗窃知识产权"而变得更加富有,而且变成了一个网络时代的"专制政权",并且仍然拒绝在投资和贸易领域对西方给予互惠。

——《欧洲必须拥抱特朗普的灵魂》("Europe must embrace the Trump soul"),载2018年6月20日《纽约时报》

在过去的四分之一世纪中,美国对中国的态度一直建立在对融合的信念上。一体化不仅会使中国变得更加富裕,还将使中国更加自由、多元和民主。尽管发生过危机,但是美国坚信,只要有适当的激励措施,中国最终将成为"负责任的利益相关者"。但中国并没有,如今融合已死。美国开始将中国视为战略对手——一个"行径恶劣者"和"规则破坏者"(a malevolent actor and a rule-breaker ）。

——《中国和美国：危险的竞争对手》（"China V America: a dangerous rivalry"），载 2018 年 10 月 20 日《经济学人》

这两段话传达了一个十分明晰的信号：西方主流媒体的涉华报道是有明确的立场的，而且这种立场是有明显偏向的。就西方主流媒体的立场来讲，西方接纳中国加入世贸组织、同中国开展贸易往来，经济合作只是手段，更深层次的诉求是要改变中国——让中国成为类似西方国家的所谓"民主化"国家。

无论是在国际视野进行考察，还是在历史时空进行观照，西方社会和主流媒体的立场偏向都受到意识形态、国家利益、霸权思维、文化殖民等众多因素的影响。历史已经证明，现实正在证明，未来还将证明：意识形态并没有过时，国家利益一直是优先，霸权思维未曾远离过，文化殖民就在日常中。

一、意识形态并没有过时

西方主流社会和主流媒体，对非西方意识形态的国家和体制一直进行各种各样的打压、歪曲和渗透，这是一种常态。意识形态的力量非常强大，不仅有排山倒海的围堵，也有潜移默化的演变，在其影响下，西方主流社会和主流媒体甚至会明目张胆地罔顾真实、歪曲事实，有些就算是铁板钉钉的史实也会"在眼皮子底下被篡改"。一起看看一个典型案例。

在法国，久负盛名的民意调查所（IFOP）曾做过一个长期的民意测验，问题是："'二战'中你认为哪个国家对战胜纳粹德国起到了决定性作用？"民意测验结果很有意思，随着时间的推移而发生巨大的变化，既令人大跌眼镜，又确实发人深省。

1945 年，"二战"刚结束时，57% 的法国人认为苏联是欧洲的解放者，20% 的人认为是美国，12% 的人认为是英国。

1994 年，近五十年过去后，认为起决定性作用是美国的法国人比例达到了 49%，认为是英国的也增长到了 16%，而认为是苏联的却减少到只有 25%。

到了 2004 年，认为起决定性作用是美国的法国人比例高达 58%，认为是英国的仍然是 16%，而认为是苏联的只有 20%，跟英国相差无几。

历史竟然眼睁睁地被彻底改变了模样!

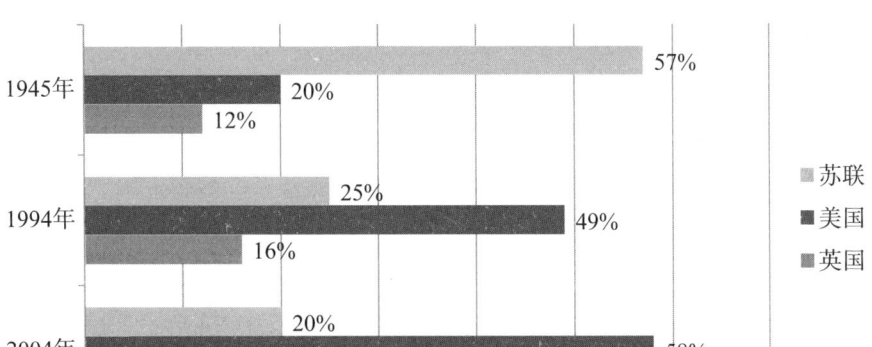

（法国民意调查所IFOP对法国民众的调查）

"二战"中哪个国家对战胜纳粹德国起到了决定性作用？这个问题本是不应该有任何疑问的，历史学家们都公认，在整个"二战"期间，德军的主力一直在东线战场，欧洲战场的转折点是斯大林格勒战役，毫无疑问是苏联发挥了决定性作用。然而，今天法国年轻一代普遍认为，美国才是战胜纳粹德国的最重要的国家，而诺曼底登陆才是"二战"的历史转折点，很多法国年轻人甚至只知诺曼底登陆，不知斯大林格勒战役。

那么，历史究竟是怎么被篡改的呢？一个至关重要的原因就是选择性的新闻报道、影视作品对法国人进行深入持续的"洗脑"。由于意识形态的原因，欧美国家在关于"二战"的历史叙事中极力淡化苏联的作用，而大力宣扬欧美国家的作用，于是对诺曼底登陆的纪念活动和报道是铺天盖地，电视电影里也都是诺曼底登陆，鲜见苏联红军的身影。被意识形态影响下选择性"食料"喂养大的法国年轻一代，是不可能全面了解"二战"历史的，当然也就难以客观公正地看待"二战"历史，于是"历史的脸偷偷地在改变"。这反映了意识形态的力量有多么巨大和可怕，它完全改变了人们认知历史、了解世界的方式。

东欧剧变、苏联解体、美苏冷战结束后，在国际交往中，意识形态斗争似乎没那么尖锐了，表面上看意识形态或有意或无意被淡化了许多，这给世人一种感觉：意识形态已经过时了，已经离我们国家、离我们这个社会越来越遥远了。可是，这仅仅是一种错觉，实际上，冷战结束后，西方国家在意识形态领域的斗争对象越来越集中指向中国，对中国的意识形态包围并没有松懈。

一方面，在西方世界，西方对中国的形象建构（既包括宏观层面的国家形象，也包括微观层面的民众形象）一直都是有意无意地充满了成见、偏见，冷战结束后并没有多大改观，仍然是不遗余力、一如既往。对此，我们从《**中国如何从西方控制的意识形态突围**》一文中提到的一个中国人在国外的日常经历中就可以"管中窥豹"。

一个名叫蒋雪莹的中国人，随家人外派来到德国杜塞尔多夫生活。有一天，她带着一岁的孩子在外面玩耍，一位德国小伙牵着狗走过。小朋友见到狗，就兴奋地主动跟狗打招呼，结果德国小伙子凶巴巴地说："这个不是吃的！"（Das ist nicht für essen！）这让蒋雪莹有点意外，后来她才知道，德国媒体和社会一直宣传中国人爱吃狗肉，而且是吃自己家的宠物狗。这对于将宠物狗视为家庭成员的很多德国人来说，简直太不可思议、太难以接受了。因此，中国人在德国媒体和民众认知里，是这样一种野蛮、不文明、不近人情的形象。

蒋雪莹在杜塞尔多夫找了一份工作，给当地一个律师事务所的老板豪斯（Dr. Kai Rohs）博士做翻译，豪斯曾经在韩国一所大学做过15年教师，对东方的文化和习俗还是比较了解的。蒋雪莹因此就这个问题询问了豪斯，豪斯也认为"中国人爱吃狗肉，而且是吃自己家的宠物狗"。无论蒋雪莹怎么向他解释说明真实情况，豪斯都坚信之前的看法和认知。

2019年6月，南京一所学校邀请豪斯讲课，豪斯便和翻译蒋雪莹来到了中国，先飞到上海，再转高铁到南京。趁着到了中国的机会，蒋雪莹决定让豪斯亲身了解真实情况，于是又跟豪斯说起中国人是否爱吃狗肉这种事。豪斯仍然认为中国人爱吃狗肉，而且遍地都是狗肉馆，蒋雪莹则表示真实情况并非如此，中国狗肉馆其实挺少见的，上海应该很难找到狗肉馆。在谁都不能说服对方的情况下，于是他们便在上海的餐馆里找来服务员询问哪里有狗肉馆。连问两名服务员，都说不知道，又找来一位经理询问，结果在这里工作了十几年的经理也不知道，豪斯这才相信中国并非遍地狗肉馆。

接着，此次中国之行，豪斯一路上一边不停拍照，一边"吐槽"说"见识了真正的中国"：乘坐了平稳的高铁，体验了飞快的效率，感受了良好的治安，看到了各种便捷基础设施，这是常年被西方媒体"喂养"的德国人难以想象的。

这个故事只是一个缩影，反映了西方媒体和社会，在建构中国形象时成见和偏见是多么积重难返，这背后主要是意识形态的力量。"中国人爱吃狗肉，而且是吃自己家的宠物狗"，这是日常生活领域建构的野蛮、不文明、不近人情的中国人形象，还有无数类似的在其他各个领域的建构，如此就形成了对中国整体"野蛮、不文明"的群体认知。

另一方面，对中国民众，西方不再简单重复以前对付苏联的那一套了，而是换了更柔性、更隐蔽、更具欺骗性的方式方法进行渗透演变。其中有两个重要抓手：一个是NGO，一个是互联网。

西方通过NGO（非政府组织，Non-Governmental Organizations）对包括中国在内的许多国家进行意识形态渗透，是近些年比较流行的方式。通过NGO、互联网进行渗透的种种手段，是西方在原有游戏规则无法达到"塑造"中国的目的的情况下找到的新途径，通过这种"软"和"隐"的方式加大内部渗透力度，企图于无声处见风雷，潜移默化地影响中国、演变中国。

学者王义桅曾在《美国通过NGO对中国渗透，做了哪些"脏活"？》一文中透露，日本《朝日新闻》曾报道，据一份非公开内部资料显示，美国国家民主基金会向中国有关"民主和人权"问题团体提供总额高达9652万美元的资金支持。报道称，这份关于美国国家民主基金会提供资金支持的国家组织和金额的清单显示，这9652万美元被给予中国境内约103家团体，其中有关西藏问题的团体获得约625万美元，有关新疆问题的团体获得约556万美元。这些团体都是进行所谓"民主和人权"活动的，其中包括"世维会"等被认定为"疆独"组织的团体。《朝日新闻》称，美国国家民主基金会虽然是非营利组织，但实际上大部分资金由美国政府提供，以支持所谓"民主化"为目的，每年向所谓推进"人权和民主化"NGO等提供约1200笔资助款。

事实证明，意识形态并没有过时，只要有一点儿风吹草动，外部势力就会伺机而动。实际上，在香港的"修例风波"中，美国国家民主基金会就一直是个忙前忙后的"影子指挥部"。

二、国家利益一直是优先

"没有永恒的朋友,没有永恒的敌人,只有永恒的利益。"(We have no eternal allies, and we have no perpetual enemies. Our interests are eternal and perpetual.)这句英国首相亨利·约翰·坦普尔(又译帕麦尔斯顿、巴麦尊,1855—1858、1859—1865两次出任英国首相)的话,经另一位英国著名首相温斯顿·丘吉尔(1940—1945,"二战"首相)引用后广为流传,也成为西方处理国际关系的真实写照。

全球化时代,国家与国家之间的经济关联度高度紧密,在全球产业链的分工协作中,你中有我、我中有你,取长补短实现共赢。据世界贸易组织发布的《全球贸易数据与展望》报告显示,2018年,全球贸易总额约为39.342万亿美元(2018年全球GDP为85.802万亿美元,全球贸易额与全球GDP的比值高达45.9%),其中全球商品出口总额为19.475万亿美元,全球商品进口总额约为19.867万亿美元。按国别看,中国贸易进出口总额为4.62万亿美元,占全球贸易总额的11.74%;美国贸易进出口总额约为4.278万亿美元,占全球贸易总额的10.87%;德国贸易进出口总额约为2.847万亿美元,占全球贸易总额的7.2%;日本贸易进出口总额则约为1.487万亿美元,占全球贸易总额的3.8%。这充分说明,各国都在世界经济的共同体中,谁也离不开谁。

但是,这并没有改变"没有永恒的朋友,没有永恒的敌人,只有永恒的利益",共赢还满足不了西方的"胃口",就算是西方国家内部,为了各自的利益,也常常暗流涌动甚至在部分领域剑拔弩张,争个你死我活。《美国陷阱》所透露的内幕,就是一个典型写照。

《美国陷阱》的作者弗雷德里克·皮耶鲁齐,是一名法国人,曾经担任被称为"法国工业明珠"的阿尔斯通集团的高管,负责的领域是海外事务。作为一个美国盟友国家的著名企业的高管,他都经历了些什么呢?

2013年4月14日,在美国纽约肯尼迪国际机场,皮耶鲁齐刚下飞机就被美国联邦调查局的探员逮捕。美国司法部门指控他在2003年前后在印度尼西亚行贿当地官员,涉嫌违反美国的《反海外腐败法》。他同时被起诉多次洗钱、腐败同谋等10项罪名,最高可被判处125年监禁。面对美国司法部门暴风骤雨式的狂暴打击,皮耶鲁齐最后只能选择以认罪换取从轻发落。

但是，故事并没有就此画上休止符。否则，那仅仅是个美国司法"长臂管辖"的简单案例。显然，事情没有这么简单；后来，皮耶鲁齐才明白，这场抓捕不仅仅是针对他个人的行为，也是美国政府针对法国阿尔斯通的系列行动之一。

在皮耶鲁齐之后，美国接连逮捕了阿尔斯通 5 名高管，一副不追究到阿尔斯通首席执行官誓不罢休的架势。2014 年，仍在狱中的皮耶鲁齐得到一个惊人消息：阿尔斯通被迫将所有能源电力业务（公司核心业务）以远低于市场价的价格出售给了自己的主要竞争对手——美国通用电气公司。

阿尔斯通公司作为"法国工业明珠"，负责制造和维护法国境内 58 座核反应堆的汽轮发电机以及 75% 的电力生产设备，还为戴高乐号航空母舰提供推进汽轮机，拥有世界领先的技术，当然也让美国垂涎已久。如此一家具有战略意义的公司要被美国公司收购，自然会在法国引起轩然大波。然而，通用电气采取灵活的谈判手段和强大的公关攻势，让彼时信奉"自由贸易"的法国社会党政府动摇了。美国司法部门也再次出手，宣布对阿尔斯通实施 7.72 亿美元的巨额罚款，让公司面临极大的财务压力。多方发力，合拢围剿，最终阿尔斯通被美国通用电气"强制"收购。至此，阿尔斯通的业务只剩下轨道交通，从闻名世界的顶尖公司沦落为徘徊世界 500 强边缘的中型公司，实在令人扼腕叹息。

2018 年 9 月，皮耶鲁齐走出监狱、恢复自由，他决定亲自调查自己身陷囹圄整个事情的来龙去脉和前世今生。经过调查，皮耶鲁齐发现，通用电气经常向美国检察官提供公司高薪管理职位，因此与美国反腐败部门建立了密切的联系。从 2000 年起，通用电气陆续收购了 4 家受所谓腐败案牵连的公司，阿尔斯通是第 5 个"猎物"。

《美国陷阱》一书中，作者皮耶鲁齐以身陷囹圄的亲身经历，披露了阿尔斯通被美国企业强制"收购"、无情"肢解"，以及美国利用《反海外腐败法》等打击美国企业竞争对手的典型"美式政商合谋"内幕。

值得注意的是，这种"隐秘的经济战争"不仅过去会发生，当下也正在发生，未来还将继续发生；这种"美式政商合谋"既然对美国的盟友都能发生，那么对非盟友的其他国家特别是被视为战略对手的中国，只会变本加厉，肯定有过之而无不及。

从这个角度，也就不难理解华为 CFO（首席财务官，Chief Financial Officer）孟晚舟被捕的事件了。分析人士普遍认为，"中国华为正在经历的，正是法国阿尔斯通曾经经历的重演；法国阿尔斯通曾经遭遇过的，正是中国华为面临的预演"。但历史显然不会是简单的重复，华为的结局也不会跟阿尔斯通一样。

三、霸权思维未曾远离过

2020年8月14日，联合国安理会就美国提交的关于延长对伊朗武器禁运的决议草案进行表决。结果在安理会15个成员国中，只有美国和多米尼加共和国投了赞成票，俄罗斯和中国投了反对票，其余的11个成员国——英国、法国、德国、比利时、爱沙尼亚、南非、突尼斯、印度尼西亚、越南、尼日尔、圣文森特和格林纳丁斯投了弃权票。这意味着，美国提交的关于延长对伊朗武器禁运的决议草案未获通过。

你以为这事就完结了？当然没有。美国国务卿蓬佩奥2020年8月20日正式向联合国安理会提交了伊朗不履行《联合全面行动计划》的控诉书，要求启动恢复对伊朗实施制裁的程序。也就是说，美国要求不顾安理会的表决结果对伊朗实施制裁。对此，不仅中俄表示美国"没资格"，就连英、法、德也在联合声明中表示，美国不具备恢复制裁伊朗的资格，美国发动的任何制裁都将"不具备法律效力"。就算如此，美国还是一意孤行叫嚣"制裁伊朗"，扬言"谁阻拦制裁伊朗，美国就制裁谁"。

美国的霸权思维真是根深蒂固、肆无忌惮！

实际上，近现代以来，西方一直主导着世界秩序，特别是自"二战"以来，尤其是苏联解体之后，西方国家凭借其在经济、政治、军事、科技等硬实力方面的优势，在国际秩序中处于主导、支配地位。而非西方国家，则处于被主导、被支配的劣势地位。毫无疑问，谁拥有更多的权力，谁就能把握先机，掌握主动权、决定权和支配权。

伴随这种决定权和支配权的是一种霸权思维的根深蒂固——总觉得自己高高在上，总认为自己必须支配别人，总要求自己在任何时候任何情况下都必须得到优待，自己是州官可以放火，别人是百姓不能点灯。比如"美国第一、美国优先"就是非常典型的霸权思维。

具体到经济领域的产业链分工，西方社会和媒体偏执地认为产业链的高端领域，被西方垄断才是合理的，其他国家想要跻身产业链高端就是"觊觎"，就是怀有"不轨之心"。2018年11月5日出版的《彭博商业周刊》的一篇深度长篇报道《重塑世界秩序：中国的影响力》（"Remaking the world order THE CHINA EFFECT"）一文，对中国正在进行的产业升级努力极尽指责和批评，就是这种"我可以，但你不行"霸权思维的典型表现。

《重塑世界秩序：中国的影响力》一文以一种"教师爷"的口吻写道：北京的经济学家不满足于扮演世界工厂的角色，因此发起了一系列旨在使中国成为世界机器人车间、半导体铸造厂和新能源汽车生产线的举措。这些计划以2015年发布的"中国制造2025"计划为最终结果，利用产业政策来加快制造业的发展。中国的竞争已经使外国公司放弃了低利润业务，例如服装、鞋和玩具的生产。如果"中国制造2025"计划获得成功，西方剩下的具有相对优势的产业将面临挑战。

在此基础上，文章认为（实际上就是指责）中国20世纪90年代的市场化改革已"退变"成了一种强势的产业政策，试探公平竞争的极限（Testing the limits of fair competition），考验WTO规则的局限性。文章紧接着直接将矛头指向了"中国制造2025"计划，文章写道：该计划确定了10个关键领域，包括先进信息技术、数控机床和机器人技术、飞机、海洋设备和运输、铁路运输设备、新能源汽车、电力设备、农业设备、新材料以及生物制药和医疗设备。目的是提高研发能力和生产能力，以替代国内组装。这是全世界公认的最野心勃勃的市场抢夺，从德国汽车制造商到中国台湾地区的半导体工厂的每个人都必将输掉。（It's the most ambitious attempted market grab the world has seen, with everyone from German automakers to Taiwan's semiconductor fabs standing to lose out.）

这种"我可以，但你不行"的论调，这种自己是州官可以放火、别人是百姓不能点灯的思维，其实就是"西方优先"的另一种表达，在西方主流媒体上是很常见的。实际上，产业转型升级是包括西方国家在内的所有国家都在全力推进的行动，是再正常不过的行为，但到了中国身上，西方主流媒体就认为"是可忍，孰不可忍"了，是典型的"双标"。究其原因，一个重要因素就是：中国的产业转型升级如果顺利得以实现，那么将动摇发达国家和地区在高端产业的技术垄断，将影响发达国家和地区长期以来以"剪刀差"为表现形式的超额利润，将触动发达国家和地区长期独享的"利益奶酪"。

这种"双标"是霸权主义思维决定的，要超越"双标"，关键中的关键，重点中的重点，是西方不再把自己看得高高在上时，把自己当作国际社会的平等成员而不是特权成员，使西方的话语体系进入正轨，用平等公正的态度对待中国和广大发展中国家。只是，这种霸权思维未曾远离过，要实现真正的平等公正任重道远。

四、文化殖民就在日常中

虽然现在早已不是什么殖民时代，但文化殖民却一直广泛地存在于世界各地。

文化殖民，是指西方一些发达国家凭借其霸权地位，在资本逻辑的驱使下，通过文化符号系统的强势传播，向"他者"输出自己的思维方式、价值观念、意识形态和宗教信仰，企图驯化"他者"，教会"他者"如何依托西方的价值观念去思考、用西方的话语去表达、参照西方的模式去实践，使"他者"思其所思、想其所想、言其所言、美其所美、行其所行。其最终结果，在于瓦解"他者"民族文化根基、削弱"他者"文化主权意识，从而最终实现世界文化西方化、西方文化普世化。文化殖民的重中之重和关键中的关键是"从属"二字。

"资产阶级，由于开拓了世界市场，使一切国家的生产和消费都成为世界性的了"，"它使未开化和半开化的国家从属于文明的国家，使农民的民族从属于资产阶级的民族，使东方从属于西方"。这是马克思、恩格斯早在1848年就进行的预言。这种弱势者对强势者的从属关系，正是文化殖民的社会历史根源。

当今世界，西方文化特别是美国文化的强势是毋庸置疑的。以美国的影视文化为例，美国电影基本可以算得上是横扫世界电影市场，不妨从近两年的全球票房最高的10部电影来"管中窥豹"。

2019年全球票房最高的10部电影：第一，《复仇者联盟4：终局之战》27.98亿美元；第二，《狮子王》16.57亿美元；第三，《冰雪奇缘2》12.13亿美元；第四，《蜘蛛侠：英雄远征》11.32亿美元；第五，《惊奇队长》11.28亿美元；第六，《玩具总动员4》10.73亿美元；第七，《小丑》10.63亿美元；第八，《阿拉丁》7.59亿美元；第九，《速度与激情：特别行动》7.58亿美元；第十，《星球大战9》7.04亿美元。

2018年全球票房最高的10部电影：第一，《复仇者联盟3：无限战争》20.49亿美元；第二，《黑豹》13.48亿美元；第三，《侏罗纪世界2》13.06亿美元；第四，《超人总动员2》12.43亿美元；第五，《海王》11.32亿美元；第六，《毒液》8.54亿美元；第七，《波西米亚狂想曲》8.52亿美元；第八，《碟中谍6：全面瓦解》7.87亿美元；

第九，《死侍2》7.86亿美元；第十，《神奇动物：格林德沃之罪》6.52亿美元。

无一例外，全部是美国大片。美国的文化产业在GDP中所占比重越来越大，并迅速席卷全球文化市场。美国影视传媒产业十分发达，华纳兄弟公司、迪士尼公司、哥伦比亚电影公司等都是世界影视巨头，不仅左右着全世界人民的娱乐生活，也潜移默化地影响着价值观的形成。《环球时报》曾刊出文章：美国通过其大众文化产品在全球的销售，既可获得丰厚的利润，又可宣传其价值观，这种新的文化殖民主义比战争侵略和遏制策略更加隐蔽、更加冠冕堂皇，却拥有更持久的效果。

研究者陈曙光、李娟仙在《西方国家如何通过文化殖民掌控他国》一文中写道：以美国为代表的西方国家，凭借其强势的文化产业、话语优势、传播手段，借由文化进行布道，将西方的意识形态、价值观念等标榜为"普世价值"，或吸引或迫使非西方世界的人们进行认同；借由娱乐进行洗脑，将西方的生活方式包装成对美好生活向往的唯一样板，桎梏非西方人民的想象力和选择。实际上，就是通过文化的符号化，传播西方的政治价值、生活方式等，使"他者"崇拜归附，从而完成"从属"过程。

思想与文字具有无形的力量，"这种无形的力量没有导弹驱逐舰护卫下的货轮那样气势汹汹，但是它却能够散布在全球性的广阔空间，影响千百万人的思想感情，从而能最终改变导弹和货轮的归属"。确实如此，著名文化研究者伯克指出，美国的影视作品很容易使受众产生这样的观念，"美国的生活方式正是他们所想要的，美国人的优越性是自然而然的，符合每一个人的最佳利益"。虽然事实并非如此，但结果就是造成被文化殖民的国民民族主体意识的失落、民族虚无主义的泛滥、民族自豪感的丧失，这不仅会动摇其他民族国家的理想信念，而且还会动摇文化主权的根基。

在这个"驯服"的过程中，缺乏自主意识愿意崇拜归附的，就会得到西方社会和媒体的肯定和褒奖，拥有自主意识不愿归附的，就会受到西方社会和媒体的批判和指责。中国之所以容易招致西方社会和媒体的指责、偏见、"双标"，正是因为中国有深厚的历史文化传统，有很强很持久的自主意识，不会被西方"驯服"，也不会归附西方。

不同于20世纪末的苏联解体、东欧剧变，也不同于受"颜色革命""阿拉伯之春"影响而陷入浩劫的那些国家，中国有"四个自信"，目前已对西方的文化殖民形成事实上的"破功"。曾经跌倒的中国人，最能体会"站起来"的欢欣；曾经贫穷的中国人，最能感受"富起来"的惬意；走向复兴的中国人，最是拥有"强起来"的自信。对于像中国这样"难搞"的对象，合则用之、不合则弃的西方世界当然要对中国进行"双标"和指责了。

还是以美国引以为豪的电影为例，曾经，中国的影院里放映的都是美国大片，票房排名居前的都是好莱坞大片，国产电影无人问津。但近些年，这种局面得到了极大的改观，中国电影市场的主力已经成为国产电影。这从近两年的中国票房最高的 10 部电影中也可见一斑。

2019 年中国电影票房最高的 10 部影片：第一，《哪吒之魔童降世》；第二，《流浪地球》；第三，《复仇者联盟 4：终局之战》；第四，《我和我的祖国》；第五，《中国机长》；第六，《疯狂外星人》；第七，《飞驰人生》；第八，《烈火英雄》；第九，《少年的你》；第十，《速度与激情：特别行动》。

2018 年中国电影票房最高的 10 部影片：第一，《红海行动》；第二，《唐人街探案 2》；第三，《我不是药神》；第四，《西虹市首富》；第五，《复仇者联盟 3：无限战争》；第六，《捉妖记 2》；第七，《毒液：致命守护者》；第八，《海王》；第九，《侏罗纪世界 2》；第十，《前任 3：再见前任》。

可以发现：2019 年中国电影票房最高的 10 部影片中，只有《复仇者联盟 4：终局之战》《速度与激情：特别行动》两部外国电影，分别位列第三和第十；2018 年中国电影票房最高的 10 部影片中，只有《复仇者联盟 3：无限战争》《毒液：致命守护者》《海王》3 部外国电影，分别位列第五、第七、第八。这与前些年中国影院被美国大片一统天下的情形，形成了鲜明的反差。

在这背后，是新中国成立 70 多年的巨大进步。有学者指出，新中国 70 多年巨变的震撼之处在于，它在规模上具有超大性：中国有 14 亿多人口，比此前崛起的大国人口总和还要多；而在时间上，又具有超级"压缩性"：中国仅用了几十年的时间，就走完了西方国家几百年走过的路。这带给了"四个自信"坚实的根基和充足的底气。当西方的文化殖民心态遇到中国的"四个自信"，文化殖民心态就会极度不适应，在不适应中"双标"就会成为表现方式。

总之，意识形态并没有过时，国家利益一直是优先，霸权思维未曾远离过，文化殖民就在日常中，这些因素都在影响着西方社会和媒体"屁股歪到一边"，不能平等对待中国，不能客观认识中国，不能公正报道中国，时常实行"双标"。

【参考文献】

（1）《二战欧洲战场贡献最大的国家是谁？——兼谈西方式"洗脑"》，观察者网，2015年5月13日。

（2）《美国通过NGO对中国渗透，做了哪些"脏活"？》，上观新闻，2016年5月25日。

（3）《中国如何从西方控制的意识形态突围》，卢克文工作室微信公众号2019年10月25日。

（4）世界贸易组织：《全球贸易数据与展望》，2019年7月。

（5）［法］弗雷德里克·皮耶鲁齐、［法］马修·阿伦：《美国陷阱：如何通过非商业手段瓦解他国商业巨头》，法意译，中信出版集团2019年版。

（6）董成文：《〈美国陷阱〉揭露真相：一场美式"政商合谋"》，载《人民日报》（海外版）2019年6月7日。

（7）高祖贵：《中美经贸摩擦的根源是美国霸权思维》，载《前线》2018年第5期。

（8）陈曙光、李娟仙：《西方国家如何通过文化殖民掌控他国》，载《红旗文稿》2017年第17期。

（9）任仲平：《奋斗创造人间奇迹——为庆祝新中国成立70周年而作（上）》，载《人民日报》2019年9月29日。

（10）任仲平：《初心铸就千秋伟业——为庆祝新中国成立70周年而作（下）》，载《人民日报》2019年9月30日。

"老子天下第一"的自骄心态,对待世界的轻慢态度,特殊论、例外论的大行其道,这些都是西方"天朝上国"心态的生动注解。

观点偏颇:"戴着有色眼镜"

> 以美国为代表的西方依然抱着"老子天下第一"的心态,仍然沉醉在"天朝上国""唯我独尊"的迷梦之中,对中国持有懵懂无知而优越感十足的心态。当面对涉及中国的事务不符合自己的认知时,自然无所适从,只好"戴着有色眼镜"看中国,观点自然偏颇,"双标"应运而生。西方媒体迎合民众心态,陷入一种相互催进固化的状态而"难以抽身"。

一、从"全球健康安全指数"说开去

先看一个由西方国家主导编制、号称权威可信、在国际社会广为传播的"全球健康安全指数"(GHS INDEX)。

该指数由美国约翰·霍普金斯大学健康安全中心(JHU)、国际著名政经杂志《经济学人》等共同开发编制,是对《国际卫生条例》195个签约国的健康安全和相关能力进行全面评估和比较的指数。该指数基于6个大标准和140个小标准,对195个国家进行打分评级,用来衡量全国性流行病或全球大流行情况下各国卫生系统的应对能力。

2019年"全球健康安全指数"显示,排名前20的国家依次是:(1)美国、(2)英国、(3)荷兰、(4)澳大利亚、(5)加拿大、(6)泰国、(7)瑞典、(8)丹麦、(9)韩国、(10)芬兰、(11)法国、(12)斯洛文尼亚、(13)瑞士、(14)德国、(15)西班牙、(16)挪威、(17)拉脱维亚、(18)马来西亚、(19)比利时、(20)葡萄牙。这20个国家中,除了泰国、韩国、马来西亚3个国家外,其他17个国家都是西方发达国家。该指数还显示,排名前13名的国家是做好"充分准备"(Most Prepared)的国家;除了泰国、韩国外,其他11个国家都是西方发达国家;除了泰国外，其他都是发达国家。

Rank	Country	Index Score ▼	Region	Population	Income
1	United States	83.5	Northern America	100m+	High income
2	United Kingdom	77.9	Europe	50-100m	High income
3	Netherlands	75.6	Europe	10-50m	High income
4	Australia	75.5	Oceania	10-50m	High income
5	Canada	75.3	Northern America	10-50m	High income
6	Thailand	73.2	Southeastern Asia	50-100m	Upper middle income
7	Sweden	72.1	Europe	1-10m	High income
8	Denmark	70.4	Europe	1-10m	High income
9	South Korea	70.2	Eastern Asia	50-100m	High income
10	Finland	68.7	Europe	1-10m	High income
11	France	68.2	Europe	50-100m	High income
12	Slovenia	67.2	Europe	1-10m	High income
13	Switzerland	67.0	Europe	1-10m	High income
14	Germany	66.0	Europe	50-100m	High income
15	Spain	65.9	Europe	10-50m	High income
16	Norway	64.6	Europe	1-10m	High income
17	Latvia	62.9	Europe	1-10m	High income
18	Malaysia	62.2	Southeastern Asia	10-50m	Upper middle income
19	Belgium	61.0	Europe	10-50m	High income
20	Portugal	60.3	Europe	10-50m	High income

Key: ■ Most Prepared ◆ More Prepared ● Least Prepared

"实践是检验真理的唯一标准。"看完这个号称权威的"全球健康安全指数"，再来看看新冠肺炎疫情防控的实际情况，两相对照，尴尬又讽刺。

截至 2020 年 6 月底，全球新冠肺炎累计确诊病例排名前 20 的国家依次是：（1）美国、（2）巴西、（3）俄罗斯、（4）印度、（5）英国、（6）西班牙、（7）秘鲁、（8）智利、（9）意大利、（10）伊朗、（11）墨西哥、（12）巴基斯坦、（13）土耳其、（14）德国、（15）沙特阿拉伯、（16）法国、（17）孟加拉国、（18）南非、（19）加拿大、（20）卡塔尔。"全球健康安全指数"排名遥遥领先的美国、英国、西班牙、德国、法国、加拿大等西方发达国家竟然也榜上有名，特别是排名冠亚军的美国和英国，新冠肺炎累计确诊病例在全球也是遥遥领先，实在令人尴尬。

截至 2020 年 6 月底，全球新冠肺炎累计死亡病例排名前 20 的国家依次是：（1）美国、（2）巴西、（3）英国、（4）意大利、（5）法国、（6）西班牙、（7）墨西哥、(8)印度、(9)伊朗、(10)比利时、(11)秘鲁、(12)德国、(13)俄罗斯、(14)加拿大、(15)荷兰、(16)智利、(17)瑞典、(18)土耳其、(19)厄瓜多尔、(20)巴基斯坦。"全球健康安全指数"排名遥遥领先的美国、英国、法国、西班牙、比利时、德国、加拿大、荷兰、瑞典等西方发达国家竟然也榜上有名，特别是确诊病倒排名冠亚军的美国和英国，新冠肺炎累计死亡病例也"勇夺"第一名和第三名，着实很是讽刺。

中国在"全球健康安全指数"中的排名是第51名。截至2020年6月底，中国新冠肺炎累计确诊病例85000多人，累计死亡病例4600多人，数量远远少于"全球健康安全指数"名列前茅的美国、英国、法国、西班牙、德国、加拿大、比利时、荷兰、瑞典等西方国家。特别是远远少于排名"健康安全指数"冠亚军的美国、英国。

对比完绝对数量，再对比每百万人确诊数（平均每一百万人口中新冠肺炎确诊人数）。截至2020年6月底，每百万人确诊数，美国为7888，英国为4660，西班牙为6452，意大利为4003，德国为2396，法国为2479，加拿大为2762，瑞典为6468，比利时为5291，荷兰为2896，葡萄牙为4042。而中国仅为61，连这些西方发达国家的零头都不及。

按"全球健康安全指数"的评估，排名越靠前，应对公共卫生风险的能力就越强，按道理应该对新冠肺炎疫情的防控成效就越好。但事实却大相径庭，"全球健康安全指数"排名与各国新冠肺炎疫情防控的实际成效之间形成了巨大的反差，可见这个号称权威的指数实在是一点儿也不权威。这种尴尬和讽刺，反映出西方主导的标准（广义舆论的一部分），对世界的认识和把握并不准确、观点很是偏颇，像"纸老虎"一样经不起实践的检验。

由此推开来，还有多少由西方国家主导编制、号称权威可信的指数、排名、分级等，其中有些跟"全球健康安全指数"一样，很可能也是"纸老虎"，但却在国际社会、国际舆论中大行其道、大张声势。

之所以西方舆论对世界的认识和把握会如此不靠谱，观点会如此偏颇，很大程度上是因为现在的西方在一定程度上陷入了"天朝上国"的迷思中。

二、西方的"天朝上国"心态

说到"天朝上国"这四个字，历史的镜头一定会定格在 1793 年 9 月的一天下午。

那天下午，英王特使马戛尔尼在热河（今承德）避暑山庄借向乾隆祝寿（八十大寿）之机递交了国书，提出通商要求，但遭到了拒绝。在给英王乔治三世的复信中，乾隆说了两句被广为流传的话。

第一句话："咨尔国王远在重洋，倾心向化，特遣使恭赍表章，航海来廷，叩祝万寿，并备进方物，用将忱悃。"意为：你这个国王，远在重洋之外，却能倾心归服，特地派来使节，恭敬地带着奏章，漂洋过海来到天朝，叩祝我的生日，还带来地方特产，很有诚意。

第二句话："天朝物产丰盈，无所不有，原不藉外夷货物以通有无。"意为：我们天朝上国地大物博，要什么有什么，完全不需要与你们这些偏僻小国进行贸易来互通有无。

乾隆皇帝的这两句话反映了最为典型的"天朝上国"心态：深深觉得自身是这个世界最强大、最先进、最文明、最完美的国家，事事都高高在上，处处要压人一等，完全就是超然于这个世界的"特殊存在"和"例外"。

把历史的镜头拉到当下，以美国为代表的西方何尝不是抱着这种"天朝上国"心态行为处事？西方社会何尝不觉得自身是这个世界最强大、最先进、最文明、最完美的？何尝不是追求事事都高高在上、处处要压人一等？何尝不觉得自身是这个世界的"特殊存在"和"例外"？历史终结论、文明冲突论等都是西方社会自诩为最强大、最先进、最文明、最完美的赞歌，以美国特殊论、例外论为代表的论调就是西方社会"天朝上国"心态最生动的注解。

"天朝上国"心态还有一个很鲜明的体现，就是肆无忌惮的单边主义。乾隆口中"天朝物产丰盈，无所不有，原不藉外夷货物以通有无"，是那个时代单边主义（当时的典型表现是闭关锁国）的响亮口号，而美国近些年来的不断"退群"就是当今时代单边主义的鲜明写照。下面，一起来看看近些年来美国的任性"退群"行为：

2017 年 6 月，美国政府宣布将"停止落实不具有约束力的《巴黎协定》"，2019 年 11 月 4 日，美国政府正式通知联合国，正式启动退出应对气候变化的《巴黎协定》的程序；

2017年10月12日，美国政府宣布美国决定退出联合国教科文组织，根据相关条款，美国的退出于2018年12月31日正式生效；

2018年5月8日，美国政府正式宣布退出伊朗核问题全面协议、下令恢复因协议而中止的对伊朗制裁措施；

2019年1月16日，美国政府宣布将从2月2日开始退出20世纪80年代美国与苏联缔结的《中导条约》，2019年8月2日，美国正式退出《中导条约》，该条约正式失效；

2020年5月21日，美国政府宣布决定退出《开放天空条约》，该条约于1992年签署，是欧洲在冷战后加强互信的措施之一；

2020年5月29日，在世界面临新冠肺炎大流行的情况下，美国政府宣布将终止与世界卫生组织的关系；2020年7月6日，美国正式退出世卫组织。

此外，美国还一直"威胁退出世界贸易组织（WTO）"，目前虽然还没有退出，但一方面在世贸组织的上诉机构法官任选问题上，用一票否决权阻止上诉机构法官遴选活动，实际"瘫痪"了该组织解决国际贸易争端的能力；另一方面，大力削减了对WTO的资金支持，导致该组织陷入半停摆状态，大量工作无法开展；

……

美国一意孤行的任性"退群"行为和肆无忌惮的单边主义行动，令世人"叹为观止"，这是美国"天朝上国"心态的直白宣言和露骨体现。以美国终止与世界卫生组织的关系为例，过程充满了胁迫霸凌：从"断供"世卫组织到发公开信，再到宣布将"退群"，美国政府针对世卫组织的恫吓打压有着层层加码的清晰路径。其目的就是胁迫、威逼世卫组织对美国俯首帖耳唯命是从，企图将世卫组织公器私用，未达目的即彻底抛弃。

"二战"以来，美国一直以世界霸主自居，"世界中心"的自大心态在历任美国总统的演讲中可见一斑，在美国民众高人一等的国民心态中体现得淋漓尽致。这种"老子天下第一"的自骄心态，让美国面对新冠肺炎疫情时持一种轻慢的态度，一开始完全没把疫情放在心上，结果与防控窗口期失之交臂。疫情大流行后，"天朝上国"的自傲心态让美国不肯拉下"世界老大"的面子去借鉴"他山之石"，而是将气撒到别人头上，不遗余力地抹黑栽赃、甩锅推诿他国。

一旦陷入"天朝上国"迷思，就会导致真话实情受到打压。比如，美国研究机构"生态健康联盟"2020年4月发布研究报告，证实新冠病毒来源于自然界。结果这一科学结论却犯了美国政府的大忌，迅速招致"掐断经费"的严惩。就算77名诺贝尔奖获得者对此联名写信"讨说法"，也是无疾而终。梳理美国的"战疫时间"，类似的打压屡见不鲜：因向媒体公开"吹哨"，"罗斯福号"航母舰长被解雇；因反对白宫推崇的所谓"特效药"，疫苗专家布莱特被降职；因直言N95口罩短缺，一线护士被痛斥……关于疫情的真话、实情，都难逃"被清理""被封口"的命运，而"病亡10万人证明我们干得不错"的荒唐言论却大行其道，直让人感叹美国社会的"魔幻现实主义"。

美国是这样，其他西方发达国家何尝不是这样？只不过，其他西方发达国家的"天朝上国"心态没有美国那么强烈凸显罢了；只不过，其他西方发达国家是美国"天朝上国"心态的降级版而已。

三、中国与西方在相互认识上"极不平衡"

中国一所中学的地理课堂上，老师提问："谁能给大家简单介绍一下美国？"一名学生站起来，滔滔不绝："美国，全称美利坚合众国，是当今世界第一强国，地处北美洲，首都华盛顿特区，国土面积937万平方公里，人口3.3亿，全国GDP超20亿美元，人均GDP超6万美元，总统是国家元首、政府首脑，主要城市有纽约、洛杉矶、芝加哥、休斯敦、费城、旧金山、西雅图等，著名大学有哈佛大学、耶鲁大学、麻省理工学院、斯坦福大学、芝加哥大学、普林斯顿大学……"

美国一所大学的东亚安全堂上，教授杰罗姆·科恩在第一堂课上提问："你们知道关于台湾的哪些事情？"（What do you know about Taiwan？）一位美国同学迫不及待地回答道："天啊，教授，我超爱吃泰餐！"（Oh my god, professor. I love Thai food！）显然，这位美国大学生同学把泰国（Thailand）和中国台湾（Taiwan）两个英文前缀相同的地方搞混了，导致泰国和中国台湾"傻傻分不清楚"。

上面两个案例的对比反差，是一个缩影，生动反映了中国与西方在相互认识上的"极不平衡"。

以美国为代表的西方社会，陷在"天朝上国"的迷思中，对西方以外的世界"一览众山小"，睡在眼前的"安乐窝"里，躺在过去的"功劳簿"里，整个社会缺少居安思危的意识，也缺乏积极进取的劲头，没有真正与时俱进，也无意关心外面世界的变化，不仅不能顺势而为，有时甚至抗拒大势，颇有"躲进小楼成一统"的味道。西方社会自认为是"天朝上国"，对全面了解中国的热情没那么大，对客观认识中国动力也没那么足，既有不屑于了解的傲慢，也有不愿意了解的偏见，还有懒得去了解的懈怠，所以大多数西方社会的民众对中国处于懵懂无知而又优越感十足的状态。

对此，一直推动美国各界了解中国的华美协进社董事会成员彼得·沃克深有感触，他表示："直到最近，美国对了解中国都缺少兴趣，且认识来源仅限于一些传教士、学者和跨国公司。""而过去40多年，中国与美国的接触和对美国的认识呈井喷状态。"彼得·沃克同中国官方和商界有着广泛的接触，十几年来访问中国八九十次，对中国和中美文化都有相当深刻的研究和理解。彼得·沃克根据自己的切身经历得出一个结论：中美在相互认知上"极不平衡"。

其实这种现象不仅仅存在于中美，实际上也存在于中国与整个西方社会，中国与西方在相互认识上"极不平衡"。

这种"极不平衡"，可以从留学生数量上看出端倪。1978年，中国自实行改革开放以来，迅速兴起向西方学习的潮流，大力鼓励优秀学生到西方留学，特别是到美国留学。中国大陆的出国留学人数，从1978年的860人增加到2019年的超70万人，增长十分迅猛，截至2019年底，改革开放以来累计出国留学人数已超600万人。数据显示，中国已经连续多年成为世界最大留学生生源地，而且数量远远超过其他国家，最主要的去向是美国、英国、加拿大、澳大利亚这四个国家，所占比重达到八成，其次是日本、德国、法国等国家。其中，去美国的留学生人数占比达到一半，2018年中国大陆出国留学人数约66.2万人，其中去美国的约36.3万人。改革开放以来，中国累计到美国留学人数达300万人之多。与此形成鲜明反差的是，从西方发达国家到中国留学的人数就少得多（这里面很重要的原因当然是中国高等教育对西方发达国家民众的吸引力还不够）。据教育部公布的统计数据显示：2018年，中国大陆共有来自196个国家和地区的49.2万名各类外国留学人员，其中来华留学生人数超过1万的发达国家仅有美国2.1万人、日本1.4万人、法国1.06万人。对比一下，中国大陆去美国的留学生有36.3万人，美国来中国的留学生仅为2.1万人，后者还不到前者的零头。其他西方发达国家到中国留学的人数就更加少得可怜了。这在客观上促进了中国与西方在相互认识上"极不平衡"的形成和发展。数量庞大的去西方留学的中国留学生,为中国民众比较全面地了解和认知西方社会打开了门窗、架设了桥梁,而且越来越多的留学生学成归国后"有比较就有鉴别",引导中国民众对西方社会的认识更加深入、深刻、深化。与之对应,在留学生这个维度,西方社会了解中国的"窗口"就狭小得多、"桥梁"就狭窄得多,造成西方社会对中国的认识了解就远远不够。

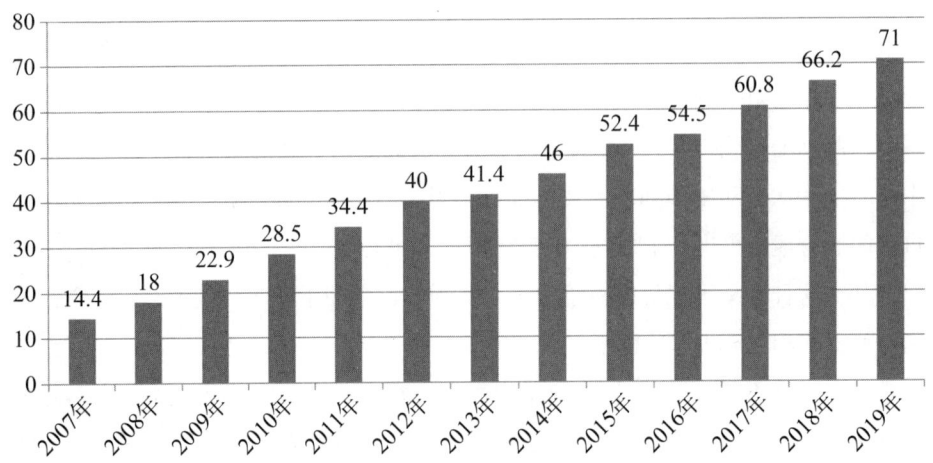

2007—2019年中国出国留学生人数(万人)

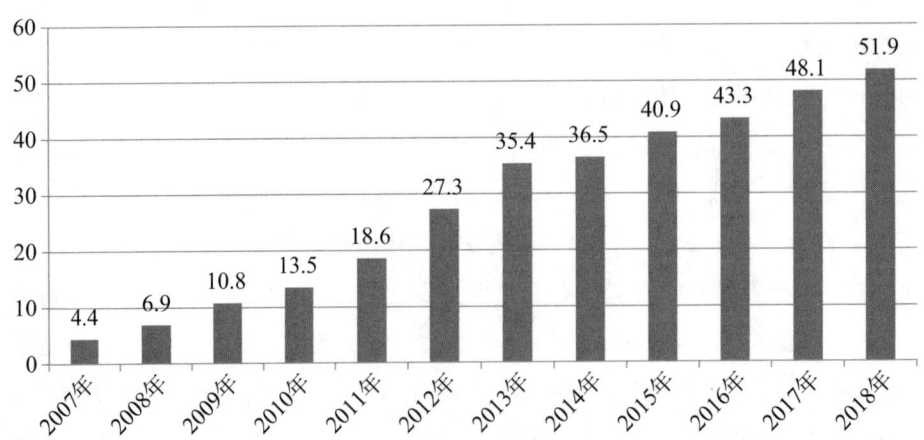

2007—2018年中国留学生回国人数(万人)

这种"极不平衡",可以从信息流向流量上看出迹象。长期以来,国际舆论存在着话语权严重失衡的现象,导致世人难以了解真实、多元、全面的世界。世界各国各民族的信息传播,并不是在平等的基础上进行自由交流、交融和交锋的，信息传播也不是在各个国家、民族间双向或多向互动，而是在信息霸权的操控下，"自西向东"单向输出，国际信息传播秩序极度不平衡，广大发展中国家的信息传播"逆差"十分惊人。比如在国际舆论场上，影响力居前的通讯社是美联社、路透社、法新社等西方通讯社，影响力居前的报纸是《纽约时报》《华尔街日报》《华盛顿邮报》《泰晤士报》《金融时报》《费加罗报》等西方报纸，影响力居前的杂志是《时代》《经济学人》《明镜》等西方杂志，影响力居前的电视台是CNN、NBC、ABC、FOX等西方电视台，影响力居前的社交平台是Facebook、Twitter等西方社交平台（在社交平台领域，中国已经崭露头角，比如微信的海外版WeChat、抖音的海外版TikTok），影响力居前的影视产品是西方的影视产品……美国的时尚潮流、电影、音乐已经完全影响到中国市场的各个角落。

"自西向东"的单向信息传播格局，就好比一个水坝，西方流向中国的信息传播就像上游之水奔泻而下，中国流向西方的信息传播就像下游之鱼要逆流而上，自然艰辛。这正是中国文化、中国媒体走出去步履艰难的原因所在。但是任何事物都是两面的、对立统一的，长期以来"自西向东"的单向信息传播格局，客观上也造成了这样一个局面和结局：大量的有关西方社会的信息，全方位、多层次、多角度、多维度、多渠道地涌入中国，让中国社会对西方社会的了解和认知的角度不断全面、细节不断丰富、思考不断深化、把握不断准确。相反，只有十分有限的中国信息，通过十分有限的渠道传播到西方，却遭遇西方社会"天朝上国"心态因素的冲抵，这样西方对中国的了解就越发局部、认知就越发局限。

美国文化名家房龙在著作《宽容》（又译《人类的解放》）一书中这样阐述："宽容这个词从来就是一个奢侈品。摆脱了狭隘偏见的人，才能看到整个人类具有广阔多彩的前景。""偏见往往源于无知，但比无知更可怕的是傲慢。""弱小和无知不是障碍，傲慢才是。"国与国的交往，文明与文明的交流，跟人与人交往同理，相互了解可以减少和消除误解，去除误解才能对对方的行为做出正确的判断，并在此基础上做出得当的回应。

当今世界正处于百年未有之大变局，国际格局相较于冷战结束后发生了巨大变化，以美国为代表的西方实力相对衰落，以中国为代表的发展中国家、新兴国家群体性崛起无可阻挡，"东升西降"态势明显。这是历史大趋势，不以人的意志为转移。但是，以美国为代表的西方却依然抱着"老子天下第一"的心态，试图通过"大国竞争"打压新兴国家的发展势头，不愿正视后发国家的巨大潜力和良好势头,仍然沉醉在"天朝上国""唯我独尊"的迷梦之中,所以很多西方社会民众对中国持有懵懂无知而优越感十足的心态。当面对涉及中国的事务不符合自己的认知时,他们自然无所适从,只好"戴着有色眼镜"看中国,观点自然偏颇,"双标"应运而生。西方媒体作为高度市场化的市场主体,自然会迎合这种既不了解却又充满优越感的民众心态,反过来媒体的迎合又进一步固化了这种扭曲的心态,从而陷入一种相互催进固化的状态而"难以抽身"。

【参考文献】

(1)2019"全球健康安全指数",https://www.ghsindex.org。

(2)《新型冠状病毒肺炎疫情实时大数据报告》,https://voice.baidu.com/act/newpneumonia/newpneumonia/?from=osari_aladin_banner#tab4。

(3)《乾隆给英王乔治三世的信:你这个国王,远在重洋却能倾心归服》,载《见字如面(第二季):永不消逝的挂念》,中信出版社2018年版。

(4)孙成昊:《美利坚的"天朝上国"心态》,载《北京日报》2020年5月27日。

(5)雨馨:《"自由灯塔"为何容不下一句真话》,载《北京日报》2020年5月27日。

(6)新华社记者:《美国"退群"的新"境界"》,新华社北京2020年5月30日电。

(7)《一些美国同学甚至分不清台湾和泰国》,观察者网,2020年7月15日。

(8)《美国人需要更多了解中国》,中美聚焦网2019年12月17日。

(9)赵晓霞:《改革开放40年来出国留学人员累计近520万》,载《人民日报》(海外版)2018年12月18日。(笔者注:该报道数据截至2017年底。)

(10)[美]房龙:《宽容(人类的解放)》,刘梅译,中国友谊出版公司2018年版。

(11)[英]佩里·安德森:《原霸:霸权的演变》,李岩译,当代世界出版社2020年版。

(12)[日]宫崎正胜:《大国霸权:5000年世界海陆空争霸》,米彦军译,浙江人民出版社2020年版。

(13)[英]维克多·基尔南:《原罪、梦想与霸权:美国四百年》,邵社罔译,北京时代华文书局2019年版。

(14)[法]魏柳南:《中国的威胁?》,王宝泉、叶寅晶译,人民日报出版社2009年版。

(15)姜加林:《中国威胁还是威胁中国?中国威胁论研究》,外文出版社2000年版。

(16)孙英春:《跨文化传播学》,北京大学出版社2015年版。

(17)肖珺:《新媒体跨文化传播的中国实践研究》,中国社会科学出版社2018年版。

(18)周加李:《欧美公众对中国形象的认知与误读——以中国崛起为背景》,载《昆明理工大学学报(社会科学版)》2016年第2期。

(19)党芳莉:《跨文化传播中国家形象的媒体误读研究》,载《上海财经大学学报》2009年第4期。

(20)周媛、林克勤:《文化全球化时代跨文化传播的话语"误读"问题反思》,载《外国语文》2020年第6期。

螃蟹横着爬,青蛙跳着走,各自的方式方法不一定适用于对方,但西方已经习惯以"教师爷"自居。

方法偏离:"螃蟹指点青蛙"

> 螃蟹在树林里遇到青蛙,问道:"青蛙,你要去哪里,我给你指路?"青蛙回答:"我要到河边去,怎么走?"螃蟹指着一边说:"你一直往前走,一会儿就到达河边了。"青蛙走了老半天,河的影子都没见到。后来,青蛙又遇见螃蟹了,就埋怨螃蟹:"你害得我好苦,我走了老半天,连河的影子都没看到。"螃蟹摇头笑着说:"我没有骗你,你要是像我这样横着爬早就到了,你却跳着走,当然到不了河边了。"

就像横着爬的螃蟹给跳着走的青蛙指路,或者反过来像跳着走的青蛙给横着爬的螃蟹指路一样,各自的方式方法不一定适用于对方。西方社会和媒体在了解和认知中国的方式方法上也常常发生偏离,却喜欢和习惯以"教师爷"自居,这也是其涉华报道"双标"产生的重要原因之一。

一、俯视代替了平视

问一个职员"职场里,最讨厌什么样的同事?"的问题,得到的回答多半是"居高临下的人"。

问一个居民"社区里,最不满什么样的邻居?"的问题,得到的回答多半是"俯视众生的人"。

问一个青年"家庭里,最不喜什么样的家人?"的问题,得到的回答多半是"高高在上的人"。

……

其实,无论是人与人之间,还是国与国之间,抑或是文明与文明之间,仰视也好，俯视也罢，都会发生偏差、产生扭曲，无法真正做到客观、公平、公正。唯有平视，既给自己一种自信，也给对方一种尊重，在不卑不亢中才能做到实事求是，通过实事求是才能得到客观公正的认知结果，才有助于双向交流沟通。

近几百年来，主要由西方主导着世界格局和国际秩序，在这种长期的主导中，西方社会逐渐形成并习惯了以俯视而不是平视的方式看待西方以外的世界，其中也包括了中国。尽管在此之前，西方主要用仰视的方式向往了中国很久，甚至一度把中国塑造成"遍地是黄金，到处有香料"的向往之地。当时西方人对中国的崇拜，远远大于现在有些中国人对欧美的向往，很长一段时间里，拥有中国艺术品一直是欧洲王室贵族彰显高贵的象征。

近代以来，西方习惯以俯视方式看待中国，典型表现就是"中国崩溃论"时不时就会甚嚣尘上。尽管新中国成立以来，中国成功实现了从高度集中的计划经济体制到充满活力的社会主义市场经济体制的巨大转变，实现了从封闭半封闭到全方位开放的伟大历史转折，发展成就举世瞩目。但只要中国稍微遇到困难和挫折，只要国际社会一有风吹草动，西方主导的"中国崩溃论"就会沉渣泛起。

根据研究者的概括总结，改革开放以来，西方至少鼓吹了六次"中国崩溃论"：

第一次"中国崩溃论"，盛行于20世纪80年代末期。当时物价闯关实行价格双轨制，"倒爷"盛行，各地出现了比较严重的通货膨胀，恰逢当时东欧剧变、苏联解体，社会主义事业遭遇巨大挫折，于是西方社会和媒体迅速刮起了"中国即将崩溃"之风。但让西方失望了：中国挺住了，1992年后，经济改革向前推进，民间资本获得鼓励，民营经济发展迅速，不仅危机顺利化解，而且发展更进一步。

第二次"中国崩溃论"，盛行于1998年。当时出现了东南亚金融危机，东南亚各国货币贬值、资本逃离、工厂倒闭、失业暴增，以索罗斯为代表的国际资本集中力量做空中国香港，而中国大陆也出现了百年一遇的特大洪涝灾害……西方社会和媒体趁机唱衰中国，"中国崩溃论"再度兴起。但让西方失望了：中国力挽狂澜，动用外汇稳住了港币，对外承诺人民币不贬值，对内扩大内需拉动经济，中国不仅安然度过亚洲金融危机，之后还迎来了新一轮高速发展时期。

第三次"中国崩溃论"，盛行于2001年前后。当时正值中国加入世界贸易组织（WTO）之际，国内对加入WTO后的影响判断尚有分歧，西方媒体和社会抓住机会，借各种专家之口大肆渲染中国经济体系还不健全完备，企业竞争力不够强，加入WTO后将遭受国外资本和产业的严重挤压，甚至有部分产业和企业将进入"死亡通道"。但让西方失望了：中国加入 WTO 后如鱼得水，国际贸易发展突飞猛进，快速成长为世界工厂，跃居世界最大货物贸易国，在国际贸易中的地位越来越举足轻重。

第四次"中国崩溃论"，盛行于 2008 年后。当时美国次贷危机波及全球，世界经济遭受重创，为此中国通过加大基建、扩大投资拉动经济，对冲国际金融危机影响。西方媒体和社会再次趁机唱起"中国崩溃论"，唱衰中国政府的应对举措，渲染政府投资的低效将致使债务剧增，最终债务崩盘导致中国经济硬着陆。但让西方失望了：经历这次国际金融危机，中国经济不仅没崩溃，反而逆势步步跨升，成为世界第二大经济体，在拉动投资中兴建的高铁、高速公路、桥梁、机场等极大提升了中国的基础设施水平。

第五次"中国崩溃论"，盛行于 2015 年后。2015 年中国遭遇股市大跌，另外经济增速、固定资产投资都在下滑，中国经济由主要注重速度转向更加注重质量的发展阶段。西方媒体和社会对此大做文章，迅速唱响"中国崩溃论"，渲染中国经济正处于风雨飘摇中。但让西方失望了：中国大力推进供给侧结构性改革，"三去一降一补"政策的效果逐步显现。几年过去，中国经济不但没有崩溃，而且高质量发展成为共识，经济转型正在向好的方向发展。

第六次"中国崩溃论"，出现在 2020 年初。2020 年初，新冠肺炎疫情突然来袭，湖北武汉等地出现了严重疫情，确诊病例数量快速增长，疫情防控形势严峻。当时疫情在西方还未大范围流行，西方媒体和社会抓住机会幸灾乐祸，"中国崩溃论"迅速升温。但让西方失望了：中国果断打响疫情防控阻击战，采取最全面最严格最彻底的防控措施，有效阻断病毒传播链条，到 2020 年 4 月底，中国疫情防控进入常态化，率先实现复工复产。与此对应，不久之后西方社会却陷入了疫情大流行中。2020 年，在世界主要经济体中仅中国实现经济正增长。

在西方社会和媒体反复高唱"中国崩溃论"中，中国发展日新月异。1952 年到 2019 年，中国 GDP 从 679.1 亿元跃升至近 100 万亿元，人均 GDP 从 119 元提高到 7.09 万元。世界第二大经济体、世界货物贸易总额第一、外汇储备余额第一、高铁里程第一……这就是今天的中国；每天能创造 GDP 2460 多亿元、进出口货物 126 亿美元、收发 1.4 亿件快递、生产 7.6 万辆汽车……这就是今天的中国；跻身全球创新指数 20 强，有超过 1 亿个市场主体，成为全球最大的消费市场……这就是今天的中国。正因为如此，美国哥伦比亚大学经济学教授杰弗里·萨克斯坦承，"在经济领域，中国是一个巨大的成功故事"。

"中国崩溃论"的"崩溃"，用事实雄辩地证明了西方向来以俯视看待中国的方法是错误的、偏离的，应该加以校正，应该以平视的方式看待中国。但对傲慢的西方来说，这谈何容易？！

二、狭隘取代了开阔

在对待人类社会发展进程这个问题上，西方的观点是非常狭隘的，"历史终结论"就是影响甚广的代表性理论。"历史终结论"是西方学者弗朗西斯·福山（Francis Fukuyama）提出的，该理论认为，以苏联解体、东欧剧变、冷战的结束为标志，意味着共产主义这条道路已经被堵死，人类历史发展的进程只剩下一条路——西方的市场经济和民主政治。人类社会的发展史，就是一部"以自由民主制度为方向的人类普遍史"，西方自由民主制度是"人类意识形态发展的终点"和"人类最后一种统治形式"。说到底，"历史终结论"只是一种狭隘的世界观，简单粗暴地宣扬人类社会有且只有一种选择——西方自由民主制度，对人类社会发展历程中出现的丰富的探索置若罔闻、视而不见。

"历史终结论"本身并不值得一驳，纯属西方的自嗨，但是其能大行其道颇值得玩味。"历史终结论"由于论证了西方自由民主制度的所谓优越性和正统地位，得到西方社会的大力宣扬，在全世界大行其道，深深影响着国际舆论特别是政治领域的舆论，也影响了西方看待非西方世界的方式。

由西方主导世界的这几百年来，西方社会不仅习惯了以俯视的方式看待中国，而且还习惯了以狭隘的视野认知中国。其中一个重要的表现就是，身体虽然已经进入了21世纪，但思维还停留在旧时代，难以接受中国日益发展壮大的事实，对中国日益走近世界舞台中央备感抗拒。

从西方的自身经历来看，从英王特使马戛尔尼1793年觐见乾隆皇帝开始，西方就在交往中看到了这个东方王朝腐朽、僵化、不堪一击的羸弱本质；从1840年开始，西方就在交战中看清了架起几门大炮就能让这个王朝俯首听命的秘密……在历史的惯性中，西方已经习惯了对中国的"愚昧""落后""腐败""无能""软弱"等标签。但是，1949年之后的中国，特别是今日之中国，早已不是那个旧中国。

遗憾的是，西方的思维却没有跟上时代的步伐，固执地用短短几百年的狭隘视野（西方开始满世界殖民以来的历史）打量中国，却不知用几千年的开阔视野（从古至今完整的世界历史）审视中国。如果西方愿意突破自己的狭隘视野，到历史的天空中去瞭望一番，从殖民以来的"小历史"中走出来，放眼于人类社会的"大历史"，就一定能够坦然接受中国的发展壮大是多么自然的一件事情，也一定能够明白中国日益走近世界舞台中央是多么必然的一种结果，而不会不明就里地抗拒，也不会怅然若失地迷惘。

有研究将中国历史与同时期的世界历史进行对照，在比较和鉴别中观察从史前时期到近代各个时期的中国，究竟是领先于世界还是落后于世界。分期对比如下所示。

史前时期。中国：五千年前至四千年前，中国进入父系氏族文化时期，掌握了种植水稻技术。世界：五千年前，埃及形成了奴隶制国家，两河流域出现奴隶制城市国家，印度河流域出现哈拉帕文化。对比结果：制度发展方面埃及和两河流域领先世界，农业发展方面中国与西亚领先世界。

夏商周时期。中国：公元前2070年左右，夏朝建立，中国进入奴隶社会；公元前6世纪，春秋时代百家争鸣，文化大发展大繁荣。世界：公元前2600年，埃及古王国进入第四王朝时期；公元前1894年，古巴比伦王国建立；公元前6世纪，印度出现众多小国，佛教产生。影响现在世界的主要思想和宗教都产生在这一时期，包括：道家思想、儒家思想、佛教、犹太教（基督教和伊斯兰教都起源于犹太教）。对比结果：中国同其他文明古国的发展几乎同步。

秦汉时期。中国：公元前221年到公元220年，秦始皇统一天下确立郡县制，中国进入封建时代，统一的民族文化在两汉时期融合形成，开辟丝绸之路。世界：公元前150年，罗马人征服希腊，公元前27年，罗马共和国转为帝国，进入极盛时期。对比结果：中国与罗马帝国分别在东方和西方领跑世界。

隋唐时期。中国：581年，隋朝重新统一中国；618年到907年，唐朝统治中国；隋唐时期，中国进入全盛时期，丝绸之路连贯了东西方。世界：6世纪初，法兰克王国建立；8世纪中叶，阿拉伯帝国形成；9世纪早期，英吉利王国形成；9世纪，封建制度在西欧确立。对比结果：中国领先世界，不仅封建制度比欧洲早了1000年，而且经济更加富庶发达。

宋元时期。中国：960—1276年，中国进入两宋时代，封建经济空前繁荣，出现世界最早的纸币；1276年，元灭南宋，形成世界最大疆域的帝国。世界：962年，神圣罗马帝国建立；1066年，法国诺曼底公爵征服英国；1215年，英国颁布《大宪章》，进入君主立宪时代。对比结果：中国总体上依然领先世界，但是英国的君主立宪制度开始反超中国封建制度。

明清时期。中国：1368—1644年，明朝统一时期，郑和7次下西洋，封建经济繁荣，江南地区出现资本主义萌芽。1644—1840年，清王朝闭关锁国时期。世界：14—16世纪，欧洲文艺复兴运动；15世纪晚期，英法中央集权资本主义国家开始形成；1492年哥伦布初次航行到美洲；16世纪开始，葡萄牙、西班牙、英国、法国、荷兰等满世界抢占殖民地。对比结果：中国逐渐落后，欧美迅速崛起，世界格局改变。

元明清及以后，中国从部分落后逐步到全面落后于世界。1840年鸦片战争后，中国战败被迫打开国门，此后进入了近代时期，陷入"落后就要挨打"的被动局面。新中国成立以后，中国从站起来到富起来再到强起来，大踏步赶上了世界的步伐。2019年，中国人均GDP达10276美元，跃上1万美元台阶，是世界人均GDP中位数（4264美元）的2倍多。之前，在全世界75亿人口当中，只有约15亿人口人均GDP过万美元，占世界总人口的约20%，中国人均GDP过万美元，相当于让人均GDP过万美元人口增长了一倍。

通过"大历史"的对比，可以发现：从世界五千年历史的纵深来看，五千年中有四千多年中国至少都是同步于时代的，这四千多年中绝大部分时间中国都是领跑时代、领先世界的。如果真正了解世界历史，而不是只盯着最近三四百年以来的"小历史"，西方社会和媒体就能理解中国在过去的绝大多数时间里都是领跑世界的，中国当前的发展壮大是"在历史前进的逻辑中前进，在时代发展的潮流中发展"的，也就能坦然接受中国发展壮大和日益走近世界舞台中央的事实和趋势。

对比完中西方的"大历史"，再来反观"历史终结论"，可见其荒谬，是完全站不住脚的。或许，从另一个角度理解"历史终结论"会发现其有合理之处，比如"历史终结论"是西方历史的终结。如何理解？西方所谓的自由民主制度面临越来越多的问题，西方社会虽然能看到问题，却无法真正解决问题，因为所有的努力和抗争最终都消解在了选举政治中。西方社会和西方制度的韧性结构性过足，失去了内爆变革和突破限制的机会，在看似完备的所谓"自我修复"中陷入死循环，螺旋而不上升。

三、主观挤对了客观

美国当地时间 2020 年 7 月 16 日，美国司法部部长巴尔（William Barr）在密歇根州的福特总统博物馆发表有关中国政策的演讲，在这场长达 45 分钟的讲话中，巴尔大肆炒作所谓"中国威胁论"，用各种没有事实依据的主观偏见渲染中国所谓的"野心"，夸大美国"过度依赖"中国商品，极力污蔑中国"窃取"美国技术等。在这次演讲中，巴尔还煞有其事地引用了一句话："双赢在中国的意思是，中国连赢两回"。（Win-win in China means that China has won twice in a row.）

读者读到这里的第一反应是：这是真的吗？巴尔不是在搞笑吧？然而，这确实是真的，这样荒唐可笑的话语确实就出自美国政府的高官之口。众所周知，"双赢"（win-win）的意思是合作双方共赢，双方都得到好处，对双方都有利，但美国司法部部长却故意歪曲为"中国连赢两回"（win twice），真是"冒天下之大不韪"，"滑天下之大稽"。

如此让人啼笑皆非的主观偏见，是以美国为代表的西方看待中国的一个缩影。

这几百年来，由于世界由西方主导，因而西方社会不仅习惯了以俯视的方式看待中国，习惯了以狭隘的视野认知中国，而且还习惯了以主观代替客观看中国的方式，也就是用西方的主观意愿猜度中国的行为动机，典型的"以己之心度人之腹"。

进入 21 世纪以来，西方社会和媒体时不时就会鼓吹"中国威胁论"，顽固地认为国强必霸，固执地预测中国随着自身实力的不断壮大必然会走上霸权主义和对外扩张的道路。在此基础上，不惮于以最坏的恶意推测中国。比如，中国对非洲的帮助，不附带任何政治条件，却被西方社会和媒体污蔑为"中国在非洲大搞新殖民主义"；又比如，中国推动的"一带一路"倡议，旨在合作共赢，让更多国家搭上中国经济发展的快车便车，却被西方社会和媒体大肆渲染为"中国版马歇尔计划"……

西方执着认为的"中国强大以后必然搞霸权主义"的观点，完全是一种以己度人的主观臆测，而这种主观臆测既来源于西方自身的心态，也来源于西方大国崛起的路径依赖惯性。有研究梳理了地理大发现以来西方大国崛起的历程：

葡萄牙称霸时期。15 世纪，地理大发现开启了大航海时代，葡萄牙是欧洲最积极出海探险并建立殖民地的国家。在殖民地赚取丰厚利润的支撑下，葡萄牙走向繁荣，一直到 16 世纪末期之前，在长达近两个世纪的时间里，葡萄牙都是欧洲的霸主。

西班牙称霸时期。15 世纪末，西班牙逐渐走向统一，于是与葡萄牙在海外殖民地的抢夺日益激烈。1494年6月，在教皇亚历山大六世（西班牙人）的调停下，两国签署《托尔德西里亚斯条约》。协议规定两国将共同垄断欧洲之外的世界，大体是欧洲—非洲以东发现的土地归葡萄牙，以西属西班牙。西班牙后来居上，1583年打败了葡萄牙，成为欧洲的霸主。

荷兰称霸时期。1581年，荷兰摆脱西班牙的统治，获得独立。此后荷兰大力发展造船业，到17世纪后期，荷兰的商船吨位占当时欧洲总吨位的3/4，海上贸易基本上被荷兰垄断，因此荷兰被称为"海上马车夫"。此时的西班牙已经逐渐衰落，荷兰成为海上霸主，此时陆地霸主是法国。

英国称霸时期。荷兰垄断海上贸易，让英、法两国分外眼红，从17世纪下半叶开始，英、法两国不断夹击进攻荷兰，英国与荷兰争夺海上霸权，法国与荷兰的战争则席卷到荷兰本土。到了17世纪末，荷兰逐渐走向衰落。英国在工业革命和光荣革命之后，顺利成为新霸主，殖民地遍布全球，号称"日不落帝国"。

美国称霸时期。19世纪初，美国开始工业化，到第一次世界大战前夕，美国成为世界第一经济强国。两次世界大战都没有波及美国本土，让美国坐收渔利迅速崛起，"二战"后美国和苏联成为超级大国。苏联解体后，美国成为世界上唯一的超级大国。

从西方对大国崛起的心态和西方大国崛起的路径依赖来看，西方很容易得出"国强必霸"的认知和"世界强国必然对外扩张"的结论。但中国的历史文化传统与西方世界是大不一样的，在中国几千年的对外交往中一直是"王道"思想在主导，而不是西方习惯和路径依赖的"霸权"思想、"霸道"理念、"霸凌"行为。

其实，关于"王道"和"霸道"，中国历史上有过商鞅三见秦孝公的故事，这是一个很有意涵的故事，对后来中国的治国理念产生了深远影响。

第一次见，商鞅给秦孝公讲"帝道"，用上古黄帝、颛顼、帝喾、尧、舜的故事阐述治国之道，也就是用恩信之法，以德教民。结果秦孝公一点儿也听不进去、昏昏欲睡，认为商鞅是一个无知妄言之徒。

第二次见，商鞅给秦孝公讲"王道"，用商汤王、周武王的故事阐述治国之道，也就是用德和智，行仁义之法，推礼乐制度，提倡教化和仁政。结果秦孝公还是听不进去，对商鞅又是一顿责备。

第三次见，商鞅给秦孝公讲"霸道"，用已经出现的霸主故事阐述治国之道，也就是用智和力，以力服人，以利诱人，以武力、刑法、权势等手段统治天下。

结果秦孝公听得津津有味，不知不觉在垫席上移动膝盖向商鞅靠拢。

事后，商鞅感叹："我本来想辅佐国君成为尧舜之君，再次一点也做个商汤周武！哪知国君悟性不够，都听不进去，我只好给他谈霸道了，秦国也就只能称称霸了！"

可见，"霸道"在中国政治传统中地位是最低等的。后来，秦朝的迅速灭亡给后人留下了深刻教训，从此"王道"思想成为中国政治传统中居主流和占统治地位的思想。对中国历代统治者和统治阶层产生重大影响的《春秋》《论语》等，都是弘扬"王道"批判"霸道"的。

中国政治传统向来践行"王道"，注重"修己"，克己"涵养"，追求"内圣外王"，坚持"己所不欲，勿施于人"，在处理对外关系时讲究"和合而立"、提倡"和平共处"。与此对应的"霸道"则不然，他们信守一切都要"以我为中心"，"唯我独尊""穷兵黩武""征服强夺"是"霸道"的最典型特征。

可以简单对比一下同时期中国明朝"郑和下西洋"和西方"大航海"的差别。当时，大明王朝可谓是世界上最强大的国家，但是大明王朝不曾将武力诉诸他国，"郑和下西洋"输出的不是侵略、不是战争、不是搞殖民地，而是中国先进的生产技术和中华民族的先进文化。反观西方"大航海"，既没有给新大陆带去民生福祉，也没有带去和平安宁，带去的是赤裸裸的抢掠、战争、奴役、殖民。这就是"王道"与"霸道"的直观呈现、生动诠释。这也充分说明，中国向来推崇的是"本乎人情，出乎礼义"，而不是"以力假仁、霸夺之与"，中华民族向来是真心期盼和致力于天下"太平"与"和顺"的。

新中国自成立以来，一直致力于推动和维护世界和平。新中国成立伊始，周恩来总理就在"万隆会议"上提出了著名的"和平共处五项原则"，该原则将新中国"爱好和平"的形象树立在世界人民的面前，并成为国际交往的重要准则。这么多年来，中国始终坚持和信守和平共处的方针，虽然今天的中国经济实力和综合国力都已经位居世界第二，但中国依然高举和平发展的大旗，因为"不称霸""不搞强权政治"是中国自始至终的承诺，也是中国一以贯之的行动。

反观美国，美国自称是当今世界文明的中心，标榜是"普世价值"的基地，是自由民主的灯塔，但是美国自"二战"结束以来在政治、经济、军事、外交等方面"唯我独尊""强加于人"的"霸道"行径，恰恰为它所谓的"文明"镶嵌了"野蛮"的注脚。面对世界人民"和平与发展"的渴望，美国不是积极地促成世界范围的"和平与发展"局面，相反是不断掀起战争阴霾，挑起地区冲突。据有关统计，到2020年，美国建国不到250年，但所参与的战争和对外的军事行动达200多次。仅1945年到1990年，进行的海外战争就有124次，从1991年到21世纪，又进行了40多次的海外战争，在21世纪初又发动了阿富汗和伊拉克两场局部战争。美国的"霸道"行径有目共睹，它不断通过战争来扩大势力范围，并获得经济上的巨大利益。

美国是这样，西方何尝不是这样？西方强国崛起的历史，就是殖民奴役他国的历史，剥削压榨他国的历史，是一部人类的血腥史。而中国在漫长的历史中，既没有殖民奴役过他国，也没有剥削压榨过他国，没有"霸权主义"的基因。

西方自身有"霸道"的心态，又有霸权的历史传统，再有争霸的路径依赖，还有霸凌的现实表现，自然容易以己度人地认为中国"国强必霸"，自然倾向于认为中国会走上霸权主义和对外扩张的道路，这是典型的"以己之心度人之腹"，是典型的以主观臆测代替客观现实。主观代替了客观，偏见也就挤对了公正，在这样的情势下，西方社会和媒体对中国进行"双标"也就不难理解了。

【参考文献】

（1）周加李：《"仰视"与"俯视"——论西方历史上对中国形象的两种代表性误读》，载《国际援助》2015年第5期。

（2）韩宇：《"中国崩溃论"的"崩溃"》，载《中国青年报》2019年4月15日。

（3）《那些制造"中国崩溃论"的人，后来都崩溃了！》，新华网2017年7月6日。

（4）梁玉春：《"中国崩溃论"：西方的意识形态武器》，载《红旗文稿》2015年第12期。

（5）任仲平：《奋斗创造人间奇迹——为庆祝新中国成立70周年而作（上）》，载《人民日报》2019年9月29日。

（6）任仲平：《初心铸就千秋伟业——为庆祝新中国成立70周年而作（下）》，载《人民日报》2019年9月30日。

（7）朱佩：《美联社涉华新闻生产（2006—2015）研究》，武汉大学博士学位论文，2016年11月。

（8）林岩：《全球化中的他者——后冷战时期西方媒体中的中国人研究》，上海外国语大学博士学位论文，2012年。

（9）何平：《中国和欧洲文明史比较》，四川大学出版社2007年版。

（10）[新西兰] S.A.M.艾兹赫德：《世界历史中的中国》，姜智芹译，上海人民出版社2009年版。

（11）姚中秋：《世界历史的中国时刻》，海南出版社2019年版。

（12）吴迪明：《中国道路的世界历史逻辑》，红旗出版社2020年版。

（13）《"双赢"就是中国赢两次？美司法部长还真引用了这句话》，观察者网，2020年7月17日。

（14）《中国的"王道"与美国的"霸道"》，求是理论网，2012年1月17日。

本着"无中生有、无事生非，小事化大、大事化爆"的原则，极尽挑拨离间之能事，用尽挑事生非之套路……西方，就是这么不消停。

传统偏执："嫌事儿不够大"

"狗咬人不是新闻，人咬狗才是新闻。"这是19世纪70年代《纽约太阳报》都市新闻部主任约翰·B.博加特（John B. Bogart）对"什么是新闻"的看法。该报是美国新闻史上第一份廉价报纸（便士报）、商业报纸，预示着美国"政党报刊"时代的终结和"大众传媒"时代的诞生。与之异曲同工，该报的另一位代表人物、曾任主编的查理·德纳（Charlie Dana）认为：新闻是一种令人惊叫的事情，凡是能让女人喊一声"哎呀，我的天哪"的东西，都能成为新闻。

"狗咬人不是新闻，人咬狗才是新闻。""凡是能让女人喊一声'哎呀，我的天哪'的东西，都能成为新闻。"……

西方大众传媒从诞生之初就有其深入血脉的"基因"，并由此形成了揭丑性报道传统、耸闻性选题传统、冲突性叙事传统、挑事性运作传统等，这也是其涉华报道"双标"产生的重要原因之一。

一、揭丑性报道传统

有人总结：美国总统逃不过"丑闻"。

特朗普自不必多说，美国社会流传的和美国媒体报道的关于他的丑闻可以算得上是铺天盖地。之前的总统奥巴马，曾一度被称为"零丑闻"总统，可是后来也传出吸毒等丑闻。小布什的丑闻，可以说是接连不断。尼克松，水门事件丑闻导致他辞职……美国总统，总会被爆出丑闻，最清白的总统也会跟政治献金丑闻扯上关系。当然这些丑闻不一定都是"实锤"，有些不排除是捕风捉影。之所以会这样，跟美国社会和媒体的揭丑性传统有关，而说到揭丑性传统当然绕不过著名的"扒粪运动"。

"这是一个最好的时代，这是一个最坏的时代；这是一个智慧的年代，这是一个愚蠢的年代；这是一个光明的季节，这是一个黑暗的季节；这是希望之春，这是失望之冬；人们面前应有尽有，人们面前一无所有；人们正踏上天堂之路，人们正走向地狱之门。"用英国最伟大的作家之一狄更斯（Dickens）的传世名句，来形容19世纪末20世纪初的美国最合适不过了。

当时的美国，既是一个镀金时代，也是一个黑暴时期，一方面经济空前繁荣甚至过度繁荣，另一方面社会问题层出不穷，其中最严重的就是社会各领域全方位的腐败。在这样充满矛盾的背景下，美国新闻界掀起了揭露丑闻、暴露内幕的运动，史称"扒粪运动"，也即揭丑运动。

"扒粪运动"的得名，来自美国总统西奥多·罗斯福（Theodore Roosevelt，1901年至1908年担任美国总统）。罗斯福总统为什么要把专门揭露丑闻、暴露内幕的记者称为"扒粪者"（muckrakers）？其中自有故事。"扒粪运动"的代表人物、记者林肯·斯蒂芬斯（Lincoln Steffens）在自传《林肯·斯蒂芬斯自述》中的记述，对这件事情的来龙去脉说得很清楚。

当时，斯蒂芬斯的两部著作《城市的耻辱》（揭露美国各个城市腐败的报道结集）、《为自治而斗争》（揭露美国各个州腐败的报道结集）在美国社会引起巨大影响，为他赢得了巨大的声望。斯蒂芬斯在切身了解到从市到州都如此腐败后，不得不深思"联邦政府究竟是怎么样的"这个问题。带着疑问，怀着期待，斯蒂芬斯来到首都华盛顿拜访了罗斯福总统。这次拜访，充满了激烈的"交锋"。

罗斯福本人为官可谓清廉，并深信自己代表了人民利益，且为之努力。但当谈话深入他的某些具体法令法案时，罗斯福坦言，有时为了通过某些利国利民的条款，他不得不做出妥协，与参议院和众议院做某种交易。斯蒂芬斯立即抓住此点，尖锐地批评这实际也是一种贿赂。对此，罗斯福严重不满，坚决否认这是一种贿赂。斯蒂芬斯则坚持己见："总统先生不是曾说过，尽管有的参议员所行不端，你还是不得不与之周旋吗？"罗斯福回答："确实如此。"斯蒂芬斯继续穷追不舍："总统先生也曾说过，为了笼络某些参议员，不得不对他们提出的人选委以官职，是有这回事吧？"罗斯福答道："确实如此。"斯蒂芬斯于是得出结论："那么，这不就意味着总统先生为了得到参议员们的支持票而不惜授之以利吗？毫无疑问这就是贿赂。"但罗斯福仍然否认这是贿赂。这时，斯蒂芬斯毫不退让："这是更令人难以容忍的贿赂，以国家的名义花人民的钱，仅仅是为了赢得由人民选出的参议员去支持反映人民意愿的议案。正是这种做法和类似的做法，引发了腐败机制。"斯蒂芬斯越说越激动，而罗斯福似乎也被他打动。于是斯蒂芬斯趁机鼓动罗斯福说出一个具体案例，讲出为了获得某位参议员的支持而委任其提名人选的具体事例。几经犹豫踌躇，罗斯福终于说出某位参议员与他私怨颇深，总与他作对，阻挠他要通过的每一条议案。于是，罗斯福不得不任命这位参议员的情妇的弟弟担任某职务。以后，果真就很少遇到这位参议员的刁难了。对此，斯蒂芬斯表示："总统先生，你本人都察觉到为了推行你的利国利民政策，你得在参众院收买选票，看来贿赂已经充斥整个国家了。"

随后，斯蒂芬斯把这些内容统统报道出去，引起了轩然大波。罗斯福怒不可遏，将斯蒂芬斯叫到白宫，指责斯蒂芬斯滥用文字，公开诽谤总统"贿赂和腐败"。斯蒂芬斯毫不留情地怼回去："我所说的一切都是基于总统本人所述。"罗斯福无可奈何，只好放他走了。不久，罗斯福在记者招待会上，十分不满地把专门揭露丑闻、暴露内幕的记者称为"扒粪者"，把这些人比喻为著名的宗教小说《天路历程》（作者为班扬，Bunyan）中的"扒粪者"——这位扒粪者手拿粪耙，目不旁视，只知道朝下看，因此看不到任何美好的事物，满眼都是地上的秽物。被称为"扒粪者"后，揭丑者们迅速得到社会大众的"追捧"，"扒粪运动"也越战越勇，把美国上上下下、里里外外扒了个"底朝天"。

后来，这场运动的旗帜性刊物先后被保守的企业集团购买，"扒粪运动"逐渐走向低潮。但是后来，揭丑报道的变种——美式调查性报道大行其道，其中最大的成就是《华盛顿邮报》对水门事件的报道。1985年，"普利策新闻奖"设立了调查性新闻奖。这意味着，揭丑报道的狂飙时代虽然结束了，但揭丑报道的传统确立了下来，而且愈发绵延持久。

揭丑报道对当时美国的进步起了相当大的无可替代的促进作用，这是不可否认的，但是这并不意味着揭丑报道具有天然的正当性合理性，特别是为揭丑而揭丑时、为揭丑罔顾事实时、为揭丑无中生有时、为揭丑造谣生事时……

实际上，揭丑报道传统深刻影响了西方社会和新闻界，在国际报道领域与傲慢、偏见、无知等合谋，影响恶劣。比如对中国的报道，傲慢偏见与揭丑传统的合流合谋，让西方媒体的涉华报道常常会偏离客观公正的轨道，产生"双标"也就不足为奇。西方媒体对中国的报道，负面报道占了多数，在一定程度上正是这种合流的体现、合谋的表现。

二、耸闻性选题传统

"倘若一个国家是一条航行在大海上的船，那么新闻记者就是船头的瞭望者。他要在一望无际的海面上观察一切，审视海上的不测风云和浅滩暗礁，及时发出警告。"这是美国著名新闻工作者普利策曾经做过的一个比喻，在全世界的新闻界广为流传，后来美国新闻界最高奖"普利策新闻奖"就以普利策的名字命名。

但是"理想很丰满，现实很骨感"，如果你随机问一位西方记者"作为记者，职业中最想实现的是什么"这个问题，得到的回答大概率会是"写出惊世骇俗的文章，让全世界都知道我"。是的，"一篇惊世骇俗文，赢得生前身后名"才是西方新闻工作者最真实的想法、最直白的诉求、最执着的坚守。这也是西方新闻事业耸闻性选题传统的典型表现。

耸闻性选题传统，与西方"大众传媒"时代的诞生有着不可割舍的密切联系，所以也是深入西方新闻事业"骨髓"的特性。在商业报刊和"大众传媒"时代到来之前，西方处于"政党报刊"时代，当时的报刊分属不同的政党，由政党资助出版，不靠经营赢利。当时，美国的政党逐渐形成了相对保守的联邦党和比较开明的民主共和党两大派别。与此对应，几乎全部报刊都分属于立场分明的两派，政党报刊毫不避讳地卷入了各种政治、社会问题的论战，两党的报纸编辑从政治论战发展到人身攻击，甚至街头对骂和斗殴，政党报刊的报道毫无客观性可言，只有党同伐异之论。

这种情况在商业报刊出现后得到了改变。1833年9月3日，《纽约太阳报》创办，这是美国第一份按商业原则创办的报纸。政治上，《纽约太阳报》不同于以往的政党报刊，它不从属于任何一个党派，也不为任何一个政党站台。经营上，《纽约太阳报》售价便宜，是美国第一份"便士报"，开启了便士报的时代。《纽约太阳报》一扫政党报刊党同伐异、长篇大论的做派，为了抓住广大下层民众的兴趣，大量刊登社会新闻、本地新闻，以及耸人听闻的内幕新闻，报道选题从一开始就追求耸闻性、猎奇性。

耸闻性、猎奇性可谓是"一招鲜，吃遍天"，极大刺激了《纽约太阳报》的销量。《纽约太阳报》创刊 4 个月，销量就达到 5000 份，不仅居纽约各报之首，而且远超其他各报。表现不俗的发行量，震动了美国报界。在《纽约太阳报》的成功示范下，美国各地也竞相开办"便士报"，仅纽约市就涌现了 12 家。"便士报"的出现开创了美国报业的新局面，各家报纸纷纷向大众化转型。

以《纽约太阳报》为代表的便士报，在定位上，面向社会中下层，以广大平民百姓为主要读者对象，尽量迎合大众口味；在内容上，突出人情味、离奇性，只要是大众喜爱看的就可以成为报道内容；在立场上，标榜"超党派"，强调独立性和公正性；在经营上，实行企业化管理、商业化经营，广告成为主要的收入来源；在形式上，文章简短通俗，编排活泼花哨。便士报改变了以往只有富人才买得起报纸的状况，使报纸逐渐成为最普及的信息传播媒介。

值得注意的是，以《纽约太阳报》为代表的便士报的成功，实际上是其耸闻性、猎奇性选题手法的成功。"狗咬人不是新闻，人咬狗才是新闻。"这是 19 世纪 70 年代《纽约太阳报》都市新闻部主任约翰·B.博加特（John B. Bogart）对"什么是新闻"的看法，他不遗余力鼓吹新闻的"人情味"。但他所鼓吹的"人情味"并非我们所说的那种纯真、善良、美德，而是把感官刺激当作吸引读者的手段，实际上是一种煽情主义。与之异曲同工，该报的另一位代表人物、曾任主编的查理·德纳（Charlie Dana）宣扬：新闻是一种令人惊叫的事情，凡是能让女人喊一声"哎呀，我的天哪"的东西，都能成为新闻。后来，《纽约先驱论坛报》采编主任斯坦利·瓦利克尔又发展了这种观念，提出新闻建立在"三个 w"基础上：妇女（women）、金钱（wampum）和坏事（wrongdoing），将耸闻性、猎奇性选题传统推向极致。

虽然后来耸闻性、猎奇性选题手法受到了批评，西方社会和新闻界也进行了反思，这种不良风气在一定程度上得到了遏制，但是耸闻性选题传统却生生不息绵延恒久。西方的媒体是市场主体，媒体的商品属性非常突出，媒体的首要目标是实现资本增值。声誉也好，理想也好，追求也罢，如果卖不出去，就什么价值都谈不上。所以，在西方新闻媒体激烈的竞争之中，在资本逐利性的驱动之下，耸闻性选题传统在西方新闻界注定大行其道，影响深入血脉。无论是严肃大报，还是媚俗小报，在耸闻性选题传统这个问题上，只有程度深浅不同，没有本质差别。

三、冲突性叙事传统

框架理论指出，采用不同的叙事框架，对同一个客观事实，会产生不同的认知效果。打个比方，同一杯水，你既可以说它的40%是空的，也可以说它的60%是满的，虽然两者描述的都是客观事实，但叙事框架引导的认知效果大为不同。

框架指的是人们用来认识和阐释外在客观世界的认知结构，人们对于现实生活经验的归纳、结构与阐释都依赖一定的认知框架，框架使得人们能够定位、感知、理解、归纳众多具体信息。新闻传播也有框架，新闻框架作用于新闻的选择、加工和意义的建构过程。一篇新闻报道，主要是由新闻叙事框架定义问题、分析原因、做出道德判断、提出解决对策的。

传播学者们研究发现，美国主流媒体在报道外国时，明显存在两套叙事框架，用正面的方式报道一个与美国的政治、经济、人权和文化意识形态以及利益一致的国家，用负面的方式报道一个各方面与美国不一致的国家。这是典型的"策略性叙事"（Strategic Narratives）。

策略性叙事就像是一种"包装"手段、"化妆"手法，它通过对事实要素的选择性使用、策略性讲述、偏向性指向，形成特定的新闻文本，传达特定的传播意义，从而引导受众接受特定的理解。在国际传播实践层面，策略性叙事的目标在于"更好地讲述和传播自己的核心价值和发展战略，进而获得国际社会的接受与认同"，简而言之就是"推销自己"。策略性叙事，就好像一个人给自己化妆一样，至于最后呈现出来的化过妆的面容，其效果是"浓妆淡抹总相宜""回眸一笑百媚生"，还是"却嫌脂粉污颜色""东施效颦遭人嫌"，那就要看策略性叙事水平的高低了。但可以确定的一点就是，都不是原原本本的"素颜"。

美国主流媒体针对外国的报道，特别是对各方面与美国不一致的国家的报道，主要运用负面的报道方式，而在负面的报道方式下最常用的策略性叙事就是冲突性叙事传统，尤其强调冲突！冲突！！冲突！！！

"冲突性"是西方新闻价值观最重要的关键词之一。虽然西方学者在探讨新闻价值要素时存在着不同的看法，但都不约而同地把"冲突性"放在重要位置。比如，早在弥尔顿的《论出版自由》中，就提出了"意见自由市场"和"自我修正"理论，这意味着作者充分认识到了不同意见之间必然存在的冲突，但愿意直面这种冲突。又比如，美国密苏里大学新闻学院，作为世界上最早的一所新闻学院，在所编教材《新闻写作教程》中，就认为新闻价值的标准中应该包括"及时性、显要性、异常性、冲突性"等。在这些主要标准里面，"冲突性"（Conflict）是如此重要，有西方学者甚至把它放在新闻价值之首。《全能记者必备》一书，作为美国经典新闻学教材，在解释什么是新闻价值时，提出的第一个标准就是"冲突性"。该教材认为，"大多数冲突都具有不同程度的新闻价值，因为它们打破了现状。有形的冲突被认为具有新闻价值，因为它导致伤亡和损害。暴力不仅能煽动参与者的情绪，还能感染旁观者，因此具有巨大的、直接的重要性"。

"冲突性"不仅是西方新闻价值观的关键词，也是西方文化的重要关键词。与中国传承几千年的"以和为贵"观点相反，西方文化更强调"冲突性"，更愿意直面悲剧，欣赏悲剧美。这种差异可以从西方的戏剧和中国的诗歌的主题差异中看到端倪。西方的戏剧，在历史上长期承担着政治、教育、传承等功能，戏剧中各种冲突的设计常常是表演中的核心要素。与此对应，中国历史中，是以诗歌来承担这种政治、教育、传承等功能，也就是所谓的"诗教"。中国"诗教"的标准，孔子曾经评价《诗经》是"乐而不淫，哀而不伤"，在以儒家为主要学术思想的古代中国，孔子的言行就是"指南"，所以孔子提倡的"以和为贵""过犹不及，不如守中"就成为主流观点。这种"和贵""守中"的价值取向，对中国的新闻价值观也产生了很大的影响，中国的媒体更愿意"守中"推进"和贵"，而不是热衷于"冲突性"。

冲突性叙事传统在西方源远流长、根深蒂固，西方新闻工作者头脑里始终绷着"冲突性"这根弦，时时以"冲突性"这把尺子来衡量，处处以"冲突性"这个标准来考量，导致"过分强调异常性、冲突性"，以至于在新闻传播实践中，有条件要突出冲突性，没条件创造条件也要突出冲突性，所以西方媒体的新闻报道中刻意突出冲突、故意制造冲突，甚至虚假导演冲突，给受众呈现的是一个不完整、不真实的世界，是一个支离破碎的、被扭曲的世界。

在冲突性叙事传统的影响下，西方主流媒体的涉华报道，拿着放大镜、显微镜找中西之间的冲突因素，削尖脑袋思索中西之间的冲突可能，打开脑洞预测中西之间冲突趋势，真实存在的会被大肆渲染，可能存在的会被添油加醋，本不存在的也会无中生有……在这个过程中，采用"双标"成为一种大概率行为。

不妨看一个典型案例。2018年4月4日，美国贸易代表办公室发布建议征收中国产品关税的清单，拟对我国价值约500亿美元的产品征收额外关税。同日，我国决定对包含大豆在内的美国商品加征25%的关税，作为反制措施。对此，美国媒体的叙事策略很典型地展示了冲突性叙事传统，讲述了一个关于"规则和契约"的冲突故事。在这个充满冲突的故事中，中国是规则的破坏者，美国是规则的捍卫者。比如，《特朗普的关税在艾奥瓦州种下怀疑的种子》（"Trump's tariffs plant seeds of doubt in Iowa"）（《今日美国》2018年4月11日）；又比如，《面对总统与中国的贸易战，农民的紧张与共和党的撕裂》（"Farmers Tense and G.O.P. Torn Over the President's Trade War With China"）（《纽约时报》2018年4月8日）。在这些美国媒体的报道中，大豆出口议题的故事结构围绕"违规"与相应产生的"制裁"展开布局。美国媒体认为，中国的贸易保护主义政策违反了国际贸易规则，美国予以"公正"的制裁；但是中国对大豆加征关税，让美国农民成为受害者，而这些农民正是特朗普的支持者，中国此举是在用经济手段去威胁特朗普的支持者；特朗普政府会寻找解决对策以回应中国的攻击性行为。

在这个案例中，美国媒体的报道完全不顾"美国是贸易战主动施加者，中国是被动应对者"的基本事实，将中国置于冲突性叙事的矛盾中心，建构了"中国—国际贸易规则""中国—美国""中国—美国农民"等多重冲突关系。

四、挑事性运作传统

2020年7月15日，《纽约时报》爆出一条极具轰动性的"大新闻"：该报援引知情人士的消息称，特朗普政府正在考虑全面禁止中国共产党员及其家属赴美旅行，拟议中的总统公告还可能授权美国政府撤销在美中国共产党员及其家属的签证。

一时间，"美国打算禁止中共党员入境"的新闻在国际舆论界被炒得沸沸扬扬，成为热点中的热点。但奇怪的是，后来白宫发言人回应称"我没有在这一方面的任何声明"，而且《纽约时报》的匿名信息源对此故意语焉不详。7月26日，美国国务院官网上发布了一则声明，宣布对所谓"侵害香港高度自治、侵犯人权"的中共党员施行签证限制。

事后，不少分析人士认为，《纽约时报》报道的"禁止中共党员入境"很可能就是对7月26日美国国务院声明的"捕风捉影"和"添油加醋"，而且《纽约时报》一开始就给自己"留了后路"——该计划的细节尚未最终确定。

这个案例暴露了美国媒体的"挑事性运作传统"，面对矛盾和冲突不是想着如何"大事化小，小事化了"，而是总"嫌事儿不够大"。

以美国为代表的西方媒体之间竞争十分激烈，甚至可以说十分惨烈，以至于不仅要积极报道新闻、抢抓新闻，还要大力策划新闻，甚至制造新闻事件——有新闻要报道，没有新闻制造新闻也要报道；有冲突要报道，没有冲突制造冲突也要报道。这种"挑事性运作传统"，源自19世纪末美国两位著名报业大亨威廉·赫斯特与约瑟夫·普利策之间异常激烈的新闻竞争。

19世纪末，美国现代报业的奠基人普利策在《世界报》上创办了一个漫画专栏，主人公是画家奥特考尔特画的一个发型稀疏、没有门牙、穿着肥大黄色睡衣的男孩"黄孩子"。专栏借"黄孩子"之口，讲述纽约近期发生的新闻事件，图文并茂、滑稽可笑，因此受到读者的欢迎，取得巨大成功。

1895年，另一位报业大亨威廉·赫斯特收购了《纽约新闻报》，开始同普利策的《世界报》展开竞争。赫斯特为在竞争中取得优势，将煽情主义发挥到极致：以金钱购买各种内幕新闻，大量报道犯罪新闻和社会丑闻，刊登触目惊心的新闻图片，而且极力煽动底层民众发起运动。

不仅如此，赫斯特还用"挖墙脚"的方式花重金将《世界报》星期日版的全班人马聘用到《纽约新闻报》，其中就包括著名专栏画家奥特考尔特。这样一来，《世界报》的著名漫画专栏"黄孩子"也转移至《纽约新闻报》了。"黄孩子"被《纽约新闻报》挖走后，普利策大为恼火，于是聘请画家乔治·拉克斯继续在《世界报》续画"黄孩子"，并将赫斯特告上法庭。这场争夺"黄孩子"的新闻战争轰动了整个纽约，这两份报纸借人们对此事的关注大肆策划刺激性报道，趁机争夺读者。

"有新闻要报道，没有新闻制造新闻也要报道；有冲突要报道，没有冲突制造冲突也要报道"，这种"挑事性运作传统"在这两份报纸鼓动美西战争中登峰造极。它们在美西战争的导火索"缅因号事件"中扮演了极不光彩的鼓动者角色，在新闻史中被概括为"你提供图片，我提供战争"。

古巴爆发起义后，西班牙进行了强力镇压。美国总统麦金莱的外交顾问们一直和西班牙磋商，希望把问题控制在外交范围。由于古巴问题没有明显好转迹象，麦金莱批准美国军舰缅因号驶入哈瓦那港，保护美国侨民和财产安全。

1898年2月25日晚，缅因号突然发生爆炸，260多位美国士兵丧生，100多人受伤。缅因号舰长随后接受采访，措辞十分谨慎，声称爆炸原因不明，希望公众稳定情绪，等待进一步调查结果。然而，远在纽约的赫斯特听到这个消息后兴奋不已："这意味着战争！"

其实，赫斯特的《纽约新闻报》已经鼓吹开战一年多了。早在一年前，赫斯特就派记者雷明顿前往古巴采访，然而雷明顿没有找到革命军的营地。雷明顿打电报给赫斯特："这里很平静，不会有战争，请求回国。"赫斯特在回电中说出了那句臭名昭著的话："留在古巴，你提供图片，我提供战争。"

听闻缅因号爆炸沉没，《纽约新闻报》立即捏造假新闻调动舆论情绪——缅因号被敌人"炸成两截"，同时广造舆论声称是西班牙人所为。在激烈的新闻竞争中，几乎美国所有的报纸都紧随赫斯特的步伐，极力渲染西班牙策划了爆炸，就连普利策也沉不住气了，加入了声讨西班牙的大军中。在狂热舆论的胁迫下，麦金莱总统顶不住失去理智的民众的压力，为了"美国商业利益和古巴人民"的考虑，对西班牙宣战。两日后，西班牙对美宣战，美西战争爆发。

不光美西战争有媒体和舆论鼓动的身影，美国的很多对外战争都有媒体和舆论鼓动的因素，可谓"为了售卖新闻，发动战争也在所不惜"。

以美国媒体为代表的西方媒体，深受"挑事性运作传统"的影响，在涉华报道中，不怕"矛盾冲突大"，生怕"大事化小，小事化了"，最怕"没什么新闻可报"，所谓中西的冲突，有条件要报道，没条件创造条件也要报道。

西方社会和媒体在揭丑性报道传统、耸闻性选题传统、冲突性叙事传统、挑事性运作传统的影响下，本着"无中生有、无事生非，小事化大、大事化爆"的原则，极尽挑拨离间之能事，用尽挑事生非之套路……在这个过程中，常常采用"双标"。

【参考文献】

（1）王益民：《西方新闻界对新闻定义的表述》，载《新疆新闻界》1986年第5期。

（2）陈沛芹：《论美国新闻报道方式的演变》，复旦大学博士学位论文，2008年。

（3）杜欣霓：《美国便士报的兴起及其影响》，载《云南财经大学学报》（社会科学版）2011年第6期。

（4）刘建明：《"猎奇"新闻观的起源与余波》，载《当代传播》1999年第6期。

（5）姚轶凡：《美国便士报的兴起与新闻专业主义的关系》，载《青年记者》2017年第11期。

（6）畅祎扬：《不同视域下的〈纽约太阳报〉——〈美国新闻史〉与〈探索新闻〉叙述差异分析》，载《今传媒》2016年第11期。

（7）魏杰:《从"扒粪者"看美国新闻功能》,载《社会科学家》2005年第12期。

（8）雷颐:《"拯救美国"的"扒粪运动"》,载《南风窗》2002年第2期。

（9）[美]林肯·斯蒂芬斯:《林肯·斯蒂芬斯自述》,展江、万胜等译,海南出版社2000年版。

（10）马钟成:《美国"扒粪运动"和新闻自由的真相——老罗斯福如何在革命与崩溃的边缘挽救美国》,载《2014—2015世界社会主义黄皮书》,社科文献出版社2015年版。

（11）郭钦:《媒体的社会责任——新闻史上"扒粪运动"引发的思考》,载《新闻前哨》2003年第2期。

（12）吕远鹏:《扒粪运动回顾研究》,载《新闻传播》2017年第4期。

（13）黄建跃:《"网络扒粪"反响论调之辩证》,载《领导科学》2013年第2期。

（14）赵月枝:《为什么今天我们对西方新闻客观性失望?》,载《新闻大学》2008年第2期。

（15）《揭开西方媒体"新闻自由"的华丽外衣》,载《光明日报》2011年8月2日。

（16）郑苏文:《误读与接受——对西方新闻价值标准中"冲突性"的解读》,载《绵阳师范学院学报》2011年第30卷第7期。

（17）吴嘉莉、冯若谷:《对外传播中的"策略性叙事"——以中美经贸摩擦媒体系列报道为例》,载《对外传播》2019年第7期。

（18）张海:《认清西方媒体两套叙事框架》,载《环球时报》2020年4月13日。

（19）邱曼青:《西班牙新闻视角下的美西战争》,世界知识出版社2019年版。

（20）樊亚平、丁丽琼:《对有关赫斯特的三个"定论"的考辨》,载《新闻大学》2015年第1期。

（21）毛婷婷:《舆论造势与社会控制——以美西战争为例论黄色新闻的煽动作用》,载《新闻世界》2011年第5期。

（22）杨柳:《报纸与美西战争》,载《新闻爱好者》2004年第2期。

西方政客"揽功推过"几乎是一种政治本能,栽赃、"甩锅"可谓是信手拈来,"双标"、套路玩得是轻车熟路。

丢掉幻想：别指望西方公正对待中国

> 放眼世界，我们面对的是百年未有之大变局。21世纪以来一大批新兴市场国家和发展中国家快速发展，世界多极化加速发展，国际格局日趋均衡，国际潮流大势不可逆转。当前，我国处于近代以来最好的发展时期，世界处于百年未有之大变局，两者同步交织、相互激荡。

西方社会和媒体"双标"中国，会随着形势的发展自行改善吗？

答案很明确，不会。

西方社会和媒体"双标"中国，有着自身深刻的政治、经济、文化、社会、传统等各方面的原因，还受到世界大势、发展趋势、国际形势、地区局势等左右，是必然而不是偶然，不能指望西方社会和媒体主动"改过自新"、会主动公正对待中国。

特别是在"百年未有之大变局"下，西方的"不适应"还会进一步加重深化，在"不适应""不舒服"的情况下，在被迫的调适中，"把气撒在别人身上"是最容易的，也是很有慰藉作用的，而且西方社会和媒体操作起来也轻车熟路。

一、从几个西方涉中国的民调说起

2020年5月21日，美国知名民调公司"皮尤调查中心"（Pew Research Center）发布了一个关于美国人如何看待美国和其他国家以及世卫组织对新冠肺炎疫情应对的民调调查。结果显示，美国人对中国的看法最为负面。

皮尤调查中心在2020年4月29日至5月5日间进行的这项民调显示，美国人最认可韩国和德国对于新冠肺炎疫情的应对，认为这两个国家的防疫工作"好"

和"非常好"的都超过了六成,认为不好的都没有超过三成。

但在对中国的看法上,美国受访者则呈现出主要负面的认知,认为"差"的比例为37%,认为"一般"的比例为26%,两者加起来为63%,远超半数;而认为"好"的比例为26%,认为"非常好"的比例为7%,两者加起来为33%。在此次民调的所有备选对象中,是最为负面的。

美国人对自己国家疫情应对的看法比较分裂,受访者中有52%的人认为"一般"和"差",47%的人认为"好"和"非常好"。尽管如此,美国人对自己国家防疫应对的评价,整体上远远好于对中国的评价。

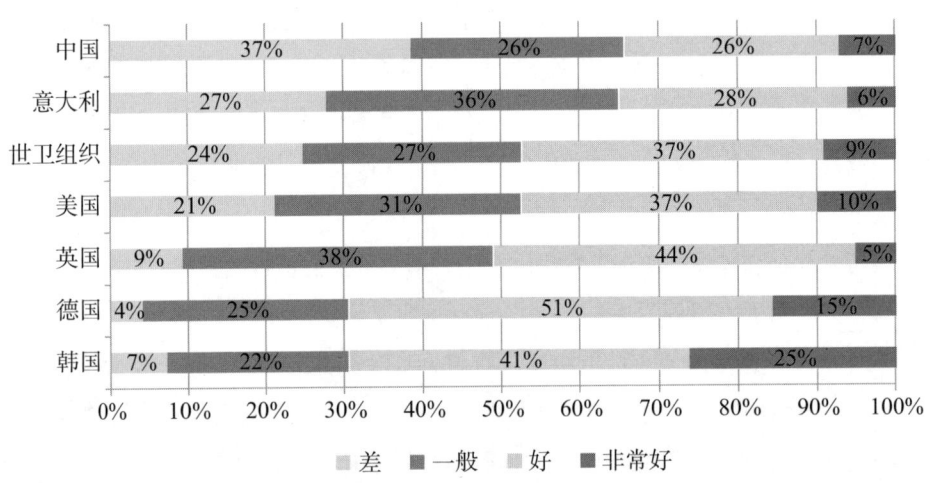

美国人如何看待各国以及世卫组织对新冠肺炎疫情的应对
(皮尤调查中心,2020年5月)

显然,这个报告反映的态度看法与防疫工作实际效果是不一致的。事实上,中国的疫情防控工作比西方国家明显要好得多,美国的疫情防控更是失败的典型。这个民调结果说明,美国政府当局不断将其防疫失职的责任推卸给中国,中国在美国大选中成为两党用来"秀爱国"的"主要靶子",这些掩盖事实的做法和意识形态攻击等因素,都进一步加深了美国社会对中国的偏见与误读。

无独有偶,就在皮尤公布民调的前几天,德国媒体也公布了一个类似的民调,却显示出与美国人看法截然不同的结果。

德国《明镜》周刊2020年5月19日报道,德国科尔伯基金会(Koerber Institute)5月18日公布的一项调查结果显示,在新冠肺炎疫情背景下,德国人对中国的认同出现了改善,对于美国的认同则出现了恶化,尤其是德国年轻一代中认可中国的比例越来越高。

民调显示，超过 1/3 的德国人将中国视为欧洲以外的第一大伙伴。有 36% 的受访者认为，与美国相比，同中国建立关系更为重要。而 2019 年 9 月，这一比例仅为 24%。与此同时，认为应首先同美国保持紧密关系的人已从去年的 50% 下降至 37%。民调显示，在 18 岁至 34 岁的德国人中，46% 的人对北京的好感高于华盛顿，认为"东方才是未来的力量"。

不过，请注意，重点正是这个"不过"。德国媒体在后续的报道中却对这个对中国有利的民调结果"并不认账"，非常自觉地开始"双标"解读。

比如，《法兰克福汇报》的国际政治版主编弗兰肯贝格尔针对这一调查结果，发表了署名文章《德美、德中等距？你们是认真的吗？》。在文中，弗兰肯贝格尔认为，德国民众对美国的好感有所下降，是因为特朗普"奇怪的言行"，以及最近一系列针对德国的行动所导致的，这种"厌美"情绪不会持续很久，只要美国总统换届，情况就会很快改变。他甚至气急败坏地抨击这个民调数据反映"德国人将经济前途和中国这个全球最大专制政体捆绑了起来"。

又比如，德国《世界报》的一份评论文章认为，美国才是德国的"亲密盟友"，并指责德国民众"因特朗普而投向中国"是"无知的"。该文进一步污蔑中国是"全球最大的镇压式国家"，将中国政府定性为"镇压式政权的反道德特性"。不仅如此，该作者还毫无底线地抨击："即便是失足的美国，它所领导的世界，依然比不得不臣服于超级大国中国的世界要好上一千倍。"这样的言论，完全罔顾事实，丧失新闻从业者的基本底线。

更早之前，美国民意调查公司盖洛普公司（Gallup）2019 年公布的民调显示，美国人对中国的好感度跌至 2012 年以来的最低水平，仅有 41% 的美国人表示他们对中国持有好感。分析认为，中美贸易战让美国人对中国的好感度大幅度下降，认为中国对美国构成威胁的人则有所增加。

一系列的民调和民调相关的新闻解读表明，西方媒体和社会不会主动改弦更张，也不会主动公平公正对待中国，因为其背后有着深重的政治惯性、经济利益、文化隔阂、认知偏差等，在当下更受"百年未有之大变局"下的世界大势以及发展趋势、国际形势、地区局势等因素的影响。

二、从文明竞赛看,"东升西降"让西方失落

有研究总结,从文明竞赛看,世界地缘经济与政治重心正经历"东升西降","东西矛盾"由过去的"西强东弱、西主东从"正逐渐转向"东西平视",这堪称五百年未有之大变局。

自大航海时代开启,全球化的动力主要来自西方文明,世界地缘经济与政治重心也在西方。西方开启了全球化,从此资本、劳动力、技术、商品、产业、信息等各要素开始在世界某个地区乃至全球范围内流动和布局,无论是区域内的联合和一体化程度,还是整个世界的关联性和整体性都逐步提升,西方在这个过程中主导了世界,更确切地说是把持了世界。

回望过去500年的历史,无论是全球贸易、工业革命、资产阶级革命,还是从事对外殖民、奴隶贸易,抑或是采取金本位、构建布雷顿森林体系,甚至两次世界大战、东欧剧变、苏联解体等,都是西方在主导着世界历史的进程。这样的局面在过去500年左右的时间里没有发生过本质的变化,变化的只是在不同的阶段由西方内部的不同国家来主导而已。在这500年左右的时间里,主导者先后经历了葡萄牙、西班牙、荷兰、法国、英国、美国,目前的世界还基本属于美国主导阶段。

但冷战结束以来,世界多极化发展逐步明朗。"一超多强"的格局基本形成,但"一超"的绝对优势在逐渐弱化,美国独自掌控国际局势的意愿、决心和能力明显下降,"多强"之间国际地位的变化趋势日显突出。不仅美国对世界的主导力在下降,而且以美国为代表的整个西方的主导力也在逐步下降,世界地缘经济与政治重心正经历"东升西降"的调整过程。背后的原因是在新一轮经济全球化进程中,亚洲实现了赶超甚至"弯道超车"。冷战结束以来的新一轮经济全球化和区域一体化,促成了商品大流通、贸易大繁荣、投资大便利、资本大重组、技术大发展、人员大流动,形成了包括越来越多国家的全球产业链、价值链、供应链,广大发展中国家特别是亚洲国家尤其是新兴大国,通过与发达国家生产要素的流动和产业链、价值链、供应链的构建实现了联动发展,不仅在协同和分工中促进了人类社会的生产力得到更高程度的发展和释放,促进了世界作为一个整体的发展水平得到显著提高,而且亚洲国家和新兴大国自身更是得到超常发展。

从全球范围看,传统发达国家和新兴经济体、广大发展中国家之间的差距不

断缩小。如今,按汇率法计算,新兴经济体和发展中国家的经济总量在全世界所占比重接近40%,对世界经济增长的贡献率已经达到80%。如果保持现在的发展速度,10年后新兴经济体和发展中国家的经济总量将达到世界总量一半,这将使全球发展的版图变得更加全面均衡。

从东西对比看,亚洲在世界地缘经济与政治版图中的分量越来越重。过去20年,东方文明覆盖下的国家对全球经济增长的年均贡献连续超过50%。国际货币基金组织(IMF)数据显示,按购买力平价标准衡量,2019年亚洲GDP的全球占比为34%,而美国与欧盟合计占比为31%;亚洲对全球经济增长的贡献率更是高达63%,美国为11%,欧元区仅为4%。正因如此,"世界经济论坛"发表文章,认为人类已迎来"亚洲世纪"。

世界史学界公认,西方自16世纪(1500年)起开始赶超东方并领先全球,而当今"东升西降"堪称五百年未有之"大变局"。也正是在此背景下,美国、欧盟、俄罗斯、日本等各大力量纷纷对亚洲加大投入,致使亚太乃至"印太"地缘角逐持续升温。

在"东升西降"中,中国是引领者,是秀于林的"木"。以美国为代表的西方国家当然是不甘心的,对"东升西降"的引领者注定是看不顺眼的。

三、从权力结构看,"南升北降"让西方失望

有研究概括,从权力结构看,国际体系、国际秩序的主导权正"南升北降","南北矛盾"由过去的"北强南弱、北主南从"逐渐向"南北对等"方向演变。

伴随世界经济重心的"东移"和逐步多元,国际力量对比更趋均衡的态势正逐步显现。世界多极化进程继续稳步向前推进,特别是广大亚非拉第三世界国家在实现政治独立后开始全面追求发展和复兴,在国际体系中的地位和影响力也在逐步提高。

冷战结束后,世界权力从一个中心向多个中心扩散,而且各中心之间力量差距逐渐缩小;当前的世界力量对比,西方发达国家的世界主导地位持续走弱;多极化与国际关系民主化难以逆转,老牌大国与新兴大国综合实力此消彼长是大势所趋。新兴经济体与发展中国家虽面临困难,但总体前进的态势未变,以"金砖五国"为代表的新兴大国走势虽有分化,但群体性崛起趋势不改。与之对应的是,

老牌发达国家政治与社会困境加剧，美国阶层与族群矛盾凸显、政党对立、社会撕裂，英国脱欧、欧盟离心力增大，日本老龄化、停滞化严重。进入21世纪尤其是2008年国际金融经济危机以来，多极化在不同层面和不同领域不断扩展，向全新的广度和深度持续深化，使国际力量对比总体上变得越来越平衡，最重要的表现就是：西方七国集团（G7）的影响力日渐式微，体现"新兴大国和老牌大国共治"和"南北共治"的二十国集团（G20）影响日益增大。

世界权力不仅在国家层面呈现洲际式转移（从大西洋转移到太平洋）与主体性分散（"一超多强"中"超"在弱化、"强"在强化），而且在国际规则重构中得到体现。国际规制重构围绕联合国教科文组织、联合国人权理事会、世界贸易组织、世界银行、国际货币基金组织等展开。比如，新兴经济体和发展中国家加强协调，推动提高自身在国际货币基金组织和世界银行中的投票权，在联合国、"金砖+"、二十国集团峰会等多边框架下持续增大影响力，促进南南合作扩大共同利益和发展空间。东盟、非盟等地区合作机制的作用也不断增强，推升新兴经济体和发展中国家的整体国际影响。这是近代以来国际力量对比中最具革命性的、历史性的甚至是难以逆转的变化。

另外，国际行为主体不再只是由国家垄断，国际组织、非政府组织、意见领袖、媒体、智库等都在分散国家权力。未来世界，世界权力的分配不仅在于国家之间，也在于国家与社会、国家与非国家主体之间的力量平衡。而且，国际社会在共同应对各种全球性挑战的过程中，不断提出新的思想理念，不断创建新的国际规则、体制、机制，这些都将加快改变西方主导的世界权力配置格局。

在"南升北降"中，中国同样是引领者，是藏不住的"大象"。以美国为代表的西方国家当然是不甘心的，对"南升北降"的引领者注定是横眉冷对的。

四、从国家制度看，"中升西降"让西方失措

有研究发现，从国家制度看，中西互动趋于"平起平坐"，"中西矛盾"与力量对比由过去的"西强中弱""西攻中守"转向如今的"中西互有攻守"，这堪称近两百年未有之大变局。

从中国自身发展看，中国经济占世界经济的比重迅速增加。2001年，中国GDP约为1.34万亿美元，居世界第六，排在美国、日本、德国、英国、法国之

后，占世界经济的比重约为3.74%。2010年，中国GDP约为6.09万亿美元，超过日本跃居世界第二，此后一直保持世界第二的位置，当年占世界经济的比重约为9.5%。2019年，中国GDP约为14.5万亿美元，美国约为21.4万亿美元，中国占世界经济的比重超过16%。人均GDP方面，2001年中国人均GDP首次超过1000美元，达到1053美元；2019年，中国人均GDP首次超过1万美元，是世界人均GDP中位数（4264美元）的2倍多。之前，在全世界75亿人口当中，只有约15亿人口人均GDP过万美元，占世界总人口的约20%，中国人均GDP过万美元，相当于让人均GDP过万美元人口增长了一倍。

从引领世界发展看，中国对世界的贡献越来越大，担当越来越多。面对经济全球化这把"双刃剑"带来的负面影响，面对全球气候变化、生态环境灾害、大规模传染性疾病、极端主义和恐怖主义、移民难民等问题在全球范围内不断扩散的态势，面对世界和平赤字、发展赤字、治理赤字变得越来越突出的局势，中国展现大国责任担当，秉持共商共建共享的全球治理观，创造性提出推动构建人类命运共同体这个"中国方案"和积极打造"一带一路"这个国际合作平台，推动全球治理体系朝着更加公正合理的方向变革。"一带一路"倡议取得了丰硕的成果。截至2020年5月底，中国政府已与138个国家和30个国际组织签署了200份政府间合作协议，商签范围由亚欧地区延伸至非洲、拉美、南太、西欧等相关国家和地区。2013年至2019年，中国与沿线国家货物贸易累计总额超过了7.8万亿美元，对沿线国家直接投资超过了1100亿美元，新签承包工程合同额接近8000亿美元。如今，中国已经是120多个国家和地区主要贸易伙伴，已成为日本、澳大利亚、巴西、南非等国的第一大出口市场，已成为亚洲16个国家最大贸易伙伴，是"一带一路"25个沿线国家最大贸易伙伴。

与之对应，西方着力向全球推广的所谓"自由民主"制度表现不佳。20世纪70年代以来的第三波民主国家出现集体性的政治固化、经济停滞、社会失序现象。西方通过"颜色革命"推广的"自由民主"制度，不仅没给这些国家带去和平繁荣，反而将这些国家的人民推进了水深火热之中，承受着无休无止的战乱、贫穷、饥饿等。不仅如此，就连西方自身的情况也不妙。在美国，社会贫富加剧，不平等状况加重，社会撕裂加深，这从美国警察暴力执法导致黑人男子弗洛伊德死亡并引发了美国旷日持久的示威中可以"管中窥豹"，曾经全球向往的"美国梦"正在坠落中。英国的脱欧，北爱尔兰、苏格兰的独立运动，法国的黄马甲运动，西班牙加泰罗尼亚独立运动等,使西方整个世界都陷入或大或小的社会危机之中。当前,全球普遍在反思人类治理的国家政治制度设计。这让曾经"镀金"的西方制度正在"祛魅"。正经历"卸妆",逐渐"素颜"的西方制度的吸引力大大降低。

有研究者认为,稳健迈向民族伟大复兴的中国是世界"百年未有之大变局"中的"最大变量"。其实不然,因为中国的发展壮大和带来的建设性正能量是确定的,所以应该是"最大定量",中国作为大变局主要因素是"最大亮点"。2019年是"五四运动"一百周年,"五四运动"的导火索是西方列强达成出卖中国领土主权的《凡尔赛条约》,中西方关系从当年中国任人宰割到今天"平起平坐",可谓一百年未有之"大变局"。如果从1840年鸦片战争中国被西方列强打败开始算,中西方从过去的"西强中弱",及至1949年中国"站起来",再发展到"富起来""强起来",中西方实力对比渐趋均衡,这可谓近两百年未有之"大变局"。

对比过往,如今我们比历史上任何时期都更有能力维护好自身的核心利益,比历史上任何时期都更有能力统筹好国内国际两个大局,比历史上任何时期都更有能力为世界和平发展做出更大贡献。随着中国综合国力和世界影响力的不断增长,中国主动塑造战略机遇期的能力显著提高了。

在"中升西降"过程中,中国是躲不了的"大块头",因为大象不可能躲在树后面。以美国为代表的西方国家当然是不甘心的,对"中升西降"绝不会顺水推舟,只会想方设法"浪遏飞舟"。

五、从发展动能看,"新升旧降"让西方失势

有研究概括,从发展动能看,当今世界经济增长与科技创新的动能正在经历"新旧转换、新陈代谢"。作为生产力和经济基础层面的因素,科技和产业的变迁是导致生产关系和上层建筑层面世界格局和国际秩序演进最根本的动力,大国的兴衰和不同形态文明的起落都在反复演绎这个逻辑。第一次产业革命,成就了英国的世界霸主地位;美国抓住第二次产业革命机遇,成为科技和产业革命的领航者和最大获益者,继而成为世界第一强国,并保持至今。

近代以来,人类历史相继经历了三次大的科技革命,推动人类社会相继进入"蒸汽时代"、"电气时代"和"信息时代",由此推动了世界经济的飞跃性发展和国际权力格局的重塑。当前正在经历新一轮科技革命,以人工智能、大数据、物

联网、太空技术、生物技术、量子科技为代表，推动了新产业、新业态、新模式的巨大发展，带来了人们生产方式、生活方式、思维方式的巨大变化。

当前，各主要国家纷纷出台新的创新战略，加大投入，加强人才、专利、标准等战略性创新资源的争夺，力求抢占科技和产业革命高地。中国要抓住机遇，建设世界科技强国，就一定要解决好科技领域存在的突出问题，大力发展科学技术并推进科技向产业转化，努力成为世界主要科学中心和创新高地，不断提升在全球产业链中所处的位置。

新经济，是新动能的直观体现。互联网经济是新经济的代表、高科技的标志、大国实力的体现，当前全球互联网经济版图呈现美国中国两国领跑的格局。电信技术方面，以5G为代表的下一代通信技术领域，中国无论是标准制定、专利数据还是文献贡献，均处于全球领先地位。基础设施方面，5G基础设施建设和应用中国领先，而以数据中心为代表的存储设备、以云服务为代表的应用平台、以互联网交换中心为代表的交换设施美国世界第一。电子商务领域，中国多年保持第一、优势明显，中美两国市场规模合计占全球63%。网络社交领域，美国具有领先优势，Facebook拥有全球最大的社交网络，当然中国的微信、微博等也非常强。移动支付方面，中国在个人支付方面领先，支付宝和微信支付合计占全球移动支付市场超90%，但美国在银行应用方面有优势。全球Top50互联网上市企业，美国和中国企业数量最多，合计占比超80%；全球最大的10家互联网企业中，美国5家，中国4家。

新经济，是新动能的触角延伸。2019年10月，胡润研究院发布了《2019胡润全球独角兽榜》，这是胡润研究院首次发布全球独角兽榜，上榜的企业皆是全球估值10亿美元以上的科技初创企业，共计494家。按国别看，中美两国拥有世界八成多独角兽公司，中国超过美国，以206比203领先。按城市看，全球独角兽公司分布在全球24个国家的118个城市，北京是全球独角兽之都，有82家，领先于旧金山的55家，上海47家排名第三，纽约25家排名第四，杭州以19家进入前五，深圳18家排名第六，南京以12家排名第七。2019年12月，中国人民大学中国民营企业研究中心发布的《2019全球独角兽企业500强发展报告》显示，全球独角兽企业500强中，中国独角兽企业共有217家入榜，占比43.4%，总估值9413.79亿美元，位居世界第一。美国入榜有193家，总估值7439.14亿美元。中美两国占比高达82%，占据绝对优势。其余18.00%主要分布在欧洲与亚洲 22 个国家。

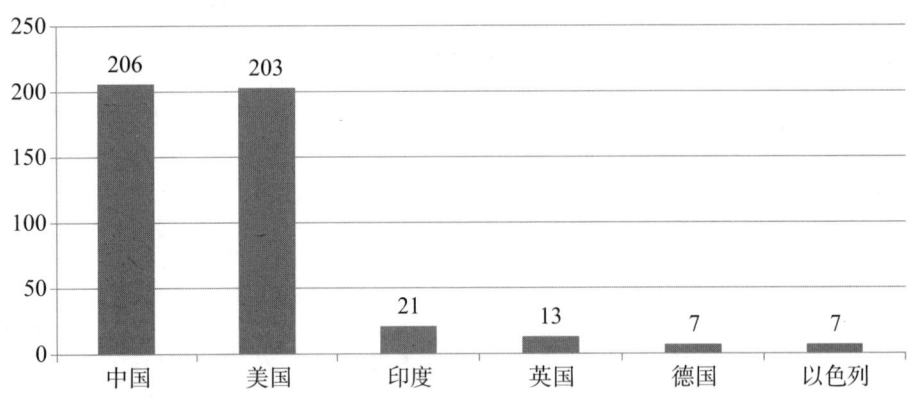

2019 胡润全球独角兽榜（全球共 494 家）

由此可见，在经济发展新动能方面，美国和中国领跑世界，西方国家在"新升旧降"中失势，美国也不再具有垄断地位，这将有利于巩固"中升西降"发展趋势。

六、从失落、失望、失措、失势滑向失信

从文明竞赛看，"东升西降"让西方失落；从权力结构看，"南升北降"让西方失望；从国家制度看，"中升西降"让西方失措；从发展动能看，"新升旧降"让西方失势。一系列的失利，让"不适应""不舒服"的西方注定会"把气撒在别人身上"，从而又进一步走向失信。

这在近些年来西方动辄"甩锅"的行为中表现得很明显，特别是在西方拼命将其防疫不力的责任"甩锅"给中国中体现得淋漓尽致。不妨看看西方在自身防疫不力中"甩锅"中国的种种行径。**中国人民大学重阳金融研究院"新冠疫情经济影响与对策"课题组归纳总结了六类"甩锅中国"的国际谬论：**

颠倒黑白的"中国隐瞒论"。由于西方国家自身行动迟缓，造成了疫情的大流行，于是一些西方媒体和政客宣称，中国刻意隐瞒了疫情信息，甚至声称中国传递了"错误信息"，导致西方国家对疫情危害程度估计不足，耽误了应对。实际上，中国自 2020 年 1 月 4 日起就定期向美方通报疫情信息和防控措施。

诿过于人的"中国误导论"。由于美国自身疫情控制不力，美国政府多次以

"中国误导论"为由推脱防疫无能的责任。在美国疫情失控之前，美国时任总统特朗普多次为中国的防疫点赞，表示对中国的感谢；但美国疫情失控后，美国政府就不遗余力"甩锅"中国。前后矛盾的行径，暴露了其"甩锅"的实质。

无中生有的"中国责任论"。曾长期担任 CNN 主持人的美国记者帕特里西亚·加尼奥特声称"中国要为世界疫情负责"，诋毁中国，抹杀中国防疫的努力和成效，忽略西方防疫不力的事实。还有西方媒体渲染所谓"中国欠世界一个道歉"的观点，充斥着谎言和偏见，完全就是颠倒是非、栽赃嫁祸。

欲加之罪的"中国赔偿论"。2020 年 4 月，西方媒体和社会掀起"中国赔偿论"的波澜，鼓吹起诉中国为"秘密发展大规模杀伤性生物武器新冠病毒"而造成人类灾难，要求中国道歉并赔偿因新冠肺炎疫情造成的损失。这完全是造谣和污蔑，是低劣不堪的阴谋论，这不仅在逻辑上没有合理性，更在道义上缺少合法性。

恩将仇报的"劣品出口论"。中国在有效控制疫情后，秉持"人类命运共同体"的理念，向众多国家和国际组织提供包括口罩、试剂盒、防护服等各种形式的援助。但是，以美国为首的一些西方国家以"质量不合格"为借口并利用媒体、社交网站渲染"中国出口劣质品"的论调。这背后的操控痕迹非常明显。

以怨报德的"口罩外交论"。2020 年 3 月以来，法国《费加罗报》《世界报》等媒体纷纷鼓吹要警惕中国援助欧洲国家抗疫的行动。一些西方媒体更是把中国对外医疗物品如口罩的援助形容为"口罩外交"，称这是中国有图谋的"慷慨政治"，是想乘人之危争夺地缘政治影响力。这完全就是"以怨报德"的"东郭先生和狼"寓言的现实版本。

其实，中国对这种"莫须有"的"甩锅"并不陌生。这与此前某些美国政客就疫情对中国进行的歧视、抹黑、污名化大同小异，也与每逢大选美国朝野就争相向中国"开炮"的怪现象如出一辙。如今在美国的政治"纸牌屋"中，"中国牌"是一张很重要的牌，"甩锅"中国几乎成了一种"政治正确"，是拉高选情的政治筹码。实际上，西方媒体和社会对中国的短视诽谤从未歇息。近些年来，无论是中国经济增长、"一带一路"倡议还是中国境外投资等，都可以看到西方媒体充满焦虑的报道，这些报道的基调无非是"中国重画世界地图""图谋地缘政治影响"等，无非是渲染所谓中国外交的咄咄逼人加剧了邻国以及美国等国的不安情绪。

如此过分的"甩锅"行为，连有些西方主流媒体都看不下去了。比如，英国《卫报》4 月 11 日发表文章《因新冠病毒而指责中国，不仅危险而且不得要领》。文章写道：美欧在应对疫情方面表现糟糕，对于那些试图推卸责任的西方政客来说，中国成了方便利用的替罪羊。无论用意何在，我们现在都看到对华批评正转变为西方对华人和亚洲人的种族主义暴力激增，这种攻击显然是仇外行为。任何试图探究中国在目前大流行疫病中扮演什么角色的人，还须考虑中国近年来在全球市场上崛起的特殊政治经济条件——正是这些加剧了病毒传播，也为欧美的强烈（反华）反弹埋下种子。值得注意的是，其他国家对疫情的反应更慢：英国拖延达8周，美国则忽略了70天的明确警告信号。这种不作为是西方"例外主义"的产物——认为流行病只发生在贫穷及非白人国家。目光短浅的民族主义造成致命低效的疫情应对，意大利官员承认最初将武汉疫情视为"与己无关的科幻电影"。

文章在此基础上进一步指出：在美国，此类心理早已在民粹主义主张中体现出来，指责是中国（而非美国国内政治和商业阶层）造成制造业岗位流失。在英国，这体现在对华为5G技术的担忧上。（西方）对中国的忧惧并不只是病毒引起的，这种情绪不会随着疫苗出现而消失。我们需要认识和面对反华背后的政经力量，以及靠民族主义是无法应对当今全球规模的社会和公共卫生危机的。

而且，美国一些政客"甩锅"的丑恶嘴脸达到了令人发指的地步，"甩锅"中国还不够，还"甩锅"世卫组织。不仅不去反思自身在应对疫情时的"灾难性"做法，反而把防控不力、准备不足以致疫情扩散归咎于"中国和世卫组织延误通报"和所谓的"勾结隐瞒"。这种做法，就连美国本土的《华盛顿邮报》都无法苟同，刊文指出：美国自始至终都通过世卫组织了解疫情发展。对此，世卫组织总干事谭德塞回击指责："如果不想看到更多裹尸袋，那就不要将病毒政治化。"

西方媒体和社会的种种"甩锅"行为，从趾高气扬的自傲，到行为乖戾的自暴，生动呈现了西方从失落、失望、失措、失势走向失利，并进一步滑向失信的行为轨迹。在此情况下，绝对不能指望西方媒体和社会能主动"改过自新"、会主动公正对待中国，而是要提防西方进一步变本加厉地"甩锅"。

【参考文献】

（1）《最新民调显示，美国社会对中国抗疫有多无知》，"环球时报评论"微信公众号，2020年5月22日。

（2）《看到德国民调对中国好感上升 德媒竟做出如此肉麻表白》，"环球时报评论"微信公众号2020年5月20日。

（3）陈向阳:《百年未有之大变局,"变"在哪?》,人民日报海外网,2019年8月23日。

（4）《多维解析"百年未有之大变局"》,半月谈网,2020年2月29日。

（5）高祖贵:《世界百年未有之大变局的丰富内涵》,载《学习时报》2019年1月21日。

（6）罗建波:《从全局高度理解和把握世界百年未有之大变局》,载《学习时报》2019年6月7日。

（7）李滨:《"百年未有之大变局":世界向何处去?》,载《人民论坛·学术前沿》2019年第7期。

（8）《2013年至2019年中国与一带一路沿线国家货物贸易总额超7.8万亿美元》,新华社2020年5月18日电。

（9）《2019年中国对"一带一路"沿线国进出口9.27万亿元》,新华社2020年1月15日电。

（10）《中欧班列上半年开行数量增长36%》,新华社2020年7月11日电。

（11）胡润研究院:《2019胡润全球独角兽榜》,2019年10月。

（12）中国人民大学中国民营企业研究中心:《2019全球独角兽企业500强发展报告》,2019年12月。

（13）[英]安德鲁·刘:《甩锅中国,西方是出于什么心理?》,乔恒译,环球网,2020年4月13日。

（14）《透过迷雾看本质!某些国家"甩锅"中国意欲何为》,"中国军网"微信公众号,2020年5月22日。

（15）贾晋京、杨凡欣、关照宇、王鹏、张梦晨:《坚决回击六类"甩锅中国"的国际谬论》,英文版载《环球时报》(英文版)2020年4月17日,中文版刊载于"人大重阳"微信公众号2020年4月19日。

（16）《"甩锅"中国治不了病毒,救不了世界》,"中国青年网"微信公众号,2020年5月13日。

（17）严瑜:《"甩锅"中国,无理无益无道!》,载《人民日报》(海外版)2020年4月23日。

（18）《他们越"甩锅",我们越要自信开放》,"人民日报评论"微信公众号,2020年4月2日。

"风狂雨急时立得定,方见脚跟。"情绪冲动是软弱无能的表现,依靠情绪解决不了实际问题,只会自乱阵脚。

调适情绪：民族情绪并不能改变双标

> 努力想得到什么东西，其实只要沉着镇静、实事求是，就可以轻易地、神不知鬼不觉地达到目的。而如果过于使劲，闹得太凶，太幼稚，太没有经验，就哭啊，抓啊，拉啊，像一个小孩扯桌布，结果却是一无所获，只不过把桌上的好东西都扯到地上，永远也得不到了。
>
> 这段名言揭示了一个朴素的道理：沉着镇静才是最有力量的，情绪冲动其实是软弱无能的表现，依靠情绪解决不了实际问题，放任情绪得不偿失甚至危害极大。

面对西方媒体和社会对中国毫无底线的"双标"行为，中国人觉得愤慨是人之常情，表达不满和进行谴责也很必要，因为这些"双标"行为确实抹黑了中国的形象、损害了中国的利益，伤害了中国人民的感情。

但是，必须警惕掉入"情绪陷阱"，提防有人煽动民族情绪，防止有人用狭隘民族主义绑架爱国主义，戒备有人浑水摸鱼破坏改革开放和改革发展稳定大局，要始终"临大事而不乱""临厉害之际不失故常"，保持定力、勇毅笃行。

正所谓"花繁柳密处拨得开，才是手段；风狂雨急时立得定，方见脚跟"。必须保持战略定力、保持战略上的平常心态，对方向要确定，对纷扰要淡定，对行动要笃定；必须把握大势、坚定立场，不惑于纷乱现象，不畏于艰难险阻，永远沉着冷静，永远镇定自若，绝不自乱阵脚。

一、从华为任正非"反对煽动民族情绪"说起

2019年5月15日，美国签署一项紧急状态行政命令，禁止美国企业使用对

国家安全构成风险的企业所生产的电信设备，此举是在为禁止美国企业与中国企业华为的业务往来铺平道路。这标志着，美国政府正式"封杀"华为。此后，多家美国企业宣布中止为华为供应关键软件和零部件。

面对美国政府的极限施压和疯狂"封杀"，2019年5月21日，华为创始人任正非在华为深圳总部接受国内近二十家媒体两个半小时的集体采访。任正非并没有因为愤慨而掉入"情绪陷阱"，而是头脑冷静、态度理性、立场鲜明地表示"反对煽动民族情绪"。下面摘录两段采访实录：

记者：现在大家对华为有两种很鲜明的情绪：第一种，很鲜明的爱国主义，把对华为的支持上升到支持爱国的高度上；第二种，华为绑架了全社会的爱国情绪，要是不挺华为就不爱国，现在这种情绪越来越严重了。

任正非：那我的小孩用苹果，就是不爱华为了？不能这么说。我经常讲这样的话，余承东很生气，认为老板总为别人宣传，不为自己宣传。我讲的是事实，不能说用华为产品就爱国，不用就是不爱国。华为产品只是商品，如果喜欢就用，不喜欢就不用，不要和政治挂钩，千万不能煽起民粹主义的风。不能使用民粹主义，这是害国的，因为国家未来的前途在"开放"。

记者：我想问一个关于芯片的问题。我注意到您在18日接受日本媒体采访时表示"华为不需要美国芯片，华为没问题"。华为公司致员工的一封信被刷屏，信中说公司是有底气、有准备的。请问华为的底气从何而来，做了哪些准备？

任正非：我们永远需要美国芯片。美国公司现在履行责任去华盛顿申请审批，如果审批通过，我们还是要购买它，或者卖给它（不光买也要卖，使它更先进）。因此，我们不会排斥美国，狭隘地自我成长，还是要共同成长。如果真出现供应不上的情况，我们没有困难。因为所有的高端芯片我们都可以自己制造。在和平时期，我们从来都是"1+1"政策，一半买美国公司的芯片，一半用自己的芯片。尽管自己芯片的成本低得多得多，我还是高价买美国的芯片，因为我们不能孤立于世界，应该融入世界。我们和美国公司之间的关系是几十年形成的，不是一张纸就可以摧毁的。我们将来还是要大规模买美国器件的，只要它能争取到华盛顿的批准。现在时间很匆忙，一时半会儿估计批准不了，缓冲一下是可以的。他们能获得批准的话，我们还是会保持跟美国公司的正常贸易，要共同建设人类信息社会，而不是孤家寡人来建设信息社会。日本媒体整理稿子时有一点偏激，我们能做和美国一样的芯片，不等于说我们就不买了。

……

长达2万字的采访实录公布以后，任正非得到了舆论的普遍赞赏和公众的纷纷点赞，在网络上"实力圈粉"。为什么会这样？因为任正非展现了一个现代中国企业家的气度，他的言行展示了正确的爱国姿态和理性的爱国行动。

众所周知，面对美国政府的疯狂"封杀"，华为正在经历其发展史上前所未有的冲击和考验。就算在如此境遇下，作为华为的创始人，任正非并没有让情绪掌控大脑，他理性而充满自信的言论，超越了狭隘的民族情绪，身体力行地传播着现代企业精神，为中国企业面对外部压力如何保持定力树立了榜样。一方面，他表现了强烈的家国情怀，奋力推动实业强国，不断为企业层面和国家层面的利益做出奉献；另一方面，他冷静面对一些激烈、空泛、不现实的口号，不被狭隘的冲动情绪所绑架。

美国发动贸易战以来，中国民众的爱国主义热情不断高涨，凝聚成一股强大的力量。但是，现实中确实有部分人分不清爱国主义跟狭隘民族主义的分野，也搞不清维护国家利益的正确方式，将爱国变成狭隘的民族情绪，出现过激言行，甚至变成盲目排外、不加区分地抵制外国人和外国企业，结果不仅没有真正维护国家利益，反而与初衷背道而驰，事实上损害了国家利益。历史已经一再证明，煽动民族情绪有时甚至会造成难以预料的严重后果。任正非的理性言行，对于我们如何有策略、有智慧地应对"双标"行为，团结一切可以团结的力量，无疑有着极大的借鉴价值。

二、民族情绪不能过激，警惕狭隘民族主义

试想一下：如果任正非不是理性地应对美国"封杀"，而是趁机煽动民族情绪，结果会怎样？

情绪的特征就是：见效快，持续时间短，事后极可能会被反噬。对于西方社会和媒体的"双标"行为，激烈的民族情绪并不能使之改变什么，甚至还可能让

西方社会和媒体认为"坐实"了他们的"双标"认知。

简单回忆一下2016年夏天的一波"消费抵制"事件。由于受一些事件的影响，2016年7月17日上午，河北省乐亭县一家肯德基遭遇民众拉横幅围堵抵制。横幅上写着："抵制美日韩菲，爱我中华民族，你吃的是美国肯德基，丢的是老祖宗的脸。"之后，网上又相继爆出杭州、长沙等11个地方的肯德基门店遭遇大批抗议者围堵，抗议者拉着"肯德基、麦当劳滚出中国"的横幅，在店门口劝说消费者不要进店消费，在店内大声斥责消费者不爱国。围堵抵制严重干扰了普通民众的正常生活和肯德基门店的正常营业，这样的行为出发点虽然是爱国，但实际是缺乏理性的情绪冲动行为。这样的围堵抵制行为，并不会在国际上对中国有任何实际上的助益，反而会损害中国的形象，还会增加社会运行成本和负担。

事实一再证明，要警惕民族情绪高涨中可能存在和混杂的狭隘民族主义，不给其蛊惑人心、兴风作浪、搅局添乱的机会。警惕狭隘民族主义，要特别警惕两种比较普遍的表现。

一是过于推崇本国、本民族历史和文化，甚至坚持民族优越论。这种狭隘民族主义，认为本民族优于其他一切民族，本民族的利益至上高于其他民族。比如，"我是中国人，为什么要学英语"的观念。这种故步自封盲目排外，自绝于世界发展潮流的狭隘民族主义，不仅不利于维护本民族利益，反而会错失各种发展机遇。还有部分人受历史影响，对外来文明存在过度抵触情绪，贬低、歪曲、仇视外来文明。比如，法国巴黎圣母院惨遭大火侵蚀，人类文化遗产付诸一炬，世人扼腕叹息，但也有部分人将其与"火烧圆明园"相提并论，落井下石、幸灾乐祸、拍手称快，有的甚至还说"为什么没有全部烧毁""大英博物馆什么时候也被烧"等，这些言行太过狭隘。

二是带有个人强烈泄愤色彩的激进言行。这些言行，初一看流露着浓烈的爱国情感，细一品带有强烈的个人泄愤色彩，极尽情绪化、极端化之能事，如果不加以正确疏导和有效纠正，不仅不能维护国家利益，反而会严重损害国家和人民利益。比如网络上有些言论，过度激进肆意妄为，不仅大搞辱骂性的言语暴力，而且动辄鼓吹在军事上、经济上与对手决一死战。在如此过激言行的鼓噪下，部分人采取过激行为发泄不满，对无辜民众造成了极大的人身伤害和财物损失。这些过激言行，成为西方媒体借机炒作的借口，给国家利益造成严重损害。

如果不加分析地对待爱国主义和狭隘民族主义，让非理性的因素占了上风，很可能带来重大国家安全风险。狭隘民族主义的危险性在于它具有很强的欺骗性，打的是为国为民的旗号，怀抱对国家和民族的热情，没有个人私利的诉求，看起来崇高而美好，但结果对国家对民族都不利。

当前，面对西方一些国家的步步紧逼，中国不能以民族情绪对抗民族情绪，而应用理性、平和、坚定的立场和态度，消解狂热、非理性的民族情绪，保持前进的正确方向。

三、爱国不需要理由，但需要理性和担当

当然，警惕狭隘民族主义的时候，也必须旗帜鲜明大张旗鼓地宣扬爱国主义，"爱国不需要理由"。

1947年底，在英国留学9年的彭桓武搭上开往中国的海轮。这位未来新中国的"两弹一星"元勋在回答记者"为什么回国"的提问时，激动地说："回国不需要理由，不回国才需要理由。"拳拳之心溢于言表，回国之举基于爱国之情，回国不需要理由实际上就是爱国不需要理由。

爱国不需要理由，但需要理性。爱国主义并非只有一种，法国著名政治思想家托克维尔曾经深刻地阐述过这两种爱国心的差别：有一种爱国心，本身就是一种宗教，只凭感情行事，不做任何推理，同所有的轻率激情一样，这种爱国心虽能暂时地激起强大的干劲，但不能持久；另有一种爱国心比这种爱国心富有理智，它虽然可能不够豪爽和热情，但非常坚定和非常持久，它来自真正的理解。我们可以简单地理解为，前一种是狭隘的爱国主义，后一种是理性的爱国主义。我们真正需要的是理性爱国主义，它是普遍的、清醒的、反思的爱国主义，将人们恋家爱国的朴素感情与理性反思紧密结合起来。理性爱国主义，容许对自己国家和民族的缺点和不足提出批评，当然这种批评不是发泄不满，也不是妄自菲薄，而是实事求是提出建设性的意见和建议。理性爱国主义，懂得将不同生活方式的取舍与道义上的是非区别开来，不会自以为是地认为只有自身的文化传统才是正统、才是世界唯一合理的文化，也不会因为某些历史的积怨或偏见而一叶障目，能实事求是地肯定和吸取借鉴其他文化中的优秀成果。理性爱国主义，能够分清是与非、分辨曲与直，明白以"爱国"之名打砸中外合资或外商独资商店商品的行为是"污名化"了爱国主义。

爱国不需要理由，但需要担当。爱国是每个中国人的天生情愫，是一种本能，基于这个本能，我们得以看见在每次中国被外国所侵犯的时候，那种国民与国家同仇敌忾的场面，那种同呼吸、共命运的强大凝聚力，让爱国者倍感欣慰。但有时候，爱国的方式也容易"走偏"，有时甚至走向了爱国的反面。爱国不是口号，也不是说教，而是需要担当，特别强调一个基本要求，就是真正对国家好、对民族好、对人民好，全力保护国家的和平安宁、维护民族的团结和谐、呵护人民的平安康泰。爱国不是鼓噪，也不是作秀，而是需要具体行动。爱国，意味着人们希望祖国的未来变成什么样子，就以自己的方式努力使她变成那个样子。爱国，是努力为祖国的发展进步做出自己的贡献，是遵纪守法、勤劳致富，是爱岗敬业、清正廉洁，是诚信友善、互帮互助，甚至是"过好自己的日子"。

爱国不需要理由，但需要理性需要担当，这说明爱国不仅是一种情感，更是一种能力，是一种运用理性、担当作为的能力。那么，什么是爱国主义的正确打开方式？

爱国必须爱人。国家不是一个空壳，爱国的目的是让国家富强，让国民过上"美好生活"。因此，爱国必须要爱人，不爱人的爱国是伪爱国，结果往往都是危害国家、危害社会、危害人民的。

爱国必须守法。无论是一个人，还是一个群体，爱国情感表达都不能逾越法律的底线，不能超越他人的权利边界，否则就是违法，就是亵渎爱国，会受到法律的惩处。不容许任何人打着爱国的旗号干违法的勾当，否则祸国殃民。

爱国必须务实。爱国不能只是嘴上说说而已，而是要用行动表示，要看实际效果——是否让我们国家变得更好。从每个人自身来说，务实地爱国就是干好自己的工作，过好自己的生活，把爱国融入日常工作、生活之中。

坚持理性爱国，积极担当作为，就能使爱国之情、强国之志、报国之行在每一个"我"上实现有机交融，凝聚起实现中华民族伟大复兴的磅礴伟力。

四、全球化时代，爱国主义需要开放品格

"弘扬爱国主义精神，必须坚持立足民族又面向世界。中国的命运与世界的命运紧密相关。我们要把弘扬爱国主义精神与扩大对外开放结合起来。"

当今世界越来越成为一个"地球村"，爱国主义的一个重要内涵，就是与时

俱进紧跟时代潮流，准确把握发展趋势，不断实现合作共赢。唯如此，爱国主义才会为国家强盛提供源源不断的正面情感支撑。也就是说，爱国主义需要坚持开放品格。其实，不光是当今全球化时代，就算在古代，爱国主义也需要开放品格。

回望中国历史，唐朝"开元盛世"是中国历史上十分繁荣强盛的时期，首都长安是世界上最发达的国际都市，数量庞大的外国人在此进行政治、经济、文化等各个方面的交流。唐朝的开放包容，是"开元盛世"重要的原动力之一。

展望当今世界，经济全球化迅猛发展，资本、技术、人口等要素在各国流动，各种文化在世界范围内交流交汇交融。各国之间的相互依赖程度大大提升，中国的发展离不开世界，世界的发展也离不开中国，开放成为每个国家的必选项。

爱国主义需要开放品格，是因为"关起门来搞爱国"不切实际。尽管遭遇挫折、逆流，但经济全球化无疑是世界发展的潮流所向，中国只有抓住机遇，勇于和善于参与国际竞争，才能加快经济发展步伐，提高发展质量，进一步增强综合国力。爱国主义在新的国际环境中，也必须开阔视野、开放胸襟。真正的爱国主义应以国家利益为重，"地球村"中的中国与他国相互离不开，关起门来搞建设，关起门来搞爱国，肯定是行不通的，只能使我们的道路越走越窄。"经济全球化是一把双刃剑"，在国与国之间的贸易往来更加频繁的同时，贸易摩擦或冲突也会时常出现。当此之时，倘若各国国民都把爱国情感理解成敌视对方国家或对方国家的企业、产品、国民，那么在"相互伤害"中只会迎来"共输"的结局。因此，爱国主义需要坚持开放品格，张开怀抱拥抱世界，摆脱狭隘民族主义的束缚，破除狭隘民族主义桎梏。

爱国主义需要开放品格，是因为"改革开放是决定当代中国命运的关键一招"。改革开放40多年来，尽管遇到各种困难，但中国创造了第二次世界大战结束后一个国家经济高速增长持续时间最长的奇迹。今天的中国，已经成为世界第二大经济体、第一大工业国、第一大货物贸易国、第一大外汇储备国，综合国力显著增强，人民生活明显改善。完全可以说，改革开放这场中国的第二次革命，不仅深刻改变了中国，也深刻影响了世界。从务实的角度讲，凡是促进国家富强、民族振兴、人民幸福的举动，都是爱国行为，反之，都不是爱国，就算是打着爱国的旗号、呈现爱国的姿态。作为"关键一招"，开放品格理应成为爱国主义的重要内涵，以更好发挥"关键一招"的作用。

当今世界正面临百年未有之大变局，国际形势中不稳定、不确定、不可测的因素增多，冷战思维、强权政治、单边主义、保护主义等阴霾不散，世界格局正处于一个加快演变的历史性进程之中。在这样的形势下，实现"中国梦"需要国际视野、通晓世界大势、了解世情国情。其实，"中国梦"——中华民族伟大复兴，就是一个开放的体系，中国的发展不仅需要汲取世界精华，中国的发展成果也要与世界分享。也就是说，实现"中国梦"需要具有开放品格的爱国主义，这样才有利于以更加宏大的气魄，充分运用国际国内两个市场、两种资源，更好实现在历史前进的逻辑中前进、在时代发展的潮流中发展。

面对西方一些政客和媒体不时抛出的奇谈怪论、栽赃嫁祸、抹黑诋毁，我们需要坚持冷静理性，不能被民粹主义情绪绑架，不以情绪对抗情绪；我们需要保持头脑清醒，坚持有理有利有节，不被少数政客的言行"带节奏"；我们需要努力担当作为，不仅不把对我友好的群体推到对立面，而且要想方设法争取更多的支持和理解。西方一些政客和媒体越是"甩锅"，我们就越要自信开放，坚定地站在公平正义这一边、站在历史正确这一边、站在潮流趋势这一边，不断扩大自己的朋友圈，为中国进一步发展继续营造良好外部环境。

五、防止冷静理性的声音成为"沉默的螺旋"

"沉默的螺旋"理论是由德国人诺曼创建的，他在1965年对德国大选时两党竞选过程中的传播现象进行分析的基础上提出并发展了该理论假说。该理论认为，每个人都有一种准统计感官，能够判断什么是主流意见、什么是非主流意见。如果一个人觉得自己的意见与当前的主流舆论存在分歧甚至相背离，这个人会更倾向于对这种议题保持沉默。如此循环，便形成一个"一方越来越大声地疾呼，而另一方越来越沉默下去"的螺旋式过程。

在对待民族情绪这个问题上，要防止冷静理性的声音成为"沉默的螺旋"。先看一个案例。

有位旅行博主收到了网友发来的一段视频，拍摄视频的两名中国女生表示，自己在日本大阪一家烤肉店受到了粗暴对待。为帮助同胞伸张正义，博主将这段视频传到网上。

在这段没有前因后果的视频中，一名日本店员要求这两名中国女生立刻离店，甚至连钱都不收了，理由是"从没见过这样肮脏的吃法"。视频当事人表示，因为自己和同行者一直在讲中文，因此遭到歧视对待。

网上很快形成压倒性的批评甚至咒骂日本的情绪，其间虽有人提出事件有不合常理之处，觉得背后可能有蹊跷，但在声浪滔天的批评中，冷静的声音越来越小越来越微弱。后来，事件又发生了反转。有新闻节目关注此事通过调查发现：两名当事女子之所以被驱离，是因为用餐时间超过了自助餐的时间限制，又把虾壳扔得到处都是，店员提醒之后发生矛盾，并未经允许拍摄店员，因此激怒店员引发视频中一幕。接着，舆论又压倒性地对两位当事女子口诛笔伐甚至进行攻击。

不可否认，歧视确实存在，对于那些确凿无疑的歧视，当然要据理力争、全力谴责、讨回公道。但是，绝不能矫枉过正，这样做只会适得其反，加深国际社会对中国的偏见。必须深刻认识到，盲目的情绪并不能解决任何问题，用煽动民族情绪的方式去达到某种目的，是一条"饮鸩止渴"之路。

在这个过程中，就有典型的"沉默的螺旋"效应。一开始，网民不追究事实真相，民族情绪高涨地一边倒批评咒骂日本，让对事实有质疑的冷静理性声音成为"沉默的螺旋"。如果一开始就能让冷静理性的声音传播开来，就不会有后面的反转和尴尬。

民族情绪有着挣脱束缚的天性，如果不加以引导，就极容易失控，与初衷发生偏差，产生严重后果，并胁迫冷静理性的声音越来越沉默。要防止冷静理性的声音成为"沉默的螺旋"，就需要主流媒体担负起引导舆论的重任，从时度效着力，体现时度效要求，防止舆论走偏。在新媒体平台上，特别要警惕——打着"爱国"旗号的非理性言行，站在舆论的风口浪尖对网民呼风唤雨，特别要提防——假借维护"正义"之名，行蛊惑人心之实，误导青年沦为西方敌对势力的工具。

六、改革开放以来中国人民的精神特质

改革开放极大改变了中国的面貌、中华民族的面貌、中国人民的面貌、中国共产党的面貌。40多年来，中国人民的精神世界发生了时代性变化，精神特质呈现出全新特征。**北京师范大学教授韩震总结了改革开放以来中国人民的精神特质：**

文化心理更加从容自信。鸦片战争以来，自惭形秽的自卑心理逐渐成为中华民族文化心理的主流。这种文化心理表现为两个方面：一是崇洋媚外，认为西方在文化的根基上优于中国文化；二是极端排外，闭关锁国。这两种表现，看似极

端对立，实则本质一样。1949年，中华人民共和国成立，中国人民摆脱了任人宰割的境遇，再经过40多年改革开放后，中国的面貌和在国际社会中的地位得到根本性提升，中国人民开始从精神层面变得自信起来，越来越能够实事求是地看待自己、看待世界。随着中国特色社会主义进入新时代，中国综合国力和国际影响力大大提升，中国人民明显摆脱了近代以来形成的矮人一等的自卑心理，在文化心理上变得更加从容自信。

思想观念更加开放包容。一方面，富起来的中国人越来越多地走出国门，增长了见识、扩大了视野、丰富了精神世界，不仅越来越能够理解世界的多样性，而且心态也变得更加开放包容，越来越有意愿积极主动参与国际活动，就国内外各种共同关心的问题进行对话和交流。中国不再是被动地适应国际议题，而是以积极参与者的姿态在互动中相互学习、发挥作用，中国人越来越具备大国公民的心态。另一方面，随着中国特色社会主义进入新时代，新发展理念逐渐深入人心，我们不再只考虑发展速度，而是越来越追求有质量的发展。中国人在科学技术、思想观念、发展理念、社会治理等方面都有了新的姿态，更明确地采取自主创新的意愿和立场，越来越在"并跑"的过程中尝试"领跑"。

社会心态更加理性平和。伴随共建共治共享的社会治理格局的逐步形成、社会主义核心价值观的日渐深入人心、中华优秀传统文化创造性转化创新性发展的不断推进，社会和谐有序、人民安居乐业，公民思想道德和文明程度不断提高，公共意识不断提升，对未来越来越有信心，社会浮躁趋于消解，理性平和的社会心态得以建立。与此同时，改革开放以来，中国人的交往范围有了很大拓展，特别是在城镇化过程中，中国人不再是故土难离，而是随着就学、工作和商务增加了流动性和自主选择性，这种流动不仅限于国内，而且走向全球。在此过程中，中国人的公共意识、责任意识明显提升，也促进了理性平和社会心态的构建。

另外，值得警惕的是，也有一些人故意把爱国主义与民族主义等同起来，然后再片面地把民族主义等同于排外、自私的狭隘民族主义。经过一番"偷梁换柱"，把爱国主义与狭隘民族主义画上等号。于是，一讲爱国主义，就有人将其斥之为民族主义，然后再列举一些狭隘民族主义的表现和危害，去反对被他们扣上"民族主义"帽子的爱国主义。这样的人别有用心，企图通过偷换概念来否定爱国主义，对此要高度警惕，看穿其卑劣手法。

今天，我们要实现中华民族伟大复兴的中国梦，必须高举起爱国主义的伟大旗帜，弘扬以爱国主义为核心的民族精神，并将其与以改革创新为核心的时代精神结合起来，凝聚起中国精神，汇集起中国力量，坚持走中国道路，为中华民族伟大复兴贡献力量，为人类社会繁荣发展贡献力量！

【参考文献】

（1）［奥］卡夫卡：《城堡》，赵蓉恒译，时代文艺出版社2018年版。

（2）《任正非150分钟采访完整实录》，人民网2019年5月21日。

（3）王钟的：《不以民族情绪对抗民族情绪　任正非实力圈粉》，载《中国青年报》2019年5月23日。

（4）徐百柯：《不要把自己变成狭隘的民族主义者》，载《中国青年报》2012年3月21日。

（5）张垚：《爱国，不需理由需担当》，载《人民日报》2014年4月15日。

（6）韩震：《改革开放以来中国人民的精神特质》，载《光明日报》2019年6月12日。

（7）王钟的：《民族情绪改变不了"双重标准"》，载《中国青年报》2016年7月13日。

（8）鞠徽：《"抵制消费式"爱国行为之审视》，载《知与行》2019年7月刊。

（9）文凡：《爱国不能仅凭激情，也要守法明理》，载《人民论坛》2016年第28期。

（10）张健：《爱国主义不等于狭隘民族主义》，载《人民论坛》2016年第22期。

（11）郑翔瑜：《对培养当代青年爱国主义精神的思考》，载《高校马克思主义理论研究》2019年第2期。

（12）黄婉珺：《论经济全球化背景下大学生开放式爱国主义教育》，载《北京青年研究》2014年第3期。

（13）李立、陈岳芬：《网络狭隘民族主义情绪的特征分析》，载《新闻爱好者》2011年第20期。

（14）韩民青：《西方国际政治的本质：强势狭隘的民族主义》，载《济南大学学报》（社会科学版）2010年第4期。

（15）李昇焕：《狭隘民族主义可能会阻碍中国发展》，载《中国青年报》2013年5月21日。

（16）顾速：《狭隘民族主义，还是理性爱国主义？——改革开放时代中国人的选择》，载《开放时代》1997年第2期。

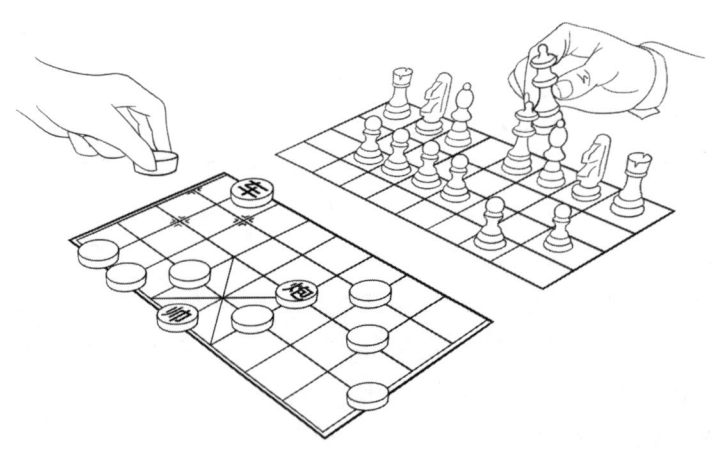

"到什么山上唱什么歌。""看菜吃饭,量体裁衣。"一定要做到"对路子",才能讲好中国故事、传播好中国声音。

善于斗争：用国际思维讲好中国故事

> 一个中国老太太和一个美国老太太在天堂相遇，谈起了在人间的一生。美国老太太说："我辛苦了30年，终于把住房的贷款还清了。"中国老太太说："我辛苦了30年，终于攒够钱在晚年买了房子。"
>
> 美国老太太去了天堂以后，她的子女说："刚给母亲办完丧事，我们又要去贷款买房了。"中国老太太去了天堂以后，她的子女说："母亲真好，辛苦了一辈子，给我们留下了一套新房子，我们也要努力赚钱，给孩子买房。"

思路不同，天差地别。

目前，中国在世界上的形象很大程度上仍是"他塑"而非"自塑"，我们在国际上经常还处于"有理说不出、说了传不开"的境地，存在着信息流进流出的"逆差"、中国真实形象和西方主观印象的"反差"、软实力和硬实力的"落差"。

为此，必须推进国际传播能力建设，讲好中国故事、传播好中国声音，向世界展现真实、立体、全面的中国，提高国家文化软实力和中华文化影响力。

关于如何讲好中国故事，一起来分析几个比较经典的案例。

一、善用西方文化：以 *Once Upon A Virus*（《病毒往事》）为例

中国对外传播的一大困难就是难以引起西方主流社会和媒体的关注，相关报道和评论往往石沉大海，引不起什么反响。

2020年5月初，一段长度仅为1分46秒的视频，在西方社交媒体上火了，转发量和评论量都非常高，而且很多评论都是支持和肯定中国的，可以算是近期

中国对外传播的一个经典案例。

这就是 2020 年 4 月 30 日，新华社在其推特上发布的一则名为 *Once Upon A Virus*（《病毒往事》）的动画短视频。视频中，代表中国的秦俑卡通人不断地向世界提醒和发布新冠病毒肺炎疫情的有关信息，而代表美国的自由女神卡通人则不断地予以否认。最终，自由女神卡通人红起了脸、打起了点滴、戴起了口罩……整个动画短视频的台本如下：

◆ December 2019

2019 年 12 月

Terracotta Warrior: Strange pneumonia cases reported.

秦俑卡通人：出现了奇怪的肺炎病例。

WHO: Roger that！

世卫组织：收到！

◆ January 2020

2020 年 1 月

Terracotta Warrior: We discovered a new virus.

秦俑卡通人：我们发现了一种新病毒。

Statue of Liberty: So what？

自由女神卡通人：所以呢？

Terracotta Warrior: It's dangerous.

秦俑卡通人：它很危险。

Statue of Liberty: It's only a flu.

自由女神卡通人：只是流感而已。

Terracotta Warrior: Wear a mask.

秦俑卡通人：要戴口罩。

Statue of Liberty: Don't wear a mask.

自由女神卡通人：不用戴口罩。

Terracotta Warrior: Stay at home.

秦俑卡通人：待在家里。

Statue of Liberty: It's violating human rights.

自由女神卡通人：这是侵犯人权。

Terracotta Warrior: Builiding temporary hospitals.

秦俑卡通人：修建临时医院。

Statue of Liberty: It's a concentration camp.

自由女神卡通人：这是集中营。

Terracotta Warrior: Bulit in ten days.

秦俑卡通人：十天建好临时医院。

Statue of Liberty: Show off！！

自由女神卡通人：炫耀！！

Terracotta Warrior: Time to lockdown.

秦俑卡通人：是时候进行隔离了。

Statue of Liberty: How barbaric.

自由女神卡通人：太野蛮了。

◆ February 2020

2020 年 2 月

Terracotta Warrior: It's overwhelming our medical system.

秦俑卡通人：我们的医疗系统正承受巨大压力。

Statue of Liberty: Look how backward China is.

自由女神卡通人：看看中国有多落后。

Terracotta Warrior: The virus is killing doctors.

秦俑卡通人：病毒已经造成医护人员死亡。

Statue of Liberty: Typicals third world.

自由女神卡通人：典型的第三世界。

Terracotta Warrior: It's airborne.

秦俑卡通人：病毒通过空气传播。

Statue of Liberty: It will magically go away in April.

自由女神卡通人：它将在四月神奇地消失。

Terracotta Warrior: Everyone stay at home.

秦俑卡通人：每个人都要待在家里。

Statue of Liberty: Violation of human rights.

自由女神卡通人：侵犯人权。

◆ March 2020

2020年3月

Terracotta Warrior: Our numbers are now dropping.

秦俑卡通人：我们的病例人数正在下降。

Statue of Liberty: Impossible！！ look at Italy！

自由女神卡通人：不可能！！瞧瞧意大利！

Terracotta Warrior: We wore masks.

秦俑卡通人：我们戴口罩了。

Statue of Liberty: You lied to us.

自由女神卡通人：你对我们撒谎。

Terracotta Warrior: We made our data public.

秦俑卡通人：我们公开了我们的数据。

Statue of Liberty: You kept everything secret.

自由女神卡通人：你把一切都保密了。

Terracotta Warrior: Your people are now dying.

秦俑卡通人：你的人民正在死亡。

Statue of Liberty: You didn't warn us.

自由女神卡通人：你没有提醒我们。（自由女神卡通人像开始挂点滴输液。）

Terracotta Warrior: We said it was dangerous.

秦俑卡通人：我们提醒过病毒很危险。

Statue of Liberty: You lied！

自由女神卡通人：你撒谎！

◆ April 2020

2020年4月

Terracotta Warrior: We said it was airborne.

秦俑卡通人：我们提醒过病毒通过空气传播。

Statue of Liberty: You gave false data. why didn't you warn us？

自由女神卡通人：你提供了错误的数据。为什么不提醒我们？

Terracotta Warrior: We said it was dangerous.

秦俑卡通人：我们提醒过病毒很危险。

Statue of Liberty: The virus is not dangerous but millions of Chinese are dead. We are correct even though we contradict ourselves.

自由女神卡通人：病毒不是危险的，但有数以百万计的中国人已经死亡。即使我们自相矛盾，我们也是正确的。

Terracotta Warrior: Gosh!! Just listen to yourself.

秦俑卡通人：天哪！你听你自己的吧。

Statue of Liberty: That's right. You lied. We did nothing for three months. And because the WHO agrees with China. We're cutting funding for the WHO.

自由女神卡通人：是的，你撒谎了，导致我们三个月没做任何事。而且因为世界卫生组织同意中国的意见，我们正在削减世界卫生组织的资金。

Terracotta Warrior: Are you listening to yourselves?

秦俑卡通人：你有在听你自己说了什么吗？

Statue of Liberty: We are always correct even though we contradict ourselves.

自由女神卡通人：即使我们自相矛盾，我们总是正确的。（自由女神卡通人像开始戴口罩。）

Terracotta Warrior: That's what I love best about you Americans. Your consistency.

秦俑卡通人：这就是我最爱你们美国人的地方——你们的一贯性。

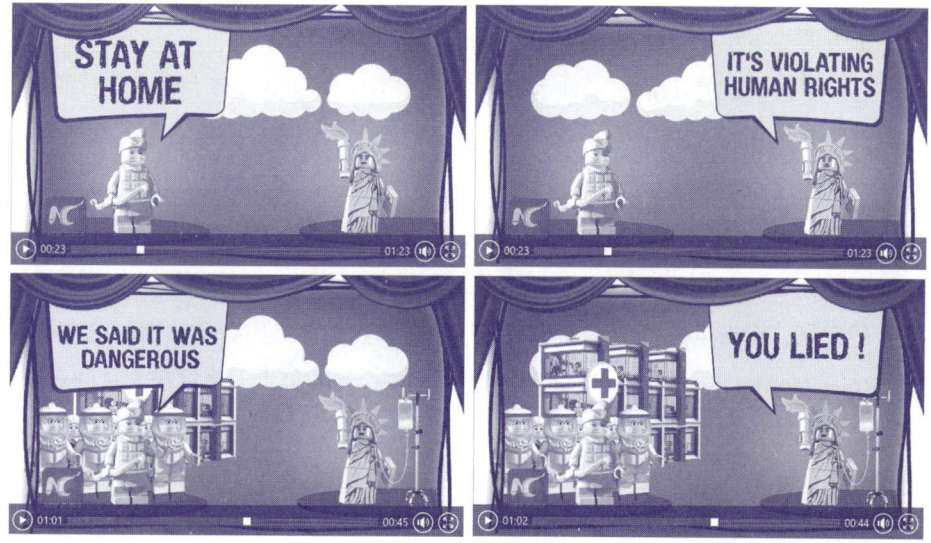

《病毒往事》截图 01

《病毒往事》截图 02

　　Once Upon A Virus（《病毒往事》）动画短视频为什么能在美国和西方火起来？影响因素有很多，但就这个短视频本身而言，最重要的一点就是融入了西方文化，嵌入了西方社会的日常生活方式，在对外传播中做到了"到什么山上唱什么歌"，贴近了美国的实际、贴近美国的生活、贴近美国的民众。

　　在卡通形象选择上，用秦俑卡通人指代中国，用自由女神卡通人指代美国，这最符合美国和西方民众对中国和美国形象的概括和认知，天然给美国和西方受众一种接近性和熟悉感。

　　在标题制作立意上，化用"Once Upon A Time"（从前，或很久以前）可谓一箭双雕："Once Upon A Time"常用于儿童故事的开头，对每个美国人来说都是童年的记忆，有天生的接纳感，非常利于传播和接受。美国有个热播的电视剧就叫"Once Upon A Time"，目前已经播到了第七季，在欧美世界聚拢了大量的观众。另外，美国有个非常经典的电影叫 Once Upon a Time in America（《美国往事》），是美国电影史上的一个重要坐标，被美国人广为知晓，而且近些年来又推出了电视剧版，目前已经热播了 3 季。用 Once Upon A Virus（《病毒往事》）做短视频的标题，非常好地利用了"Once Upon a Time"的美国群众基础。

　　在讲述故事方式上，既符合新媒体的传播方式，又符合美国民众的思维方式。动画短视频虽然只有 1 分 46 秒，但是把来龙去脉讲述得非常清楚，而且丝毫不拐弯抹角，充满了戏剧冲突，过程跌宕起伏。尤其是最后秦俑卡通人的"神吐槽"——"这就是我最爱你们美国人的地方——你们的一贯性"（That's what I love best about you Americans. Your consistency）大大增强了短视频的讽刺性、话题性，必定会大大提升该短视频的社交转发热度。

二、用心讲好故事：以饶毅在《纽约时报》刊文《我在武汉的亲戚挺过来了，但在纽约的叔叔去世了》为例

2020年7月22日，《纽约时报》在其网站首发中国学者饶毅（中国北京首都医科大学校长、北京大学讲席教授、北京脑科学中心主任）的文章《我叔叔在纽约逝于新冠，他在中国可能还活着吗？》（"My Uncle Died of Covid-19 in America. In China, Would He Have Lived？"）后来，《纽约时报》网络版将标题改为《我在武汉的亲戚挺过来了，但在纽约的叔叔去世了》（"My Relatives in Wuhan Survived, My Uncle in NewYork Did Not"）。7月24日，《纽约时报》在其国际印刷版的头版左第一条发表饶毅的该文章，将标题改为《在中国他会活着吗？》（"Would he still be alive in China？"）。

这篇文章的发表时间曾受《纽约时报》内部因素的影响。饶毅的叔叔（厚华）于2020年5月20日去世，饶毅在震惊之余，于第二天写好文章，5月22日投稿。5月26日获得文章将发表的明确意见。后来，几次说定了发表日期，却因为《纽约时报》内部各种因素的影响而一再推迟，直至7月22日发表。7月24日，《纽约时报》将该文推送为"周末最佳11篇读物"之一推荐给读者。

文章认为，美国本有机会努力降低感染率和病死率，汲取中国抗疫经验，但美国没有这么做。饶毅的父亲认为，如果他的叔叔在武汉，那么是能被治愈的，"在今天，美国不再是一个好的选择"。文章部分内容翻译摘录如下：

> 中文的8因其音似"发"而被视为幸运的数字，444似"死"为坏数字，520似"我爱你"。
>
> 向来讨厌迷信的我，非常难过地于5月20日下午4:44收到微信：纽约皇后区的叔叔厚华（Eric）逝于新冠病毒，他74岁。
>
> 叔叔是药剂师，很可能从取药的病人传来。3月感染后，他病了两个多月，

曾用呼吸机，但最后十天被认为不可治愈后，呼吸机用于救助其他病人。

我家与医药关系不浅，我自己目前在北京有19个附属医院的医科大学任职。我学医是因为我有身为肺科医生的父亲。父亲学医是因为他13岁时，他的母亲因简单的感染而去世。父亲没有预料到，比自己年轻15岁的弟弟逝于自己专科的疾病（呼吸系统疾病）。

……

2005年于75岁退休前，父亲治疗了很多呼吸病和ICU的病人。SARS在父亲退休前的2002—2003年发生，他预计SARS或类似的病毒还会发生。我和父亲还在争论此次新冠病毒算不算证明了其预计。新冠疫情发生后，父亲经常给我如何治疗新冠肺炎的建议，让我转给其他医生。

我们家在武汉有12位亲戚，大部分是母亲家的；纽约有6位亲戚，大部分是父亲家的。在武汉的亲戚皆安然无恙，而纽约的叔叔去世——去世于当今世界军事上最强大、经济上最富裕、医学上最先进的国家。

美国有两个月甚至更多时间可以汲取中国的新冠肺炎疫情防控经验，本可以做更多努力降低感染率和病死率。父亲很难接受弟弟去世的部分原因是认为自己就可以救助弟弟——叔叔如果在中国也许就被治愈了。

……

这篇文章在美国媒体和社会，特别是在舆论界，引发了强烈的反响，成为舆论热点，众多美国各界人士表达对饶毅文章的认可和支持。《纽约时报》网站有大量留言表示"应该责备政府，因为他们本应有6个星期的时间去做准备""是时候停止政治操弄、栽赃'甩锅'中国了"。

当然，这篇文章也让栽赃"甩锅"中国的美国政客坐立不安、心急如焚。比如，路透社报道美国时任国务卿蓬佩奥对《纽约时报》刊登饶毅的文章非常不满，抨击《纽约时报》刊登了帮中国做政治宣传的文章，并指控《纽约时报》的做法是反美国的。又比如，极度反华的美国国会议员汤姆·科顿（Tom Cotton）在推特发文指责《纽约时报》是在给中国做政治宣传，并称自己是"得到了大多数美国人支持的共和党参议员"。结果留言"翻车"，不少留言称他的推文是"一篇来自想杀死美国人的共和党参议员的文章"。原来，6月初美国"黑人命也是命"运动爆发初期，科顿发表了一篇呼吁政府派遣军队镇压骚乱的文章，引发社会巨大争议，导致负责刊发文章的编辑詹姆斯·班纳特引咎辞职。

饶毅的这篇文章之所以能引发如此强烈的影响，也有多方面的原因，但非常关键的因素是——冷静理性地讲好故事。文章没有进行自己观点的宣介，也没有对自己不认可观点的驳斥，没有试图强加于人的说教，也没有坚持苦口婆心的劝导，通篇都采取了讲故事的方式，观点、立场等都蕴含在有对比、有反差、有深思、有情怀的故事当中，可谓是"随风潜入夜，润物细无声"。在文章中，饶毅介绍了自己家族的历史，1949年后饶毅的家人天各一方，他的父亲留在了中国大陆学习医学，他的叔叔则去了美国定居。饶毅的叔叔是他们家族第一位美国公民，于20世纪70年代后期到旧金山。饶毅的父亲20世纪80年代前去留学，在旧金山加州大学医学院心血管研究所进修一年。饶毅自己也在旧金山加州大学医学院留学并长期在美国工作生活，获得了美国公民身份，后回国并放弃美国公民身份……然后回到这次疫情之中"在武汉的亲戚挺过来了，但在纽约的叔叔去世了"的核心故事上。

在冷静客观的讲述中，事实胜于雄辩的力量得以充分彰显，就像读者留言所说的"记事体的叙述方式，行文严谨客观，娓娓道来，传递的感情直击人心"，"用讲故事、朴实的文字就能表达出批判性思维"。

三、主动设置议题：以外交部发言人赵立坚连发推文质问美国为例

一直以来，在国际舆论场，中国绝大多数时候是一个被动者角色，议题设置的主动权总是在西方社会和媒体手里，中国总是被动接招，然后做一些解释回应。往往是西方社会和媒体炒作得沸沸扬扬，闹得天下皆知，但轮到中国的相关解释和回应时，就被西方社会和媒体的选择性忽略而变得悄无声息了。

西方媒体和政客"揽功推过"操作几乎是一种本能，栽赃、甩锅、泼污水信手拈来，运用起来更是得心应手，这方面没点本事还真没法在西方政治圈里摸爬滚打生存下来。在国际舆论斗争中，中国要着力补上"主动设置议题"这块短板。中国外交部发言人赵立坚连发推文质问美国，是一次比较成功的主动设置议题的案例。

2020年3月，美国政客集中火力疯狂"甩锅"中国，不遗余力指责中国"隐瞒实情""把病毒扩散到了全世界"，一时间国际上掀起一波"中国祸害论""中国责任论""中国赔偿论"的浪潮，中国舆论做了大量驳斥、正本清源的工作，但在国际舆论场的声音并不大，引起的关注不够多。

这个时候，美国疾控中心主任承认美国有的流感死者可能实际上是死于新冠肺炎一事被曝光，相关话题在国际舆论场掀起激烈讨论。抓住这个有利时机，3月12日晚，外交部发言人赵立坚在推特上，用中英双语连发数条推文怒怼美国"欠我们一个解释！"推文原文如下：

"美国疾病控制与预防中心（CDC）主任罗伯特·雷德菲尔德周三在众议院监督委员会承认，一些似乎死于流感的美国人在死后的诊断中被检测出新型冠状病毒呈阳性。"

"美国疾控中心主任被抓了个现行，零号病人是什么时候在美国出现的？有多少人被感染？医院的名字是什么？可能是美军把疫情带到了武汉，美国要透明！要公开数据！美国欠我们一个解释！"

"美国当季有3400万流感患者，20000人死亡，请告诉我们，其中有多少人与新冠肺炎有关？"

1/2 CDC Director Robert Redfield admitted some Americans who seemingly died from influenza were tested positive for novel #coronavirus in the posthumous diagnosis, during the House Oversight Committee Wednesday. #COVID19

2/2 CDC was caught on the spot. When did patient zero begin in US? How many people are infected? What are the names of the hospitals? It might be US army who brought the epidemic to Wuhan. Be transparent! Make public your data! US owe us an explanation!

Some #influenza deaths were actually infected with #COVID-19, Robert Redfield from US #CDC admitted at the House of Representatives. US reported 34 million cases of influenza and 20,000 deaths. Please tell us how many are related to COVID-19? @CDCDirector

赵立坚推特发文截图

一石激起千层浪。推文发出后，很快在国内外引起轩然大波，国际国内网民热议：美国"流感"真的只是流感吗？美国"流感"病例中究竟有多少是新冠肺炎？中国的病毒会不会是美国带过去的？一时间国际舆论对美国的质疑大增。

推文将舆论战火引向美国本土，痛打美国七寸，震动了美国政坛。美国众多高官到众多媒体纷纷对赵立坚进行"围殴"，但正是这样汹涌的舆论产生了意想不到的效果，赢得了议程设置主导权。

在被动的国际舆论格局中，更加需要我们主动作为，千方百计化被动为主动，主动设置议题，而不是一味跟着西方的舆论转圈，这样才能掌握更大的话语权，更好地讲好中国故事，传播好中国声音。

四、做好形象塑造：以成都对外传播塑造城市国际形象为例

在中国有这样一个城市，不是北上广深，也不在东部发达地区，但能成为继上海、香港、北京之后，中国第四个举办《财富》全球论坛的城市；

在中国有这样一个城市，不是北上广深，也不在东部发达地区，但在美国著名智库布鲁金斯学会发布的《全球大都市监测报告2018》（该报告推出了全球300个大都市经济运行表现指数榜单）中位列全球第三、中国第一；

在中国有这样一个城市，不是北上广深，也不在东部发达地区，但在"国家中心城市国际形象传播影响力榜"上排名全国第四，仅次于北上广；

在中国有这样一个城市，不是北上广深，也不在东部发达地区，但在出入境人员流量方面排名全国第四（2019年突破700万人次），仅次于北上广；

在中国有这样一个城市，不是北上广深，也不在东部发达地区，但在《世界城市名册2020》排名中连跨两级升至Beta+，仅次于北上广深；

在中国有这样一个城市，不是北上广深，也不在东部发达地区，但在国际传播领域的知名度经常仅次于北京和上海；

……

这个城市，就是成都，虽然位于中国西部地区，但其国际知名度、城市形象、对外传播影响力等经常超越比它地理位置更好、经济更发达、文化更繁荣的城市，在中国众多城市中可以算是"城市形象塑造"比较成功的典型案例。

成都为什么在这方面获得成功？

影响因素有很多，但至关重要的一点是抓住了"熊猫"这一关键特色。成都是因拥有数量最多的大熊猫而号称"世界大熊猫故乡"的城市，成都自然也把熊猫看作国际营销的一张王牌，让全世界的人都知道"熊猫的国籍是中国，熊猫的故乡在成都"。

成都与好莱坞大片《功夫熊猫》的合作，堪称城市运营的经典案例。2011年，《功夫熊猫2》在全世界叫好又叫座，赢得满堂彩。担担面、四川火锅、鸡公车（黄包车）、宽窄巷子、青城山……在影片中，神龙大侠"阿宝"在充满成都元素的凤凰城里大施拳脚，俏皮亮相。"我们加入的这些成都元素，对电影是一种升华；对所有《功夫熊猫》的影迷来说，好比加入了特别的作料。成都、熊猫和电影已经融为一体。成都，真正称得上是电影的形象代言人。"时任美国梦工厂动画公司首席执行官杰弗瑞·卡森伯格说。

经此一役，成都的国际知名度大大提升。在此基础上，成都乘胜追击，一方面强化打好"熊猫"这张牌，一方面发力城市综合运营提升城市综合实力。成都城市形象塑造的成功，"熊猫"是支点，各方面的综合努力是杠杆。

"十二五"时期，成都市开始以"熊猫之都"的国际形象对外传播。成都在纽约时报广场投放城市宣传片，以"典型中国，熊猫故乡"为主题，围绕熊猫元素对外传播，成功树立"熊猫之都"的国际形象。另外，通过举办重要国际会议会展以及宣传自然人文风光等，在国际传播中逐步树立起"国际会展会议名城""世界旅游目的地"的形象。

"十三五"时期，成都国际化深入发展，以更多元化的城市形象对外呈现。2017年成都成为第34个加入世界文化名城论坛的城市，凭借"大熊猫文化""金沙文化""美食文化"展现了"国际文化之都"形象。2018年成都市政府向全球发出"熊猫之都"策划征集方案，并对国内外媒体设置议程，扩大了成都国际形象的影响力。

强化"熊猫的国籍是中国，熊猫的故乡在成都"的概念，对塑造成都在外国人心中的形象有源源不断的动力。试想：国外的青少年，绝大多数都会去动物园，去了动物园只要有熊猫肯定会去看熊猫，到动物园看熊猫是国外青少年的难忘经历。熊猫，能为成都带来多少加分？怎么想，都值！怎么看，都赞！

五、加强国际传播能力：成效与展望

从2009年国际传播能力建设工程启动以来，中央从政策环境、资金投入等方面对重点媒体给予大力扶持，使这些媒体加快了国际传播能力建设的步伐，基础设施、设备水平、技术手段、采编能力等均在短时间内得到改善，硬件建设已经接近或达到国际一流媒体水平。目前，新华社海外分社已达170多个，驻外机构数量居世界首位。中央电视台开播了9个国际频道，成为全球唯一用汉、英、法、俄、阿拉伯、西班牙6种联合国工作语言播出的电视机构。中国国际广播电台使用64种语言对外播出，是全球语种最多的媒体机构。

党的十八大以来，我国版权输出力度进一步加大，在2013年实现输出版权万种以上，并在2017年达到13800余种，输出与引进的差距再次缩小到1.31∶1。仅就图书版权贸易而言，我国在2017年第一次实现图书版权引进和输出均超过万种，图书版权输出从2013年的7300余项增加到2017年的10600多项，年最大增幅达到28%。我国图书版权输出提速过程中，对美国、英国、德国、法国、加拿大、日本、韩国等国际重要出版市场和我国港澳台地区的输出保持平稳，对"一带一路"相关国家版权贸易增长显著。2012—2017年，我国对包含俄罗斯、新加坡、越南、泰国、印度尼西亚、印度、尼泊尔、吉尔吉斯斯坦、阿联酋、黎巴嫩、埃及等"一带一路"相关国家版权输出从2000余项迅猛增长到5000多项。2017年，越南、印度、黎巴嫩、泰国等4个国家位列我国向外输出图书版权最多的10个国家和地区，占图书年版权输出总量的近1/6。

虽然近些年我国的国际传播能力建设得到显著提升，但与西方发达国家相比仍然差距很大。国际舆论格局目前"西强我弱"，我国新闻媒体国际传播能力还不够强，声音总体偏小偏弱，西方主要媒体左右着世界舆论。在近80个世界级的传媒集团中，中国仅有3个。目前全球5个人中至少有1名是华人，但全球信息量只有5%左右来自华文媒体；互联网上80%以上的内容都是英语，近些年中文的内容开始上升，由以前不足5%已经上升到超过10%，但还远远不够。美国、英国、法国等少数几个发达国家之所以在国际社会拥有非常大的话语权，一个重要原因就是它们拥有具有全球影响力的媒体，这些媒体基本决定了国际传播议程设置和话语走向。有研究指出，西方的四大主流通讯社即美联社、合众国际社、路透社、法新社每天的新闻发布数量占据整个世界新闻发稿量的80%。传播于世界各地的新闻，90%以上由美国等西方国家垄断。西方50家媒体、跨国公司占据了世界95%的传媒市场……美国控制了全球75%的电视节目的生产和制作。

"落后就要挨打，贫穷就要挨饿，失语就要挨骂。"挨打挨饿的问题我们已经解决了，但在"西强我弱"的国际话语格局中，"挨骂"的问题依然存在。为了避免失语"挨骂"，必须加强中国对外传播的话语建设，获得国际传播体系中的话语权。要有效提升中国的国际传播水平，必须着力在媒体融合发展和讲好中国故事这两个关键方面下大气力。

要推动媒体融合发展，实现媒体、平台和内容的互融互通，提高媒介产品的传播力。要积极推动新旧媒体融合，打通不同媒体、不同平台之间的壁垒，实现不同内容形式的融合。以《人民日报》为例，截至目前，《人民日报》已由一份报纸转变为全媒体形态的"人民媒体方阵"，成为拥有报、刊、网、端、微、屏等10多种载体的媒体方阵，综合覆盖受众超过9亿。《人民日报》客户端下载量突破2.61亿，活跃度在主流媒体创办的客户端中位居首位；《人民日报》法人微博在新浪微博粉丝数突破1.22亿，是新浪微博首个粉丝数过亿的媒体微博账号，连续7年保持中国媒体第一微博的影响力；人民日报微信公众号用户订阅量超3200万，传播指标及综合影响力在所有微信公众号中稳居第一；人民日报抖音账号关注数达到1.2亿，在抖音所有账号中高居第一，多条短视频刷新抖音平台传播纪录。另外，《人民日报》还积极在海外社交平台拓展空间。不仅是《人民日报》，央媒在媒体融合发展方面都在发力，在海外社交平台大力拓展。

近期，美国等国家以信息安全为借口对TikTok频频施压。其背后是TikTok全球用户的急剧增长。Sensor Tower数据显示，截至2020年4月底，抖音及海外版TikTok在全球App Store和Google Play的总下载量已经突破20亿次。在达到15亿次下载量之后，该应用仅用了5个月时间就达到了20亿次这一新的里程碑。虽然中国新媒体平台在美国等国受到了打压，遭遇了困境，但是这给中国国际传播能力建设带来了弯道超车的新希望。

【参考文献】

（1）*Once upon a virus*，http://www.xinhuanet.com/english/2020-04/30/c_139020877.htm.

（2）《因为这段火遍海外的视频，美国网友掐起来了……》，"川报观察"微信公众号，

2020年5月3日。

（3）《〈纽约时报〉头版发表饶毅文章》，"知识分子"微信公众号，2020年7月24日。

（4）《外交部发言人赵立坚推特质问美国：欠我们一个解释》，观察者网，2020年3月13日。

（5）《外交部发言人连发五条推特质问美国：欠我们一个解释》，"经济日报"微信公众号，2020年3月13日。

（6）《世界城市名册2018》，全球化与世界城市（GaWC）研究网络，2018年11月16日。

（7）《全球大都市监测报告2018》，美国智库布鲁金斯学会，2018年8月。

（8）《全国第四位！成都航空口岸出入境突破700万人次》，"川报观察"微信公众号，2019年12月31日。

（9）《人民网舆情数据中心发布〈全媒体与新路径：城市国际互联网形象研究报告〉》，2019年12月11日。

（10）《美国大片"零成本"植入"成都策略"如何打动功夫熊猫》，载《人民日报》2011年6月7日。

（11）《"中国第四城"成都，是一个营销出来、名不副实的网红城市吗？》，"正解局"微信公众号，2019年5月30日。

（12）田大菊、周卫萍、黄强、李如阳、刑彦妮：《成都推进国际传播能力建设的研究》，载《新闻研究导刊》2018年第22期。

（13）王艳：《中国国际传播能力建设现状调查分析报告》，载《对外传播》2019年第4期。

（14）程曼丽：《中国对外传播的历史回顾与展望（2009—2017年）》，载《新闻与写作》2017年第8期。

（15）姜飞：《新阶段推动中国国际传播能力建设的理性思考》，载《南京社会科学》2015年第6期。

（16）王珺：《十八大以来我国出版业国际传播能力建设情况综述》，载《科技与出版》2019年第2期。

（17）黄楚新：《推进国际传播能力建设　讲好中国故事》，载《人民政协报》2018年5月23日。

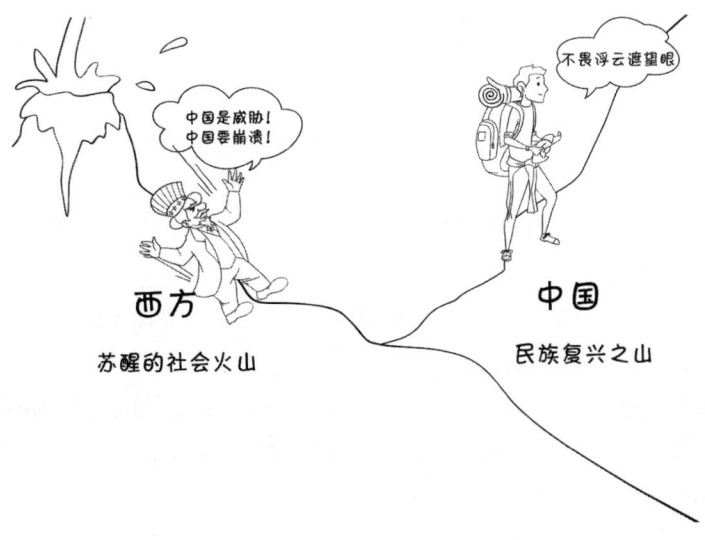

百年未有之大变局下，中国站在历史正确的一边，站在公道的正义一边，而时间站在中国这边。

归根结底：关键还是做好自己的事情

> 爱因斯坦发表相对论轰动了整个科学界，有科学家无法理解相对论就认为相对论是错误的，并找了一百位科学家联合作证，指证相对论是错误的。对此，爱因斯坦只是淡淡地笑了笑说："一百位？要这么多人？只要能证明我真的错了，一个人便够了。"

面对西方社会和媒体的"双标"、甩锅、栽赃、打压等，我们要不断提升国际传播能力、在国际舆论界进行坚决斗争、讲好中国故事传播好中国声音。除此之外，最重要的是什么？

2019年5月，习近平总书记在江西考察并主持召开推动中部地区崛起工作座谈会时强调，我国仍处于发展的重要战略机遇期，但面临的国际形势日趋错综复杂。我们要清醒认识国际国内各种不利因素的长期性、复杂性，妥善做好应对各种困难局面的准备。最重要的还是做好我们自己的事情，统筹研究部署，协同推进改革发展稳定各项工作，谋定而后动，厚积而薄发。

2020年7月，习近平总书记主持召开企业家座谈会时强调，在当前保护主义上升、世界经济低迷、全球市场萎缩的外部环境下，我们必须集中力量办好自己的事，充分发挥国内超大规模市场优势，逐步形成以国内大循环为主体、国内国际双循环相互促进的新发展格局，提升产业链供应链现代化水平，大力推动科技创新，加快关键核心技术攻关，打造未来发展新优势。以国内大循环为主体，绝不是关起门来封闭运行，而是通过发挥内需潜力，使国内市场和国际市场更好联通，更好利用国际国内两个市场、两种资源，实现更加强劲可持续的发展。从长远看，经济全球化仍是历史潮流，各国分工合作、互利共赢是长期趋势。我们要站在历史正确的一边，坚持深化改革、扩大开放，加强科技领域开放合作，推动建设开放型世界经济，推动构建人类命运共同体。

"最重要的还是做好我们自己的事情""必须集中力量办好自己的事"，为我们在当前国际形势下应对包括"双标"在内的一切外部挑战指明了根本途径。

一、中国是大海，狂风骤雨也不能掀翻大海

最重要的还是做好我们自己的事情，是因为像中国这样一个超大型国家，只要内部安定团结稳定，保持战略定力，来自外部的任何挑战都是可控的。

就像习近平总书记出席首届中国国际进口博览会开幕式并发表主旨演讲中指出的那样，中国经济是一片大海，而不是一个小池塘。大海有风平浪静之时，也有风狂雨骤之时。没有风狂雨骤，那就不是大海了。狂风骤雨可以掀翻小池塘，但不能掀翻大海。经历了无数次狂风骤雨，大海依旧在那儿！经历了5000多年的艰难困苦，中国依旧在这儿！面向未来，中国将永远在这儿！

大有大的潜力。还在中国经济尚未发展起来的时候，邓小平就看到中国"块头大"的好处，1978年会见法国外贸部部长时说，"中国就是'块头大'，所以有点用处"；1979年在驻外使节会议上说，"'块头大'，决定了我们在国际政治里的分量"；1981年在回应美国的轻视时强调，尽管中国经济还落后，"可是我们有'块头大'这个好处"。

大有大的实力。改革开放40多年过去，如今的中国，是不折不扣的"大块头"，是名副其实的大国，而且不是某一方面大，而是全方位都大。看人口，14亿多，世界第一，比西方国家加起来还要多；看面积，陆地就有960多万平方公里，比欧盟总面积还要大；看经济，中国是世界第二大经济体、制造业第一大国、货物贸易第一大国、商品消费第二大国、外资流入第二大国，外汇储备连续多年位居世界第一（其中制造业，中国不仅是排名世界第一，而且差不多是排在世界二、三、四位的美国、日本、德国之和）；看政治，中国是联合国安理会五大常任理事国之一，拥有一票否决权；看军事，瑞典斯德哥尔摩国际和平研究所最新公布的2020年全球军力排名中，美国、俄罗斯、中国分列前三名；看文化，中国是世界四大文明古国之一，而且是5000多年来文明从未中断过，中华文化的影响力深入东亚、遍及全球……

大有大的定力。在大海中，大船比小船抗风浪是常识，其实在国际政治中也

是这样，中国号巨轮在世界政治经济的海洋中更能抗风浪。最近几十年，国际风云变幻，重大的国际经济政治风暴屡屡席卷全球，给不少国家带来灾难性冲击甚至毁灭性打击，但中国是"任凭风吹浪打，我自岿然不动"。不妨回看一下：无论是苏联解体、东欧剧变，还是和平演变、颜色革命，西方操控的国际政治多米诺骨牌戛然而止于中国；无论是1998年的亚洲金融风暴，还是2008年的国际金融危机，抑或当下的中美贸易战，对中国都影响有限不会伤筋动骨。原因是什么？至关重要的因素，就是中国是大国。邓小平曾说，世界上最不怕孤立、最不怕封锁、最不怕制裁的就是中国，因为中国块头这么大，人口这么多。如今，中国具有全球最完整规模最大的工业体系、强大的生产能力、完善的配套能力，拥有1亿多个市场主体和1.7亿多名受过高等教育或拥有各类专业技能的人才，还有包括4亿多中等收入群体在内的14亿人口所形成的超大规模内需市场，正处于新型工业化、信息化、城镇化、农业现代化快速发展阶段，具备了更强的自我调节和抵御外部经济冲击的能力。

事实表明，中国是大海，狂风骤雨不能掀翻大海，对中国来说，应对外部挑战"最重要的还是做好我们自己的事情""必须集中力量办好自己的事"。改革开放是决定当代中国命运的关键一招，也是实现中华民族伟大复兴的关键一招，"做好自己的事"就要坚持全面深化改革、坚持不断扩大开放、坚持以人民为中心。

二、"做好自己的事"就要坚持全面深化改革

2020年7月27日，世界银行发布《中国优化营商环境的成功经验——改革驱动力与未来改革机遇》专题报告（以下简称"报告"），专门向世界推广中国营商环境改革经验。报告认为，中国近年来在改革优化营商环境领域取得了巨大成就，在建立改革协调机制、鼓励市场主体参与、加强信息化技术应用等多个领域推出的改革举措为全球其他经济体优化营商环境改革提供了借鉴，同时也为推动国际国内改革经验双向交流等创造了成功经验。近年来，中国在世界银行《营商环境报告》中的排名从2014年的第96位提升到2020年第31位，特别是2018年以来，中国在《营商环境报告》的位次跃升了近50位，从全球第78位升至第31位，连续两年成为全球营商环境改善幅度最大的经济体之一。

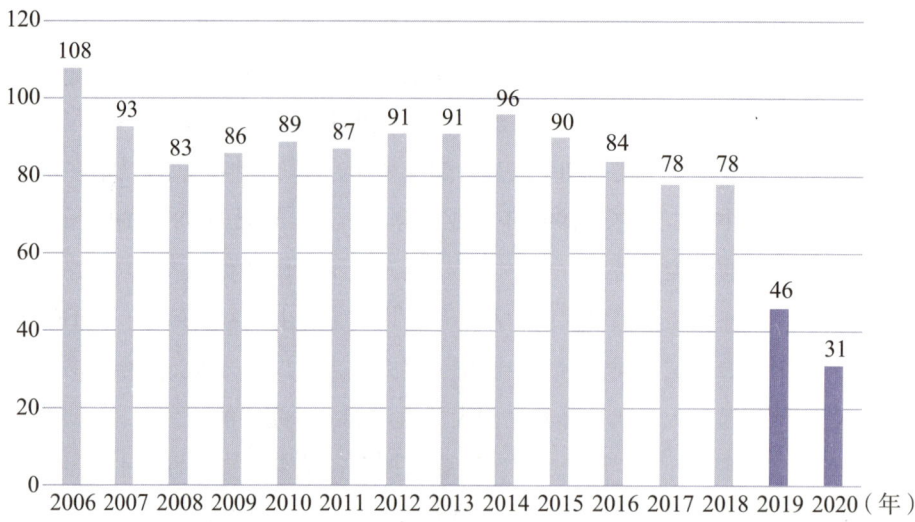

中国在世界银行《营商环境报告》中的排名

营商环境是指市场主体在准入、生产经营、退出等过程中涉及的政务环境、市场环境、法治环境、人文环境等有关外部因素和条件的总和。世界银行营商环境项目诞生于 2003 年，从开办企业、办理施工许可证、获得电力、登记财产、获得信贷、保护中小投资者、纳税、跨境贸易、执行合同和办理破产等方面监测 190 个经济体的营商环境。统计显示，2003 年以来，190 个经济体中有 186 个经济体实施了 3500 多项营商环境改革。

好的营商环境有利于激发市场主体活力，好的营商环境就是生产力。世界银行的相关研究表明：2003 年至 2020 年，全球范围内实施的 3500 多项营商环境改革，平均每一项改革措施能带来 0.15% 的 GDP 增长率；如果一个国家营商环境的质量能从全球倒数 1/4 的水平跃升至最好的 1/4，那么 GDP 年增长率能够上升 2.3 个百分点。

营商环境的大幅改善，只是中国不断推进全面深化改革的一个缩影、一个样本。当前，全面深化改革正在中华大地"全面发力、多点突破、蹄疾步稳、纵深推进"。

党的十八届三中全会对全面深化改革作出了系统部署安排，《中共中央关于全面深化改革若干重大问题的决定》（2013 年 11 月 12 日中国共产党第十八届中央委员会第三次全体会议通过）提出，到 2020 年，在重要领域和关键环节改革上取得决定性成果，完成本决定提出的改革任务，形成系统完备、科学规范、运行有效的制度体系，使各方面制度更加成熟更加定型。目前，全面深化改革进展顺利。

党的十九届四中全会对坚持和完善中国特色社会主义制度推进国家治理体系和治理能力现代化作出了系统部署安排，《中共中央关于坚持和完善中国特色社会主义制度推进国家治理体系和治理能力现代化若干重大问题的决定》（2019年10月31日中国共产党第十九届中央委员会第四次全体会议通过）提出，坚持和完善中国特色社会主义制度、推进国家治理体系和治理能力现代化的总体目标是：到我们党成立一百年时，在各方面制度更加成熟更加定型上取得明显成效；到2035年，各方面制度更加完善，基本实现国家治理体系和治理能力现代化；到新中国成立一百年时，全面实现国家治理体系和治理能力现代化，使中国特色社会主义制度更加巩固、优越性充分展现。目前，国家治理体系和治理能力现代化正稳步推进。

三、"做好自己的事"就要坚持不断扩大开放

当前，贸易和投资保护主义在一些国家兴风作浪，经济全球化遭遇逆流。当此之际，是开放还是封闭，是前进还是后退，考验着胸襟、眼界、智慧。

理念层面，中国站在历史正确的一边，坚定认为：世界经济的大海，你要还是不要，都在那儿，是回避不了的。想人为切断各国经济的资金流、技术流、产品流、产业流、人员流，让世界经济的大海退回到一个一个孤立的小湖泊、小河流，是不可能的，也是不符合历史潮流的。融入世界经济是历史大方向，中国经济要发展，就要敢于到世界市场的汪洋大海中去游泳，如果永远不敢到大海中去经风雨、见世面，总有一天会在大海中溺水而亡。

实践层面，中国站在时代正确的一方，坚定行动：主动向世界开放市场，创办中国国际进口博览会（China International Import Expo，简称CIIE或进博会）等。进博会是世界上第一个以进口为主题的大型国家级展会，以实际行动坚定支持贸易自由化和经济全球化；制定实施外商投资法，保护外商投资合法权益，规范外商投资管理，积极促进外商投资；实施准入前国民待遇加负面清单管理模式，不断大幅缩减负面清单，推动现代服务业、制造业、农业全方位对外开放，并在更多领域允许外资控股或独资经营；新布局一批自由贸易试验区，加快探索建设自由贸易港……

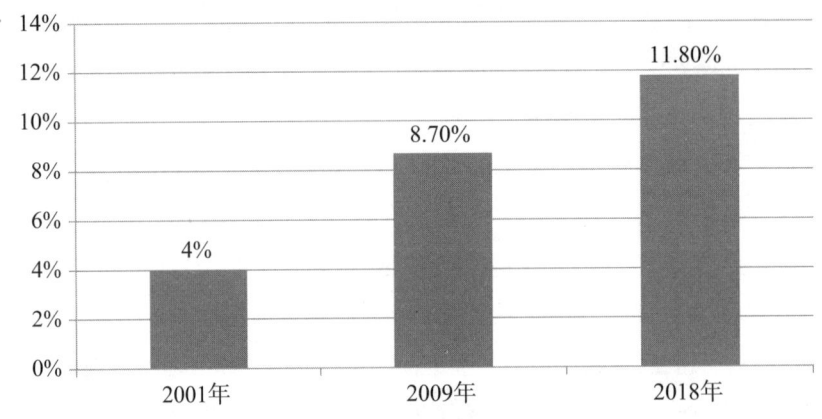

中国进出口总额（货物贸易）占全球份额的变化

站在历史正确的一边，站在时代正确的一边，站在公道正义的一边，中国开放的大门越开越大，支撑了中国的经济稳中有进。

中国国际进口博览会交出亮眼的成绩单。首届中国国际进口博览会（2018年10月）：累计意向成交578.3亿美元，共有来自全球151个国家和地区的3617家企业参展，吸引了来自72个国家和地区的3600多位境外采购商，全球或中国大陆首发新产品、新技术或服务570余件……第二届中国国际进口博览会（2019年11月）：累计意向成交711.3亿美元，比首届增长23%，共有181个国家、地区和国际组织参会，3800多家企业参加企业展，吸引了超过7000名境外采购商，全球或中国大陆首发新产品、新技术或服务391件……第三届中国国际进口博览会（2020年11月），累计意向成交726.2亿美元，比上届增长2.1%……

中国对外贸易保持稳定。2019年在全球贸易的低迷形势下，在中美贸易摩擦背景下，中国外贸交出了一份优秀的成绩单：进出口总值31.54万亿元人民币，比2018年增长3.4%；其中，出口17.23万亿元人民币，增长5%；进口14.31万亿元人民币，增长1.6%；贸易顺差2.92万亿元人民币，扩大25.4%；继续蝉联全球货物贸易冠军。2020年上半年，受疫情影响，我国货物贸易进出口总值14.24万亿元人民币，同比下降3.2%，降幅较前5个月收窄1.7个百分点。从月度看，自4月份起出口连续3个月实现正增长，6月份当月进出口同比增长5.1%，其中出口增长4.3%，进口增长6.2%。

外商投资不断加码中国，看好中国前景。2019年，在全球经济增长放缓、跨国投资低迷、国际环境不确定性增加、各国引进外资竞争加剧的条件下，中国吸收外资实现逆势增长。按人民币计,达到9415.2亿元,比上年增长5.8%;以美元计,达到1381.4亿美元,同比增长2.4%。2020年1—6月,全国实际使用外资4721.8亿元人民币(不含银行、证券、保险领域,即直接投资),同比下降1.3%;但在第二季度,实际使用外资大幅增长8.4%,相比第一季度10.8%的降幅有了质的改善;同时,利用外资的结构也在优化,高技术服务业实际使用外资同比增长高达19.2%。

……

国家统计局2020年10月19日对外公布,初步核算,前三季度国内生产总值722786亿元。分季度看,一季度同比下降6.8%,二季度经济增长由负转正,增长3.2%,三季度增长4.9%,经济运行呈稳步复苏态势。众所周知,今年以来,突如其来的新冠肺炎疫情带来的冲击前所未有,世界经济陷入"二战"以来最为严重的衰退,中国统筹推进疫情防控和经济社会发展,前三季度经济增长转正向好,在世界主要经济体中唯一实现正增长。

四、"做好自己的事"就要坚持以人民为中心

党的十九大报告指出,在发展中补齐民生短板、促进社会公平正义,在幼有所育、学有所教、劳有所得、病有所医、老有所养、住有所居、弱有所扶上不断取得新进展。

中国共产党团结带领人民进行革命、建设、改革,根本目的就是让人民过上好日子,无论面临多大挑战和压力,无论付出多大牺牲和代价,这一点都始终不渝、毫不动摇。也就是说,推动经济社会发展,归根到底是为了不断满足人民群众对美好生活的需要。要始终把人民安居乐业、安危冷暖放在心上,用心用情用力解决群众关心的就业、教育、社保、医疗、住房、养老、食品安全、社会治安等实际问题,一件一件抓落实,一年接着一年干,努力让群众看到变化、得到实惠。

脱贫攻坚目标任务如期完成。我国从20世纪80年代开始扶贫,有两个基本情况。一个是以当时的扶贫标准,贫困人口减到3000万左右就减不动了;另一个是戴贫困县帽子的越扶越多。这次脱贫攻坚扭转了这种趋势。贫困人口从2012年年底的9899万人减到2019年年底的551万人,贫困发生率由10.2%降

至0.6%，连续7年每年减贫1000万人以上。2013年至2019年，832个贫困县农民人均可支配收入由6079元增加到11567元，年均增长9.7%，比同期全国农民人均可支配收入增幅高2.2个百分点。全国建档立卡贫困户人均纯收入由2015年的3416元增加到2019年的9808元，年均增幅30.2%。贫困群众"两不愁"质量水平明显提升，"三保障"突出问题总体解决。到2020年底，中国如期完成了新时代脱贫攻坚目标任务，现行标准下农村贫困人口全部脱贫，贫困县全部摘帽，消除了绝对贫困和区域性整体贫困，有1亿左右贫困人口实现脱贫，提前10年实现联合国2030年可持续发展议程的减贫目标，世界上没有哪一个国家能在这么短的时间内帮助这么多人脱贫，这对中国和世界都具有重大意义。

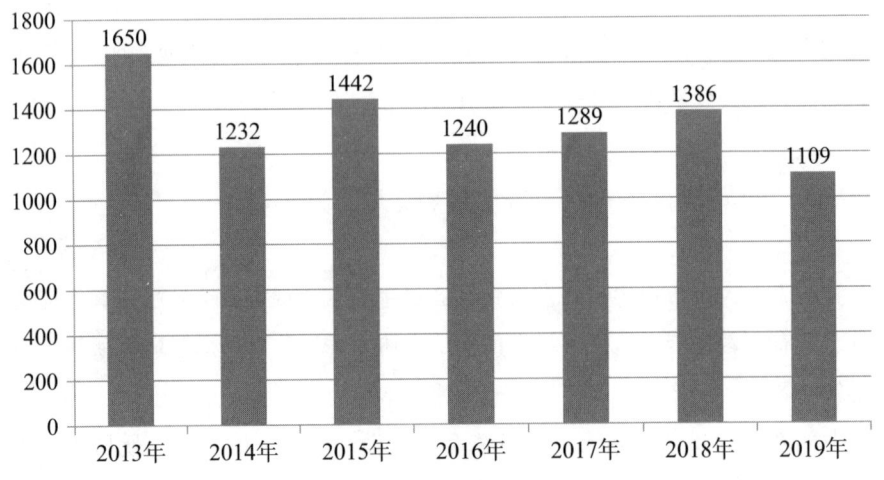

2013—2019年我国农村年度减贫人数（万人）

人均GDP突破1万美元大关。2020年1月17日，国家统计局发布数据，2019年我国国内生产总值（GDP）接近100万亿元大关。按年平均汇率折算，人均GDP达10276美元，跨上1万美元台阶，接近世界人均GDP水平。2018年，世界人均GDP中位数为4264美元，中国人均GDP已经是世界人均GDP中位数的2倍多。事实上，在全世界75亿人口当中，之前只有约15亿人均GDP过1万美元，占总人口的约20%。由于中国人均GDP超1万美元，相当于全世界人均GDP超1万美元的人口增加了一倍。国家统计局数据显示，改革开放40多年来，中国居民收入长期处于快速增长当中。截至2019年，全国人均可支配收入

30733元，扣除价格因素，比1978年实际增长20多倍。2009年，全国人均可支配收入首次突破1万元；2014年，全国人均可支配收入首次突破2万元；2019年，全国人均可支配收入首次突破3万元。人均可支配收入，跨入万元大关用了31年，从1万元到2万元只用了5年，从2万元到3万元也只用了5年。不论是人均GDP，还是人均可支配收入，中国人民都创造了惊艳世界的"中国速度"。

建成世界最大的社会保障网。新中国成立以来特别是改革开放和党的十八大以来，多层次社会保障体系加快构建，社会保障水平稳步提高，织就了世界最大的社会保障网，而且越织越密，人民群众的获得感、幸福感、安全感大大提升。截至目前，医疗保险覆盖超过13亿人，基本实现全民医保；基本养老保险覆盖人数超过9.4亿人，绝大多数中国人的晚年越来越有保障；全国参加失业保险人数近2亿人，促就业、防失业、稳岗位的兜底功能越发稳定；全国参加工伤保险人数达到2.3亿人，待遇水平和覆盖范围持续稳步提升。2019年中国基本养老、失业、工伤保险三项社会保险基金总收入为5.82万亿元，支出5.41万亿元，基金累计结余6.85万亿元，支付能力显著增强。2019年末，企业年金基金累计结存17985亿元。为积极应对人口老龄化，国家建立了全国社会保障基金，基金权益达到1.81万亿元，储备更加充裕。划转部分国有资本充实社保基金，开辟了新的资金来源渠道。基金规模的逐步扩大，夯实了社会保障制度可持续发展的物质基础。

从"人民对美好生活的向往，就是我们的奋斗目标"，到"让老百姓过上好日子是我们一切工作的出发点和落脚点"，从"政策好不好，要看乡亲们是笑还是哭"，到"把为老百姓做了多少好事实事作为检验政绩的重要标准"，从"同群众一块过、一块苦、一块干"，到"人民至上、生命至上，保护人民生命安全和身体健康可以不惜一切代价"，这些都彰显了中国共产党全心全意为人民服务的根本宗旨和以人民为中心的发展思想。

需要特别指出的是，中国的发展离不开世界，世界的繁荣也需要中国。办好自己的事，绝不是关起门来搞建设；以国内大循环为主体，绝不是关起门来封闭运行，而是通过发挥内需潜力，使国内市场和国际市场更好联通，更好利用国际国内两个市场、两种资源，实现更加强劲可持续的发展。

开放带来进步，封闭必然落后。顺应经济全球化历史潮流，把握各国分工合作、互利共赢的长期趋势，推动建设开放型世界经济，推动构建人类命运共同体，是中国"站在历史正确的一边"的坚定选择和扎实行动。中国开放的大门不会关闭，只会越开越大。一个走向世界、融入世界的中国，必将给各国发展带来更多机遇、为全球经济注入更多正能量，也必将实现中华民族的伟大复兴。

新中国成立以来，我们"集中力量办好自己的事"，解决了"落后就要挨打"的问题；改革开放以来，我们"集中力量办好自己的事"，解决了"贫穷就要挨饿"的问题；在接下来的征程中，我们"集中力量办好自己的事"，群策群力、发掘潜力、锤炼实力、借力使力、久久发力，就一定能最终解决"失语就要挨骂"的问题。

【参考文献】

（1）人民日报评论员:《最重要的是做好自己的事情》，载《人民日报》2019年5月25日。

（2）人民日报评论员:《集中力量办好自己的事》，载《人民日报》2020年7月26日。

（3）任理轩:《狂风骤雨不能掀翻大海——美方一些人挑起经贸摩擦阻挡不了中国发展的步伐》，载《人民日报》2019年9月6日。

（4）新华社评论员:《集中力量办好自己的事》，新华社2020年7月24日电。

（5）光明日报评论员:《集中精力办好自己的事情》，载《光明日报》2018年11月3日。

（6）经济日报评论员:《关键是把自己的事情办好》，载《经济日报》2018年7月13日。

（7）北京市习近平新时代中国特色社会主义思想研究中心:《最重要的是做好我们自己的事情》，载《光明日报》2019年7月2日。

（8）陶文昭、於天禄:《"狂风骤雨可以掀翻小池塘，但不能掀翻大海"》，载《中国纪检监察》2019年第11期。

（9）《营商环境改革，世界银行介绍"中国经验"》，人民日报中央厨房—麻辣财经工作室，2020年7月28日。

（10）《世界银行推广"中国经验"！营商环境两年跳升47位》，界面新闻，2020年7月27日。

（11）张晓松、罗争光、安蓓、胡浩:《5年，全面深化改革干出了这样一份成绩单！》，新华社2018年12月30日电。

（12）中共人力资源和社会保障部党组:《织密扎牢全民共享的社会保障安全网》，载《人民日报》2019年9月24日。

（13）《2019 年度人力资源和社会保障事业发展统计公报》，人社部网站，2020 年 6 月 5 日。

（14）人民日报评论员：《让人民过上好日子》，载《人民日报》2020 年 5 月 24 日。

（15）新华社评论员：《用好改革开放这个关键一招》，新华社 2018 年 8 月 24 日电。

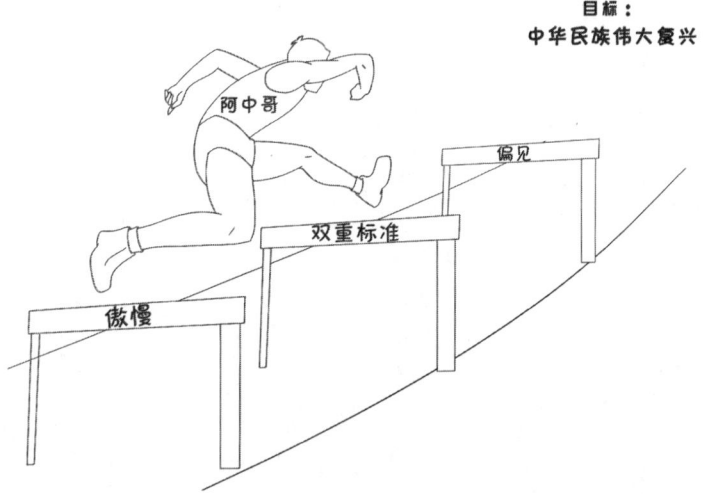

只要保持战略定力，对方向确定，对纷扰淡定，对行动笃定，集中精力做好自己的事，中国就能奔向风光无限。

结 语

在西方质疑声中，推进中华民族伟大复兴[①]

西方的谎言和"双标"或许可以暂时欺骗不少人，可以永远欺骗部分人，但是不能永远欺骗所有人。中国就是要在西方的质疑声中，保持战略定力，坚持自信开放，坚定地站在公道这一边、站在正义这一边、站在历史这一边、站在时代这一边，接力奋斗，推进中华民族伟大复兴。

从各个维度审视，无论是与我国历史上的各个时期相比，还是与世界其他国家相比，中国实现中华民族伟大复兴，既不是简单延续我国历史上治世盛世的摹版，也不是简单套用马克思主义经典作家设想的模板，同样不是其他国家社会主义实践的再版，更不是国外发达国家现代化发展的翻版，而是中国共产党领导人民在伟大实践中创造的原创版。而且，实现中华民族伟大复兴后，也不是一成不变的雕版，而是不断改进完善的升级版。

苏联解体、东欧剧变以后，西方主导唱衰中国的舆论在国际上不绝于耳，各式各样的"中国崩溃论"从来没有中断过。结果，中国没崩溃，"中国崩溃论"崩溃了。在"中国崩溃论"的聒噪声中，中国日益走近世界舞台中央，比历史上任何时期都更接近中华民族伟大复兴的目标，比历史上任何时期都更有信心、更有能力实现这个目标。

---

① 本文部分内容以《深刻认识中华民族伟大复兴的原创性》为题刊载在2020年2月3日《解放军报》思想战线（第七版）。

中国经济发展起来以后，西方鼓吹中国威胁的舆论在国际上此起彼伏，花样翻新的"中国威胁论"从来没有停歇过。结果，中国不孤单，"中国威胁论"没市场。在"中国威胁论"的指责声中，中国着眼于构建以合作共赢为核心的新型国际关系，基本形成覆盖全球的伙伴关系网络，"朋友圈"是越来越大，好朋友、好伙伴是越来越多。

2020年以来，在新冠肺炎疫情中，西方舆论到处煽风点火，国际舆论出现了颠倒黑白的"中国隐瞒论"、诿过于人的"中国误导论"、无中生有的"中国责任论"、欲加之罪的"中国赔偿论"、恩将仇报的"劣品出口论"、以怨报德的"口罩外交论"……这些充满偏见、毫无客观公正可言的阴谋论论调，终究只会是一场笑话。

可见，西方对中国的傲慢与偏见、质疑和"双标"、指责和甩锅，是不会停歇的，甚至还会进一步恶化。同时，我们也要注意，西方舆论的不友好，虽然中国是首当其冲，但西方舆论的恶意也并不仅仅针对中国，有其普遍性的一面。面对西方一些政客不时抛出的极端言论，我们需要头脑清醒理性认知，不能被民粹主义情绪绑架。在西方，对于一些政客"甩锅"及抹黑中国的言论，其国内大部分民众并不认可，也非舆论主流，就算在政治操控下一段特殊时间内成了舆论主流，也不会一直都是舆论主流，因为谎言和"双标"或许可以暂时欺骗不少人，可以永远欺骗部分人，但是不能永远欺骗所有人。中国就是要在西方质疑声中，保持战略定力，坚持自信开放，坚定地站在公道这一边、站在正义这一边、站在历史这一边、站在时代这一边，接力奋斗，推进中华民族伟大复兴。

从各个维度审视，无论是与我国历史上的各个时期相比，还是与世界其他国家相比，中国实现中华民族伟大复兴，既不是简单延续我国历史上治世盛世的摹版，也不是简单套用马克思主义经典作家设想的模板，同样不是其他国家社会主义实践的再版，更不是国外发达国家现代化发展的翻版，而是中国共产党领导人民在伟大实践中创造的原创版。而且，实现中华民族伟大复兴后，也不是一成不变的雕版，而是不断改进完善的升级版。

1. 中华民族伟大复兴，不是简单延续我国历史上治世盛世的摹版

中国古代物质文明和精神文明长期都处于世界领先地位，在历史长河中，不乏和平安宁、繁荣昌盛的治世盛世。人们耳熟能详的就有西周的成康之治、西汉的文景之治和汉武盛世、东汉的光武中兴、隋朝的开皇之治、唐朝的贞观之治和开元盛世、宋朝的咸平之治、明朝的永宣盛世、清朝的康乾盛世等。历史是延续不可割裂的，中国当下的全面脱贫与上述盛世有着历史的文化观照，但绝不是简单延续，不是像书法绘画一样的"临摹"。如果只是对古代治世盛世的简单延续和"临摹"，那么中华民族伟大复兴，就只能称之为"复兴"，而称不上"伟大复兴"。一方面，古代治世盛世其实仅仅是乱世之后社会生产力和人口的恢复，并非进一步发展达到更高的水平；另一方面是"朱门酒肉臭，路有冻死骨"的普遍存在，所谓治世盛世实际是"饥饿的盛世"。① 换句话说，中国古代的治世盛世很大程度只是历史的反复，"螺旋而没有上升"，跳不出"其兴也勃焉，其亡也忽焉"的历史周期律。当前的全面小康，一方面相比古代治世盛世有长足的发展，达到了更高的水平；另一方面是"任何一个地区、任何一个民族都不能落下""一个也不能少"的全面小康。而且，我国正不断推进国家治理体系和治理能力现代化，能够超越历史的反复，能够超越理论和制度的局限，从而跳出这个历史周期律。

2. 中华民族伟大复兴，不是简单套用马克思主义经典作家设想的模板

当中国人民还根本不知道马克思、恩格斯的名字时，这两位伟人已经开始关注中国、研究中国了，并预测了中国革命的发生、"中国社会主义"的到来、中国的崛起等，甚至为他们心中的新中国取了亮丽的名字——"中华共和国"②。"过不了多少年，我们就会亲眼看到世界上最古老的帝国的垂死挣扎，看到整个亚洲新纪元的曙光。""那时，太平洋就会像大西洋在现代，地中海在古代和中世纪一样，起着伟大的世界水路交通线的作用；而大西洋的地位将要下降，而像现在的地中海那样只起一个内海的作用。"③ 如今，事实已经向全世界证明了马克思、恩格斯的预言是科学的。中华民族伟大复兴离不开马克思主义的指导，但绝不可能简单套用马克思主义经典作家设想的模板。无论是在中国这样一个半殖民地半封建的大国进行革命，还是在一穷二白的基础上建设社会主义，抑或是在新时代推进改革开放，中华民族伟大复兴都不可能从马克思主义的经典著作中找到具体答

---

① 张宏杰：《饥饿的盛世》，重庆出版社2019年版。
② 习近平：《在纪念马克思诞辰200周年大会上的讲话》，《人民日报》2018年5月5日2版。
③ 中央编译局（编）：《马克思恩格斯论中国》，人民出版社1997年版。

案,而只能把马克思主义基本原理同中国的具体实际结合起来,才能取得成功。实际上,中国确实这样做了,而且取得了巨大的成功。以脱贫攻坚为例,改革开放40多年来,中国经过不懈努力,有7亿多贫困人口成功脱贫,占同期全球减贫人口总数的70%以上;党的十八大以来,贫困人口从2012年年底的9899万人减到2019年年底的551万人,贫困发生率由10.2%降至0.6%,连续7年每年减贫1000万人以上;2020年脱贫攻坚任务完成后,我国有1亿左右贫困人口实现脱贫,提前10年实现联合国2030年可持续发展议程的减贫目标。世界上没有哪一个国家能在这么短的时间内帮助这么多人脱贫,这对中国和世界都具有重大意义。

3. 中华民族伟大复兴,不是其他国家社会主义实践的再版

当今世界,除了中国,实行社会主义制度的国家还有朝鲜、越南、老挝、古巴等国。中华民族伟大复兴,不可能是这四个国家社会主义实践的再版。中国与这四个国家的国情差距太大,不可能照搬照抄这几个国家。除这几个国家外,还有北欧五个民主社会主义国家:瑞典、芬兰、挪威、丹麦、冰岛。这五个国家,经济发达,人均GDP居世界前列;社会稳定,贫富差距较小;宜居优美,生态环境国际一流;福利完善,教育医疗养老等社会保障水平都领先世界。但是,中华民族伟大复兴,也不可能是北欧五国民主社会主义实践的再版。因为北欧五国号称民主社会主义国家,但本质上仍然是资本主义,只不过是改良的资本主义,反对社会主义的本质特征和基本原则。近代以来的中国历史已经反复证明并且仍在继续证明,企图通过走资本主义道路让中国站起来、富起来、强起来,根本行不通。另外,北欧五国的国情与中国的国情也相去甚远。比如,以消除绝对贫困为例,北欧五国消除绝对贫困是建立在高福利基础上,而高福利是基于经济高度发达的,属于"发展起来以后减贫"的模式。我国仍然是发展中国家,人均GDP刚达到1万美元,目前还没有实行高福利的物质财富基础。按照目前的发展速度,我国还要十多年才能基本达到中等发达国家水平,还要几十年才能达到发达国家水平。如果等达到中等发达国家甚至发达国家水平后,再来实现全面脱贫,那意味着全面脱贫还要再多等十多年甚至几十年。这显然不符合社会主义的本质特征,不符合广大人民群众的根本利益,不符合以人民为中心的发展思想,不符合立党为公执政为民的本质要求。正因为中国没有等发展起来以后再减贫,而是坚持边发展边减贫,"中国式扶贫"才创造了"人类减贫史上的奇迹",才被联合国秘书

长古特雷斯推崇，认为"中国的经验可以为其他发展中国家提供有益借鉴"①。

4. 中华民族伟大复兴，不是国外发达国家现代化发展的翻版

党的十九大报告提出：从2020年到21世纪中叶可以分两个阶段来安排。第一个阶段，从2020年到2035年，在全面建成小康社会的基础上，再奋斗十五年，基本实现社会主义现代化。第二个阶段，从2035年到21世纪中叶，在基本实现现代化的基础上，再奋斗十五年，把我国建成富强民主文明和谐美丽的社会主义现代化强国。可见，中华民族伟大复兴，一个至关重要的关键词就是"现代化"。当今世界，实现现代化的国家都是发达国家，总共有二十多个。发达国家人口不足世界人口的20%，但GDP约占全球的60%，其中最典型的代表就是美国、英国、法国、德国、日本、意大利、加拿大组成的西方"七国集团"。发达国家，无论是农业、工业、服务业等经济产业，还是教育、医疗、科技等各个领域，现代化程度都很高。但是，中华民族伟大复兴，不能是这些发达国家现代化发展的翻版。典型的发达资本主义国家的崛起之路，基本都伴随了各种形式扩张和掠夺，它们的发达是建立在对不发达国家的盘剥之上的。中国与此不同，坚持和平发展、互利共赢，这使中华民族伟大复兴的历程和发达国家崛起的过程有着本质的不同。据有关研究报告，2013—2018年，中国对世界经济增长的平均贡献率超过28.1%。有关测算结果表明，2013—2016年，如果没有中国因素，世界经济年均增速将放缓0.6个百分点，波动强度将提高5.2%。中国在致力于实现现代化的同时，也大力帮助广大第三世界国家实现发展，在共建"一带一路"国际合作中，以合作共赢的方式帮助许多发展中国家大力减少贫困，实现长足发展。据世界银行研究报告，"一带一路"倡议将使相关国家760万人摆脱极端贫困、3200万人摆脱中度贫困，将使参与国贸易增长2.8%至9.7%、全球贸易增长1.7%至6.2%、全球收入增加0.7%至2.9%。

5. 中华民族伟大复兴，是中国共产党领导人民在伟大实践中创造的原创版

历史已经证明，现实正在证明，中华民族伟大复兴，必须通过走中国特色社会主义道路实现。中国特色社会主义不是从天上掉下来的，而是在改革开放40多年的伟大实践中得来的，是在新中国成立70年的持续探索中得来的，是在我

---

① "2019减贫与发展高层论坛"于2019年10月17日在京举行，联合国秘书长古特雷斯在书面致辞中表示，中国的减贫经验可以为其他发展中国家提供有益借鉴。

们党领导人民进行伟大社会革命 90 多年的实践中得来的,是在近代以来中华民族由衰到盛 170 多年的历史进程中得来的,是对中华文明 5000 多年的传承发展中得来的,是党和人民历经千辛万苦、付出各种代价取得的原创性成果。中国特色社会主义最本质的特征就是中国共产党的领导,我们党团结带领全国各族人民不懈奋斗,推动我国经济实力、科技实力、国防实力、综合国力进入世界前列,推动我国国际地位实现前所未有的提升,党的面貌、国家的面貌、人民的面貌、军队的面貌、中华民族的面貌发生了前所未有的变化,中华民族正以崭新姿态屹立于世界的东方。正是在中国共产党的领导下,我国成为世界第二大经济体、制造业第一大国、货物贸易第一大国、商品消费第二大国、外资流入第二大国,外汇储备连续多年位居世界第一,拥有 1 亿多市场主体和 1.7 亿多受过高等教育或拥有各类专业技能的人才,还有包括 4 亿多中等收入群体在内的 14 亿人口所形成的超大规模内需市场。目前,中国是世界上唯一拥有联合国产业分类目录中所有工业门类的国家,多项工业品产量居世界第一。70 多年前,中国人均预期寿命 35 岁,2018 年达到 77 岁,远高于世界平均预期寿命 72 岁。美国波士顿咨询公司发布的全球民生福祉报告显示,过去 10 年中,中国排名上升了 25 位,在受调查的 152 个国家中进步最快。正是在中国共产党的领导下,我国日益走近世界舞台中央,比历史上任何时期都更接近中华民族伟大复兴的目标,比历史上任何时期都更有信心、更有能力实现这个目标。因此,走中国特色社会主义道路实现中华民族伟大复兴,是中国共产党领导人民在伟大实践中创造的原创版。

6. 中华民族伟大复兴,不是一成不变的雕版,而是不断改进完善的升级版

2020 年年底,全国剩余的 52 个贫困县、2707 个贫困村、建档立卡贫困人口全部脱贫后,标志实现"全面脱贫"。但"脱贫摘帽不是终点,而是新生活、新奋斗的起点"①。脱贫之后有全面小康,2020 年我国全面建成小康社会。全面小康之后还有更多更高"对美好生活的向往"。到 2035 年,我国要基本实现社会主义现代化。到 21 世纪中叶,我国将建成富强民主文明和谐美丽的社会主义现代化强国,这意味着中华民族伟大复兴就实现了。但是,这并不意味着就万事大吉一劳永逸了,因为建成社会主义现代化强国,实现中华民族伟大复兴,仅仅意味着我们完成了社会主义初级阶段的建设任务,后面还有更艰巨、更伟大、更光荣的

---

① 习近平:《在决战决胜脱贫攻坚座谈会上的讲话》,《人民日报》2020 年 3 月 7 日 2 版。

社会主义建设任务，再之后还要向共产主义奋斗。社会是不断发展进步的，不断螺旋式上升的，中华民族实现伟大复兴后，也不是一成不变的雕版，发展不会止步，社会不会停滞，而将继续在历史前进的逻辑中前进，在时代发展的潮流中发展，不断与时俱进，不断改进完善，创造出一个又一个升级版。

孟子说"生于忧患，死于安乐"，"故天将降大任于斯人也，必先苦其心志，劳其筋骨，饿其体肤，空乏其身，行拂乱其所为，所以动心忍性，曾益其所不能"。对一个人来说，道理是这样，对一个国家和民族来说，道理也是这样。

中国发展离不开世界，世界发展也需要中国，西方少数政客越是"甩锅"，我们就越要自信开放，坚定地站在人道这一边、站在正义这一边、站在历史这一边，不断扩大自己的朋友圈，全力为中国发展继续营造良好外部环境。

难走的路是上坡路。处在发展关键节点的中国，西方越是对我们偏见"双标"、指责"甩锅"，我们越是不能被民粹主义情绪绑架，不掉入情绪陷阱，而是集中精力做好自己的事，迎难而上、勇攀高峰，奔向风光无限。

后 记

本书是在《西方主流媒体涉华报道双重标准研究报告》基础上修改和补充而成，该报告是中宣部"宣传思想文化青年英才"自主选题项目的成果。

习近平总书记强调，发扬斗争精神，增强斗争本领，为实现"两个一百年"奋斗目标、实现中华民族伟大复兴的中国梦而顽强奋斗。当前，部分西方舆论对中国的傲慢与偏见、"双标"与"甩锅"还在继续，在一些领域和一定范围甚至变本加厉，对此"中国人民都绝不答应"。西方主流媒体为何"双标"中国？都有哪些套路和手段？日益走近世界舞台中央的中国又该如何应对西方舆论的有色眼镜和偏颇认知？这些问题都将在本书中得到实证分析。

本书包括绪论、结语在内，总共26个章节。其中，杨旭撰写了《〈朝日新闻〉涉华报道"双标"报告》和《西方主流媒体涉中国香港报道"双标"报告》，吴丹撰写了《〈明镜〉周刊涉华报道"双标"报告》和《西方主流媒体涉"一带一路"报道"双标"报告》，刘念撰写了《〈华尔街日报〉涉华报道"双标"报告》和《西方主流媒体涉孔子学院报道"双标"报告》，亓玉昆撰写了《〈经济学人〉涉华报道"双标"报告》和《西方主流媒体涉中国企业报道"双标"报告》，邹翔撰写了《〈泰晤士报〉涉华报道"双标"报告》和《西方主流媒体涉华暴恐活动报道"双标"报告》，陈亚楠撰写了《西方主流媒体涉中国阅兵报道"双标"报告》。其余内容由李仕权撰写，其中《〈费加罗报〉涉华报道"双标"报告》得到了驻法国记者刘玲玲的大力支持，在此深表感谢。另外，本书绪论、结语的部分内容，已经在《解放军报》和《中国纪检监察报》理论周刊发表。

由于作者水平有限，书中难免存在偏差和纰漏之处，欢迎各位读者批评指正。如有再版的机会，将加以修订改正。另外，需要特别声明的是，本书任何的偏差和纰漏，皆是作者能力水平有限所致，与作者供职单位无关。本书的内容和观点亦仅代表作者个人立场。

2020年11月